青年法学学术著作
资助出版项目

青年法学学术著作
资助出版项目

返还原物请求权研究

——一种失当物权关系矫正技术的阐释

Research on the Right to Claim for the Restitution of Original Property

An Explanation of the Correction Technique of the Improper Real Right Relationship

丁宇翔 著

法律出版社
LAW PRESS·CHINA

青年法学学术著作出版基金
资助出版说明

法律出版社作为全国规模最大的法律专业出版机构，一直秉承“为人民传播法律”的理念，与学术界共同推动法学研究的繁荣与发展。2018 年 5 月，法律出版社设立青年法学学术著作出版基金，用于资助法学学术著作出版和奖励优秀法学图书，旨在支持优秀法学学术著作出版，扶持具有较大潜力的青年学者。

经过法律出版社学术委员会委员推荐、专家匿名评审和法律出版社编辑委员会评审，共有 7 部作品获得法律出版社首届（2018 年）青年法学学术出版基金资助。

期待更多年轻法律人的优秀学术作品！

法律出版社

2019 年 5 月

序一　在路上

本书是作者在对返还原物请求权的理论与实践进行认真研究和反思基础上的厚积薄发之作。根据我的了解,这也是目前国内对返还原物请求权进行深入系统研究的第一本专著。

本书作者丁宇翔,是我指导的博士研究生。在博士入学之前,他曾经获得北京大学法学院民商法学硕士学位,具有较为扎实的理论功底。同时,他也是北京市第一中级人民法院的民事法官,具有较为丰富的审判实践经验。而博士阶段的学习深造,又让他的理论水平进一步提升,并且和实践能力深度融合。这对于一个专业法律人来说,既是非常重要的经历,也是非常重要的积累。或许也正是因为这样的经历和积累,为他深入研究返还原物请求权这一问题奠定了很好的基础。他本人在很长时间以来一直比较关注"返还原物请求权"的相关问题,曾经就中国民法典立法中的"返还原物"问题在2016年的第十一届"中国法学家论坛"上发表过主题演讲。

返还原物请求权是一个看似简单实则颇为复杂的研究课题。简单之处在于,返还原物请求权虽然是物权请求权理论中的一个重要问题,但传统民法对于物权请求权理论的研究已经有了很好的规模。孤立地研究返还原物请求权,推陈出新的空间并不大。复杂之处则在于,如果联系地看,返还原物请求权还涉及传统大陆法系所有权人—占有人关系规则,如何在我国民法语境下结合返还原物请求权很好地阐释所有权人—占有人关系规则,是非常棘手的问题。尤其是,在我国民法规范中还存在返还财产这样的与返还原物千丝万缕联系的制度,这又使问题更加复杂起来。如果说,社会科学的研究需要坚持一种联系的观点,秉承一种系统的理路的话,那么,对与私人生活密切关联的民法问题的研究,则更应当坚持一种系统研究的理路。而要进行系统的研究,则如上所述,返还原物请求权的问题就无法避免其复杂性。

作者显然意识到了这种复杂性。在具体的行文中,作者的阐述处处体现了这种系统研究的理路。例如,对与返还原物请求权有所联系的不当得利请求权、合同上的返还请求权、侵权法上的返还财产请求权、物权法上的防御性请求权，作者都深入探讨了其与返还原物请求权之间的竞合可能及具体的竞合情形。在阐述返还原物请求权的构成要件时，作者并没有局限于大陆法系返还原物制度，而是将眼光扩展到英美法中返还原物的构成上，从而丰富了不同法律传统下返还原物制度的构成的研究。此外，作者在对返还原物请求权制度史的梳理中，也没有单向度地进行，而是分别从罗马法、日耳曼法、教会法，甚至中国固有法等各个视角进行探讨。这样的研究，使返还原物请求权制度史的分析研究，非常丰满。以上种种，都很好地体现了系统研究的理路。这样的研究理路，其效果当然很好。但是，却需要下很大的功夫。

本书的内容是在作者博士学位论文的基础上进行修改而生成的，该博士论文曾获得2017年中国社会科学院研究生院的优秀博士学位论文。中国社会科学院研究生院有40个院系，但当年只评出15篇优秀博士论文，该博士论文就是其中之一，并且是其中唯一一篇法学博士学位论文。作为导师，我也乐见该博士论文能获得这样的殊荣。但是，在当时的论文写作过程中，我也曾对作者的一些观点和思路多次批评指导，作者也接受了我的建议。在获评优秀博士论文之后我也给作者提出了一些问题。例如，返还原物请求权的相对性问题，作者的论述并不透彻；返还原物请求权在《民法总则》背景下的阐释，也不够深入。对于这些问题，作者很显然进行了后续的跟进，其思考成果也已经体现到了本书中。然而，学无止境。相对于博大精深的民法科学而言，每个民法研究者和实践者都是渺小的。唯有不忘初心地刻苦钻研、精益求精，才能向民法科学的顶峰迈进。就此而言，无论是本书作者，还是我自己，抑或是其他民法研究者和实践者，其实我们还都只是在路上。

是为序。

孙宪忠*

2019年8月

---

* 孙宪忠，全国人大宪法和法律委员会委员、中国社会科学院学部委员、中国社会科学院法学研究所研究员、中国法学会民法学研究会常务副会长。

序二　为什么写作

在财产秩序发生不正当变动时，法律提供了诸多恢复正当财产秩序的手段，返还原物请求权无疑是最为重要的一种。《物权法》第34条和《民法通则》第117条第1款、《侵权责任法》第15条第1款第4项均直接涉及这一问题。这些调整相同领域的法条，在司法中造成了法律适用的混乱。比较重要的原因可能是，对返还原物这种社会生活中常见的救济方式，法律专业理解和日常理解并不一致。可以说，返还原物请求权的理论建构从罗马法以来始终是民法学的核心主题之一，是检验民法学成熟与发达程度的标志之一。一个社会生活中看似平凡无比的现象，却被民法学家建构为如此复杂的理论体系，多少会让非法律专业人士惊讶甚至惊艳。令人遗憾的是，中国民法学界多少忽视了这一传统民法学主题，整体研究似乎还没达到19世纪潘德克顿学派的高度，对这一领域的诸多问题也尚未达成共识。这也恰好说明了在立法和司法领域返还请求权之所以混乱的原因。

返还原物请求权研究的最大难度在于，它对理论体系化的要求实在太高。例如，返还原物中财产不正当变动的原因各不相同，返还原物请求权与其他请求权如占有物返还请求权、恢复原状请求权、防御性物权请求权等都可能发生竞合。加之中国法在继受传统民法时，又颇多具有中国特色的创新，如返还财产请求权的独立存在、物权保护领域内物权请求权和债权请求权的杂糅，使这一问题的体系化研究更为艰难。

正因如此，宇翔选择这一主题作为博士论文，表明他有相当大的理论雄心。他不仅要说明裁判中的混乱并进行梳理，而且要建构一个整全的理论体系。本书表明，他的努力是成功的。本书的核心是返还原物请求权的构成要件、法律效力以及它与其他请求权的关系，这些部分条分缕析，尽量穷尽了所有问题，展示了他心细如发的运思。此外，本书还呈现了返还原物请求权的历史，他在汗牛充栋的历史文献中金淘沙拣，时间上从罗马到现代，空间上从大陆到英美；对返还原物请求权正当性这一似乎毫无疑义的问题，他超越民法学本身，运用社科法学方法，将其正当性建立在伦理、经济和文化三个基础上，无疑提升了这一领域的研究品质。

在我看来，宇翔在理论上最大的贡献在于对返还原物请求权与其他请求权关系的分析。众所周知，请求权的竞合是体系化理论建构中的一大难题，也最能检验作者的教义学功底。本书用六节的篇幅，穷尽了返还原物请求权与其他所有可能与之发生竞合关系的请求权，尤其是学界关注甚少的返还原物请求权与物权防御请求权之间的关系。值得注意的是，返还原物请求权往往还产生附随请求权，如费用返还请求权、收益返还请求权等。这些请求权和原物返还请求权之间的关系如何解释，还值得进一步斟酌。此外，返还原物请求权产生的情形各有不同，返还的具体规则也有所差异，如基于"所有人—占有人关系"的返还规则、基于不当得利的返还规则等，这些不同的返还原物规则有没有可能统一，也似乎是未来可以思考的方向。

作为法官的宇翔的学术作品也有很深的职业印迹。和学者的作品相比，本书的实务导向思考更为明显。民法学研究的重心固然都是以人的社会行为为对象的实务问题，民法学的主流也因而必然是实务导向的，但法官和学者思考的路径和重点多少还是有些区别。法官的思考更注重可操作性，更细致而微。本书最开始就从"返还原物纠纷"的司法实践切入，以实务中的案由与裁判依据的混乱等问题为导引，揭示出实践问题背后的理论误区，并在这种强烈的问题意识中展开对返还原物请求权的理论建构。最后又从理论到实践，探索和总结返还原物纠纷的裁判基准。这种"理论—实践"往还的思考，无疑使作者的讨论更有的放矢，也使其提炼的规则更具有可操作性。例如，对无权占有中相当疑难的举证责任问题，作者认为除了"被告的占有没有权源"这一事实外，其余事实均应由原告负证明责任；法官在坚持一般的证明责任分配规则的同时，应根据个案情况对部分待证事实进行司法上的事实推定，并根据个案情况对原告是否采取保全措施、是否提出替代性诉讼请求进行释明。这种实践导向的思考不仅会让作者庖丁解牛般地解剖细节，而且还必然导致实体法和程序法的会通，殊值肯定。

我曾看到宇翔写过"法官为什么写作"的文字，实际上，"为什么写作"对每个认真写作的人而言都可能是个问题。这个问题的答案必然人言人殊。王小波的答案是——我相信自己有文学才能，我应该做这件事。我想，宇翔的这部作品，让他可以硬气地模仿王小波的答案——我精于理论，专于实务。

是为序。

*

2019 年 8 月

---

* 谢鸿飞，中国社会科学院法学研究所民法室主任、中国法学会民法学研究会副会长。

前　言

在司法实践中,返还原物请求权诉讼存在案由与裁判依据脱节、案由与裁判内容脱节、证明被告现时占有标的物困难、财产保全措施不到位等诸多问题。这就倒逼我们认真思考返还原物请求权的理论问题,并通过理论反哺实践。从法理上看,返还原物请求权是物权人对无权占有其不动产或动产的人所享有的要求其返还该不动产或动产的物权请求权。返还原物请求权的伦理基础在于,对物的占有和使用是人的本能需求,尊重这一占有和使用符合人类最基本的正义观念。返还原物请求权的经济基础在于资源的稀缺性和经济人的假设,返还原物请求权的前提是对于产权的界定,这一界定能够减少外部效应,降低交易成本。因此,返还原物请求权有利于提高效率。此外,返还原物请求权本身还是对财产权交易外部效应的内部化。返还原物请求权的社会基础在于,在市民社会,赋予返还原物请求权是对权利主体的极大尊重,并且在现代社会具有特殊必要性。

大陆法系国家的返还原物请求权(所有物返还请求权)经历了从返还原物之诉到返还原物诉权再到返还原物请求权的发展演进路径。在此过程中,罗马法中的返还原物之诉是最为重要的基础。但是,日耳曼法、教会法中的相关制度因素,也发挥了重要作用。大陆法系国家的返还原物请求权以所有物返还请求权为核心,同时通过法典中的准用规定或判例实践,将其扩展到所有权之外的他物权,从而发展为一般的返还原物请求权。不过,大陆法系国家并非全部将返还原物请求权导入民法典。但即使在民法典中没有规定返还原物请求权的,也有国家会在学说和判例中认可返还原物请求权体系的存在。返还原物请求权制度在其发展过程中不仅对大陆法系发挥着实质影响,也对英美法系返还原物制度的成型产生过重要影响。因而英美法系中的返还原物制度与大陆法系最终发展而成的返还原物请求权制度有相近的制度血脉,在当下新兴国家的民法典编纂或民法制度完善进程中,可资借鉴。

从构成要件上看,返还原物请求权的主体是失去占有的物权人或依法可以行使物权的人,具体包括:失去占有的所有权人和失去占有的他物权人及失去占有的依法可以行使物权的人。但是失去占有的单纯占有人不能主张返还原物请求权。返还原物请求权的相对人是现时的无权占有人,即返还原物请求权的义务人首先是占有人;其次,其占有没有权源;最后,其没有权源的占有在权利人提出主张时仍然存在。返还原物请求权的客体是被相对人无权占有的客观存在的原物。如果原物已经灭失,则物权将因客体的消灭而消灭。此时,权利人只能要求无权占有人进行违约损害赔偿或侵权损害赔偿。

除物权人可以基于返还原物请求权而要求无权占有人返还原物外,《德国民法典》、我国台湾地区"民法"及我国《物权法》等都为物权人考虑而设置了用益返还请求权和损害赔偿请求权,为占有人考虑而设置了费用偿还请求权。这些请求权是对返还原物请求权的补充,也以返还原物之诉的存在为前提,因而也属于返还原物请求权法律效果的范畴。遵循德国法上所有权人—占有人关系规则,考察用益返还、损害赔偿及费用偿还等问题时,需要根据占有人的善意和恶意而予以不同的考虑,总的原则是恶意占有人承担加重的责任。但我国《物权法》基于对有权占有的保护和对无权占有的否定,统一规定无论善意占有人还是恶意占有人,应返还全部孳息。在损害赔偿方面,如果占有物在无权占有期间因可归责于善意占有人的原因而毁损、灭失的,则善意占有人只在因标的物毁损、灭失所受利益的范围内承担损害赔偿责任。

基于合同而转移占有的情况下,如果合同约定的占有期限终止,如租赁合同到期,承租人(占有人)拒不返还租赁物的,则发生返还原物请求权和合同上返还请求权(租赁物返还请求权)的竞合。权利人的占有被侵夺的,则发生侵权责任中返还财产请求权与返还原物请求权的竞合。但是,考虑到返还财产请求权在时效和举证责任方面均劣于返还原物请求权,在二者发生竞合时选择返还原物请求权更为有利。因为返还财产责任请求权同时还适合于返还物权之外的其他财产,因而仍然有其适用性。死亡宣告后被继承的遗产是动产或不动产时,也可发生返还原物请求权与被撤销死亡宣告人返还财产请求权的竞合。此外,返还原物请求权还可能与无因管理中的请求权及部分恢复原状请求权发生竞合。在债权行为存在效力瑕疵而物权行为有效的情形下,如果认可物权行为抽象性原则,则会产生不当得利请求权的广泛适用而限缩返还原物请求权的适用;如果不认可物权行为的抽象性,则将有返还原物请求权的广泛适用而限缩不当得利请求权的适用:二者以物权行为抽象性原则为媒介,呈现互为消长的关系。但无论如何,返还原物请求权仍然极具独立的存在价值。

返还原物请求权诉讼的案由呈现多样性。除了最基本的返还原物纠纷之外,公司证照返还纠纷、取回权纠纷等都是返还原物请求权诉讼中可能选择的案由。返还原物请求权诉讼中,原告(权利人)的抗辩主要来自其在实体法上的抗辩,其抗辩事由主要有非占有人抗辩、正当权源的抗辩、善意取得抗辩、时效抗辩、不法原因给付抗辩、社会适当性抗辩、行使权利与执行职务抗辩等。在返还原物纠纷中,原告请求返还原物和孳息的待证事实包括:原告拥有物权或具有与物权人相同的法律地位,被告占有标的物,被告的占有没有权源,标的物在被告占有期间产生孳息。这些待证事实中,除了“被告的占有没有权源”这一事实外,其余事实均应由原告负证明责任。在事实查明的过程中,法官还需要发挥一定的主观能动性,对部分事实进行司法推定。在返还原物请求权诉讼中,裁定驳回起诉、判决驳回诉讼请求、判决返还原物及对于替代性诉讼请求的判决都有其相应的裁判基准。今后,法官应适当发挥司法能动性,在坚持一般的证明责任分配规则的同时,应根据个案情况对部分待证事实进行司法上的事实推定,并根据个案情况对原告是否采取保全措施、是否提出替代性诉讼请求进行释明。

目 录

第一章

问题的提出：返还原物请求权在实践中的困惑

法律命题固有的属性决定了它必须以某个社会的现实作为自己的目的……所以，我们必须承认，从根本上来说，人们创造法律命题的精神活动是受现实决定的。[1]

——川岛武宜

〔1〕［日］川岛武宜：《现代化与法》，申政武、渠涛等译，中国政法大学出版社2004年版，第220页。

因我国《物权法》第 34 条有关返还原物请求权的规定置于《物权法》的总则部分,故应统一适用于有占有内容的不动产物权和动产物权。以此为基础,我国最高人民法院于 2011 年修订颁布了《民事案件案由规定》,并在第三部分“物权纠纷”中的第 33 条明确规定了“返还原物纠纷”这一案由。至此,从规范意义上来看,如果返还原物纠纷案件被判决返还原物的,应该以《物权法》第 34 条作为裁判的实体法依据;如果判决援引《物权法》第 34 条做出实体处理的,应该以返还原物纠纷作为案由或案由之一。[1] 但是,司法实践中的情况果真如此吗?且通过如下几组数据进行分析说明。

第一节　返还原物纠纷裁判中的迷局现象

从中国裁判文书网随机检索 100 个以“返还原物纠纷”为案由的民事判决 100 份,以“《中华人民共和国物权法》第三十四条”为关键词的民事判决 100 份,上述 200 份判决来自全国各地法院,具有一定的代表性。经逐一阅读分析,发现存在如下问题。

一、案由与裁判依据脱节

(一)以“返还原物纠纷”为案由但裁判依据繁杂

最为典型的几种情况是:(1)以侵权责任或民事责任中的“返还财产”条款

---

〔1〕 根据最高人民法院《关于印发修改后的〈民事案件案由规定〉的通知》(法〔2011〕42 号)第三部分“适用修改后的《民事案件案由规定》时应注意的几个问题”的精神,同一诉讼中涉及两个以上的法律关系的,应当依当事人诉争的法律关系的性质确定案由,均为诉争法律关系的,则按诉争的两个以上法律关系确定并列的两个案由。由此,存在以“返还原物纠纷”作为案由之一的情况。

作为判决依据。该类情况在抽取的200个判决样本中有30个,[1]占15%。在这些判决中,法院判决返还标的物的裁判依据除了我国《物权法》第34条,还包括《民法通则》第117条、第134条,或者还包括《侵权责任法》第15条。这表明,不少法官认为《物权法》第34条的"返还原物"与《民法通则》第117条和第134条及《侵权责任法》第15条规定的"返还财产"是一致的。或者认为《民法通则》第117条、第134条和《侵权责任法》第15条规定的"返还财产"条款也是"返还原物纠纷"的请求权基础。(2)以合同被确认无效或被撤销之后的返还条款作为判决依据,这种情况的判决有11个,[2]占5.5%。合同被确认无效或被撤销之后的返还作为返还的请求权基础,本无不可,但这些判决中对于《物权法》第34条规定的返还原物请求权和《合同法》中的合同上的返还请求权并未厘清,在这种情况下混用裁判依据会增添混乱。(3)以"不当得利"条款作为判决依据。这种情况的判决有3个,[3]占1.5%。这些判决虽然以"返还原物纠纷"为案由,但在裁判依据上却引用《民法通则》第92条关于不当得利的规定。这表明,部分法官在"返还原物"与"返还不当得利"之间也存在模糊认识。(4)以租赁物返还条款作为判决依据。在(2014)包民三终字第169号判决中,法院依据租赁期届满的事实,依据《合同法》第235条判决被告

---

[1] 参见(2014)一中民一终字第1137号,(2014)渝高法民终字第00283号,(2014)渝五中法民终字第04212号,(2014)渝五中法民终字第04212号,(2013)惠中法民一终字第592号,(2015)防市民一终字第400号,(2014)并民终字第78号,(2014)济民终字第2751号,(2014)长中民一终字第00706号,(2014)大民一终字第1390号,(2014)榕民终字第3296号,(2014)汴民终字第1663号,(2015)青民五终字第738号,(2014)漯民三终字第51号,(2013)新中民四终字第435号,(2013)甘民二终字第236号,(2015)宁商终字第911号,(2014)海南二中民一终字第210号,(2014)郑民二终字第1365号,(2015)莱中民一终字第45号,(2014)锡民一终字第204号,(2014)遵市法民三终字第267号,(2014)筑民二(商)终字第331号,(2014)鞍民二终字第117号,(2014)徐民终字第01331号,(2014)岳中民一终字第96号,(2014)普中民终字第220号,(2014)苏中民终字第1465号,(2014)穗中法民一终字第4050号,(2013)淄民一终字第591号判决。

[2] 参见(2014)陕民二初字第00006号民事判决书,(2015)陕民一终字第00240号民事判决书,(2015)甘民一终字第26号民事判决书,(2014)芜中民一终字第00902号民事判决书,(2013)鄂民监三再终字第12号民事判决书,(2015)同民终字第41号民事判决书,(2013)盐民终字第2319号民事判决书,(2014)鄂武汉民二终字第00126号民事判决书,(2014)佛中法民一终字第1134号民事判决书,(2014)渭中民一终字第00113号民事判决书,(2013)济民初字第64号民事判决书。

[3] 参见(2013)邯市民一终字第1083号,(2014)曲中民终字第997号,(2014)岳中民一终字第520号判决。

腾房。[1] 这种情况的判决有 7 个，占3.5%。此外，还存在将《物权法》第 39 条，即“所有权权能”条款作为判决依据的情况。[2]

(二)以《物权法》第 34 条为裁判依据但案由与之脱节

该问题主要情形包括：(1)以“物权保护纠纷”为案由的判决，这种情况共有 7 个，占3.5%。[3] 这些判决中，法官一般认为被告的行为构成了侵占，因而依据《物权法》第 34 条进行判决。但实际上，“物权保护纠纷”是“返还原物纠纷”的上一级案由。(2)以“返还财产纠纷”为案由的判决。这样的判决共有 5 个，[4] 占 2.5%。应当指出，“返还财产纠纷”并非《民事案件案由规定》中明确的案由，不少法官将其作为与《物权法》第 34 条规定相对应的案由，恰恰又表明对返还原物与返还财产的认识有待廓清。(3)以“排除妨害纠纷”为案由的判决，这样的判决共有 5 个，[5] 占 2.5%。在这些判决中，法官将无权占有认为是对物的妨害，因而以“排除妨害纠纷”作为案由。但实际上，与“排除妨害纠纷”案由相匹配的法条是《物权法》第 35 条。(4)以“占有物返还纠纷”作为案由的判决，这样的判决共有 3 个，[6] 占 1.5%。这些判决中个，法官将“返还原物”等同于“返还占有物”。但是，“占有物返还纠纷”的规范基础实际上是《物权法》第 245 条，而不是《物权法》第 34 条。此外，还有个别以“买卖合同纠纷”为案由的判决。在买卖合同生效后有时会出现迟延交付标的物的情况，此时如果涉诉，法官有时在“买卖合同纠纷”的案由之下援引《物权法》第 34 条判决。[7]

---

[1] 类似案件还有：(2014)榆中民一终字第 00368 号，(2014)乌中民四终字第 1312 号，(2014)乌中民四终字第 1360 号，(2014)二中速民终字第 0265 号，(2013)成民终字第 5402 号，(2014)常民三终字第 42 号判决。

[2] 参见(2015)豫法民二终字第 307 号民事判决书，(2015)枣民一终字第 284 号判决。

[3] 参见(2014)深中法房终字第 2016 号，(2014)穗中法民五终字第 2484 号，(2015)徐民终字第 2130 号，(2015)宁民终字第 00695 号，(2015)浙温民终字第 2440 号，(2013)浙杭民终字第 2624 号，(2013)浙杭民终字第 2118 号判决。

[4] 参见(2013)连民终字第 1891 号，(2014)淄民一终字第 131 号，(2011)邯市民一终字第 895 号，(2015)周民终字第 79 号，(2015)周民终字第 79 号判决。

[5] 参见(2015)通中民终字第 1124 号，(2013)扬民终字第 1187 号，(2015)宿中民终字第 02193 号，(2014)浙杭民终字第 2458 号，(2014)浙杭民终字第 2457 号判决。

[6] 参见(2014)镇民终字第 1524 号，(2014)镇民终字第 1522 号，(2014)苏中民终字第 1077 号判决。

[7] 参见(2013)宿中民终字第 1538 号民事判决。

二、案由与裁判内容脱节

比较典型的情况是“以返还原物纠纷”为案由但判决主文的内容实为损害赔偿。抽取的样本中，这样的判决有 4 个，〔1〕占 2%。这些判决的大致情况是，当事人请求返还原物，但法院根据实际情况最终把“返还原物”的请求转化为“损害赔偿”的判决结果，从而导致判决载明的案由与判决主文内容不一致。而根据不告不理和裁判与诉请相一致的诉讼原理，这种不一致是很不妥当的。《民事案件案由规定》中明确规定了“财产损害赔偿纠纷”的案由。因此，当法院判决主文内容为赔偿金钱的时，判决中载明的案由应该是“财产损害赔偿纠纷”或其他能够体现赔偿要素的案由，而不是“返还原物纠纷”。如果基于同样的事实，而法院认定的法律关系的性质与当事人诉称的法律关系的性质不一致，法院应在结案时变更案由，〔2〕以使其认定的法律关系的性质与案由相匹配。

三、返还动产诉讼因不能证明被告占有标的物而被判驳回

随机抽取的案件样本中，有 19 个案件的处理结果是被判决驳回诉讼请求或被裁定驳回起诉。在这 19 个被判驳或裁驳的案件中，8 个案件是因为原告不能证明涉案标的物由被告现时占有而被判决驳回诉讼请求或被裁定驳回起诉，〔3〕占所有被判驳或裁驳的动产返还案件的 42.1%。官司有输赢，诉讼需谨慎，诉讼中原告的诉讼请求要么被支持要么被驳回，这是一般常识，本不稀奇。但大量同类诉讼因同一原因而被判驳回，则有关注和研究的必要。根据民事诉讼的一般程序，被告在接收到法院送达的起诉状副本时有 15 天的答辩期，该 15 天内被告有较为充足的时间应对诉讼。而基于动产的可移动性，被告极有可能在答辩期内将涉案的动产私下转移。或者，被告极有可能在原告起诉前就将可能涉案的动产隐匿。在这些情况下，原告即便能证明被告曾经占有涉案标的物，但却很难证明被告现时占有涉案标的物。因此，往往可能被

---

〔1〕 参见(2014)甘民一终字第 62 号判决、(2014)邯市民四终字第 135 号，(2013)烟民四终字第 1674 号，(2014)牡民终字第 439 号判决等。

〔2〕 参见最高人民法院《关于印发修改后的〈民事案件案由规定〉的通知》(法〔2011〕42 号)第三部分“适用修改后的《民事案件案由规定》时应注意的几个问题”第 5 项的内容。

〔3〕 参见(2015)宁民终字第 4221 号，(2013)一中民四终字第 760 号，(2013)一中民四终字第 760 号，(2014)石民一终字第 01709 号，(2014)昌民初字第 02191 号，(2015)阜民一终字第 00299 号，(2014)一中民终字第 5021 号，(2015)浙衢民终字第 342 号等民事判决书。

判决驳回诉讼请求。这个看似正常博弈的问题其实应该引起足够重视，因为很多原告经过诉讼程序后并没有解决问题，而是白白使诉讼程序空转，[1]对当事人和社会都是耗时费力、浪费资源。所以，如何采取有效措施避免涉及动产的返还原物纠纷能够得到有效的、实体的解决而不是程序空转，就是需要认真研究解决的现实问题。

第二节　迷局背后的认识问题——以案例为对象的分析

一、对《物权法》第34条等法条的认识问题

前述关于司法实践中的数据显示，法院经常把《物权法》第34条规定的返还原物与《民法通则》第117条规定的返还财产等同起来作为裁判依据。在一起返还原物纠纷案件中，[2]被告以原告企业尚欠被告所属企业货款为由将原告所有的小轿车拖走拒不返还。原告遂起诉到法院请求返还原物。本案的二审法院认为，根据《民法通则》第117条第1款的规定，侵占国家、集体或他人财产的，应返还财产。本案被告未经允许擅自拖走原告所有的车辆进行非法扣留，已经构成侵权，应予返还。据此，维持一审判决中"将轿车返还原告"的判项。在本案中，法官将返还原物的请求权基础直接确定为《民法通则》第117条第1款是否合适，需要认真探讨。

1. 从《物权法》第34条和《民法通则》第117条第1款、《侵权责任法》第15条第1款第4项规定的性质进行分析。从国内学界对于上述条文的解释论看，一致认为《物权法》第34条规定的是返还原物请求权；[3]而《民法通则》第117条第1款和《侵权责任法》第15条第1款第4项则是属于民事责任中的返还财产。从性质上看，前者属于物权请求权，而后者则属于侵权责任的承担

---

[1] 参见任高潮、高伟：《法官程序自由裁量权的失当与规则——以民事诉讼程序中的异化现象为例》，载《中国审判》2014年第9期。

[2] 参见(2014)榕民终字第3296号民事判决。

[3] 参见孙宪忠：《中国物权法总论》，法律出版社2014年版，第436页；王利明：《物权法研究》(上卷)，中国人民大学出版社2012年版，第215页；崔建远：《物权法》，中国人民大学出版社2009年版，第125~126页。

方式。作为物权请求权的返还原物与作为侵权责任方式的返还财产是否可以画等号,是一个非常值得讨论的问题。因为:(1)厘清返还原物与返还财产的界限,对于司法实践中法律的准确适用大有裨益,否则就会出现上文所述的裁判依据援引中的混乱。(2)学界对这一问题的认识也并不一致。有学者认为,《民法通则》第117条第1款规定的返还财产是侵权责任的承担方式,与《物权法》第34条规定的返还原物并不相同,无必要统一;[1]但有人则认为,《民法通则》第117条第1款规定的返还财产从权利角度看,即为返还原物请求权;[2]还有学者认为,应将《物权法》第三章的规定理解为侵权责任请求权,完成物权请求权向侵权责任请求权的变革。[3] 笔者认为,回答《物权法》第34条规定的返还原物和《民法通则》第117条第1款、《侵权责任法》第15条第1款第4项规定的返还财产是否可以画等号的问题,需要以实定法为前提,先从解释论的角度去阐释。至于实定法本身是否科学合理适当,则是下一个需要讨论的问题。按照这种思路,首先应该指出,《物权法》第34条规定的返还原物和《民法通则》第117条第1款、《侵权责任法》第15条第1款第4项规定的返还财产是否同一范畴的制度。如果属同一范畴,则二者在法律适用上应如何衔接;如果不属同一规范,则二者在法律适用界限上如何区分。在此基础上,才应进一步追问立法中对返还原物与返还财产的规定是否合理。

2. 以请求权基础的方法进行分析。从结构上看,《民法通则》第117条属于"侵权责任"的范畴。根据大陆法系国家处理案件的科学方法即请求权基础的方法,考察一项权利诉求是否能得到支持,原则上应遵循如下的顺序逐一检查其权利请求是否有充分恰当的请求权基础:合同上的请求权——无权代理等类似合同关系的请求权——无因管理上的请求权——物权关系上的请求权——不当得利请求权——侵权责任请求权——其他请求权。[4] 当然,理论

---

〔1〕 参见李建华、王琳琳:《我国未来民法典中私法责任承担方式的立法选择——兼论停止侵害、排除妨碍、消除危险、返还财产的二元定位》,载《海南大学学报》(人文社会科学版)2012年第3期。

〔2〕 参见崔建远:《物权救济模式的选择及其依据》,载《吉林大学社会科学学报》2005年第1期。

〔3〕 参见魏振瀛:《〈侵权责任法〉在我国民法中的地位及其与民法其他部分的关系》,载《中国法学》2010年第2期。

〔4〕 参见王泽鉴:《法律思维与民法实例:请求权基础理论体系》,中国政法大学出版社2001年版,第73~76页。

上也有另外的检索顺序。[1] 这两种请求权检索顺序并无明显优劣之别,只是基于思维侧重点的不同而产生的差异。本书基于不当得利请求权在请求权体系中的地位作用,采纳第一种顺序。据此,考察上述案例中的轿车返还的请求权基础应该首先看是否有合同上的请求权。(1)本案中,被告是擅自将原告车辆拖走,并无合同关系,因而没有合同上的请求权。(2)本案中也不存在无权代理关系上的请求权。(3)本案被告的行为也不构成无因管理,不存在无因管理上的请求权。(4)本案被告的行为构成无权占有,侵犯了原告对于车辆的所有权,符合返还原物请求权的构成要件,其请求权基础是《物权法》第 34 条。(5)本案中被告没有合法依据占有原告所有的轿车,造成原告的损失,符合《民法通则》第 92 条关于不当得利的构成要件,成立所谓占有不当得利,[2]其请求权基础是《民法通则》第 92 条。(6)本案被告的行为是对原告车辆所有权的侵占,符合《民法通则》第 117 条第 1 款及《侵权责任法》第 15 条第 1 款第 4 项规定的"返还财产"责任的构成要件,其请求权基础也正是《民法通则》第 117 条第 1 款及《侵权责任法》第 15 条第 1 款第 4 项。由此可见,本案被告的行为同时符合返还原物请求权、不当得利请求权和侵权责任请求权的构成要件,构成以上三种请求权的竞合。尽管如此,仍应该明确,返还原物纠纷的请求权基础是《物权法》第 34 条,而不当得利纠纷的请求权基础是《民法通则》第 92 条、《民法总则》第 122 条,侵权责任纠纷的请求权基础是《民法通则》第 117 条第 1 款及《侵权责任法》第 15 条第 1 款第 4 项,三者不可混淆。因此,本案中将返还原物纠纷依据《民法通则》第 117 条的规定进行判决是不妥当的。

二、《民法通则》第 134 条第 1 款第 4 项的返还财产条款的认识问题

在一起返还原物纠纷案件中,[3]原告与被告一签订合同,约定被告一将其位于被告二处的土地使用权转让给原告,由原告投资建设冷库,冷库和附属设施产权归原告,后主管机关批准了该冷库占用的土地的商业用途,原告取得土地使用权证,被告二仍然是土地所有权人,土地使用权的期限为 30 年。后来,工程施工过程中出现资金问题,原告外出筹资而停工近两年。其间,因停

---

[1] 参见[德]迪特尔·梅迪库斯:《请求权基础》,陈卫佐、田士永等译,法律出版社 2012 年版,第 13～14 页。

[2] 参见孙森焱:《民法债编总论》(上册),法律出版社 2006 年版,第 162～163 页。

[3] 参见(2013)甘民二终字第 236 号民事判决书。

工使得农民利益受损,三被告又与被告四签约由其投资并续建冷库,进行经营。后原告将四被告诉至法院,要求返还冷库。法院经审理认为,冷库主体工程由原告投资建设,原告才是所有权人,故依据《民法通则》第 117 条、第 134 条第 1 款第 4 项判决向原告返还冷库。本案中,法官直接将《民法通则》第 117 条和第 134 条第 1 款第 4 项并列作为返还原物纠纷的裁判依据。关于"《民法通则》第 117 条作为返还原物纠纷裁判依据"的认识问题,上文已经讨论,此处只讨论"《民法通则》第 134 条第 1 款第 4 项作为返还原物纠纷裁判依据"的问题,即该规定是否可以作为返还原物的请求权基础。对此,同样可以遵循上文的思路从两个方面进行分析:

1. 从返还原物条款与《民法通则》第 134 条第 1 款第 4 项规定的性质上分析。返还原物条款即《物权法》第 34 条,从性质上看,返还原物请求权是物权请求权,而《民法通则》第 134 条则是民事责任的承担方式,其中的第 1 款第 4 项"返还财产"条款,是民事责任方式中的一种。如同"返还原物请求权与《民法通则》第 117 条第 1 款规定的返还财产是否可以画等号"存在认识分歧一样,"返还原物请求权与《民法通则》第 134 条第 1 款第 4 项规定的返还财产是否可以画等号"也存在认识上的分歧,但对于这种认识分歧的讨论则不如前者那么多。比较典型的观点之一是将《民法通则》第 134 条规定的返还财产作为侵权责任方式对待,同时指出以侵权责任取代物权请求权越来越显现出不足,而应将返还财产的侵权责任方式归入物权请求权(实为返还原物请求权)。[1] 另一种观点认为,《民法通则》第 134 条规定的返还财产与返还原物是不同的,前者不仅包括后者,而且包括了《民法通则》第 117 条第 1 款和《合同法》中规定的返还请求权。[2] 这样的观点分歧不仅仅反映了对法律条款的不同理解,背后很可能也隐藏着立法本身的问题。

2. 同样以请求权的方法进行分析。(1)是否存在合同关系。本案中原告虽然与被告签订了土地使用权转让合同,但涉案标的物冷库及其附属设施则

〔1〕 参见崔建远:《论物权救济模式的选择及其依据》,载《清华大学学报》(哲学社会科学版)2007 年第 3 期。

〔2〕 参见李浩然:《所有权保护的请求权类型及其关系——以物上请求权为考察重点》,中国政法大学比较法学研究院 2014 年硕士学位论文,第 33 页。

是原告基于自我劳动这一事实行为取得所有权的,[1]因此,原告请求返还冷库的请求权基础不是合同,不存在合同上的返还请求权。(2)本案也不存在无权代理等类似合同关系的请求权。(3)本案也不存在无因管理上的请求权。(4)本案冷库的所有权属于原告,而被告无权占有冷库,因此,原告基于《物权法》第34条可以主张返还原物请求权。(5)原告也可主张不当得利返还的请求权,请求权基础是《民法通则》第92条或《民法总则》第122条,理由同前。(6)本案被告的行为是对原告冷库的侵占,符合"返还财产"责任的构成要件,其请求权基础也正是《民法通则》第117条第1款、《侵权责任法》第15条第1款第4项及《民法通则》第134条第1款第4项。因此,这里也存在返还原物请求权、不当得利请求权、侵权责任请求权的竞合问题,但判决既然以返还原物纠纷为案由,裁判依据却直接援引《民法通则》第117条和第134条第1款第4项,明显存在着前文所说的案由与裁判依据不一致的问题。并且,《民法通则》第117条和第134条第1款第4项是否可以作为同一个请求权的规范基础,也是不无疑问的。对此,后文将有讨论。

三、对《物权法》返还原物请求权与合同上的返还请求权的认识问题

在一起返还原物纠纷中,[2]原被告签署租赁合同约定,原告将其门面房出租给被告,租期为一年。租期届满后,双方并未续签合同,但被告仍向原告转账支付租金,后被原告转账退回。原告要求被告腾房被拒,遂诉至法院。法院经审理认为,双方签订的租赁合同合法有效,根据《合同法》第235条的规定,租期届满,应将房屋返还,故判决被告于一定期限内将房屋返还。本案中,法官以返还原物纠纷为案由,但裁判依据则援引《合同法》第235条。遵循上文的思路,仍然从相关法律条款的性质和请求权方法两个方面对此进行该分析:

1. 从返还原物请求权的性质和《合同法》第235条的性质上看。返还原物请求权是物权请求权,而《合同法》第235条是合同上的返还请求权,属于债权请求权。而物权请求权与债权请求权很显然是不同的,这种不同表现在性质、主体、义务人、能否适用公示原则、举证责任、诉讼时效、既判力主观范围等七

---

〔1〕 参见孙宪忠:《中国物权法总论》(第3版),法律出版社2014年版,第341页。另可参见《物权法》第30条。

〔2〕 参见(2014)榆中民一终字第00368号民事判决书。

个方面。[1] 基于这种不同,法官在返还原物纠纷的判决中直接援引合同上的返还请求权规范是否成为问题。如果是问题,这一问题如何解决。这些都是潜藏在裁判表象之后的认识问题,需要深入地分析研究。

2. 以请求权方法进行分析。基于与前文相同的原因,本案原告存在合同上的返还请求权,其请求权基础是《合同法》第 235 条;也存在返还原物请求权,其请求权基础是《物权法》第 34 条;还存在侵权责任的请求权,其请求权基础是《民法通则》第 117 条第 1 款和《侵权责任法》第 15 条第 1 款第 4 项。因此,本案也存在请求权的竞合问题。而请求权竞合的处理规则,法律上和学理上均认为应由受害人进行选择。[2] 但是,一旦选择,其裁判依据就是固定的了。具体而言,如选择返还原物请求权,则应以"返还原物纠纷"为案由,以《物权法》第 34 条为裁判依据;如选择合同上的返还请求权,则应以"房屋租赁合同纠纷"为案由,以《合同法》第 235 条为裁判依据;如果选择侵权责任上的返还财产请求权,则应以"侵权责任纠纷"为案由,以《侵权责任法》第 15 条第 1 款第 4 项或《民法通则》第 117 条第 1 款作为裁判依据。因此,本案以"返还原物纠纷"为案由,但以《合同法》第 235 条为裁判依据,实非妥当,其背后仍然存在认识偏颇。

四、返还原物纠纷生效判决执行中的认识问题

甲、乙委托丙拍卖公司拍卖一批古董,结果在委托期限内流拍,后双方在委托合同的后续履行中发生争议,丙拍卖公司没有将古董返还给甲、乙,于是甲、乙起诉丙公司要求返还原物。法院在开庭审理过程中,组织双方把涉案的古董全部登记造册,双方对登记册载明的古董名称、数量等共同签字予以确认,但并没有对涉案古董进行保全。后法院作出生效判决,判令丙公司将涉案古董全部返还给甲、乙。判决在强制执行过程中发生争议:甲、乙认为强制执行的古董并非当初交给丙公司的古董,是赝品;而丙公司则坚持认为强制执行的古董就是当初从甲、乙手中接受的古董。双方争执不下,强制执行数年后仍未解决。该案反映的问题实质上是返还原物纠纷的裁判规则问题,主要是如

---

〔1〕 参见程啸:《合同上的返还请求权与所有物返还请求权之关系》,载《人民法院报》2004 年 4 月 2 日。

〔2〕 参见我国《合同法》第 122 条;另请参见魏振瀛主编:《民法》,北京大学出版社、高等教育出版社 2000 年版,第 738 页;崔建远主编:《合同法》(第 4 版),法律出版社 2007 年版,第 304 页。

下两点:(1)返还原物诉讼是以“原物”为争议标的物,“原物”也是将来执行的标的物,因此,在诉讼中是否需要对“原物”采取保全措施,如果需要,那么在什么情况下应对返还原物诉讼中的涉案物采取保全措施;(2)如果因故未能采取保全措施,那么在诉讼中是否有替代性措施。这两个问题其实是所有返还原物纠纷都需要考虑的问题。从笔者抽样的200份裁判文书中无法看到上述两个问题的答案,因为是否采取保全措施或其他诉讼措施不是裁判文书的必要记载事项,所以无法从裁判文书中看出端倪。但是,从笔者长期从事民事审判工作的实际情况看,实践中关于返还原物纠纷是否需要保全、什么条件下才应该保全、是否存在保全的替代性措施等问题并没有建立统一的裁判规则,实践中往往各行其是。上述案例也正是这种各行其是所导致的极端结果。

经过上文初步的分析,可以看出我国返还原物纠纷的法律实践中存在如下问题:(1)尽管《民事案件案由规定》规定了“返还原物纠纷”这一案由,但在实践中,法院的判决却很少依据“返还原物纠纷”案由的规范基础——《物权法》第34条来判决案件,反而是依据《民法通则》《合同法》《侵权责任法》等相关规定“相互混搭”来判决案件。[1] (2)原告在起诉涉及返还原物的案件时,明明是典型的合同纠纷(如租赁合同纠纷),但却笼统地以“返还原物纠纷”起诉,而法院受理后也不对当事人释明,也不调整案由,任由案由与裁判依据不一致。(3)法院在审理涉及“返还原物纠纷”的案件过程中,是否需要采取财产保全措施。如需要采取财产保全措施,则财产保全的具体方式应如何选择等。(4)原告在返还原物诉讼中如何证明被告为现时占有,从而避免程序空转,法院又可以有何作为。这些问题反映出的实质是理论和实务界对我国《物权法》第34条规定的返还原物,对我国《民法通则》第117条第1款、第134条第1款第4项、《侵权责任法》第15条第1款第4项、《合同法》第58条、第59条、第235条、第373条、第377条等规定的返还财产,以及对我国《民法通则》第92条和《民法总则》第122条规定的返还不当得利,存在认识上的混乱和分歧,甚至可能立法的本身也存在合理性的问题。鉴于上述情况,关于返还原物请求权,在我国民法理论上还有不少问题需要进一步研究,在司法实践也有很多纷

---

〔1〕 参见(2014)漯民三终字第51号,(2013)新中民四终字第435号,(2013)甘民二终字第236号,(2015)宁商终字第911号,(2014)海南二中民一终字第210号,(2014)郑民二终字第1365号,(2015)莱中民一终字第45号等民事判决书。

争需要进一步厘清。以下,本书将从探讨返还原物请求权的概念和性质入手,抽丝剥茧,一步一步探寻返还原物请求权制度的历史生成、构成要件、法律效果、具体类型等理论问题,并以此为基础深入分析上文提出的实践中的问题,努力提出返还原物纠纷案件的裁判基准。

第二章

返还原物请求权的概念、性质和正当性基础

当我们做出努力——比如说在写信时——为我们的思想寻找正确的表述时，发生了什么事情？——这种说话方式是把该过程与翻译或描述的过程相比照了：思想就在那里（也许早已存在），我们只是寻求它的表述。[1]

——维特根斯坦

〔1〕［奥］维特根斯坦：《哲学研究》，李步楼译，商务印书馆1996年版，第162页。

一般认为，返还原物请求权在性质上属于物权请求权，并且，按照不同的标准可以有不同的分类。对于这种一般性的认识，围绕返还原物请求权所展开的研究，必须进行深入的理论审思。首先不能忽视的，就是其概念的梳理，性质的辨析和类型的甄别。在此基础上，还需要探究的是，返还原物请求权的产生，是否有其深刻的社会历史根源。如果有，则这一根源在伦理层面、经济层面、社会层面是如何或者可以如何阐述。

第一节　返还原物请求权的概念界定

一、返还原物请求权的概念界定

（一）传统大陆法系国家民法中的返还请求权或所有物返还请求权及评析

在伯恩哈德·温德沙伊德（Bernhard Windscheid）的影响下，[1]德国的民法学理虽然在一定程度上接受了物权请求权理论，但在《德国民法典》的条文中，却并没有关于物权请求权的一般规定。《德国民法典》中与本书讨论的返还原物请求权相对应的概念是返还请求权。[2] 所谓的返还请求权，规定于《德国民法典》第985条，即所有人可以向占有人请求返还物。学者将该返还请求权称为"所有物返还请求权"（Eigentumsherausgabeanspruch）[3]。不过，尽管《德国民法典》没有规定统一适用于所有物权的返还请求权，但通过法典第1065条、第1227条和《地上权条例》第11条第1款，[4]用益权人、质权债权人及地上权人，也得适用《德国民法典》第985条之规定。也就是说，只要某种物权之内容包含有对物之占有，则第985条都有适用的余地。因此，可以认

---

〔1〕温德沙伊德曾任《德国民法典》第一个起草委员会的成员，是当时影响力最大的潘德克顿学派的代表，被视为委员会的头脑人物。参见［德］K. 茨威格特、［德］H. 克茨：《比较法总论》，潘汉典等译，法律出版社2003年版，第216页。

〔2〕《德国民法典》德文文本中，采用"Herausgabeanspruch"一词，而非"des Eigentümersherausgabeanspruh"一词，"Herausgabeanspruch"的本意为"返还请求权"，而"Eigentümersherausgabeanspruh"的本意为"所有权人的返还请求权"。参见 Bürgerliches Gesetzbuch（BGB），§985。

〔3〕Manfred Wolf, *Sachenrecht*, 18. *Auflage*, C. H. Beck, 2002, S. 94.

〔4〕参见［德］鲍尔、［德］施蒂尔纳：《德国物权法》（上册），张双根译，法律出版社2004年版，第185页。

为,德国法中有统一适用于以占有为内容的物权的返还请求权,返还请求权的外延要比所有物返还请求权更广,这一表述可以把所有物返还请求权之外的以返还为内容的物权请求权囊括进来。就此而言,《德国民法典》原文中采用“返还请求权”的表述,而没有采用“所有物返还请求权”的表述,或许并非无心之失。

《法国民法典》中没有使用“物权”而使用了“财产”的概念,也没有关于物权请求权的规定,在“所有权”中也没有规定所有物返还请求权。但是,在法国民法学中是有物权概念的,法国学者认为,物权与对人权的区分构成了财产权利的“脊梁”〔1〕。在法国民法的理论和实践中,对所有权的保护通过所谓的追还财产之诉来实现。财产追还之诉是一种典型的本权诉讼,它是由财产所有权人以所有权人的资格,针对持有其财产并对其权利持有异议,因而拒绝向其返还财产的第三人提起的诉讼。追还财产诉讼的目的在于,请求确认所有权并且将财产返还给真正的所有权人。虽然法国民法中追还财产之诉既有不动产的追还,也有动产的追还,但请求追还动产的情况很少,因为动产占有人通常都受到《法国民法典》第2279条的保护,即在动产方面,占有即等于所有权证书。〔2〕

《奥地利普通民法典》中没有物权总则,也没有规定所有物返还请求权。但是,该法典第366条规定,所有权人有排除其他人占有其财产的权利,包括对被任何持有人扣留而不返还的财产,向法院提起请求返还之诉。〔3〕根据该规定,在奥地利民法中针对该项请求权有所谓“所有物返还请求之诉”(Eigentumsherausgabeklage)〔4〕。因此,奥地利民法中关于所有权保护的做法,与德国不完全相同。

《瑞士民法典》中对于物权编没有规定总则,而是直接按照“所有权——限制物权——占有及不动产登记簿”的结构进行规定。并且,在所有权的规定中,也没有针对所有权的保护进行规定,因而在法典中没有所有物返还请求

---

〔1〕 Carbonnier, *Les biens*, p. 38. 转引自尹田:《法国物权法》,法律出版社2009年版,第25页。

〔2〕 参见《法国民法典》,罗结珍译,法律出版社2005年版,第1618页。另请参见[法]弗朗索瓦·泰雷、[法]菲利普·森勒尔:《法国财产法》,罗结珍译,中国法制出版社2008年版,第616页。

〔3〕 参见《奥地利普通民法典》,周友军、杨垠红译,清华大学出版社2013年版,第60页。

〔4〕 Martin Binder, *Sachenrecht: Theorie und systematisch aufbereitete OGH – Fälle*, Österreich GmbH, 2003, S. 141.

权，也没有物权请求权。但是，在该法典物权编的“占有及不动产登记簿”部分，对于占有保护的规定，在很大程度上起到了保护标的物占有的作用。因为，以非法暴力侵夺他人占有物的，有返还的义务。即使侵夺人对该物主张有优先权利，亦同。[1] 同时，结合该法典基于占有的事实而对占有动产之人为动产的所有人的推定，当占有动产被侵夺时，权利人得主张返还占有物或损害赔偿。[2] 因此，在瑞士民法中，没有法定的所有物返还请求权或返还原物请求权。返还原物请求权的规范功能通过侵夺占有之诉（Klage aus Besitzesentziehung）来达成。

《日本民法典》中没有关于物权请求权的规定，但是，学理上认为，当发生侵害物权的圆满状态时，物权人便取得了以排除该侵害状态为目的的物权请求权。而所有权是最为典型的物权，故基于所有权而产生的物权请求权，也呈最完全的姿态出现。[3] 因此，日本民法上没有独立的、规范的返还原物请求权的概念。关于返还原物请求权的界定，通过所有物返还请求权来界定。同时，对于其他以占有为内容的物权，也承认其作为物权的效力，被称为物上请求权或物权请求权，从而，使返还请求权的适用范围除了所有物，也包括所有以占有为内容的物权。[4]

《韩国民法典》中也没有专门规定物权请求权。但是《韩国民法典》于第213条规定了所有物返还请求权。即所有人可请求占有其所有物的占有人返还所有物。但占有人对该物享有占有权的，可拒绝返还。同时，该法典在第290条规定了地上权可以准用第213条。第319条规定了传贳权可以准用第213条。[5] 因地上权和传贳权在韩国民法中都属于不动产物权，因此可以认为，韩国民法中的返还原物请求权仅适用于部分以占有为内容的不动产物权，具体包括所有物返还请求权，地上权人的原物返还请求权和传贳权人的原物返还请求权，并非可以适用于所有的以占有为内容的物权。

---

〔1〕 See Schweizerisches Zivilgesetzbuch, Art. 927.

〔2〕 See Schweizerisches Zivilgesetzbuch, Art. 930.

〔3〕 参见［日］我妻荣：《新订物权法》，有泉亨补订，罗丽译，中国法制出版社2008年版，第270页。

〔4〕 参见［日］我妻荣：《新订物权法》，有泉亨补订，罗丽译，中国法制出版社2008年版，第23页。

〔5〕 所谓传贳权，是韩国民法上的特有概念，是指传贳权人支付传贳金，依该不动产的用法，占有、使用、收益，于传贳权消灭时，权利人对该不动产全部享有较后顺位权利人及其他债权人优先受偿传贳金的权利。参见崔吉子：《韩国物权法专题研究》，北京大学出版社2013年版，第161～174页。

以上分析表明,在主要的大陆法系国家民法典中,并没有如我国《物权法》第34条所规定的返还原物请求权概念。在发挥返还原物请求权的规范功能方面,要么采取"以所有物返还请求权为核心,其他占有性物权予以准用"的模式,如德国、韩国等;要么采取"对所有物返还请求权和物权请求权不作任何规定,通过占有保护或学理的发展实现返还原物请求权规范功能"的模式,如瑞士、日本等;要么采取"不规定返还请求权或所有物返还请求权,而只规定返还之诉"的模式,如法国等。从中立的角度,很难主观评价各自做法的优劣,但认真分析各国制度的特点,可以帮助我们更深入地分析研究返还原物请求权制度本身的机理。另外需要指出,英美法系中虽然也有与返还原物请求权相对应的制度,但因其与大陆法系的法理逻辑完全不同,在法律上没有物权、债权二分的体系,也没有物权的概念,[1]因此本节内容不对英美法系中的与返还原物请求权制度相对应的制度概念进行阐述,而将在后文另行详述。

(二)我国学者关于返还原物请求权概念的论述及评析

《物权法》第34条是我国返还原物请求权的直接法律渊源。尽管有了明确的法律规定,但对于返还原物请求权的概念界定,仍然存在争议。由梁慧星教授主持、孙宪忠教授撰写的《中国民法典草案建议稿附理由·物权编》第261条第1款规定"物权人对无权占有其物的任何人,可以直接主张恢复占有的请求权。"其立法理由谓:"本条是关于物权人行使返还请求权的规定。所谓返还请求权,即合法占有物的权利人,向占有其物的任何人提出要求其返还占有的权利。"孙宪忠教授也指出,返还请求权,指物权人对无权占有人所享有的要求其返还占有的权利。[2] 也就是说,返还原物请求权并非仅指所有权人所享有的权利,而是包括其他物权人如用益物权人,甚至包括合法占有物的人。而王

[1] 虽然吴一鸣博士在其《英美物权法——一个体系的发现》一书中努力构筑了英美法系中与大陆法系《物权法》内容相对应的部分的体系,并且指出,通过对具体规则的解读,能够很清晰地发现,英美法系中存在债权和物权。但是,正如作者指出的那样,"英美法系确实不存在像大陆法系那样如同日常用语般被高频使用的债权、物权等术语,学说上也很少研究这个问题。但这并不表明英美法中不存在大陆法债权、物权概念所指向的对象。"也就是说,从概念指向对象的意义上,英美法系中的确存在如大陆法系《物权法》研究对象那样的客观存在,但基于各自的传统和学科发展进路,不能认为英美法系中存在物权和物权法这样的概念。参见吴一鸣:《英美物权法——一个体系的发现》,上海人民出版社2011年版,第3页。

[2] 参见梁慧星主编:《中国民法典草案建议稿附理由·物权编》(该部分由孙宪忠教授撰写),法律出版社2004年版,第56~57页;孙宪忠:《中国物权法总论》(第3版),法律出版社2014年版,第436页。

利明教授则认为，返还原物的请求权，又称为所有物返还请求权，是指所有人对无权占有或侵夺其所有物的人，有权请求其返还所有物。可见，王利明教授认为的返还原物请求权，其权利主体仅仅指所有权人。当然，在《物权法》颁布之后，王利明教授已经对其"返还原物请求权"的概念进行了调整。[1] 崔建远教授采用"物的返还请求权"的表述而不用"返还原物请求权"的表述，他认为，物的返还请求权是物权人对于无权占有标的物之人，得请求返还该物的权利。[2] 王洪亮教授认为《物权法》第34条关于返还原物请求权的界定并不准确，他对返还原物请求权有另一种界定，即返还原物请求权是指没有（直接）占有的物权人对占有的非物权人（现时的占有人）的返还请求权。[3] 崔建远教授、王洪亮教授关于返还原物请求权的界定的表述虽然与孙宪忠教授有所不同，但在实质意义上并无二致。

我国学者关于返还原物请求权的概念界定上的纷争有特定的历史原因。在2007年我国《物权法》颁布之前，因没有返还原物的法定概念，学者多以我国台湾地区的物权保护体系为基础展开研究。而我国台湾地区关于物权的私法保护体系中并没有规定返还原物请求权，而是直接规定了所有物返还请求权，其他物权准用该规定。我国台湾地区学者正是依照该体系对物权请求权进行研究。于是，学者在研究物权请求权时，也就遵循我国台湾地区学者的思路进行研究，从而出现了所有物返还请求权说和物权人占有返还说的分别。2007年《物权法》明确在第34条规定了返还原物请求权之后，我国学者之间就返还原物请求权的概念不再有"物权人占有返还"还是"所有物返还"的争论。

（三）本书对于返还原物请求权的概念界定

本书认为，返还原物请求权是根据我国《物权法》第34条得出的特有概念。而其他大陆法系国家大都用返还请求权或所有物返还请求权的概念。从《物权法》第34条在整部法典中的位置看，该条属于《物权法》的总则编，因而对于所有权和限制物权均有规范作用，原则上可适用于所有权和限制物权，外延上应包括所有物返还请求权和基于他物权的返还原物请求权。从第34条

---

〔1〕 经调整后，王利明教授认为，返还原物请求权是指权利人对物权占有或侵夺其物的人，有权请求其返还占有物。参见王利明：《物权法研究》（第3版）（上册），中国人民大学出版社2012年版，第215页。

〔2〕 参见崔建远：《物权法》，中国人民大学出版社2009年版，第125~126页。

〔3〕 参见王洪亮：《原物返还请求权：物上请求权抑或侵权责任方式》，载《法学家》2014年第1期。

的条文内容看，无权占有不动产或动产的，权利人可以请求返还原物。这意味着，对于以占有为内容的不动产物权和动产物权，只要发生无权占有的情形，即法律上分配的对物支配与事实上行使的对物支配产生了分歧，〔1〕权利人即可主张返还原物请求权。因此，返还原物请求权是指，物权人对无权占有其不动产或动产的人所享有的要求其返还该不动产或动产的物权请求权。这一概念表明，返还原物请求权既包括所有物返还请求权，也包括基于有占有内容的他物权而产生的返还原物请求权；既包括返还不动产的请求权，司法实践中的腾房纠纷即属于这种情况，〔2〕也包括返还动产的请求权。

二、返还原物请求权的法律特征

根据我国《物权法》第34条及该条在整个《物权法》中的位置，结合返还原物请求权的概念，返还原物请求权具有三大法律特征，以下分别详述。

（一）返还原物请求权的主体是失去对物的占有的所有权人和他物权人

1. 所有权人是当然的返还原物请求权主体。所有权人对于标的物享有最完满的权能，当所有物被他人侵夺或占有时，所有权人得以所有权人的身份行使返还原物请求权，也是名副其实的所有物返还请求权，也就是德国法上的返还请求权。〔3〕但是，所有权人并非任何时候都可以行使返还原物请求权。基于权利自身的实际情况，请求权人在行使返还原物请求权的权能上有差别和限制。一般而言，所有权人能够行使完满而独立的返还原物请求权。但是，当本权被设定他物权时，所有权人的返还原物请求权将受到限制。〔4〕最典型者如建设用地使用权人。当所有权人在自己土地上设定了建设用地使用权后，在建设用地使用权存续期间，所有权人将失去对该土地的占有，此时其不能行使返还原物请求权。

2. 他物权人也是返还原物请求权的主体。关于他物权人是否可以主张返还原物请求权在我国台湾地区曾有否定意见。〔5〕史尚宽先生认为，我国台湾

---

〔1〕参见王洪亮：《物上请求权的功能与理论基础》，北京大学出版社2011年版，第57页。

〔2〕日本民法中也有所谓的腾空请求。参见［日］我妻荣：《新订物权法》，有泉亨补订，罗丽译，中国法制出版社2008年版，第274页。

〔3〕Vgl. Manfred Wolf, *Sachenrecht*, 18. *Auflage*, C. H. Beck, 2002, S. 94.

〔4〕参见最高人民法院物权法研究小组编著：《〈中华人民共和国物权法〉条文理解与适用》，人民法院出版社2007年版，第139页。

〔5〕参见姚瑞光：《民法物权论》，台北，海天印刷厂有限公司1993年版，第57～58页。

地区"民法"仅就地役权规定可以准用第767条,而其他种类的物权没有准用的规定,"似有阙漏"。[1] 此外,郑玉波、谢在全等人也都认为,其他物权亦应认可物上请求权的适用。[2] 但在《物权法》框架下,这样的争论没有意义。《物权法》第34条既然属于《物权法》的总则部分,且所用表述是"权利人可以请求返还原物",而权利人当然包括他物权人。需要讨论的是这里的权利人是否包括占有人。根据体系解释,既然返还原物请求权规定于《物权法》总则中,则对于各分则内容应统一适用。就此而言,占有人也似乎应该根据《物权法》总则的规定而享有返还原物请求权。对此,应作如下的解释。虽然占有规定于《物权法》分则中,但是民法通说认为占有并非物权的一种,而是一种事实。但占有在任何时候都是一定权利或利益的外在体现。对占有进行保护,也就是对"占有"背后的权利进行保护。于是,法律就将权利推定,与一定的占有状态联系起来。[3] 职是之故,占有并非是一种物权。但是,鉴于占有之标的以物为限,占有也存在公示的问题,[4]占有与物权保护和运作的原理非常相近,因而以德国为代表的大陆法系民法,都非常重视对占有的研究;[5]以《德国民法典》为代表的大陆法系国家民法典,也大多在民法典的"物权编"规定占有保护制度。[6] 我国《物权法》为了强化对占有的保护,也专章规定了占有。但尽管如此,《物权法》总则中的返还原物请求权并不适用于占有。针对占有的侵犯,《物权法》于第245条规定了占有保护请求权,提供专门的救济。

(二)返还原物请求权的相对人必须是无权占有物的人

物权人行使返还原物请求权时只能针对无权占有人。这里的无权占有人既包括绝对的无权占有人,如完全无关的第三人;也包括过去曾经有权占有而现在已无权占有物的人,如租赁合同届满后没有续签合同的承租人;亦包括现在无权占有物但将来可能有权占有该物的人,如侵夺他人之物后又与被侵夺

---

[1] 参见史尚宽:《物权法论》,中国政法大学出版社2000年版,第12页。

[2] 参见郑玉波:《民法物权》,台北,三民书局1982年版,第24页。

[3] 参见[德]鲍尔、[德]施蒂尔纳:《物权法》(上册),张双根译,法律出版社2004年版,第105页。

[4] Vgl. Jens Thomas Füller, *Eigenständiges Sachenrecht*? Mohr Siebeck Tübingen, 2006, SS. 272－296.

[5] Vgl. Manfred Wolf, *Sachenrecht*, 18. *Auflage*, C. H. Beck, 2002, S. 73; Martin Binder, *Sachenrecht: Theorie und systematisch aufbereitete OGH－Fälle*, Österreich GmbH, 2003, S. 141.

[6] 《德国民法典》第854～872条专章规定占有,《意大利民法典》第1140～1170条专章规定占有,我国台湾地区"民法"第940～966条专章规定占有。

人友好协商即将达成借用合同的人。这三类人的共同特点就是现在占有标的物,并且无占有权源。因为,返还原物请求权的指向性非常明确,权利人只有向现在占有标的物的人提出请求,才能使标的物实际返还给物权人。间接占有人,如侵夺所有物后之贷与人、出租人、寄托人,也可以成为返还原物请求权的相对人。但其返还方法,则不一定是现实交付。以其对于直接占有人如借用人、承租人、受寄托人之返还请求权,让与所有权人亦无不可。至于占有机关,如受雇于占有人的人,因其占有系受他人指示而为之,故不宜作为返还原物请求权的相对人。[1]

(三)行使返还原物请求权必须以物的现时存在为前提

返还原物请求权的启动,旨在使自己失去占有的原物得到回复。如果被要求返还的物已经在物理上灭失,则返还原物请求权将在客观上无法落实。所以,返还原物请求权的行使,必须以物的现时存在为前提。如果主张返还原物请求权时,原物已经灭失,则权利人只能要求赔偿损失,而不能要求返还原物。原物虽然存在,但已被破坏而致物理毁损,则权利人可以揆诸其利益,选择请求返还原物,抑或赔偿损失,或修理、更换、重作等。[2] 也正是因为上述原因,在司法实践中,如果涉及返还原物的案件,当事人应申请对涉案物采取扣押等财产保全措施,[3]以保证案件进入执行程序时通过执行程序返还的物,就是物权人所主张的"原物"。

第二节 返还原物请求权的类型

一、不动产返还原物请求权与动产返还原物请求权

(一)基于不动产的返还原物请求权

不动产返还原物请求权是基于不动产物权而生的返还原物请求权。大陆法系国家对于不动产的范围的理解并不一致。在德国民法中,不动产就是指

[1] 参见谢在全:《民法物权论》(下册),中国政法大学出版社1999年版,第131页。

[2] 参见最高人民法院物权法研究小组编著:《〈中华人民共和国物权法〉条文理解与适用》,人民法院出版社2007年版,第139页。

[3] 参见(2015)一中民终字第09807号民事裁定书。

土地。[1] 在日本民法中，不动产则是土地及其定着物。[2] 在我国《物权法》上，不动产包括土地、矿藏、海域、水流及地上定着物。[3] 因不动产的核心特点是不能移动，故所谓返还原物请求权对于不动产而言，返还应作宽泛的理解。以下几种情形，都属于不动产物权的所谓的“返还”。(1)离开无权占有的土地、矿藏、海域等。土地、矿藏等不能移动，对这些不动产的无权占有表现为未经权利人许可而擅自闯入或擅自使用。返还原物请求权的行使只要使无权占有人离开土地、矿藏等标的物，则物权人的物权即可回复到完满状态，也就是原物已经返还。(2)腾空无权占有的建筑物。建筑物在《物权法》上是指定着于土地的上下，具有顶盖、梁、柱、墙壁等，可供个人或数人居住或其他目的使用的构造物。[4] 对于建筑物的无权占有主要是未经权利人允许而进入他人建筑物内驻留或将他人建筑物置于自己控制之下。在这种情况下，只要使驻留人或控制人腾空建筑物，并将建筑物控制权交给物权人，如将房屋腾空后把钥匙交给所有权人，就可以认为构成了对原物的返还，正如日本民法中对于不动产的腾空请求权一样。[5] (3)将擅自控制的地上定着物交由权利人控制。因不动产除了土地、房屋之外，还包括其他地上定着物如林木等。对于林木等其他地上定着物的无权占有主要表现为将林木四周打围进行控制。因此，对于无权占有林木的返还主要就是将控制权交还权利人本人。此外，因不动产物权中还有用益物权，故返还的对象既包括所有权人，在很多情况下也包括地上权人等不动产用益物权人。

(二)基于动产的返还原物请求权

不动产以外的物，均为动产。与不动产物权不同，动产物权的变动需要经过占有的转移，即交付。在现代以前，尤其是价值重大的动产如汽车、飞机等出现以前，动产的价值远不及不动产。但随着现代科学技术的发展，现代交通工具也随之发展，动产因其价值增长而在经济活动中的地位也越来越重要。也因此，对于动产物权的保护也越来越受到重视。由于动产是可以随意移动的物，对其进行控制所需成本较小，因而一般来说，动产比之不动产更容易被

---

〔1〕 Vgl. Manfred Wolf, *Sachenrecht*, 18 Aulflge, Verlag C. H. Beck, 2002, S. 8.

〔2〕 参见《最新日本民法》，渠涛编译，法律出版社2006年版，第23页。

〔3〕 参见崔建远:《物权法》，中国人民大学出版社2009年版，第32页。

〔4〕 参见梁慧星、陈华彬:《物权法》(第4版)，法律出版社2007年版，第39页。

〔5〕 参见[日]我妻荣:《新订物权法》，有泉亨补订，罗丽译，中国法制出版社2008年版，第274页。

侵夺或侵占。而基于动产的返还原物请求权就是动产物权本身所附带的一种权利,依靠这种权利,动产物权人可以请求侵夺或侵占人返还对物的占有,即把其无权占有的动产交付给物权人。因此,返还原物对于动产来说,就是把原物交付给物权人。物权人行使返还原物请求权时可以直接向无权占有人主张,如果无权占有人并不积极地把其占有之动产交付物权人,则物权人可以提起返还原物之诉,通过国家公权力的介入实现返还原物的效果。

二、所有物返还请求权与基于他物权的返还原物请求权

因物权有所有权和他物权之分,因而以物权为基础的返还原物请求权也随之可以分为基于所有权的所有物返还请求权和基于他物权的返还原物请求权。

(一)所有物返还请求权

所有物返还请求权是所有人对于无权占有或侵夺其所有物者,得请求其返还所有物的权利,是物权请求权的一种重要类型,又称所有物回复请求权。[1] 所有物返还请求权中的物既可以是不动产也可以是动产,只要其是所有权的客体,且被他人无权占有,所有权人即可行使所有物返还请求权。但在占有人对于所有权人而言是有依据的占有时,这一请求将完全可能被拒绝;并且不问该占有之本权,是一项物权还是一项债权。比如,质权人基于质权的占有就是有依据的占有。又如,承租人依据租赁合同在合同约定的租赁期内占有所有权人所有的房屋,也是属于有依据的占有。若允许权利人在上述情况下主张所有物返还请求权,这就会使所有权人违反他在出质、租赁等相应法律关系中承担的义务。同时,在上述情况下,一般人也会认为所有权人的行为不符合诚信原则。[2] 另外,需要指出的是,所有物返还请求权的主体一般情况下是所有权人,例外情况下即便不是所有权人,但依据法律规定,可以行使所有物返还请求权的人也包括在内。这些例外情况主要有:(1)破产管理人,比如,依据我国《企业破产法》第34条的规定,管理人对于符合特定条件的债务人的财产可以追回;(2)遗嘱管理人,比如,我国台湾地区"民法"第1179条遗嘱管理人有权为保存遗产而为必要之处置;(3)失踪人之财产管理人,比如,依据我

---

〔1〕 参见梁慧星、陈华彬:《物权法》(第4版),法律出版社2007年版,第133~134页。

〔2〕 参见[德]鲍尔、[德]施蒂尔纳:《德国物权法》(上册),张双根译,法律出版社2004年版,第186~187页。

国《民法通则》第 21 条和最高人民法院《关于贯彻执行〈中华人民共和国民法通则〉若干问题的意见(试行)》第 32 条的规定,财产代管人可以请求返还失踪人的所有物;(4)代位权人,例如,我国台湾地区"民法"第 242 条规定的代位权人。[1]

(二)基于他物权的返还原物请求权

基于他物权的返还原物请求权,是指在有占有内容的他物权的情况下,基于他物权的占有被他人侵夺,此时他物权人对无权占有人所享有的返还原物请求权。在我国的物权体系中,建设用地使用权、农村土地承包经营权、质权、地役权等都以占有为其重要的权能,如果失去这一权能,这些权利的存在就失去了意义和价值。因此,上述种类的他物权都可以基于该他物权行使返还原物请求权。[2] 抵押权虽然属于他物权的一种,但是,因抵押权不转移占有,不以占有为其权能,而仅仅以其交换价值发挥担保功能,故抵押权人不能基于抵押权行使返还原物请求权。

三、私法中的返还原物请求权与公法中的返还原物请求权

公法与私法是自罗马法以来关于法律的重要的分类。根据上述法的分类的不同,返还原物请求权也可以分为私法中的返还原物请求权和公法中的返还原物请求权。

(一)私法中的返还原物请求权

私法中的返还原物请求权就是基于私法规范,仅仅发生在私法领域的物权人所享有的返还原物请求权。严格来说,请求权就是传统大陆法系中私法上的概念。梅迪库斯教授指出,"实体法上的请求权概念是由温德沙伊德从罗马法和普通法中的诉的概念中发展出来的",[3]按照温德沙伊德的观点,通过法院起诉的诉权,仅仅是请求权的结果,而不是请求权的原因。请求权是法律上有权提出的请求,属于完全的实体法上的权利,[4]也是私法中的最重要的权利类型之一。现代民法学根据法律关系的类型把民事权利分为物权、债权、人格权和身份权等。这些权利要实现其功能,或者在受到侵犯时要恢复到不

---

〔1〕 参见谢在全:《民法物权论》(上册),中国政法大学出版社 1999 年版,第 130 页。

〔2〕 参见孙宪忠:《中国物权法总论》(第 3 版),法律出版社 2014 年版,第 436 页。

〔3〕 [德]迪特尔·梅迪库斯:《德国民法总论》,邵建东译,法律出版社 2001 年版,第 67 页;另请参见金可可:《论温德沙伊德的请求权概念》,载《比较法研究》2005 年第 3 期。

〔4〕 参见金可可:《论温德沙伊德的请求权概念》,载《比较法研究》2005 年第 3 期。

受侵犯的原初状态，都要借助于请求权的行使。[1] 本书所讨论的返还原物请求权，正是私法意义上的返还原物请求权。私法上的返还原物请求权适用私法中的规则。具体而言，返还原物请求权人可以直接向无权占有人主张返还原物。如果无权占有人拒绝权利人的请求，则返还原物请求权人可以依据我国《物权法》第34条的规定，提起返还原物之诉，且适用民事诉讼程序，由普通法院管辖。

（二）公法中的返还原物请求权

公法中的请求权概念并非创自公法自身，而是借鉴民法的请求权理论体系发展而来。在法制史上，较早地论说公法上请求权的是德国法学家耶林内克，他充分地吸收、借鉴了民法中请求权的理论去阐述公法上的请求权。在《现代公法权利体系》一书中，耶林内克指出，民法权利作为一种意志能力，为了实现特定利益，它常常具象地表现为民法上的请求权，公法中的权利同样具备这样的特点。民法请求权源自特定法律状态或法律地位，公法中的请求权也源自特定的法律状态。[2] 这里所说的法律地位或状态，乃是请求权之依归，同时也是公法上的请求权的基础。从民法的观点来看，既可以基于债权的法律地位请求某人交付某物，如买卖合同签订后的买受人；也可基于物权的法律地位请求某人交付某物，如物权人行使返还原物请求权便是这种情况，在公法中也是同样的道理。[3] 也就是说，公法上的请求权的基础在于公民与国家在公法法律关系中的不同的法律地位。内容相同的请求权可服务于不同的目的，同样是返还原物，如果服务和保障的目的不同，则请求权的性质可能不同。因此学者才指出，要深入到请求权的目的结构中，分析请求权所服务和保障的法律状态和地位。[4]

---

[1] 参见王泽鉴：《民法总则》，中国政法大学出版社2001年版，第92页。

[2] Vgl. Georg Jellinek, *System der subjektiven öffentlichen Recht*. Neudruck der 2. Auflage Tübingen 1919, Seientia Verlag Aalen 1964, S. 86. 转引自徐以祥：《行政法上请求权的理论构造》，载《法学研究》2010年第6期。

[3] Vgl. Walter Pauly und Martin Stebinger, Staat und Individuum. Georg Jellineks Statuslehre, in: Andreas Anter (Hrsg.), Die normatzve Kraft des Faktisehen: Das Staatsverständnis Georg Jellineks, Nomos Verlag 2004, SS. 146–147. 转引自徐以祥：《行政法上请求权的理论构造》，载《法学研究》2010年第6期。

[4] Vgl. Georg Jellinek, *System der subjektiven öffentlichen Recht*. Neudruck der 2. Auflage Tübingen 1919, Seientia Verlag Aalen 1964, S. 146. 转引自徐以祥：《行政法上请求权的理论构造》，载《法学研究》2010年第6期。

关于公法中的请求权的理论体系，随着近年来公法理论尤其是行政法理论的发展，公法上的请求权的理论也有很大发展。[1] 但从目前关于公法上请求权的研究成果看，并没有公法上的返还原物请求权的论述，与之相近的论述大都是关于公法上的不当得利返还请求权的论述，并且把公法上对原物的返还视为是公法上不当得利请求权的返还内容，[2]这或许是基于学科差异而产生的认识分歧，但也可能是对民法中不当得利理论精髓的误读，对此，本书将在后文详述。根据我国《国家赔偿法》第32条的规定，国家赔偿以支付赔偿金为主要方式。能够返还财产或者恢复原状的，予以返还财产或者恢复原状。据此，在公法中至少如下几种情况会有返还原物请求权的产生。(1)因征收、征用的具体行政行为被撤销，对被征收、征用的物享有物权的行政相对人可以请求返还原物；(2)因查封、扣押等强制措施被解除的，就被查封、被扣押物享有物权的人可以请求返还原物；(3)基于物权占有的物被没收，嗣后没收行为被撤销，物权人因而享有请求返还原物的权利；(4)在以发放实物为内容的行政给付行为被撤销后，根据具体行政行为获得的给付应予以返还，据此，政府应可请求接受给付的一方返还原物。

根据以上情况，本书认为，公法上的返还原物请求权，是指基于公法上的行为而成立占有，肆后因公法行为被撤销或占有本身的事由消失，权利人对现时占有该物的人所享有的请求返还占有的权利。

第三节 返还原物请求权的正当性基础

1500年前，优士丁尼大帝在其主持编纂的《学说汇纂》中曾引用古罗马五大法学家之一的乌尔比安的话来阐释法律尤其是私法的内涵，他说，法的准则是：诚实生活，不害他人，各得其所。[3] 这句话尽管非常简练，要求看似也不高，但真正让每个人时时刻刻都做到这一点，却并不容易。毕竟，总是有人擅

---

[1] 我国学者的研究可参见徐以祥：《行政法上请求权的理论构造》，载《法学研究》2010年第6期；王锴：《行政法上请求权的体系及功能研究》，载《现代法学》2012年第5期。

[2] 参见王锴：《行政法上请求权的体系及功能研究》，载《现代法学》2012年第5期。

[3] 参见[古罗马]优士丁尼：《学说汇纂》(第1卷)，罗智敏译，纪蔚民校，中国政法大学出版社2008年版，第15页。

侵他人之物,也总是有人占他人之物而不还。即如埃利希所言:“事实上,非法律性规范并未被始终不渝地遵从,但是法律性规范也是同样如此。社会机器的秩序总是不停地受到干扰。”[1]因此,要想完全地各得其所,竟不可能。

一、合理性科学性之一:返还原物请求权的伦理基础

(一)尊重他人对其物的占有和使用符合人类最基本的正义观念

尽管人类对于正义的认识一直存在分歧,从柏拉图的等级秩序正义观,到德沃金的平均主义正义观,再到马克思、恩格斯资源和经济地位平等的正义观,复到斯宾塞的自由主义正义观,最后到罗尔斯自由与平等相结合的正义观,[2]无一不表明关于正义的经典争论本身已经成为经典,分歧是难以弥合的。但在大分歧之下也有小共识,即正义是人类永恒的追求,而科学合理的制度设计无疑可以帮助人类无限地接近正义。禁止侵犯他人对其物的占有和使用正是这种制度设计之一。

罗伯特·诺齐克认为,在一个公正的世界,遵循获取的正义这一原则而取得财产的人,有资格拥有该财产。[3] 而拥有该财产所应得到的最好的保障就是他人对该权利的尊重。这种尊重当然需要有法律的最终保障,这种法律保障也就是要求人们不侵犯他人的所有权或占有,并通过对侵犯行为的制裁达到这一目的。在这种具有明显伦理因素的法律原则之下,人们获取的利益是相互的,最终是共惠的,即你不侵犯我的所有权和占有,我也不侵犯你的所有权和占有,大家都不侵犯他人的所有权和占有,因而大家都和平相处,其乐融融。这一点似乎是与近代以来所有权绝对原则相冲突的。例如,英美法中传统观念认为,所有权通常是唤起人们的权利观念而不是社会义务。在大多数人的心中,“财产权的核心镜像”是权利主体所享有的排斥他人的权利,而不负有任何进一步的义务。[4] 在法律上强调所有权的神圣性时,这一观念当然有其合理性。但是,人们都明白,如果一块土地的所有权人或占有人只想着自己

---

〔1〕[奥]尤根·埃利希:《法律社会学基本原理》,叶明怡、袁震译,中国社会科学出版社 2009 年版,第 41 页。

〔2〕参见[美]博登海默:《法理学:法律哲学与法律方法》,邓正来译,中国政法大学出版社 1999 年版,第 253～258 页。

〔3〕See Robert Nozick, Anarchy, State and Utopia, 1974, p. 151, quoted in Nadav Shoked, “The Community Aspect of Private Ownership”, *Florida State University Law Review* 38, 2011, p. 800.

〔4〕See Gregory S. Alexander, “The Social – Obligation Norm in American Property Law”, *Cornell Law Review* 94, 2009, pp. 746 – 747.

的权利而不允许邻地的所有权人或占有人经过其土地进入邻地，则邻地的所有权人或占有人也可以这样做。那么，其后果必然是任何所有权人或占有人的权利都将无法行使。因此，休谟才说，我们戒取他人的所有物，不但不违背自己的利益或最亲近的朋友的利益，而且还只有借这样一个协议才能最好地照顾到这两方面的利益，因为我们只有通过这种方法才能维持社会，而社会对于他们的福利和存在也和对于我们自己的福利和存在一样，都是那样必要的。〔1〕 英美法学者当然也明白其中道理，所以也认为，所谓"财产权的核心镜像"绝对是误导。所有权只排斥它自己，被很多人认为是权利束中最重要的一支，但在普通法上，在制定法和宪法条款中，它也要从属于很多例外。〔2〕 这些观念其实都在暗示着基本的正义观念，从而又导向对基本正义的遵守和维护。亚当·斯密指出，在绝大多数情况下，正义只是一种消极的美德，它仅仅阻止我们去伤害周围的邻人。一个仅仅不去侵害邻居的人身、财产或名誉的人，确实只具有一丁点儿实际优点。然而，他却履行了特别称为正义的全部法规，并做到了地位同他相等的人们可能适当地强迫他去做，或者他们因为他不去做而可能给予惩罚的一切事情。我们经常可以通过静坐不动和无所事事的方法来遵守有关正义的全部法规。〔3〕 现实中，很多追求正义的规则制度的设计，其目的也主要在于禁止任何人侵犯他人的财产，保护每个人的财产不受他人侵犯。分析到这里，我们已经可以说，在享有自己所有权或其他物权的同时，尊重他人权利，不侵犯他人权利，符合人们的最基本的正义观念。

（二）侵犯他人对其物的占有和使用应被矫正

从历史上看，其权利被他人侵犯的人，一定要通过某种方式尽量使其权利得到回复，这被称为"矫正正义"。亚里士多德最早对此进行了阐述。在《尼各马可伦理学》中，亚里士多德认为，公正有两种，即分配的公正和矫正的公正。矫正的公正出现在自愿交易和非自愿交易两种情形下。矫正的公正不同于分配的公正，前者是算数比例的平等，而后者是几何比例的平等。在矫正的公正中，法律只关注不义行为造成的伤害的差别，并且像行为没发生之前一样平等

---

〔1〕 参见［英］休谟：《人性论》（下册），关文运译，郑之骧校，商务印书馆1980年版，第526页。

〔2〕 See Gregory S. Alexander, "The Social - Obligation Norm in American Property Law", *Cornell Law Review*, 94, 2009, p. 747.

〔3〕 参见［英］亚当·斯密：《道德情操论》，蒋自强、钦北愚等译，胡企林校，商务印书馆1997年版（2014年重印），第101～102页。

地对待当事双方。法官的任务就是努力通过惩罚来恢复平等,这种惩罚也就是要剥夺行为者的所得,使他受到损失。[1] 在法律的实践运动中,在近代合同法得到高度发展以前,矫正正义主要通过在司法中适用刑法和侵权法来达成。而从适用于社会的广度和频度上看,侵权法发挥的作用可能更大。正如梅因所言,如果一种侵权行为或不法行为的标准是,被认为受到损害的是被损害的个人而不是"国家",则可断言,在法律学幼年时代,公民赖以保护使不受强暴或诈欺的,不是"犯罪法"而是"侵权行为法"。[2] 即便如此强调侵权法对于矫正正义的重要作用,也有英美法学者认为,归因于传统的法律与公平的二元主义,侵权法长久以来发挥的"恢复"功能经常因学者和法院的模糊处理而被严重低估。[3] 这一说法虽然有些言过其实,但发生了权利被侵犯的侵权行为后,的确应该通过适用侵权法乃至犯罪法而使被侵犯的权利得到矫正,其矫正的功能绝非无足重轻。侵犯他人对其物的占有和使用,是最常见、最直接、最明显的侵犯权利的行为,当然可以——也应该通过某种手段得到矫正。如果不这样,人们便可能不再敬畏和遵守"尊重他人对其物的占有和使用而不予侵犯"这一符合人们朴素正义观念的准则。按照亚里士多德的观念,矫正正义预设了两个具体的要素,那就是不法行为和损害。[4] 不法行为意味着行为在法律上的非正当性,损害意味着原来的平衡被打破。既有的平衡被法律上没有正当性的行为打破,这本身就是缺乏共识基础的事实变动,是一种不当的事实变动。矫正能让这种不当的事实变动恢复如初或者能尽力让这种不当的事实变动恢复如初,符合人们的伦理共识。因此,侵犯他人对所有物或合法占有物的占有和使用的行为应被矫正。

(三)返还原物请求权是矫正正义观在私法中的贯彻

传统上,根据亚里士多德的矫正正义原则,对一项非法损失或得到的一份非法利益负有责任的行为人,有义务补偿该损失或将非法获益归还给受损者,

---

〔1〕 参见[古希腊]亚里士多德:《尼各马可伦理学》,王旭凤、陈晓旭译,江西教育出版社 2014 年版,第 82 页。

〔2〕 参见[英]梅因:《古代法》,沈景一译,商务印书馆 1997 年版,第 209 页。

〔3〕 See Simon Deakin, Angus Johnston and Basil Markesinis, *Markesinis and Deakin's Tort Law*, 6th *ed.*, New York, Oxford University Press Inc., 2008, p. 49.

〔4〕 See Bill Shaw, William Martin, "Aristotle and Posner on Corrective Justice: the Tortoise and the Hare", *Business Ethics Quarterly* 9, 1999, pp. 651 – 657.

这一点被普遍作为私法救济理性解释的一部分(若非全部的话)。[1] 在这里,矫正正义原则并不关注是富人拿了穷人的东西而使穷人受损,还是男人拿了女人的东西而使女人受损。它不关注等级、身份差异,它关注的只是是否有不当行为(如擅取他人之物)及损害或损失这一事实本身。如果一方有不当行为且使对方受到损失,那么这里就存在不公,需要给予补救,以恢复失去平衡的既有秩序。有的学者将矫正正义的实现分别从损害和不法行为两个方面进行个别的分析。就损害的矫正而言,金钱的赔偿具有现实的合理性,因为金钱是被损害的利益和其他利益之间的媒介物。就不法行为的矫正而言,则需要一个彻底的道歉才能矫正,并且这个彻底道歉只能由加害人本人实施。[2] 但是,这里有一个盲点没有论述,那就是返还原物的适用。对于损害的矫正来说,金钱赔偿当然具有无可比拟的优越性。然而,正如论者自己所言的,并不是所有的损害都可以金钱赔偿的,同时也不能说,金钱赔偿一经支付,被损害的权利就能恢复原状。[3] 不少情况下,比如纪念品被人侵夺,祖传房产被人侵占,权利人并不愿意得到赔偿,而只愿意拿到原物。因此,在金钱赔偿之前,应首先允许权利人主张返还原物,这也是矫正正义的题中应有之义。

虽然在论述矫正正义时,一般认为,矫正正义是被告在涉及合同法、侵权法和不当得利法等私法中救济义务的基础,[4]不会具体到物的返还。但是,认真分析两大法系中关于返还原物的规则的性质可以看出,返还原物具有与损害赔偿、返还不当得利等相似的运作机理,从伦理根源上同出一宗,都源于矫正正义。在英美法中,返还法(restitution)已由传统的救济方式发展为一种新近独立的请求权基础,成为继侵权法、合同法之后英美债法的第三支柱。[5]

---

〔1〕 See Zoë Sinel, "Concerns about Corrective Justice", *Canadian Journal of Law and Jurisprudence* 26, 2013, p. 137.

〔2〕 See Seth R. M. Lazar, "Corrective Justice and the Possibility of Rectification", *Ethical Theory & Moral Practice* 11, 2008, p. 355.

〔3〕 See Seth R. M. Lazar, "Corrective Justice and the Possibility of Rectification", *Ethical Theory & Moral Practice* 11, 2008, p. 355.

〔4〕 See Zoë Sinel, "Concerns about Corrective Justice", *Canadian Journal of Law and Jurisprudence* 26, 2013, p. 137.

〔5〕 参见肖永平、霍政欣:《英美债法的第三支柱:返还请求权法探析》,载《比较法研究》2006年第3期。

在返还法的体系中,最典型的是以不当得利为基础的不当得利返还法,同时还有以不法行为为基础的不法行为返还法。动产被侵夺而产生的返还原物请求权,即属于这里所谓的不法行为返还法的范畴。此外,在侵权法中有所谓对动产的侵占(conversion)和对不动产的侵入(trespass to land),〔1〕其法律效果就有"取回原物",通常称为"返还原物之诉"(replevin action),〔2〕也类似于返还原物请求权的行使效果,当然也根源于矫正正义。在大陆法系中,返还原物请求权常常发生与不当得利请求权的竞合。比如,所有权人可以主张所有权返还请求权、占有回复请求权及占有不当得利返还请求权。所有权返还请求权和占有回复请求权为返还原物请求权,而占有不当得利返还请求权为债权请求权。在发生所有权返还请求权和不当得利返还请求权竞合时,权利人可以依其需要而选择请求权基础。〔3〕 此时,返还原物与返还不当得利发挥了相同的功能,从伦理正当性上看,有来自矫正正义原则的相同渊源。有人曾指出,作为有关救济正当性问题的答案,矫正正义现今已赢得私法理论家们的习惯性忠诚,〔4〕足见矫正正义观在私法理论阐述中的重要价值。返还原物请求权作为一种权利救济技术,或者更是一种权利保护技术,当然可以矫正正义观阐述其伦理正当性,就此而言,返还原物请求权可说是矫正正义观在私法中的体现和贯彻。

二、合理性科学性之二:返还原物请求权的经济基础

(一)经济学中的假设

1. 关于稀缺性的假设。经济学假定在其所有的运用领域中都存在稀缺。因此,人们原则上有无限的需求,而能够满足人们需求的产品却是有限的。日常生活中,家庭消费品的预算支出受到预算收入的限制。后代的生存可能受到目前对不可再生资源消耗的限制。将来的社会总消费受到目前投资额的限

---

〔1〕 See Simon Deakin, Angus Johnston and Basil Markesinis, *Markesinis and Deakin's Tort Law*, 6th *ed.*, New York, Oxford University Press Inc., 2008, pp. 483 – 504.

〔2〕 参见[美]多布斯:《侵权法》(上册),马静、李昊等译,中国政法大学出版社 2014 年版,第 138 页。

〔3〕 参见邹海林:《不当得利请求权与其他请求权的竞合》,载《法商研究》2000 年第 1 期。

〔4〕 See Zoë Sinel, "Concerns about Corrective Justice", *Canadian Journal of Law and Jurisprudence* 26, 2013, p. 137.

制。[1] 这种关于资源稀缺性的假设是符合人们的常识的，因而具有广泛的共识，可以为人们进一步讨论问题提供基础。对于这种稀缺性，弗里德曼提供的解决办法有三：武力、爱和交易。[2] 武力解决资源稀缺问题的实践在历史上一直没有停歇，甚至到现在也常常会有因此而起的局部战争。但人们都已经认识到，武力解决的方式本身也是对资源的巨大破坏，且非常野蛮，因而并不可取。用爱心解决资源稀缺的问题在道德上应予褒奖，但却不可持续。因为一味的献爱心缺乏激励，任何人都不可能时时事事都把稀缺的资源献给他人。用交易的方式，如果事先安排好交易规则，则既可以避免武力对资源本身的破坏，同时也能提供足够的激励，具有可持续性，因而是相对更好的一种方式。如果某人需要某一资源，即可通过交易的方式公平地获取。如果他通过侵夺、诈骗等其他方式获取，则会违反事前安排好的交易规则，从而承受相应的后果。但是，在资源稀缺性假设的前提下，在安排好交易规则的情况下，如何可以肯定人们更愿意选择交易的方式去解决资源短缺的问题呢，这就涉及经济学中经济人的假定。

2. 关于经济人的假定。经济学是研究个人在其作为法官、遭遇风险的人、诉讼当事人和律师角色时，如何应对损害、法律及其他诸如成本、收入等因素的学问。[3] 当面临一个机会时，个人或公司必定都有一个基准以决定在众多的可能中作出选择。经济学家假定每一个个人和机构在作出选择时都是在一种理性状态下进行的。这就是经济学的第二个假定，关于经济人或理性人的假定，即人们一般会努力增加自身的效用，努力追求个人的利益；人们自己最能了解什么对自身是有利的，什么是不利的。如果法律是以一种可预见的方式引导人们的行为和诉讼，那么这一假定就不仅是可行的，也是必要的。[4] 尽管经济人的假设在直观上没有对其本身进行解释，但这一假设几乎在经济学的各个领域都被用来进行预测，而且也是符合实际生活中大多数人的认知的。

---

〔1〕 参见［德］舍费尔、［德］奥特：《民法的经济分析》（第4版），江清云、杜涛译，法律出版社2009年版，第54页。

〔2〕 See D. Friedman, *The Machinery of Freedom*, part two, in Defense of Property, New York, 1973. 转引自刘云生：《民法与人性》，西南政法大学民商法学院2004年博士学位论文，第187页。

〔3〕 See Cento G. Veljanovski, *Economic Principles of Law*, New York, Cambridge University Press, 2007, p. 20.

〔4〕 See Cento G. Veljanovski, *Economic Principles of Law*, New York, Cambridge University Press, 2007, p. 20.

因此,它构成了经济学的基础。同时,也正是因为有了经济人的假设,法律的制定才有了针对性和目的性,从而,法律制度的作用发挥也才有了现实基础。为了更好地分析问题,对于经济人的假设需要脱去道德的外衣,用现实主义的眼光和态度去直面市民社会中的人。正如亚当·斯密赤裸裸地所说的那样:“我们所需要的食品不是出于屠夫、啤酒商和面包师的慈悲,而是源于他们对自身利益的实现。我们所求助的不是他们的博爱,而是他们的自私;我们从不向他们提及我们自身的需求,而是他们的利益。”〔1〕

(二)产权的界定与交易成本、外部性

经济学中的“产权”概念,在法学中能否找到对应的概念,是一个颇费周折的问题。因为,经济学中的产权是指使用资源的各类权限,是所有调整资源使用权利分配的权利形式,这一概念似乎远比法学中“物权”的概念外延宽泛,但又似乎没有法学中“财产权”的概念外延宽泛。因而,对“产权”进行法律定位实属不易。德国学者将“产权”界定为所有的绝对权,即该权利的所有者可以对抗任何第三人,〔2〕正好符合了大陆法系中关于“绝对权”的定义,较好地沟通了经济学和法学的对话平台,本书从之。与法学中的“绝对权”相似,产权是包含占有和财产的支配、利用有关的权利,具有支配性、排他性和可让渡性。在权利受到侵害时,法律赋予享有产权的人向权利侵害人提出不作为、撤销、损害赔偿或者告知的要求。〔3〕 产权的上述特点,使权利主体对权利客体的支配范围非常明晰,便于权利主体之外的不特定第三人辨识。最为典型的是所有权,在所有权中,权利人享有占有、使用、收益、处分等全部权能,这样的权利支配范围是非常明晰的,也就是产权的界定非常清晰。而由于产权清晰,与之交易的对方就不必调查其权属情况,交易成本就会降低。由于产权清晰,任何人都能很清楚地将自己的财产支配范围与他人的财产支配范围区别开来,避免因产权不清而导致人们行为相互越界。总体而言,以所有权为核心的物权,都属于界定清晰的产权,如果发生了对物权的侵夺或侵占,那就是行为人自己

〔1〕 [德]舍费尔、[德]奥特:《民法的经济分析》(第4版),江清云、杜涛译,法律出版社2009年版,第69页。

〔2〕 参见[德]舍费尔、[德]奥特:《民法的经济分析》(第4版),江清云、杜涛译,法律出版社2009年版,第531页。

〔3〕 参见[德]舍费尔、[德]奥特:《民法的经济分析》(第4版),江清云、杜涛译,法律出版社2009年版,第531~532页。

的问题了,此时便会有返还原物请求权的启动。

交易成本又称交易费用,是社会交易中的成本支出,包括交易产生的信息成本、谈判协调成本和交易达成后的执行成本等。交易成本的概念本身并不重要,重要的是西方经济学中的经典理论——科斯(Ronald Coase)的交易成本理论。由于交易成本理论,即科斯定理,是他人对于科斯思想的概括和总结,因而见仁见智,科斯定理的表述也就有很多版本。一个比较流行的表述是:假定交易费用为零或者交易费用非常低,无论法院将产权初始界定给谁,只要这一界定是明晰的,则都能达到资源的最优配置。[1] 科斯定理的前提是关于交易成本为零的假定,但是,正如科斯在《社会成本问题》一文中所指出的:“这当然是非常不切实际的假设。为了完成一项市场交易,必然要寻找希望缔约的对象,通知相关人员订立什么条款,进行谈判,草拟合同文本,进行必要的检查以确保合同条款能被遵守等。”[2]因此,科斯的假定在现实中是不可能存在的,但是,作为一种分析工具,科斯定理并非没有意义。如前所述,民法中的物权肯定属于经济学中的产权,为了讨论的方便,此处将经济学中的产权界定替换为物权的界定。而物权的界定无疑属于交易成本的范畴。物权界定之后,必须给予保护,物权的保护同样也属于交易成本的范畴。当正当的物权关系被打破,如动产被侵夺,不动产被侵占时,很可能启动返还原物请求权,这样就会产生额外的交易成本。因此,交易成本的理论有助于用经济学的视角分析返还原物请求权的正当性。

经济学中的外部性,又称外部效应,是指一个行为给他人带来的额外的成本或收益。当某一经济主体消耗某一资源的行为给另一资源生产力带来了影响,而没有被补偿,且没有在任何私人的成本收益计算中表现出来(内在化),那么此时就出现外部效应。经常被用来说明外部性的例子是关于排污许可市场的例子。[3] 如A工厂排污,B居民的生活受到影响,则A对B具有负的外部性。如A为花园,B居民的生活也会受影响,但却是积极的影响,则A对B

〔1〕 参见熊志军:《科斯的社会成本问题及其现实意义》,载《江汉论坛》2002年第1期;周林彬:《物权法新论——一种法律经济分析的观点》,北京大学出版社2002年版,第52页。

〔2〕 Ronald H. Coase,“The Problem of Social Cost”, in Donald A. Wittman, *Economic Analysis of the Law: Selected Readings*, Blackwell Publishers Ltd., 2003, p. 10.

〔3〕 Vgl. Jirí Hlavácek and Michal Hlavácek, *Generalized Microeconomics*, Charles University in Prague, Karolinum Press, 2014, p. 121.

具有正的外部性。[1] 按照科斯的观点,外部性并非单向的,即绝不是一方损害另一方那么简单,而是相互的。由于产权交易的广泛存在,人与人之间在交易中的逐利行为是相互影响的,即相互具有"外部性"。每个人追求个人效用最大化的理性行为,不仅影响自己的利益,也影响他人的利益。结合前文对于科斯定理的描述,可以形成如下判断:在交易成本为零的假设前提下,无论初始的产权被怎么样界定,人们都可以依靠市场交易和平等谈判达到社会财富的有效配置。此时,即便有外部效应,通过协商的解决方式也能实现外部效应的内在化。但现实中,交易成本不可能是零,所以,选择什么样的制度(初始产权如何界定)就成为非常重要的问题。如果产权界定清晰且能够有效实施保护,就可以最大限度地消除外部性,如果产权界定不清晰或不能实施有效的保护,则会产生外部性,且进一步增大了交易的障碍。返还原物请求权作为一种物权保护的制度,正是为有效实施对物权的保护而设,在产权保护领域将外部效用内部化方面,具有非常积极的作用。

(三)对返还原物请求权的经济分析

Robert Cooter 在《科斯的成本》一文中指出,在政策制定者面对的真实环境下,交易成本是确实的。科斯定理主张法律的价值在于将权利分配给能使其效用最大化的一方,这样才能使高昂的权利交易过程成为不必要。[2] 可见,法律制度的设计总是有潜在的社会基础条件需要考虑。一方面,交易成本是确实存在的,不考虑这一点,法律制度设计将丧失运作的基础。另一方面,法律制度的设计应该尽力使权利交易的过程便宜低廉,不考虑这一点,这一制度终将因高昂的运行成本而被社会抛弃。从经济学的角度分析,返还原物请求权的制度设计正是遵循了上述理念,考虑了确实存在的交易成本,并且也最大限度地降低了权利交易过程的成本。

1. 返还原物请求权的前提是对于产权的界定。在《物权法》中,主要是对所有权的界定,这一界定能够减少外部效应,降低交易成本。所有权的界定,包括主体的界定和权能的界定。主体的界定主要是要确定权利的客体归何人

---

[1] 参见沈满洪、何灵巧:《外部性的分类及外部性理论的演化》,载《浙江大学学报》(人文社会科学版)2002 年第 1 期。

[2] See Robert Cooter, "The Cost of Coase", in Donald A. Wittman, *Economic Analysis of the Law: Selected Readings*, Blackwell Publishers Ltd., 2003, p. 16.

所有,即明确权利客体归自然人、法人或其他组织所有的过程,以及上述诸主体之间关于所有权的归属划分。权能的界定则是在所有权各权能分离的情况下确定前述主体所享有的所有权的权能构造与权界是否明晰,也即所有权与定限物权相互间的权能的厘清。[1] 产权界定的一个重要价值在于为自由权利奠定基础。自由权利的特征在于,一旦得到承认,该权利行使之前不必先权衡他人的矛盾的利益。[2] 这样就可以为权利人的自由行为提供基本的预期。产权的界定还可以减少外部效应。考虑外部性也就是考虑一方的行为可能给他方带来的收益或损失。在经济学中,外部性是市场失灵的重要表现之一。为他人带来收益的正外部性主体,无法通过市场交易中的价格向受益者要求酬劳。反之,为他人带来损失的负外部性市场主体也不必通过市场交易向受害者弥补损失。如果法律事先将产生外部性行为的权利明确界定给某一方,则当事人可以通过谈判消除或减少外部效应。比如,法律将禁止工厂排污的权利界定给政府或民众,则工厂可以通过与政府或公众谈判而向政府购买排污许可或向民众支付排污赔偿,使其生产顺利进行,从而实现外部效应的内部化。[3] 此外,产权的界定也可以降低交易成本。产权的明晰可以让交易当事人不必支付调查成本,提高谈判和交易的针对性和目的性,降低交易成本。

2. 返还原物请求权有利于提高效率。一方面,对权利的保护不仅有助于提升公平正义,还有助于提高效率。如果权利任人践踏,所有物任人侵夺,固然损害公平正义。但是,同样也会产生争斗横行的社会乱象,造成社会秩序的混乱。而社会秩序一旦混乱,则基本的社会生产生活无不受其影响,从而社会生产的效率必然降低。因此,保护权利也就是在保护经济效率。而返还原物请求权作为物权保护的重要手段,当然也是在保护经济效率。另一方面,站在经济学的视角,按照前文科斯的理论,在现实中交易成本不为零的情况下,物

---

〔1〕 参见周林彬:《物权法新论——一种法律经济分析的观点》,北京大学出版社 2002 年版,第 431 页。

〔2〕 See Sen A., "The Impossibility of a Paretian Liberal", *Journal of Political Economy*, Bd. 78 (1970), S. 152ff. Zu den Schwierigkeiten einer theoretischen Begründung der Zuweisung und Abgrenzung liberaler Recht vgl. Seidl, G., Kommentar, in: Ökonomische Probleme des Zivilrechts (Hrsg. Ott/Schäfer) (1991), S. 52 ff. 转引自[德]舍费尔、[德]奥特:《民法的经济分析》(第 4 版),江清云、杜涛译,法律出版社 2009 年版,第 534 页。

〔3〕 参见周林彬:《物权法新论——一种法律经济分析的观点》,北京大学出版社 2002 年版,第 432 ~ 433 页。

权保护法律制度反而能克服交易主体之间的谈判障碍,成为一种高效率的选择。同时,作为一种高效率选择的物权保护,其内部也有具体保护措施上的区分,而返还原物请求权是这些具体措施中效率非常高的一种。因为,物权的保护实质上是物权权利人与侵权行为人之间就权利救济的交易。在这一交易关系中,法律制度的设计应该使权利人的交易成本尽可能低,或使侵权行为人的交易成本尽可能高。返还原物请求权正是这样一种制度设计:对于权利人而言,发现己物被侵夺时或侵占时,可以当即以意思表示向侵权人行使返还原物请求权,甚至无须调查。如果被请求人不主动履行,则权利人可以诉请返还原物,无须就侵权人的主观恶意进行举证,也无须就物的损失情况进行举证。就此而言,返还原物请求权比之损害赔偿请求权的成本更低。对于侵权行为人而言,需要对自己占有该物(侵夺物或侵占物)的权利进行反证证明,并且在返还时还需要承担返还费用,以及返还原物的孳息。可见,侵权行为人在该权利救济中负担的成本非常高。因此,综合来看,返还原物请求权本身具有较为明显的效率基因。

3. 返还原物请求权本身是对财产权交易外部效应的内部化。外部性是在决策时因没有考虑某一行为可能产生的效益或可能增加的成本而出现的低效率,在这种情况下,成本和收益被分配给没有参与决策的人。[1] 在现实中,动产被侵夺,不动产被侵占,对于权利人来说,正是出现了财产交易的外部性。因为,一般而言,权利人在参与交易进行决策时不会把自己的权利客体被侵夺或侵占作为常态去考虑。而一旦出现了权利客体被侵夺或侵占,则权利人就可能承担没有考虑到决策中的外来的交易成本。这种外部性使个人的收益落后于社会的收益,对于权利人而言,将产生负激励作用。而返还原物请求权的制度设计,使权利人可以有效地对抗侵权人的无权占有,缓减权利客体被侵夺或侵占所产生的负面影响,这就相当于是将财产权交易的外部效应通过返还原物请求权而内部化了,从而恢复了物权权利人对于其财产权益的既有预期。[2]

---

〔1〕 参见[美]兰德尔:《资源经济学》,施以飞译,商务印书馆1989年版,第155页。

〔2〕 参见周林彬:《物权法新论——一种法律经济分析的观点》,北京大学出版社2002年版,第191页。

三、合理性科学性之三:返还原物请求权的社会基础

(一)私权的社会基础是市民社会

市民社会也被称为民间社会,其与政治国家并非截然对立,而是在结构和功能上,形成一定的互补态势。星野英一先生曾将“市民社会”区分为“广义的市民社会”和“狭义的市民社会”:前者是指,以自律运行的经济社会与作为权力机构的国家的二元性为背景,大体上独立于国家的自律性社会,是包括经济社会在内的社会;后者则是指从“广义的市民社会”中除去经济社会的部分的概念。星野先生还指出,作为前提构成民法背景的社会就是广义的市民社会。[1] 当然,对于民法是否为市民社会的法的观点,并非没有质疑。[2] 但是,正如孙宪忠教授所指出的,在民间社会里,人与人之间都享有平等的地位,一个人要和他人发生某种具有法律意义的联系,则必须基于他们相互的自主和自愿,谁也不能强迫对方。甚至代表国家力量的政府、法院等机构,在处理民法社会里的纠纷的时候,也不得强制民法社会里发生纠纷的一方或双方。如果没有民法社会和公共权力社会这个区分,民法社会就无法建立,民众的基本权利也就无法保障。[3] 因此,市民社会在保护私权的意义上,价值巨大,堪为私权的社会基础。需要指出,使市民社会成为私权之社会基础的并非“市民社会”的字面,而是市民社会的特质。(1)市民社会是努力保证人权、尊重人格的社会。同任何事物一样,市民社会也有其产生发展的过程。在其发展的初期或低级阶段,市民社会并不能很好地尊重人格,有时甚至践踏人格。但无论如何,市民社会以保护权利、尊重人格为己任。发展到现在,市民社会甚至可以成为一种斡旋机制,通过市民社会组织为弱势团体提供服务。[4] (2)市民社会是努力抵御公共权力涉入私人生活的社会。市民社会保护权利、尊重人格是有专门指向的,就是在防御公权力的过程中保护权利、尊重人格。市民社会中的私权是典型的防御性权利,土地私有权不仅是所有财产权也是所有私权的典型的象征。而私权则被描绘为屏障或栅栏,正如私有土地被认为是抵御

---

〔1〕 参见[日]星野英一:《民法劝学》,张立艳译,于敏校,北京大学出版社2006年版,第71~72页。

〔2〕 参见徐国栋:《民法总论》,高等教育出版社2007年版,第97页。

〔3〕 参见孙宪忠主编:《民法总论》(第2版),社会科学文献出版社2010年版,第11页。

〔4〕 See Shannon Gleeson, “From Rights to Claims: The Role of Civil Society in Making Rights Real for Vulnerable Workers”, *Law and Society Review* 43, 2009, p. 676.

非法侵入或外部威胁的屏障或栅栏一般。[1] 因此,市民社会成为私权的最坚实的社会基础。(3)市民社会是以财产社会关系为基础的社会。虽然市民社会中的社会关系纷繁复杂,但市民社会中的其他一切社会关系都直接或间接地受到财产关系的决定和制约。市民社会对财产社会关系的强调不但没有贬低人格,反而是为了通过保护权利主体的财产而更好地尊重人格。(4)市民社会是可以依照当事人的自由意思启动法律关系的社会。市民社会充分尊重人格,尊重人的自由选择,私法自治和契约自由成为市民社会的基本法律原则,对当事人依照自己意愿订立的合同的尊重成为社会风尚。发展到现在,合同法更有了进一步的任务,即使市民社会来源并浸润其中的社会自治有据可依,同时使正在增多的社会裂变被逐渐地克服。[2] 而这一功能的实现,核心就在于市民社会对自由意思的尊重。

(二)赋予返还原物请求权是市民社会下对权利主体的极大尊重

进入文明社会以来,法律动员能力成为一个社会法治文明程度的重要表征。目前,醉心于贯彻公共政策的制度主义理论家们的关注点也已经发生了转换。以前,他们关注支持社会运动的法律动员效果的评估。而现在,他们转而关注对市民社会在促进法律动员中的作用的分析。[3] 或许,对这一作用的具体分析研究见仁见智,但有一点应该是可以达成起码的共识的。那就是,市民社会所促进的法律动员,都以提高普遍的私人福利(社会福利),提升私权保护为依归。而在市民社会下,返还原物请求权则是自觉的权利要求,是以提升私权的保护为依归的。

在形成一般等价物之后,对于侵权损害后果的救济,形成了以损害赔偿为原则的做法。因为,如果纯粹出于填平损失的考虑,完全可以通过损害赔偿解决问题。而且所有的侵权都通过损害赔偿解决还可以因格式化的救济机制而提高救济效率。但是,市民社会中对权利的救济远非单一的损害赔偿。维维安·哈伯德(Vivienne Harpood)教授在其论著中指出,侵权法并非不法行为受

---

〔1〕 See Andre van der Walt, *Private law*, *Public law*, *Civil law*, *Conference Papers—Law & Society*. 2004 Annual Meeting, Chicago, IL, pN.

〔2〕 See Marc Amstutz, Andreas Abegg and Vaios Karavas, "Civil Society Constitutionalism: The Power of Contract Law", *Indiana Journal of Global Legal Studies* 14, 2007, p. 236.

〔3〕 See Shannon Gleeson, "From Rights to Claims: The Role of Civil Society in Making Rights Real for Vulnerable Workers", *Law and Society Review* 43, 2009, p. 669.

害者得到赔偿的仅有方式。实际上,侵权法仅仅是赔偿体系中最低效率的制度。[1] 西蒙·德金(Simon Deakin)等人也指出,实务的和学术的法律人都一定不能忘记,用皮尔森委员会报告(Pearson Committee Report)的话说就是,侵权法在整个损害赔偿体系中已经被降格为"资历较浅的伙伴"[2]。的确,在市民社会萌芽阶段的古罗马社会,就有了程序性的返还原物之诉,作为弥补损失的救济体系之一。而随着社会的发展,社会保险制度、工业损害计划、犯罪伤害赔偿计划、慈善捐赠和第一方保险等也都成为弥补侵权所受损害的有效途径。[3] 既然市民社会首先秉承着对权利主体的极大尊重,那么尽可能多地给予被侵权人多样化的救济选择,就是应该甚至必须考虑的法律设计。而返还原物请求权的赋予,让权利主体有更进一步的选择自由,他可以在返还原物或价值赔偿及其他救济途径之间进行自主决定。

(三)返还原物请求权在现代市民社会的特殊必要性

除了一般认为的返还原物请求权的必要性,如基于"发现己物,我即取回"的一般必要性,返还原物请求权在市民社会形态下还有一些特殊的必要性。一方面,随着市民社会的发展,私人之间的交易日益普遍,交易组织的形式也日益多样化,如公司、合伙等团体性交易组织的出现,就大大丰富了交易主体的形式。在这种情况下,交易组织的会计账簿、交易原始凭证、用于确认交易的印章和印鉴等物,成为现代市民社会不可替代的特定物。如果上述物品被他人侵夺,则非赋予权利人返还原物请求权不可。因为诸如会计账簿、原始凭证等物品很多情况下是独特的,虽然可以复制,但对于当事人的法律意义完全不同。印章虽然也可以经过法定程序重新制作,但在重新制作之前,其意义也是无可替代的。对于上述诸物品被侵夺的情形,损害赔偿、修理、更换、重作等补救方式,要么只是备选——如损害赔偿,只能是无法返还原物时的无奈之选,要么根本不可行——如原始凭证被侵夺,是无法更换或重作的。而只有返还原物请求权,最能满足被侵权人的实质需求。另一方面,市民社会的发展,不断激发和提升着人们的精神追求。原来并无精神意义的物,随着人们精神

---

[1] See Vivienne Harpood, *Moderm Tort Law*, 7th *ed.*, New York, Routledge – Cavendish, 2009, p. 10.

[2] Simon Deakin, Angus Johnston and Basil Markesinis, *Markesinis and Deakin's Tort Law*, 6th *ed.*, New York, Oxford University Press Inc., 2008, p. 58.

[3] See Vivienne Harpood, *Moderm Tort Law*, 7th *ed.*, New York, Routledge – Cavendish, 2009, p. 10.

追求的提升而逐渐被赋予特定的精神意义,并且其精神意义会随着人们精神生活的不断进步而越来越浓烈。夫妻、情人、亲人、朋友、师生之间赠送的礼物,如结婚戒指;经明星签名后赠予粉丝的特定物,如马拉多纳签名的足球;对自己某一工作、生活经历有特殊意义的物品,如作家使用过的创作出经典作品的钢笔:如此等等,不一而足。基于精神寄托的特定指向性,上述物品如果被侵夺,单纯的损害赔偿或更换等救济措施,并不能真正填补被侵权人的损害。在被侵夺物仍然存在的情况下,返还原物请求权对于被侵权人而言是最为有效的实体救济方式。只有在原物已经在物理上灭失或被他人善意取得的情况下,才考虑损害赔偿等其他救济方式。并且,毫无疑问,应对被侵权人给予充分的精神损害赔偿。由此可见,返还原物请求权有其独特的社会存在价值,这是其无可替代的社会基础。

第三章

返还原物请求权的历史考察：以大陆法系为线索

历史研究不容画地为牢，若囿于一隅之见，即使在你的研究领域内，也只能得出片面的结论。唯有总体的历史，才是真历史，而只有通过众人的协作，才能接近真正的历史。[1]

——马克·布洛赫

---

〔1〕［法］马克·布洛赫：《为历史学辩护》，张和声、程郁译，中国人民大学出版社2006年版，第40页。

人类社会的初期,对于物的占有或使用被他人侵犯的矫正方法是所谓“同态复仇”,即“以眼还眼,以牙还牙”的报复原则。虽然没有原始社会的史料可以佐证,但从迄今为止最古老的奴隶制法典——《汉谟拉比法典》中也可以看到同态复仇的残留。如该法典第197条规定,折断自由人之骨者,折断其己骨。第245条规定,租用他人的牛却将牛虐待或殴打致死者必须赔偿一头牛。〔1〕现在看来,这种同态复仇的做法虽略显野蛮,〔2〕但却符合人类最初的朴素的正义观念。而侵夺他人之物后,原物照样返还,显然也与这种“以眼还眼,以牙还牙”的原则有着千丝万缕的联系。从历史的故纸堆中寻找这种联系,从欧洲古罗马人、日耳曼人及亚洲的法制史中梳理返还原物请求权的历史渊源,对于进一步深化返还原物请求权的研究无疑大有裨益。而通过下面的梳理,我们将看到,大陆法系国家的返还原物请求权(所有物返还请求权)经历了从返还原物之诉到返还原物诉权再到返还原物请求权的发展演进路径。在此过程中,罗马法中的返还原之诉是最为重要的基础。但是,日耳曼法、教会法中的相关制度因素,也发挥了重要作用。而最终促成返还原物请求权这一抽象概念的,则是德意志法学家的理论贡献。

第一节　罗马法:尚未独立成为请求权的返还原物诉讼

著名罗马法教授巴里·尼古拉斯(Barry Nicholas)曾经指出:“在几乎所有其他智力创造的领域,罗马人曾经是希腊人虔诚的学生,但在法律方面,他们却是老师。”〔3〕这一评论并非言过其实,在法学院开设的法律基础课程中,罗马法的课程从来都不能缺席。这一点,作为传承罗马法衣钵的大陆法系国家,自然可以理解。但却不知,在英美法国家,法学院新生也会被安排罗马法的课程计划。〔4〕罗马法作为大陆法系私法的最重要渊源,在很多方面都成为后世

---

〔1〕［英］爱德华兹:《汉谟拉比法典》,沈大銈译,中国政法大学出版社2005年版,第55页。

〔2〕参见于殿利:《巴比伦法的人文观初探——兼与传统的“同态复仇”原始残余说商榷》,载《世界历史》1997年第6期。

〔3〕［英］巴里·尼古拉斯:《罗马法概论》(第2版),黄风译,法律出版社2004年版,第3页。

〔4〕See Craig Anderson, *Edinburgh Law Essentials: Roman Law Essentials*, Dundee, Dundee University Press, 2009, p. 1.

私法制度的滥觞,现代的返还原物请求权制度同样可以从中找到影子。

一、十二表法中的返还原物

我们所知道的罗马私法的成文法典始于约公元前450年十二表法的公布,尽管关于十二表法的真实性也曾有过探讨和争论,甚至有人认为,后来罗马人所说的“十二表法”实际上是其后大约公元前300年的立法的修订本,〔1〕但是,主流的观点还是对其予以认可,甚至认其为所有公法和私法的渊源。〔2〕从存续的时间看,刻在板子上的十二表法,也就存在了60年左右。因为公元前390年,高卢人入侵罗马后,该法就连同建筑物一起被焚毁。然而,看似短暂的60年却并未减弱其对后世的重大影响。甚至不少人把古代的一些其他法典的编撰,也与十二表法联系起来。〔3〕 当然,从现代的视角看,十二表法的内容不全是一个法典,而更像是一个重要法律规则的清单。〔4〕 十二表法的特点也由此得到解释,它远不是我们所理解的那种真正的法典化的表现;相对于罗马人对它的颂扬,它只具有很有限的价值。法的制度是其先存条件,在十二表法中人们仅仅确定了一些原则,使有关规范变得确切和确定,这种工作与法的汇总相比,仍然是辅助性的。如果具有上述特色的集合可以构成传统说法借以称颂十二表法的所谓基本里程碑的话,这正应归功于上述立法确定性工作所具有的历史意义。但尽管如此,人们还是愿意把十二表法解释为罗马法历史上“独一无二”的立法里程碑。〔5〕

在十二表法这一重要法律规则的清单中,涉及物权的内容并不多,但却对于物的返还有较为明确的规定。在第六表“所有权和占有”中,第6条第1款规定,于诉讼进行中,在长官前对物的所有权有争议时,应裁定该物归事实上的占有人或其他合适的人暂行占有。该规定虽然主要是对占有的保护,但因占有在古罗马时与所有权并无明显区别,〔6〕因此,该规定对于所有权的保护

〔1〕 See A. Arthur Schiller, *Roman Law : Mechanisms of Development*, Berlin, Walter de Gruyter, 2011, p. 153.

〔2〕 See David Johnston, *Roman Law in Context*, Cambridge, University Press, 1999, p. 2.

〔3〕 See A. Arthur Schiller, *Roman Law : Mechanisms of Development*, Berlin, Walter de Gruyter, 2011, pp. 157 – 158.

〔4〕 See David Johnston, *Roman Law in Context*, Cambridge, Cambridge University Press, 1999, p. 2.

〔5〕 参见[意]朱塞佩·格罗索:《罗马法史》(2009年校订本),黄风译,中国政法大学出版社2009年版,第62~63页。

〔6〕 参见周枏:《罗马法原论》(上册),商务印书馆1994年版,第407页。

也很有意义。同时，第六表第9条规定，凡以他人的木料建筑房屋或支搭葡萄架的，木料所有人不得擅自拆毁而取回其木料。这是关于返还原物的抗辩的规定，如果木料用于建筑房屋或支搭葡萄架，则可以成为返还原物（木料）请求权的法定抗辩事由。基于此，第11条接着规定，在木料和建筑物已分离，或作葡萄架的柱子已从地里拔出后，则所有人有权取回。[1] 这是关于在抗辩事由消失后所有物（木料）返还请求权的行使的规定。关于返还原物与时效的关系问题，第八表"侵权"中的第17条规定，对于盗窃物，不得适用取得时效。[2] 这表明，罗马人并不单纯地看重对侵占他人之物的直接惩罚如罚金等，还注意通过时效制度限制部分不法占有行为取得物权的可能。这一点，对于物权人权利的保护具有非常积极的意义，它是从消极面对返还原物请求权的重要保障。此外，第十二表"后五表的补充"第3条规定，凡以不正当名义取得物件占有的，由长官委任仲裁员三人处理之；如占有人败诉，应返还所得孳息的两倍。该规定涉及对无权占有人的惩罚性的返还，这种规定在现代《物权法》中或许不多见，但在《侵权责任法》中惩罚性的赔偿却日益发达，这也能够从另一层面表明当时对物权尤其是所有权的保护力度。

二、泛罗马法中的返还原物

（一）泛罗马法中的物

这里所称泛罗马法，就是指在古罗马帝国各时期的可以作为罗马法渊源的法学家的法理解释、城市执政官的命令及制定法。[3] 尽管在罗马各个时期，这些渊源会有变化，但这几类法律渊源是相对固定的，即使变化，也主要是大类之下的具体变化。[4] 同时，在帝政后期出现了蔚为壮观的法典编纂的局面，《永久令》《格里哥尼安法典》《赫尔莫杰尼安法典》《狄奥多西法典》等都出现于这一时期，并且都构成泛罗马法时代重要的法律渊源。以上这些法律的渊源共同构成我们通常所说的罗马法。

---

〔1〕 后来罗马法学家的解释，认为这是专指取用人是恶意的场合而言的。如果是善意的，则他已经支付了双倍的赔偿金，材料所有人就无权取回了。参见周枏：《罗马法原论》（下册），商务印书馆1994年版，第937页注释。

〔2〕 See David Nasmith, *Outline of Roman history from Romulus to Justinian*, London, Butterworths, 7, Fleet Sreet, 1890, p. 24.

〔3〕 See Craig Anderson, *Edinburgh Law Essentials*：*Roman Law Essentials*, Dundee, Dundee University Press, 2009, p. 11.

〔4〕 参见周枏：《罗马法原论》（上册），商务印书馆1994年版，第29～60页。

在罗马法中,财产法被分为有体物(res corporales)的法和无体物(res incorporales)的法。有体物包括具有物理形态的物,无体物则是没有物理形态的物。也就是说,财产权是要求偿还债务的债权或基于使用权而占有土地的权利。这些权利的共同特点就是它们都具有财产因素。[1] 另外,还有一种比较重要的物的分类就是要式移转物(res mancipi)和略式移转物(res nec mancipi)的区分,这是以物的重要性及所有权的移转是否需要履行法定形式为标准进行的分类。其中,要式移转物是指该种物的移转需要特定的法律形式。这种分类存在于古典罗马法中,直到其差别被"优士丁尼"废除。[2] 但是,在被废除以前,这种差别是有意义的,尤其是对于所有权的保护更有意义。因为,在保护所有权的物件返还诉中,诉的标的物最初只限于要式移转物。根据以上关于物的分类,罗马法上的物,实际指财物,包括我们现在民法中的物权、债权和继承权等的内容。当然,在这些权利中,所有权无疑是最为重要的一种。尽管罗马人自己不觉得困难,但其实,罗马法中的所有权(dominium)是最难界定的。最好的办法是抓住所有权的要素,并从中发现所有权这一术语的含义。[3] 因此,在罗马法的文献中,所有权被理解为"对物最一般的实际主宰或潜在主宰"。[4] 于是,后世的注释家们将所有权概括为从积极方面对其物有为各种行为的权利,在消极方面有禁止他人对其物为任何行为的权利。罗马的所有权是绝对的,当原告不能以占有为依据要求返还时,必须证明自己拥有所有权。换句话说,罗马法允许为维护所有权或者为维护占有而提起诉讼,但不允许仅仅为维护对占有的权利而提起诉讼。[5]

(二)泛罗马法中的物件返还诉

在罗马法中,对于所有权的保护,有市民法和大法官法的多种方式,其中最为重要的是所谓的物件返还诉,这是当所有物被他人无权占有时,所有权人

---

〔1〕 See Craig Anderson, *Edinburgh Law Essentials*: *Roman Law Essentials*, Dundee, Dundee University Press, 2009, p. 35.

〔2〕 See Craig Anderson, *Edinburgh Law Essentials*: *Roman Law Essentials*, Dundee, Dundee University Press, 2009, p. 35.

〔3〕 See David Johnston, *Roman Law in Context*, Cambridge, Cambridge University Press, 1999, p. 53.

〔4〕 [意]彼德罗·彭梵得:《罗马法教科书》,黄风译,中国政法大学出版社1992年版,第194页。

〔5〕 参见[英]巴里·尼古拉斯:《罗马法概论》(第2版),黄风译,法律出版社2004年版,第167页。

可以提起的诉讼,是所有权人借以取回财产的一种诉讼形式,[1]是所有权人基于市民法所享有的诉权。物件返还诉与罗马法中的占有回复令状不同,物件返还诉是以所有权为基础提出的,占有回复令状则是以占有的事实为基础提出的。物件返还诉中的标的物最初只限于意大利土地、意大利土地上的房屋、奴隶等要式移转物。后来,逐渐延伸到其他财物。

1. 罗马法中物件返还诉的实质要件

(1)有权提起物件返还诉的主体是失去对其物的占有的所有权人。为了胜诉,原告必须证明他是所有权人。如果他能证明他自己已经制造或控制了该物,他拥有所有权的事实就比较明确或应该是真实的。否则,原则上他需要提供他获取该物的前手作为证人,以证明他自己是所有权人。[2] 这里的所有权人必须是市民法上所有权人,而不能是外国人。后来,罗马皇帝卡拉卡拉将市民权授予帝国境内的普通居民,消除了市民法与万民法的区别。也因此,在罗马后期,有权提起物件返还诉的原告不再局限于市民法上的所有权人。[3]

(2)占有人的占有为无权占有。如《十二表法》第六表第9条规定,凡以他人的木料建筑房屋或支搭葡萄架的,木料所有人不得擅自拆毁而取回其木料。也就是说,此时占有人的占有即是有权占有,木料所有人不得提起物件返还诉。罗马法中对于无权占有的时间节点把握在初期也比较严。比如,帝政初期,必须是对诉讼时无权占有标的物的人,原告方可起诉。而且,原告需要在大法官面前确认被告无权占有的情况。[4]

(3)物件返还诉针对的是占有他人之物的无权占有人。物件返还诉的被告必须是现时的真正的无权占有人。无权占有人如果在诉讼中或之前通过假占有人(fictus possessor)采取欺诈手段造成其已经停止占有的假象,意欲逃脱返还原物的责任的,一旦查实,无论是真正的无权占有人还是假占有人,都需要承担返还原物的责任。[5] 这里的假占有人,站在无权占有人的一方,伪装为

---

〔1〕 参见薛波主编:《元照英美法词典》,法律出版社2003年版,第1403页。

〔2〕 See David Johnston, *Roman Law in Context*, Cambridge, Cambridge University Press, 1999, p. 55.

〔3〕 参见周枏:《罗马法原论》(上册),商务印书馆1994年版,第351页。

〔4〕 参见周枏:《罗马法原论》(上册),商务印书馆1994年版,第351页。

〔5〕 参见蒙振祥、陈涛、律璞主编:《罗马法》(第2版),中国政法大学出版社2011年版,第127页。

占有人进入诉讼对抗权利人的起诉，并欺诈地表示放弃或停止占有。[1] 无权占有人通过假占有人欺诈的目的是拖延诉讼，使无权占有人通过取得时效的完成，最终获得该物的所有权。此外，乌尔披亚努斯时，占有人的解释较为宽泛，因租赁、寄托等关系而持有物的人，也可作为物件返还之诉的被告。后来，君士坦丁一世允许持有不动产者指出占有人而脱离诉讼。如果被指出的人答应进入诉讼，则由原告和被指出的应诉人共同推进诉讼。如果被指出的占有人经过法庭的传唤而没有参加诉讼，大法官将会把涉诉的物件判决给原告占有。

2. 物件返还诉的法定诉讼程序

法定诉讼是罗马法诉讼程序的起源形式，其最初只适用于罗马市民，在这种诉讼之下，程序的推进都严格按照市民法的规定进行。它的推进被不同的学者分为不同的程序步骤。比较有代表性的有五阶段说、[2]四阶段说、[3]三阶段说、[4]两阶段说等。[5] 从了解法定诉讼的程序特点的角度看，程序阶段的划分只是不同学者基于不同的视角对同一程序所作的不同的解读，个人可根据实际情况去理解，不必强分优劣。基于此，为了不致使论述过于冗杂或过于简单，本书采三阶段说，即法定诉讼需经过三个程序步骤。第一阶段是口头传唤，第二阶段是执法官的初步听讼，第三阶段是法官的全面审理。[6]

在物件返还诉中，原告首先需要自己传唤被告到法庭，因为按照当时的认识，诉讼是私人事务。如果被告不予合作从而拒绝到庭，诉讼也不能缺席进行。但是，在这种情况下，被告可以被强制带到法庭。[7] 其后进入第二阶段，

---

〔1〕 See Frederick J. Tomkins et al., *Compendium of the Modern Roman Law, Founded upon the Treatises of Puchta, von Vangerow, Arndts, Franz Moehler, and the Corpus Juris Civilis*, London, Butterworths, 1870, p. 166.

〔2〕 参见周枏：《罗马法原论》(下册)，商务印书馆1994年版，第865~867页。

〔3〕 参见蒙振祥、陈涛、律璞主编：《罗马法》(第2版)，中国政法大学出版社2011年版，第299~300页。

〔4〕 See Craig Anderson, *Edinburgh Law Essentials: Roman Law Essentials*, Dundee, Dundee University Press, 2009, p. 99.

〔5〕 See Olga Tellegen-Couperus, Sheila McNab, *A Short History of Roman Law*, London, Routledge, 2002, pp. 21-22.

〔6〕 See Craig Anderson, *Edinburgh Law Essentials: Roman Law Essentials*, Dundee, Dundee University Press, 2009, p. 99.

〔7〕 See A. Arthur Schiller, *Roman Law: Mechanisms of Development*, Berlin, Walter de Gruyter, 2011, p. 192.

法定诉讼的称谓,正是从第二阶段得名。因为在该阶段,必须选择法定诉讼的方式。在罗马法中,法定诉讼的方式主要有三种,其中,形成最早、适用最广的是誓金(sacramentum)的方式。誓金说到底是一笔保证金,它要求以当事人提供保证金的方式进行诉讼。在法定诉讼时期,物件返还诉正是通过这一程序进行的。因这一程序是解决所有权等物权纠纷的诉讼程序,故又被称为对物誓金法定诉讼(Sacramentum in rem)。与其对应,还存在一种与对物誓金大同小异但更为简单的解决债权纠纷的诉讼程序,被称为对人誓金法定诉讼(Sacramentum in personam)。[1] 在法定诉讼时期,对物誓金法定诉讼成为物件返还诉的最为重要的方式。第二种方式是请求之诉(postulatio),该方式是对人誓金诉讼的替代手段,不太正式,而且不需要保证金和正式的宣誓,物件返还之诉很少采取这种方式。第三种法定诉讼的方式是请求返还之诉(condictio),这种方式也不太正式,主要适用于特定物或金钱的收回,并被认为构成了不当得利法发展的基础。[2] 在请求返还方式之下,由双方选任承审法官之前有30天的期限,30天后双方共同到庭选择承审法官。因为可以直接选择承审法官,就没有执法官参与的提供誓金的阶段,而是由承审法官进行审理,并最终作出是否返还金钱或物件的判决。请求返还之诉可视为誓金诉讼中法律审理的阶段,但它是经过改良的,它是为了避免和消除誓金诉讼的烦琐程序而发展起来的,在实质程序上,二者有很多相同之处。但总体上讲,请求返还之诉要比誓金诉讼简便易行,且已经没有了暴力的痕迹,这说明罗马法已经从自力救济进入公力救济。[3]

3. 物件返还诉的程式诉讼程序

在罗马共和国后期,裁判官开始创立一种新的民事诉讼方式,这就是程式诉讼。所谓程式诉讼,是当事人的陈述须经裁判官审查认可,并做成书状记载争讼要点和理由及审理原则,之后交由承审法官按照书状内容进行事实审理并作出判决的诉讼程序。程式诉讼程序既不是罗马法民事诉讼程序体系中的第一种,也不是最后一种,但它却是古典时期的标准民事诉讼程序。程式诉讼

---

〔1〕 See Craig Anderson, *Edinburgh Law Essentials*: *Roman Law Essentials*, Dundee, Dundee University Press, 2009, p. 100.

〔2〕 See Craig Anderson, *Edinburgh Law Essentials*: *Roman Law Essentials*, Dundee, Dundee University Press, 2009, p. 101.

〔3〕 参见周枏:《罗马法原论》(下册),商务印书馆1994年版,第875页。

主要分为两个阶段:第一阶段在裁判官在场的情况下进行,目的是启动案件;第二阶段在法官在场的情况下进行,目的是作出判决。比之法定诉讼程序,程式诉讼程序最大的创新在于裁判官不必再要求像法定诉讼程序中那样适用固定的用词,而是可以作变通,甚至可以在那些市民法不认可的人之间引入新的救济方式。另一个重要的变化是裁判官用书面形式决定法律救济,当事人也不再需要用规定的用语对争议下誓金,因而也就没有法定诉讼程序下的相关风险。[1] 程式诉讼程序之下,案件经过裁判官审查后,做成一定形式的书状,概述双方争议的实质问题。其后,案件将被交给承审法官进行审理。承审法官的权力来自裁判官的授权,并且仅仅是解决本案争议,他没有权力决定本案争议之外的其他事项。程式诉讼的两阶段机制与雅典人的民事诉讼程序有相似之处,所不同的是,雅典的法庭有很多法官,而程式诉讼之下只有一个承审法官。[2]

在物件返还诉的程式诉讼中,案件被裁判官进行法律审查前,原告也需要传唤被告到裁判官面前。被传唤者如果不能立即到场,可以有两种方式应对:一是可以找一个辩护人作为其保证人,保证其在此后的一个特定日期到裁判官面前,这一方式与法定诉讼之下相似。二是保释,被传唤人需要提供到庭的担保物,承诺其在此后的一个特定日期到裁判官面前,到时不能践诺,则担保物将被罚没。[3] 经传唤后,当事人双方都到裁判官面前,裁判官会制作一个程式书状,该书状将指导承审法官审理案件并作出判决。因物件返还之诉属于对物诉讼,区别于因债权纠纷而产生的对人诉讼。因此,裁判官会在程式书状中说明该诉属于对物诉讼。程式书状首先会任命承审法官,之后将陈述原告返还物件的起诉请求,在承审法官就如何作判决有决定权的情况下,程式书状将载明原告请求返还物件的原因,描述返还物件请求所依据的事实。书状的最后部分是裁判要旨(condemnatio),指示承审法官判决被告要么承担返还责

---

〔1〕 See Olga Tellegen – Couperus, Sheila McNab, *A Short History of Roman Law*, London, Routledge, 2002, p. 54.

〔2〕 See David Johnston, *Roman Law in Context*, Cambridge, Cambridge University Press, 1999, p. 113.

〔3〕 See Craig Anderson, *Edinburgh Law Essentials*: *Roman Law Essentials*, Dundee, Dundee University Press, 2009, pp. 103 – 104.

任，要么免除返还责任。[1] 于是案件被送到承审法官面前，进入第二阶段。承审法官收到程式书状后，将严格按照裁判官的指示进行事实审理，并在规定期限内作出判决。在此过程中，裁判官有权监督承审法官并视情况撤换之。承审法官也可量力自己提出辞职，并由裁判官另行委派承审法官继续审理。在程式诉讼之下，承审法官的审理程序与法定诉讼程序之下相似，即承审法官按照一定的程序和证据规则进行审理。审理结束后，承审法官将作出判决，该判决不能上诉。承审法官的判决仅仅是一个决定，即原告是否能证明他在程式书状中提到的需要返还原物的必要的事实。既然承审法官的工作就是宣布被告将承担返还原物责任还是免除责任，那么这一判决就仅仅是一个"是"或"否"的决定而已。[2] 需要指出的是，第二阶段在很多文献中要么没有涉及，要么没有被认真论述。但实际上，第二阶段应该被认真研究，因为它不仅对于诉讼中的各方当事人都是重要的，而且有更普遍的价值。通过接受或拒绝程式书状中的请求，承审法官可以让裁判官变更所涉及的书状，因而对于推动私法的发展有所贡献。[3]

4. 物件返还诉的非常程序

在帝政时期以后，权力越来越被集中在皇帝和对皇帝负责的官员手中，在皇帝控制之外由承审法官实施司法权显然已经与潮流不一致，因此，案件不再交给承审法官处理，国家直接介入对司法的管理。从奥古斯都当政开始，裁判官被授权处理整个案件，包括听审证据和作出判决，并且逐渐成为常态。这一程序被称为非常程序，因为裁判官有权调查案件事实，并处理法律争议，这一程序不同于当时的标准程序。后来即使到了公元 342 年程式诉讼程序事实上被废除后，"非常程序"这一名称也一直被保留下来。[4] 通过非常程序解决的纠纷有不同种类：不仅涉及私法和刑法的纠纷事项可以通过非常程序解决，罗

---

〔1〕 See Craig Anderson, *Edinburgh Law Essentials* : *Roman Law Essentials*, Dundee, Dundee University Press, 2009, p. 104.

〔2〕 See David Johnston, *Roman Law in Context*, Cambridge, Cambridge University Press, 1999, p. 117.

〔3〕 See Olga Tellegen – Couperus, Sheila McNab, *A Short History of Roman Law*, London, Routledge, 2002, p. 57.

〔4〕 See Craig Anderson, *Edinburgh Law Essentials* : *Roman Law Essentials*, Dundee, Dundee University Press, 2009, p. 106.

马市民和政府之间的纠纷也可以通过非常程序解决。[1]

非常程序核心特点是该程序仅有一个阶段,案件不再交由承审法官进行审理,而是由裁判官处理整个案件。实施非常程序的初期,传唤与法定诉讼和程式诉讼时期大同小异。后来到公元322年,君士坦丁皇帝规定原告不再负责传唤,而由裁判官直接通知被告。所以,当原告起诉返还原物时,裁判官会通知被告。裁判官也会审核返还原物诉求是否符合条件,如果符合条件,则会通知被告在指定日期到庭。如果被告未按时到庭,应再行传唤。传三次而仍然不到庭应诉的,可以作出缺席判决。如果双方均按时到庭,则进行开庭审理。开庭时,原告陈述自己所有物被被告无权占有的情况,并提供证据予以证明。对于原告主张的物件由被告无权占有的事实,被告如果承认,将被作为证据。此外,各种宣誓、证人证言也都作为案件的证据,由裁判官决定是否采纳。裁判官将根据开庭时当事人的陈述和证据,运用自由心证独立判决。判决时如果原物存在的,则判决返还原物;只有原物不存在的,才判决金钱赔偿。在非常程序时期,审理案件的裁判官实际就是行政官员,因而有严格的行政等级制度。相应地,案件审判也有了审级的区分,案件允许上诉,这一点是与程式诉讼时期完全不同的。有时,皇帝可能亲自审理上诉案件,即使他不审理案件,裁判官也会经常要求皇帝就特定案件中的法律适用给予指导。而皇帝对这些请求的回复,则成为罗马帝国重要的法律渊源。[2]

5. 物件返还诉的法律效果

在物件返还诉中,被告如果败诉,则应将涉案的原物连同其孳息一并返还给原告。对于原物,帝政时期被告的责任仅仅从证讼时起算,在证讼前讼争物如有损坏灭失,他不须负责,只要交还该物或因此得到的利益即可。在证讼后,被告对于自己可能占有他人之物已经有了主观认知,故应负过失责任,哪怕损失是因不可抗力造成,也不能免责,除非可以证明涉案物即使在原告处也会发生同样的损失。而到了优士丁尼时代,只要被告明知或应当知道,哪怕是证讼前也要尽到"善良家长"的注意义务,对物的损毁灭失承担责任。当然,被

---

〔1〕 See Olga Tellegen - Couperus, Sheila McNab, *A Short History of Roman Law*, London, Routledge, 2002, p. 90.

〔2〕 See Craig Anderson, *Edinburgh Law Essentials: Roman Law Essentials*, Dundee, Dundee University Press, 2009, p. 107.

告如确实不知，则仅就孳息的现存利益负返还责任。[1] 在这一过程中，善意与恶意的区分时点是证讼时。另外，善意占有人在返还占有物后，如果获得的占有物的孳息不足以抵消占有物期间因该物而产生的花费，那么他可以通过"诈欺抗辩"要求起诉返还原物的所有权人补偿，并得为此就涉案的物行使留置权。如果作为原告的所有权人不能偿付这些花费，其所有权将受到极大影响。[2]

三、《学说汇纂》中的返还原物

《学说汇纂》(Digesta)是优士丁尼《民法大全》(Corpus Iuris Civilis)的第二部分，其术语"Digesta"意思是系统编纂，也称"Pandect"(希腊文)，意思是"全书"。《学说汇纂》本身也是上文所谓的泛罗马法的一部分，但因其在后世的重要影响，且具有专门的较为系统的返还财产之诉的体系，在整个罗马法中有其非常鲜明的特点。因此，这里非常有必要进行专文论述。《学说汇纂》是按照优士丁尼皇帝的命令，在对公元1世纪到3世纪的历代法学家的著述进行整理、提取、摘录的基础上，经过3年(公元530年12月至公元533年12月)的努力于公元533年编纂而成并颁布的。《学说汇纂》的内容分为七部分，第一部分是总则，第二部分是裁判，第三部分是物之规定，第四部分是敕谕，第五部分是遗嘱，第六部分是债权与物权，第七部分为特定契约、不法行为及上诉的规定。此外，还有法律用语与法律原则的解说等。[3] 上述七部分内容中，第二部分是关于裁判的规定，其中有关于返还财产之诉的重要内容，该部分在整个《学说汇纂》中属于第6卷。在第6卷中，包括了三种保护所有权的重要程序性手段，分别是返还原物之诉、普布里其之诉、永佃权之诉。[4] 除第6卷外，《学说汇纂》其他部分也有个别保护所有权的内容。

(一)《学说汇纂》返还原物之诉中"物"的范围

1. 返还原物的范围包括各种类型的物。关于返还原物之诉中原物的范围，乌尔比安(Domitius Ulpianus)在《论告示》第16卷中指出，这种特定的对物

[1] 参见周枏：《罗马法原论》(上册)，商务印书馆1994年版，第354页。

[2] 参见蒙振祥、陈涛、律璞主编：《罗马法》(第2版)，中国政法大学出版社2011年版，第127页。

[3] 参见戴东雄：《中世纪意大利法学与德国的继受罗马法》，中国政法大学出版社2003年版，第59页。

[4] See *The Digest of Justinian*, Volume 1, translation edited by Alon Watson, Philadelphia, University of Pennsylvania Press, 2009, pp. 201 – 215.

之诉适用于土地和所有可移动之物，无论是有生命的还是无生命的。但是，这一诉讼不能针对那些隶属于我们的自由人，比如隶属于我们的孩子们。除非请求返还原物的原告陈述了理由，此时，这些自由人也可以通过损害性诉讼、禁令程序或者裁判官审查而被诉请返还。[1] 因此，如果原告主张，按照罗马法律，这是我儿子或这是隶属于我的人（我可以请求返还），那么彭波尼（Sextus Pomponius）似乎也会同意原告起诉的正确性。因为彭波尼主张，在市民法之下，原告陈述了理由之后可以提起返还一个自由人的诉讼。按照彭波尼在《读物》第 26 卷中所论述的，通过这一诉讼，不仅单个的物可以被诉请返还，而且一群兽也可以被诉请返还。同样的情况也必然适用于一群牛、一群马或其他的畜生群。只要我们拥有兽群本身即为已足，哪怕特定的动物不归我们也是如此。因为我们请求返还的是兽群而不是单个的兽。[2] 由此可见，《学说汇纂》中可以构成返还原物之诉的客体的“物”，明显要比现代民法中的“物”更为宽泛，它不仅包括动产，也包括土地；不仅包括单一物，如一只动物，还包括集合物，如一群牛等；不仅包括物，甚至包括非奴隶的自由人。当然，尽管这里的“物”包括自由人，但《学说汇纂》中的被诉请返还的作为“物”的“自由人”毕竟还是不同于物，因此，乌尔比安和彭波尼都主张在诉请返还时要求陈述充分的理由。同时，笔者认为，乌尔比安和彭波尼在这里把自由人作为可以被请求返还的对象，并非把自由人视为客体，而更多的是技术上的考虑，便于家长及时找回失散或脱离家长的家属。[3]

2. 看似从物的物如果被查明属于无权占有的也可请求返还。乌尔比安在《论告示》第 16 卷中指出，一艘轮船装备的设施也可以被个别地请求返还，轮船的小艇也可以被单独请求返还。[4] 这一观念比之现代民法关于主物与从物的区分来看，好似有所不同。按照现代民法的观念，一艘轮船的装备本身应该属于轮船的从物，从物的价值在于帮助主物发挥经济效用，且主物与从物必须

---

〔1〕 See *The Digest of Justinian*, Volume 1, translation edited by Alon Watson, Philadelphia, University of Pennsylvania Press, 2009, p. 201.

〔2〕 See *The Digest of Justinian*, Volume 1, translation edited by Alon Watson, Philadelphia, University of Pennsylvania Press, 2009, p. 201.

〔3〕 参见周枏：《罗马法原论》（上册），商务印书馆 1994 年版，第 140 页。

〔4〕 See *The Digest of Justinian*, Volume 1, translation edited by Alon Watson, Philadelphia, University of Pennsylvania Press, 2009, p. 201.

同属于一人,只有与主物相结合,从物才能更好地发挥其价值,而主物的效用也因从物的协助而更为彰显。因此,法律上对主物的处分及于从物。既然如此,如果请求返还从物则可能涉及对主物效用的减损,反而不利于社会经济利益。但如果仔细考虑,《学说汇纂》中的做法其实也是现今的做法。乌尔比安专门举了小艇的例子,而小艇完全是可以与轮船分离而不影响其效用发挥的。这种情况,如果的确是小艇被轮船主人或使用人侵夺而无权占有,那表明作为轮船的主物与作为小艇的从物不属于一个人,既然不同属于一人,则不是主物与从物的关系,不允许请求返还反而有失公允。小艇的例子也可以进一步证明乌尔比安所说的轮船装备的设施是指其他的可能被无权占有的与小艇相似的物,如果查明确实属于无权占有,则当然也应该可以请求返还。

3. 返还之原物应属于特定物。保罗在《论告示》第6卷中指出,如果某人要提起对物之诉(in rem),那么他必须指明是哪一个具体的物,并且要说明他起诉所针对的是整个物还是物的一部分。如果是物的一部分,则还要指明是哪一部分。因为这里的物,不是种类物,而是特定物。[1] 保罗还进一步引述他人的话说,对于没有成型的物,应该称出其重量;对于标记过的物,应指出其数字;对于制造的物,应指明其特定的种类。如果物是通过测量而确定的,那么应该指出测量的具体数据。但是,如果我们起诉的是属于我们或应该给我们的衣服,那么,我们是仅仅指出尺码即可呢,还是同时要指明颜色?较好的答案是两者都指明。但如果还要求我们指出衣服的新或旧,那就太没有道理了。[2] 在这里,保罗不仅指出了返还原物之诉的原物必须是特定物,还指明了把种类物特定化的方法。

4. 返还的原物及于孳息。《学说汇纂》中多次谈到孳息是否应当返还的问题。乌尔比安在《论告示》第16卷中引用尤里安(Urian)在《学说汇纂》第6卷中的内容说,如果占有人迟延交付奴隶且奴隶又死亡,则必须考虑占有人在直到判决之时所收取的孳息。尤里安进一步指出,占有人的责任不仅仅是孳息,还包括获取的每一项收益。即便是奴隶的子女及奴隶子女所获得的任何孳

〔1〕 See *The Digest of Justinian*, Volume 1, translation edited by Alon Watson, Philadelphia, University of Pennsylvania Press, 2009, p. 202.

〔2〕 See *The Digest of Justinian*, Volume 1, translation edited by Alon Watson, Philadelphia, University of Pennsylvania Press, 2009, p. 202.

息,也应一并予以返还。所有的收益都应被考虑,正如尤里安在第7卷中所说的,如果占有人基于占有的奴隶而获得了提起阿奎利亚之诉的权利,[1]则该项权利也应被强制返还。如果占有人故意停止占有奴隶,并且有人非法杀死了该奴隶,则占有人要么需要被强制返还该奴隶的价值,要么需要被强制返还对该第三人的诉权,全赖原告进行选择。[2] 从以上论述来看,《学说汇纂》中的返还原物不仅包括自然孳息,而且包括很多其他收益。它还包括无权占有期间因物被毁坏而产生的对第三人的损害赔偿之债。但无论从罗马法关于原物与孳息的关系看,还是从现代民法关于原物与孳息的关系来看,损害赔偿之债已经不是孳息的范畴了。

(二)《学说汇纂》中返还原物的扩张:返还原物诉讼向占有令状的发展

关于占有与物权的区分,在罗马法中已经较为明确。罗马人认为,一个物的占有者是就事实而言的,一个拥有其财产的所有者是就法律而言的。[3] 人们相信一个真正的所有人是不能被仅仅是占有的人驱逐的。罗马时代所有权人的救济是返还原物之诉,原告证明其所有权之后即可通过返还原物之诉恢复其财产。[4] 乌尔比安在《论告示》第16卷指出,在返还原物之诉中,法官必须确定被告是否正占有物。基于什么理由占有,则在所不问。因为我一旦证明涉案物属于我,占有人就不得不返还给我,除非他提出一些(有效的)抗辩。[5] 也就是说,《学说汇纂》承认占有的事实不能对抗本权。在《论普布里其之诉》中,乌尔比安引用裁判官的话(《论告示》第16卷)指出,如果一个人请求返还某物,而该物是一个非所有人基于正当理由交给他的,并且他尚未依据时效取得该物,那么我会授予他一项诉权。之所以强调尚未时效取得,是因为

---

[1] See Erwin Grueber, *The Roman Law of Damage to Property, being a Commentary on the Title of the Digest Ad Legem Aquiliam (IX. 2) with an Introduction to the Study of the Corpus Iuris Civilis*, Oxford, At The Clarendon Press, 1886, p. 285.

[2] See *The Digest of Justinian*, Volume 1, translation edited by Alon Watson, Philadelphia, University of Pennsylvania Press, 2009, p. 204.

[3] See Frederick J. Tomkins, Henry D. Jenken, *A Compendium of the Modern Roman law, Founded upon the Treatises of Puchta, von Vangerow, Arndts, Franz Moheler, and te Corpus juris civilis*, London, Butterworth, 1870, p. 152.

[4] See David V. Snyder, "Relationships among Roman Law, Common Law, and Modern Civil Law", *Tulane Law Review* 66, 1992, p. 1872.

[5] See *The Digest of Justinian*, Volume 1, translation edited by Alon Watson, Philadelphia, University of Pennsylvania Press, 2009, p. 202.

如果他已通过时效取得该物,则他就取得了在市民法上的诉权,从而也就不需要一项裁判官法上的诉权。所以,裁判官说,任何人,只要他有充分的理由获得交付,他就可以提起普布里其之诉。这一诉权不仅适用于一个善意买受人,也适用于其他许多人。[1] 这也就是说,善意占有人都可以依据普布里其之诉保护其尚未因时效取得所有权的占有。《羊皮纸文稿》第3卷中也指出,普布里其之诉并不是要把物从所有人处拿走,其正当性基础首先在于公平,其次在于"如果物不属于占有人"的抗辩。普布里其之诉的目的在于确保善意购买物的当事人能够基于这种善意而保持占有。[2]

综合以上论述,《学说汇纂》中关于返还原物与返还占有的关系是:(1)对于善意占有的事实通过裁判官法上的普布里其之诉给予保护;(2)对善意占有的保护不能对抗所有权,当原告证明一项有效的所有权存在时,所有权应得到优先保护,除非占有人能提出有效抗辩。但是,这种区分实际上都是观念上的。实践中,罗马人也需要通过证据说话。而恰恰在证据上,所有权的证明通常是困难的,因此,运用占有令状进行保护反而要优先于物件返还诉。于是,逐渐地占有令状制度反而成为返还原物制度的重要形态甚至主要形态。国外有学者认为,罗马法上所有权证明的难度可以从描述它的词语上看出来,即"恶魔之证"或"魔鬼之证"(devil's proof)。并且,物件返还诉的被告将由占有令状的胜者决定。[3]

(三)《学说汇纂》中返还原物的具体操作:时间、地点、花费负担

在《学说汇纂》中,返还原物之诉绝不仅仅是一种理念或司法思维方式,而是已经具有了非常丰富的内容,从而形成了一套较为完整的技术规则。这一点,从其关于返还原物的具体操作规则可以一览无余。

1.《学说汇纂》中的返还原之诉非常注重时间节点的意义。比如,在判断是否为无权占有时,必须把时间限定在诉讼开始时和判决作出时。正如保罗

---

〔1〕 See *The Digest of Justinian*, Volume 1, translation edited by Alon Watson, Philadelphia, University of Pennsylvania Press, 2009, p. 212.

〔2〕 See *The Digest of Justinian*, Volume 1, translation edited by Alon Watson, Philadelphia, University of Pennsylvania Press, 2009, p. 215.

〔3〕 See Barry Nicholas, *An Introduction to Roman Law*, 1962, p. 109, in David V. Snyder, Relationships among Roman Law, Common Law, and Modern Civil Law, *Tulane Law Review* 66, 1992, pp. 1872–1873.

(Paul)在《论告示》第21卷中指出的,占有人至少应在争点确定后和作出判决时占有涉案标的物,[1]因为如果他在争点确定时曾经占有过涉案物,而在判决作出时非因故意丧失了占有,那么他应该被免责。而如果他在争点确定时不占有涉案物,但在判决作出时占有,那么无论从哪个方面看,他都应该被判败诉。因此,判决还会要求他返还从开始占有之时所获得的原物的孳息。此外,任何人如果在争点确定之前故意停止占有,将可能被提起对物之诉。这一点可以从"继承之诉中应考虑过去的故意"这一规定推论出来。因为,如果继承之诉中过去的故意是一个应该考虑的相关因素,而继承之诉本身也是一种对物之诉,那么在涉及特定物的对物之诉中,将过去的故意作为相关因素予以考虑就不是没有道理的。[2]

2.《学说汇纂》中规定了较为详尽的返还地点的规则,返还地点因占有人的占有是善意还是恶意而有不同的返还地规则。保罗《论告示》第21卷指出,如果一件动产被诉返还,假设它不在现场,应该在哪儿履行返还的义务。如果占有人是善意的,那么他应该可以在物之所在地返还,也可以在诉讼提起地返还。但如果在诉讼提起地履行,则原告必须负担把物通过陆运或水运移转到诉讼所在地的必要费用。当然,食品或饮料等给养的费用可以排除。乌尔比安在《论告示》第16卷中紧接着指出,除非原告选择自担风险和费用在诉讼所在地返还,在这种情况下,被告将提供一个保证人确保返还的周全。

3.《学说汇纂》对于占有物返还之前占有人支付的费用负担问题也有论述。一般的原则是,占有人即使无权占有,但其在占有期间因物的管理而开支的必要费用,应由原告负担。这一点集中体现在保罗《论告示》第21卷中,该卷指出,如果争点确定前占有人就占有的涉案物已经产生了费用,只要原告没有偿还该笔费用而继续诉讼,则占有人可以提出恶意抗辩,请求考虑该笔费用。另外,如果占有人占有的是奴隶,且因奴隶对他人造成损害而被诉(noxal

---

[1] 陈汉先生翻译的中文版《学说汇纂·原物返还之诉》中的表述为:至少或者在争讼开始时或者在物被判定之时占有。参见《学说汇纂·原物返还之诉》,陈汉译,纪蔚民校,中国政法大学出版社2009年版,第43页。本书采艾伦·沃森教授翻译的英文译本中的表述。See *The Digest of Justinian*, Volume 1, translation edited by Alon Watson, Philadelphia, University of Pennsylvania Press, 2009, p. 205.

[2] See *The Digest of Justinian*, Volume 1, translation edited by Alon Watson, Philadelphia, University of Pennsylvania Press, 2009, pp. 205 – 206.

action)并被判决赔偿,[1]则占有人也可以要求原告返还该赔偿费用。同时,如果被告在属于原告的土地上建造了一栋公寓,除非原告同意被告将该公寓拆除,否则该笔建造公寓的费用也要支付给被告。[2]

(四)《学说汇纂》中返还原物的替代

在很多情况下,原物因毁损、灭失不能返还,也可能因其他原因原告不要求返还而只要求价值补偿。此时,《学说汇纂》提供了返还原物的替代规则。

(1)原告可以获得金钱补偿。保罗在《论告示》第21卷中指出,如果原告接受了物的价值赔偿,则原告就不须再向占有人追索该物。[3] 也就是说,用价值赔偿的方式替代了返还原物。(2)原被告可以协议价值赔偿替代返还原物。保罗在《论萨宾》第10卷中说,当提起对物之诉要求返还的物(被侵占物)经原告发誓所确认的金额估值后,按照估值的金额进行赔偿可以替代物的返还,此时,物的所有权将立刻归属于占有人。因为可以认为这种情况是双方协商和解,并以原告认可的价格赔偿解决了纠纷。[4] (3)因占有人故意导致不能返还的,可以判决高于原物价值的价值赔偿。根据乌尔比安《论告示》第51卷中的陈述,如果被判决返还原物的一方当事人拒绝执行判决,并且坚持其不能返还的主张,倘若他确实占有该物,那么依照判决法官将强制剥夺他的占有,基于该物的孳息和其他收益也将被强制返还。如果是因为占有人的故意设计导致不能返还,则法官可以按照原告的宣誓判决占有人赔偿某一数额,并且该数额不受限制。如果占有人并非故意造成的不能返还,则判决赔偿的数额不会超过物的价值,即以原告的利益为限。这是通用的法则,适用于任何情况下的返还原物诉讼,无论是禁止令还是对物之诉抑或对人之诉。[5] 由此可见,《学说汇纂》对于返还原物的替代方式采取了较大程度地保护并尊重原告的原则。

---

[1] “noxal action”也就是“noxalis actio”,是指因奴隶或动物对他人人身或财产造成损害而对其主人提出的诉讼。参见薛波主编:《元照英美法词典》,法律出版社2003年版,第985页。

[2] See *The Digest of Justinian*, Volume 1, translation edited by Alon Watson, Philadelphia, University of Pennsylvania Press, 2009, p. 206.

[3] See *The Digest of Justinian*, Volume 1, translation edited by Alon Watson, Philadelphia, University of Pennsylvania Press, 2009, p. 207.

[4] See *The Digest of Justinian*, Volume 1, translation edited by Alon Watson, Philadelphia, University of Pennsylvania Press, 2009, p. 208.

[5] See *The Digest of Justinian*, Volume 1, translation edited by Alon Watson, Philadelphia, University of Pennsylvania Press, 2009, pp. 210 – 211.

四、罗马法中返还原物诉讼对后世返还原物请求权制度的影响

(一)罗马法返还原物之诉对大陆法系返还原物制度的影响

梅里曼指出,具有深厚历史积淀且影响重大的大陆法系,最早可以追溯到公元前450年古罗马颁布的《十二表法》。[1] 然而,从公元前753年罗马建城到公元565年以后《国法大全》形成的1000多年中,罗马法整体对后世发挥的效用绝非《十二表法》可以代表的。且不说罗马法从理念、结构、体系等宏观方面对大陆法系的影响,单是就具体制度而言,也有很多值得大书特书的地方。就本书所讨论的返还原物之诉这一具体制度来看,罗马法至少有以下两方面的重要影响。

1.罗马法中的返还原物诉是德意志法系中所有物返还请求权的重要历史渊源。如果按照逻辑法则,德国民法应该是日耳曼式的,正如法国民法就应该是罗马式的一样。因为法兰西属于拉丁世界,并且坐落于古罗马的土地上。但是,历史并不总是——甚至经常不是——按照逻辑法则行事的,而是任性地按照自己的路径发展。毕竟,这是一个无可辩驳的事实,即尽管德国民法典的语言是德语,受众是德国公民,但却深深地打上了罗马法的烙印。[2] 对于德国民法典为什么没有采纳其本国的固有法日耳曼法,而是倒向了罗马法的怀抱,有很多种解释。比较权威的解释是,在法律上,日耳曼法简陋、有分歧、不统一,在中央政府无力统一的情况下,一旦外国法渗入德国社会后,德国固有法无力相抗衡,因而只有继受(罗马法)。[3] 此外,因为商业的发展对法律提出了较高的要求,而当时德国的固有法日耳曼法较为简陋,不能适应商业上之需要,而罗马法至少可以说是一切生活于德意志民族罗马帝国(神圣罗马帝国)下人民之共同法,可以说是德国、荷兰、意大利三国的共同法,且具有商事化的特质,足以适应当时的经济情况。[4] 实际上的原因是否果真如上述论断所言,还有待进一步考证。但可以肯定的一点是,在德国继受罗马法的历程中,职业

---

〔1〕 See John H. Merryman, *The Civil Law Tradition*, Palo Alto, Stanford University Press, 1985, p. 2.

〔2〕 See R. C. Van Caenegem, *European Law in the Past and the Future: Unity and Diversity over Two Millennia*, Cambridge, Cambridge University Press, 2001, p. 4.

〔3〕 参见戴东雄:《中世纪意大利法学与德国的继受罗马法》,中国政法大学出版社2003年版,第181~195页。

〔4〕 参见[美]孟罗·斯密:《欧陆法律发达史》,姚梅镇译,中国政法大学出版社2003年版,第429~430页。

法学家阶层的大力推动功不可没。正如谢鸿飞教授所指出的,罗马法在德国的继受之所以能够实现,几乎是法学家推动的产物,而法学家也推动了德国法律的统一。德国法学家在发挥罗马共同法作用的同时,也促进了德国法部分"再民族化"。[1] 因为,罗马法和教会法是中世纪大学的课程,当时法学界认为罗马法是法律的典范,如同中世纪认为亚里士多德的学说是哲学的典范一样。或许正是因为上述种种原因,德国民法成为罗马法最为忠实的追随者。而作为罗马法内容之一的返还原物之诉也通过独特的方式进入了德国民法。《德国民法典》第985条规定,所有人可以向占有人请求返还物。这一规定,看似简单,但却是经由温德沙伊德把罗马法中的诉权改造为请求权并吸取罗马法中返还原物诉之后的结果。罗马法中,诉讼与实体权利并没有非常明确的区分,并且,诉讼的位置要优先于实体权利。在这种观念之下,对人诉讼(actiones in personam)和对物诉讼(actiones in rem)成为罗马法法定诉讼时期以来最为重要的诉讼类型划分。[2] 而其中,返还原物之诉又是对物诉讼中最为典型的一种,盖尤斯甚至将二者等同起来论述。[3] 在德国继受罗马法的过程中,弗里德里希·卡尔·冯·萨维尼(Friedrich Carl von Savigny)虽然发挥了关键的作用,但是萨维尼并没有就民事实体权利与诉讼的区分作出过任何突破。此后,萨维尼的学生温德沙伊德有力地发展了罗马法中作为诉讼程序制度的"诉权",把诉权提升到实体权利的高度,并把实体法上的"诉权"发展为现在被广为接受的"请求权"理论。[4] 而对于本书所讨论的返还原物请求权制度来说,温德沙伊德的价值更在于在学理上创造了返还原物请求权或德国法上的所有物返还请求权的母体——物权请求权理论。[5] 就这样,罗马法中实体与程序合二为一的"返还原物之诉"通过德国一代代法学家的努力,最终成为独

---

〔1〕 参见谢鸿飞:《法律与历史:体系化法史学与法律历史社会学》,北京大学出版社2012年版,第113页。

〔2〕 See A. Arthur Schiller, *Roman Law: Mechanisms of Development*, Berlin, Walter de Gruyter, 1978, p. 190.

〔3〕 盖尤斯在其《法学阶梯》中指出,对物的诉讼被称为返还所有物之诉,而我们据以要求"应当给或者做"的对人的诉讼,则被称为"请求给付之诉"。参见[古罗马]盖尤斯:《法学阶梯》,黄风译,中国政法大学出版社2008年版,第208页。

〔4〕 参见[德]米夏埃尔·马廷内克:《伯恩哈德·温德沙伊德(1817~1892)——一位伟大的德国法学家的生平与作品》,田士永译,载《法哲学与法社会学论丛》(六),第458~460页。

〔5〕 参见金可可:《论温德沙伊德的请求权概念》,载《比较法研究》2005年第3期。

立的实体法上的权利——所有物返还请求权，并明确规定在《德国民法典》第985条。而这一模式也直接影响到了《俄罗斯民法典》第301条和我国台湾地区“民法”第767条规定的所有物返还请求权立法。

2. 罗马法中的返还原物诉也是法国法系中追还财产之诉制度的重要渊源。法国作者中有一个普遍的共识就是，1804年《法国民法典》的主要渊源就是罗马法、习惯法、王室律令和大革命时期的制定法。〔1〕在罗马法的适用过程中，公元212年《卡拉卡拉告示》的发布，使大批罗马世界的人口被授予市民资格，这是罗马法在私法主体领域的彻底开放，其积极的效果之一就是使罗马法的适用范围得到有效的扩展。从此以后，高卢人如罗马帝国其他部分的居民一样，成为完全的罗马公民，〔2〕罗马法由罗马人的法，变成普遍适用于罗马帝国公民的法律。因为这种渊源，法国学者有一种论断就是，盛行于法国南部的成文法和盛行于北部的习惯法混合起来共同表现了《法国民法典》，而这一成文法恰恰来源于罗马法，（在《法国民法典》中）成文法（罗马法）很好地弥补了习惯法的不足。〔3〕保罗·维诺格拉多夫（Paul Vinogradoff）在对中世纪欧洲的罗马法进行研究的过程中发现，法国在罗马法复兴的过程中也积蓄了强大的力量，罗马法的渊源影响了那些很大程度上由日耳曼传统形成的习惯法所支配的法国地区的法律状态。〔4〕只要粗略地审视一下《法国民法典》的内容就可以发现，该法典的内容更可能受罗马法的影响。因为，该法典与此前的各种版本的方案，都遵循了统一的盖尤斯和优士丁尼的《法学阶梯》的结构和方式：人、财产（包括继承、责任和合同），只是没有包括诉讼和程序。〔5〕基于上述原因，法国民法中到处都有罗马法的影子。就返还原物请求权而言，《法国

---

〔1〕 See Planiol & Ripert, Traite Elementaire de Droit Civil 34 (12th ed. 1940), in Rodolfo Batiza, “Roman Law in The French and Louisiana Civil Codes: A Comparative Textual Survey”, *Tulane Law Review* 69, 1995, p. 1602.

〔2〕 See Fr. Olivier Martin, Histoire du Droit Francais des origins à la Rèvolution, edition du Centre National de la Recherche Scientifique, 1948, p. 2. 转引自童彬：《法国财产权体系之源与流》，法律出版社2014年版，第11页。

〔3〕 See Rodolfo Batiza, “Roman Law in The French and Louisiana Civil Codes: A Comparative Textual Survey”, *Tulane Law Review* 69, 1995, p. 1602.

〔4〕 参见［英］保罗·维诺格拉多夫：《中世纪欧洲的罗马法》，钟云龙译，中国政法大学出版社2010年版，第52～57页。

〔5〕 See Rodolfo Batiza, “Roman Law in The French and Louisiana Civil Codes: A Comparative Textual Survey”, *Tulane Law Review* 69, 1995, p. 1603.

民法典》并没有像近100年后的《德国民法典》那样建立所有物返还请求权制度,而是充分吸收了罗马法中返还原物诉和占有保护的制度,通过对不动产的追还之诉和占有保护制度实现返还原物请求权的制度功能。如前文所述,由于“魔鬼之证”的问题,罗马法中往往是占有令状优先于返还原物之诉被适用,[1]而法国民法在动产的保护方面也正好借鉴了这一点,即通过对占有的保护来实现对动产所有权的保护。《法国民法典》第2279条第1款明确规定,涉及动产时,占有即等于所有权证书。当占有人并非是有本权的占有时,追还动产的请求权人应当举证证明占有人不符合第2279条规定的条件,如证明被告属于恶意或属于瑕疵占有等。[2] 同时,对于不动产的保护,则完全通过不动产追还之诉这样的诉讼程序来实现。由此可见,在对罗马法的吸收方面,法国民法的不动产追还之诉和占有保护,比之德国民法中的“所有物返还请求权”更为彻底和纯粹。此外,在整个中世纪的意大利,罗马法的影响犹如一股穿透力十足的社会力量,远远地超过了日耳曼征服者所希望或期望的程度。[3] 而后来罗马法的复兴,更是发生在意大利本土。因此,意大利受罗马法的影响之大,可想而知。具体在返还原物制度方面,《意大利民法典》在第三编第二章“所有权”的第四节规定了“保护所有权的诉讼”,其中,第948条为“返还之诉”。根据该条规定,物的所有人可以向占有或持有人要求返还该所有物。在提出返还请求后,由于占有或持有人的行为,丧失了对该物的占有或持有的,则所有人还可以向占有或持有人提起返还所有物之诉。由此可见,《意大利民法典》中并没有“返还原物请求权”或“所有物返还请求权”的概念,而是与法国一样,通过所谓的返还之诉达到与设置“返还原物请求权”或“所有物返还请求权”同样的效果,而这种返还之诉正是源自罗马法中的返还原物诉。

（二）罗马法返还原物之诉对英美法系返还财产之诉的影响

尽管与大陆法系国家法学教授至高无上不同,英美国家的法庭是至高无

---

〔1〕 See Barry Nicholas, *An Introduction to Roman Law*, 1962, p. 109, in David V. Snyder, “Relationships among Roman Law, Common Law, and Modern Civil Law”, *Tulane Law Review* 66, 1992, pp. 1872 – 1873.

〔2〕 参见[法]弗朗索瓦·泰雷、[法]菲利普·森勒尔:《法国财产法》,罗结珍译,中国法制出版社2008年版,第627页。

〔3〕 参见[英]梅特兰等:《欧洲法律史概览:事件、渊源、人物及运动》(修订本),屈文生等译,上海人民出版社2015年版,第72~76页。

上的,[1]但这种分歧和差异丝毫没有阻止罗马法同样对于英美法律实施的举足轻重的影响。康奈尔大学的托马斯·J.麦克斯威尼(Thomas J. McSweeney)教授指出,罗马法和教会法共同形成了中世纪的普通法或基督教世界的普通法,它是今天支配欧洲大陆的民法法系的鼻祖,而它同时也为英国法提供了占有和所有权的概念。[2] 当然,相比较而言,罗马法的研究对于英国法官和律师的影响还是要小于大陆法系国家,因为培养英国法官和律师的伦敦四大法律学院并不研究罗马法。但在衡平法上,因衡平法院的很多大法官都是教士出身,他们既通晓寺院法,也研究和适用罗马法。因此,英国的衡平法受罗马法影响更大。[3] 具体到返还原物制度,英国法中的收回不动产之诉和返还货物之诉与罗马法中的返还原物诉也有着千丝万缕的联系。在爱德华一世的时候,作为常见的诉讼之一的暴力侵害之诉就包括针对不动产侵占的侵入他人土地之诉。而针对动产侵占的返还原物之诉更是在中世纪非常重要的一种诉讼。此时,返还原物之诉的基础是非法扣押(distraint)(他人财物),被扣押人将被要求提供担保,并在法庭上反驳扣押人。[4] 这一点与前文所讲的罗马法中返还物件诉中要求原告提供誓金担保的情况非常相似。另外,根据梅因的研究,罗马法中优先于物件返还诉的占有令状制度,在英国法中重复地发生。在梅因时代的英国,财产所有人宁愿采用简便易行的"禁令制度"以代替程序烦琐的"物权诉讼"。也因此,当时的英国实际上已经把物权诉讼废除,大多数人认为这是积极的,但也有人认为这样并不利于土地回复制度的改进。[5] 上述论断,也能在梅特兰那里得到验证。梅特兰认为,英国当时的占有之诉有着与罗马法不同的特点,但却毫无疑问地承认,英格兰和诺曼底的占有之诉可以追溯到罗马法上的占有令状制度,并经由教会法学家逐渐发展起来的侵占之诉演化而来。[6] 后来,随着英国法律的改革,《英国司法法》和《英国最高法院规则》

---

[1] See R. C. Van Caenegem, *European Law in the Past and the Future: Unity and Diversity over Two Millennia*, Cambridge, Cambridge University Press, 2001, pp. 44-45.

[2] See Thomas J. McSweeney, "Property Before Property: Romanizing the English Law of Land", *Buffalo Law Review* 60, 2012, p. 1140.

[3] 参见[美]孟罗·斯密:《欧陆法律发达史》,姚梅镇译,中国政法大学出版社2003年版,第443~444页。

[4] 参见[英]梅特兰:《普通法的诉讼形式》,王云霞等译,商务印书馆2010年版,第96页。

[5] 参见[英]梅因:《古代法》,沈景一译,商务印书馆1997年版,第165页。

[6] 参见[英]梅特兰:《普通法的诉讼形式》,王云霞等译,商务印书馆2010年版,第50页。

颁布,上述诉讼形式被废除,人们开始逐渐更关注法律的实质问题。但是侵犯土地和侵占动产并没有因前述诉讼形式的消亡而消失,而是逐渐发展成为英国法中的侵权类型。其中,侵犯土地(trespass to land)包括无合法理由直接进入土地、停留于土地或在原告占有的土地上放置或构筑物件的行为,[1]其救济方式包括损害赔偿、禁止令和收回土地之诉。而侵占动产则指,擅自处置他人动产、否认动产所有人的权利或者主张一项与动产所有权人的权利不相容的权利。[2] 侵占动产的救济方式是市价和特定损失的损害赔偿,作为选择,也可以是返还原物加特定损失的赔偿。[3] 对此,法院有裁量余地,一般是在原物为稀有物或为特殊价值物的情况下,法院才可能判决返还原物。[4] 需要指出,美国法中涉及侵犯土地和侵占动产的侵权,有来自英国法的很多渊源,因而也有来自罗马法的渊源。

当然,尽管罗马法中的返还原物诉对英美法中的侵犯土地和侵占动产的救济方式有一定的影响,但是可以肯定,这种影响是远远比不上其对大陆法系各国的影响的。正如麦克斯威尼教授所说:"在努力使英国法律实践向罗马法靠近并妥协的过程中,布莱克顿的作者们发现,让罗马法上的所有权概念恰当地描述他们所熟知的英国法中人和土地的关系是非常困难的。"[5]

第二节　日耳曼法:注重占有外观的返还原物制度

日耳曼法是西方法律传统的重要基础,它与罗马法、教会法一起构成了西方法的三大渊源。因此,从日耳曼法中挖掘关于返还原物的相关制度,无疑将有助于返还原物请求权研究的深入开展。

---

〔1〕 See Vivienne Harpwood, *Modern Tort Law*, 7th *ed.*, Oxon, Routledge - Cavendish, 2009, p. 232; Vivienne Harpwood, *Principles of Tort Law*, London, Cavendish Publishing Limited, 2000, p. 220.

〔2〕 See Vivienne Harpwood, *Principles of Tort Law*, London, Cavendish Publishing Limited, 2000, p. 360; Vivienne Harpwood, *Modern Tort Law*, 7th *ed.*, Oxon, Routledge - Cavendish, 2009, p. 366.

〔3〕 See Vivienne Harpwood, *Modern Tort Law*, 7th *ed.*, Oxon, Routledge - Cavendish, 2009, p. 368.

〔4〕 See W. V. H. Rogers, *Winfield & Jolowicz on Tort*, London, Sweet & Maxwell, 1998, p. 614. 转引自胡雪梅:《英国侵权法》,中国政法大学出版社 2008 年版,第 49 页。

〔5〕 Thomas J. McSweeney, "Property Before Property: Romanizing the English Law of Land", *Buffalo Law Review* 60, 2012, p. 1142.

一、日耳曼法中返还原物制度的基础:有权利内容的“占有保护”

日耳曼法系以具体的事实关系为基础,因此,没有所有权的抽象的概念。在十三四世纪以前,所有权的概念在整个日耳曼王国时期从未产生过。日耳曼法中关于物权的制度,表现为一种具体的占有的形式,物体的性质和形式可以决定物权的支配方式。[1] 因此,日耳曼法中的占有(gewere)与罗马法中的占有(possession)并不相同。罗马法中对占有的取得,以具备“事实支配力”的全部要素为标志。而日耳曼法中,对占有的取得,则还需要一些仪式性的内容。事实上,在罗马以外的文明中依然保留着人们可通过占有这一明确事实了解特定主体希望获得某物的观念。[2] 在继受罗马法以前,日耳曼法中的“占有”以权利作为必要要素,占有的主张和抗辩虽然以“占有”的事实开始,但是落脚点却以确立的或认可的权利为中心。[3] 也就是说,日耳曼法上的占有,本身就是物权的外形,具有权利防御、权利实现和权利移转的效力。而罗马法上的占有,则仅仅是事实,占有人是否真正享有实体上的权利,属于法律上的问题,与占有无关。也因此,罗马法上的占有之诉与本权之诉是相互分离的,二者互不干涉,占有之诉不得基于本权而为审判。而在日耳曼法上,占有标的物,需要以合法地享有物权为根基,并且这种对标的物的支配,常常以用益的形式表现出来。故对占有的保护,就是对权利的保护,有占有的外形,就可以推定占有人享有权利,诉讼时也将占有作为权利进行审判。[4] 这样的观念差别,为日耳曼法上的返还原物制度和罗马法上的返还原物制度的差别埋下了伏笔。最明显的就是,罗马法上的返还原物诉中,原告必须举证证明他是所有权人或他自己取得了标的物,如果这一点能成立,那么第三人就不能(擅自)针对该标的物从事法律上的交易,因而被告也就不能享有占有的法律上的权利(本权)。[5] 而日耳曼法上的返还原物制度,因为有占有即是权利外形的观

---

[1] 参见李宜琛:《日耳曼法概说》,中国政法大学出版社2003年版,第67页。

[2] See C. M. Rose,“Possession as the Origin of Property”, *The University of Chicago Law Review.*, 1983, pp. 73–88. 转引自[意]鲁道夫·萨科、[意]拉法埃莱·卡泰丽娜:《占有论》,贾婉婷译,中国政法大学出版社2014年版,第4页。

[3] See Rudolf Huebner, *A History of Germanic Private Law*, trans. by Francis S. Philbrick, et al., Boston, Little, Brown and Company, 1918, p. xxxvii.

[4] 参见李宜琛:《日耳曼法概说》,中国政法大学出版社2003年版,第56页。

[5] See J. Laurence Laughlin,“The Anglo–Saxon Legal Procedure”, *Essays in Anglo–Saxon Law*, Boston, Little, Brown and Company, 1876, p. 255.

念，因而在诉讼的证明上有其便利。但是，因日耳曼法上占有在不动产和动产的情况下有所区别，不动产的占有主要以土地的用益为表象，即必须以实际利用的方式把对土地的占有具体化，这种占有必须是以使用和收益为目的的控制；〔1〕而动产的占有则以持有为表象，不需要探究持有背后的使用或收益目的。因此，返还原物制度的具体形态，在不动产和动产之间有所不同，以下分别予以论述。

二、日耳曼法中涉及不动产的返还制度

（一）日耳曼法中不动产物权的特点

日耳曼法中的土地权利以占有为要素，但是这里的占有存在两种情况。第一种情况是有形的占有。有形的占有首先要求实际控制，要求所有者的占有上存在标的物，所有者的标的物上存在占有。从原生态的中世纪观点看，控制一块土地的有形的标志是其经济用益。每个人都能看到谁取得了土地的收益，谁控制土地以为经济收益和利用，因而谁就成立占有。〔2〕经常会有土地所有者将其土地让他人保有或出租给他人，而土地所有者则通过这些地役、地租及税款获取由佃户交付的收益。农奴、采邑地的保有者、租借的佃户、享有用益权的承租人则自己耕种土地，直接获取土地的收益。这就导致中世纪日耳曼法中不动产的一个明显的特点，就是多重占有现象的普遍存在。

基于此，日耳曼法中的不动产呈现如下特征：(1)日耳曼法上的不动产所有权皆以用益为表现，因而不存在不动产所有权与用益物权的区分。但存在永久所有权和期限所有权之分，存在自由的所有权和有负担的所有权之分。因此，在日耳曼法上，所有有权源的对不动产的利用权，都属于不动产所有权的范畴。(2)日耳曼法上的不动产所有权具有分层的特点。土地的出产物在有权利的数个人之间进行分配，所有权作为一种有形支配方式的观念仅仅在量上有区别，但在质上没有区别。这就导致所有权在各个人之间进行分割的情况，而各个人的权利效力的强弱又不同，他们之间因而呈现一种不平等的等

〔1〕 See Rudolf Huebner, *A History of Germanic Private Law*, trans. by Francis S. Philbrick et al., Boston, Little, Brown and Company, 1918, p. xxxvii.

〔2〕 See Rudolf Huebner, *A History of Germanic Private Law*, trans. by Francis S. Philbrick et al., Boston, Little, Brown and Company, 1918, p. 186.

级安排,这在罗马法上是绝不可能的。[1] (3)日耳曼法上不动产的所有权具有浓烈的团体主义色彩。日耳曼法中特别强调个人服从集体这样的观念,日耳曼法曾被认为是“建立在创造法律的全体自由人民的意志之上,而不是个人的权力之上”[2],不动产所有权之下对标的物土地的支配主要以家族、亲族、村落等团体为单位,并有总有、合有等各种公用制度,很少有属于个人私有的情况。[3] 这样的特点其实也为日耳曼法赢得了与“个人主义的罗马法”并行的“社会主义的日耳曼法”的定位。[4]

(二)针对不动产的返还原物

日耳曼法的原则是每一个占有都是一个土地物权的“外衣”,仅仅在少数情况下法律认可非现实的占有。中世纪的日耳曼法首先考虑的恰恰是现实占有的情况。这种现实的占有被认为是一个法律权利的“首要面相”。因此,日耳曼法禁止以武力侵扰占有,除非通过司法诉讼的方式。于是,每个占有人都有权对侵扰进行自力救济,并且在必要时候可以使用武力。[5] 但是从权利救济的依据看,日耳曼法中的不动产发生侵占的,都依据真实权利是否存在而解决,并没有独立存在的占有保护诉讼,这与罗马法上独立的占有保护诉讼有所不同。但是,当出现因不动产的侵占而发生本权诉讼时,需要首先决定占有的归属,以作为审判的准备行为。此时,两造双方将同时就一块土地主张其占有的权利。因不动产所有权以用益作为占有的外形,因而法官将审查涉案土地现由何人用益,并将以现在之收益人作为占有主体,将其列为被告。如果两造双方都属于现在的用益人时,则以时间较长者作为占有人。如果占有的时间长短不明,则法官将召集附近的居民进行决定。如果通过这种方式仍不能决

[1] 关于日耳曼不动产法中的分割所有权到底是占有的分层还是所有权的分层,有不同意见。分别参见李宜琛:《日耳曼法概说》,中国政法大学出版社2003年版,第71~72页;何勤华、魏琼主编:《西方民法史》,北京大学出版社2006年版,第153页。但美国学者Huebner认为,日耳曼法中的不动产的分割或分层是所有权的分割或分层,与李宜琛先生的见解相同,本书从之。See Rudolf Huebner, *A History of Germanic Private Law*, trans. by Francis S. Philbrick et al., Boston, Little, Brown and Company, 1918, p. 232.

[2] Nigel G. Foster, *German law and Legal System*, Blackstone Press limited, 1993, p. 7.

[3] 参见李秀清:《日耳曼法研究》,商务印书馆2005年版,第451~456页。

[4] R. C. Van Caenegem, *European Law in the Past and the Future: Unity and Diversity over Two Millennia*, Cambridge, Cambridge University Press, 2001, p. 96.

[5] See Rudolf Huebner, *A History of Germanic Private Law*, trans. by Francis S. Philbrick et al., Boston, Little, Brown and Company, 1918, p. 193.

定的,则法官会暂时将土地的占有,分割隶属于双方当事人,使其各就分得部分,立于被告之地位。[1] 因为日耳曼法中不动产所有权的占有外形有注重用益的特点,日耳曼人似乎并不关注被侵占的原物土地是否返还,很多情况下,返还原物土地上出产的物也可以。因为返还原物土地上出产的物对于不动产的所有权人来说,就已经有了用益的外观,他可以借以表明其占有,进而表明其是所有权人。这一点,在日耳曼王国某些时期的法典中能够得到印证。比如,伦巴第国王罗泰里(Rothair)的告示第 151 条规定,在他人土地上建筑磨坊而不能证明该土地属于自己的,将失去该磨坊和其工作成果而归土地权利人所有。第 354 条规定,明知不是自己土地而在该土地上耕作或擅自播种的,将失去其劳动和土地出产的果实,而能够证明这土地属于他的那个人可以获得土地出产的果实。第 355 条规定,在一块播种之后的土地上耕作而不能证明该土地属于自己所有的,需返还这些果实,并要为其掉以轻心的推测向所有人赔偿 6 个索尔第。[2] 此外,因为对于不动产的占有主要以用益为外形,因而日耳曼法中侵占不动产之后的价值赔偿也非常普遍。比如,利乌特普兰德(Liutprand)国王的法律规定,在一块土地上挖掘沟渠而不能证明该土地属于其所有的,应向土地权利人赔偿 6 个索尔第;在一块土地上设置栅栏而不能证明该土地属于自己所有的,也应向土地权利人赔偿 6 个索尔第。[3] 由此可见,侵占他人土地除了要将土地上的果实返还给土地的所有权人之外,还可能被要求赔偿。故从常识推断,一个理性的人在遭受这些不利后果后会将侵占的土地主动归还给权利人。但因为不动产的占有以用益为表现形式,因而也必须有表现所有权人取得用益的具体的方式。而在中世纪,直到很晚的时候,土地的价值也仅仅在于耕作出产,它在交易中的利用无论如何也还不发挥作用。[4] 所以,土地的用益不通过交易表现,而是通过出产果实表现,于是日耳曼人的涉及不动产保护的法律中,更多地规定了将土地果实返还给所有权人或对所有

---

[1] See Rudolf Huebner, *A History of Germanic Private Law*, trans. by Francis S. Philbrick et al., Boston, Little, Brown and Company, 1918, p. 195.

[2] See *The Lombard Laws*, translated with an introduction by Katherine Fischer Drew, Philadelphia, University of Pennsylvania Press, 1973, pp. 77, 121.

[3] See *The Lombard Laws*, translated with an introduction by Katherine Fischer Drew, Philadelphia, University of Pennsylvania Press, 1973, pp. 164 – 165.

[4] See Rudolf Huebner, *A History of Germanic Private Law*, trans. by Francis S. Philbrick et al., Boston, Little, Brown and Company, 1918, p. 227.

权人进行价值赔偿。在前期没有继受罗马法占有观念的日耳曼人看来,这应该是很正常的。

三、日耳曼法中涉及动产的返还原物制度

(一)动产物权的特点

在日耳曼法中,动产的私人物权比不动产的私人物权发展得更早,且在摒弃早期联合所有的影响方面也比不动产走得更快和更为彻底。即使在很早的时期,所有权也意味着不受限制的物理控制,这一观念最早就是在动产法律关系中发展起来的,并且一直保留,成为动产法分支的实质内容。从很早时期开始,动产所有权的不受限制的物理控制这一事实就实质上把动产的所有权和不动产的所有权区分开来,而不动产所有权在特定程度上受到限制这一特点则一直保留下来,甚至在现代法中仍然存在。[1] 因此,日耳曼法中,对标的物的物理控制受到多大程度的限制是不动产所有权和动产所有权的重要区别。简言之,不动产的支配受限制多,而动产的支配受限制很少。

同时,动产的占有只以事实上的控制为外观,这又与不动产的占有以用益为外观有所不同。基于这一原因,动产占有的转移,需要有持有或交付的行为外观,丧失持有的外观,即可认为丧失占有。也因此,在同一动产上成立多重的占有是不可能的,因为在同一时间内,同一物只可能由一个人控制;另外,也不可能存在想象占有、潜在的占有或期望的占有的情形。无论是谁,只要失去实际的控制或者根本就没有实际控制,就都不能基于占有的法律效果而享有其利益。[2]

(二)针对动产的返还原物

从日耳曼法的很早时期开始,就因占有之丧失是否是否基于权利人自己的意思而区分为两种情况进行保护,一种是基于权利人的意思而交付动产时的保护,另一种是非基于权利人的意思而丧失动产占有时的保护。其中,对于第一种情形下的动产物权的保护,已经运用了占有法的一般原则。[3]

---

〔1〕 See Rudolf Huebner, *A History of Germanic Private Law*, trans. by Francis S. Philbrick et al., Boston, Little, Brown and Company, 1918, p. 425.

〔2〕 See Rudolf Huebner, *A History of Germanic Private Law*, trans. by Francis S. Philbrick et al., Boston, Little, Brown and Company, 1918, p. 406.

〔3〕 See Rudolf Huebner, *A History of Germanic Private Law*, trans. by Francis S. Philbrick et al., Boston, Little, Brown and Company, 1918, p. 406.

1. 基于权利人意思而交付动产时的保护

任何人如将其动产交付他人会因而丧失占有，但他并不因此而彻底丧失其权利，除非是将其动产转让。在权利人将其动产借用给他人或委托他人保管时，他就并不彻底丧失其权利。因为相对人的占有原本就是基于契约确定的条件而取得的，当契约条件完结时，相对人自应负返还义务，[1]而所有权人也可以要求该物的返还，从现时占有人处返还物的占有。日耳曼法中这种动产的返还类似于现代合同法上的返还请求权，[2]从现代大陆法系物权、债权二分的观点来检视，这种请求权属于债权请求权，因而可以发生返还原物请求权与合同上的返还请求权的竞合。

然而，在日耳曼法上，如果动产被占有人转让给第三人时，该动产的原权利人就不能要求该第三人返还原物了。比如，一个受托人将其占有的委托人的动产转让给第三人，或者第三人从该受托人处盗窃了该动产，此时原所有权人就无权向该第三人主张权利。他只能向受托人主张权利，因为日耳曼人认为，委托合同仅仅是与受托人订立的，因而只能诉诸受托人。原权利人或许可能从受托人处获得赔偿，但他却不能得到原动产了。这是日耳曼人对动产诉讼特有的限制。这是占有法重要原则的必然后果，它导致了动产法和不动产法之间的根本区别。比如，一个人虽然将其土地租给佃农，但他仍然保留着其专有的占有，基于这种占有，他可以向第三人主张其权利。但任何人只要放弃了动产的占有，他也就放弃了基于有形的占有外观而生的权利，没有这种外观，其权利就没有效力，也就无权对第三人提出权利主张。[3] 于是，该第三人将因其对动产的占有而同时取得对动产的物权，这就是日耳曼法上有名的以手护手（Hand muss Hand wahren）制度。[4] 因该制度对于后世民法产生了非常重大的影响，后文将另行详述，此处不赘。

2. 非基于权利人的意思而丧失动产占有时的保护

尽管日耳曼法上的占有是权利的外衣，有占有才有权利，没有占有则权利的效力大减。但是基于一般的正义观念，所有权人之动产被侵夺或窃取时，还

---

〔1〕 参见李宜琛：《日耳曼法概说》，中国政法大学出版社2003年版，第91～92页。

〔2〕 如我国《合同法》第235条规定的租赁期间届满后出租人对于承租人的租赁物返还请求权。

〔3〕 See Rudolf Huebner, *A History of Germanic Private Law*, trans. by Francis S. Philbrick et al., Boston, Little, Brown and Company, 1918, p. 409.

〔4〕 参见何勤华、魏琼主编：《西方民法史》，北京大学出版社2006年版，第157页。

是要对这种反和平的行为予以制止。为此,日耳曼法上,所有权人被赋予效力强大的追及权,其占有虽被侵夺,但不论该动产辗转于何人之手,所有权人均得取回其物。具体的取回方法有如下几种:

(1)取回方式为现行犯察觉程序(procedure upon detection in the act)。[1] 这种方式适用于如下情况,即不法行为人在实施行为过程中被发现,被害人随即召集邻居帮忙擒获盗贼。盗贼将受重罚,而被盗之物则返还给被害人。

(2)取回方式为盗窃之诉(action of larceny or robbery)。如果不法行为人没有被当场发觉,则被害人可以基于对盗窃现场客观情况的假定而提起盗窃之诉。通过盗窃之诉,不法行为人将被判定为盗窃罪接受惩罚,被害人可以通过盗窃之诉取回动产或得到等值赔偿。

(3)取回方式为追迹(following the trail)。这种取回方式适用于盗窃没有被当场发现的场合。此时,被害人将按照严格的程序,呼唤邻居协助搜寻,他自己将作为搜寻团队的首领,追踪其丢失的动物或其他物。[2] 如果在特定时间内——如 3 天——搜寻成功,所有权人可以将物取回,此时,占有物的人不能被惩罚。但如果房屋主人(疑似占有的人)拒绝搜查,则被害人将强行搜查。若搜查未果,被害人将支付罚金。如果经搜查找到了赃物,则房屋主人将被判定为盗窃罪。于此场合,如果房屋主人拒绝归还占有的动产,并提出其取得占有的正当权源和权利让与人,则追迹的被害人需要起誓,待房屋主人起诉时,他将在法庭依照第三人程序与房屋主人指出之证人(前权利人)继续诉讼。在如此起誓后,被害人即可取回该被搜到的动产。但是,曾经拒绝搜查的房屋主人则丧失指定前权利人的权利。[3]

(4)取回方式为捕捉(hand - laying)。这种取回方式适用于被偷盗的被害人没有进行追迹而失窃物已经归陌生的第三人占有,或者即便追迹但没有在法定期间内发现其物的情况。这种情况下,被害人必须按照很古老的仪式主

---

〔1〕 Vgl. Rudolf Huebner, *A History of Germanic Private Law*, trans. by Francis S. Philbrick et al., Boston, Little, Brown and Company, 1918, p. 410. 中文文献可以参见李秀清:《日耳曼法研究》,商务印书馆 2005 年版,第 262 页。

〔2〕 See Jean Brissaud, *A History of French Private Law*, trans. by Rapelje Howell et al., Boston, Little, Brown and Company, 1912, p. 292.

〔3〕 See Laws of the Salian and Ripuarian Franks, translated and with an introduction by Theodore John Rivers, New York, AMS Press, 1986, p. 25.

张其权利。他必须把手放到标的物上,比如,标的物为家畜的,他必须用左手抓住家畜的右耳朵,右脚抵住家畜的前腿,[1]通过这种方式确定标的物是从他那里偷走的。如现时占有人没有以赠与、买卖等继受取得抗辩的,则被害人即可取回标的物。

(5)取回方式是中世纪时曾经存在过的所谓直接诉讼(direct action)或简要诉讼(simple action)。这一方式实质上与上文的捕捉方式相同,它只是缺乏一些如同"捕捉程序"开始时的细节要素。在这种方式之下,如果原告败诉,将不会发生因原告错误的宣誓仪式而被处罚,也不会发生因虚假或恶意的起诉而可能产生的处罚。就此而言,直接诉讼或简要诉讼之下,原告的风险要小于捕捉程序下的风险。当然,从另一方面看,原告也不能享受举证方面提供的便利了。[2]

但是,日耳曼法上的动产追及权也并非漫无边界,而是有如下限制。第一,占有物的第三人如果证明该物是在公开市场购买,则被剥夺物的占有的原权利人必须按照购买的市价补偿该第三人后才可要求返还原物。在这里,第三人取得物的方式被充分考虑,在公开市场购买的证据不仅解除了占有人盗窃的嫌疑,而且解除了其无条件返还的义务。[3] 第二,根据汉莎城市联盟的法律,对于从海路而来的物不能提出任何返还请求。同时,经陆路从其他司法管辖区域引进的偷盗物,经过1年零1天后,不能依照动产占有丧失之诉提出返还请求。[4] 第三,日耳曼法的原则对当时醉心于贸易的整个犹太人都不适用。相反,由于犹太人在此方面的特权,他们的犹太法在德国和大部分基督教国家一直有效。[5]

---

[1] See Rudolf Huebner, *A History of Germanic Private Law*, trans. by Francis S. Philbrick et al., Boston, Little, Brown and Company, 1918, p. 411.

[2] See Rudolf Huebner, *A History of Germanic Private Law*, trans. by Francis S. Philbrick et al., Boston, Little, Brown and Company, 1918, pp. 414 – 415.

[3] See Jülicher Landrecht, (1537), 48. 2, in Rudolf Huebner, *A History of Germanic Private Law*, trans. by Francis S. Philbrick et al., Boston, Little, Brown and Company, 1918, p. 417.

[4] See Hamb. Stat. of 1270. Ⅶ. 9. 1, in Rudolf Huebner, *A History of Germanic Private Law*, trans. by Francis S. Philbrick et al., Boston, Little, Brown and Company, 1918, p. 418.

[5] See Rudolf Huebner, *A History of Germanic Private Law*, trans. by Francis S. Philbrick et al., Boston, Little, Brown and Company, 1918, p. 418.

四、日耳曼法上的以手护手制度

(一)以手护手的含义疏解

日耳曼法中的以手护手有两种表述方式:一为“Hand muss Hand wahren”,二为“Hand wahre Hand”。如果采取直译的方式,以手护手可以解释为一只手占有物,另一只手应确保返还。[1] 但是,这样解释并不能全面地理解以手护手的内涵。笔者认为,全面解释以手护手,应结合古代日耳曼法中动产物权“占有即为权利外衣”的典型特点。据此,以手护手的具体含义可以作如下解释:如果我的物非基于我的意思而脱离我的占有——如果该物被他人非法取走或我丢失了该物,则我可以从任何人的占有下取回我的物,这是所有权的追及效力,还不是以手护手;另外,如果基于我的自由意志而失去占有——比如,我以存放、出租、出借、抵押或寄存等任何方式使该物脱离我的占有,则我无权向与我无直接关系的第三人要求返还,而只能要求我的相对人如被存放人、承租人等返还,这才是以手护手。比如,我把我的马寄存给 A,如果 A 把该马出卖或抵押给 X,或者 X 从 A 处非法获取该马,或者 A 将马丢失而被 X 找到,在上述任何情形下,我都无权向 X 主张权利,我只能向我的受托人 A 或其继承人主张权利。所谓“我的信任置于何处,我只能从何处寻回”。[2] 在这里,以手护手原则其实并没有考虑那些现代法中所青睐的代表自由贸易的规则,即保护善意买受人的规则。无论是肯定性规则还是否定性规则,都没有考虑善意或恶意。其中的逻辑仅仅在于:如果我的物违背我的意愿脱离占有,我可以要求哪怕是第一百手返还;如果我的物按照我的意愿而脱离占有,则除了我的受托人之外我不能向任何人要求返还。[3]

(二)以手护手原则在日耳曼法中的立法例

日耳曼的成文法中有不少以手护手原则的体现。在伦巴第的利乌特普兰德法中,就存在这样的规定。利乌特普兰德国王在位的第二十一年曾经颁布

---

[1] See Rudolf Huebner, *A History of Germanic Private Law*, trans. by Francis S. Philbrick et al., Boston, Little, Brown and Company, 1918, p. 409.

[2] See Frederick Pollock, Frederic William Maitland, *The History of English Law before The Time of Edward* Ⅰ, Cambridge, Cambridge University Press, 1898, p. 155.

[3] Vgl. Heusler, Gewere, 487; Heusler, Institution, ⅱ, 209; Laband, Die Vermögensrechtlichen Klagen; Sohm, Process, der Lex Salica, p. 55, quoted in Frederick Pollock, *The History of English Law: Before The Time of Edward* Ⅰ, Cambridge: At The University Press, 1898, p. 155.

法令规定财产交付他人后被盗情况的处理。该条规定,一个自由人将其财产委托放置于同样是自由人的同伴家中,恰好该财产被盗贼窃走,则受托存放该财产的同伴需要向委托人赔偿。如果后来窃贼被找到,则窃贼需要向该受托人赔偿。该条规定还专门明确,之所以规定这一条款,是因为如果要求窃贼直接向失窃的委托人(所有权人)赔偿,那么接受委托存放委托人财产的受托人可能起诉该窃贼违法进入其住宅,不能让窃贼因同一事项而接受双重处罚。[1]从中可以看出以手护手的内容,即将自己财产托付他人的人有权在财产丢失时获得该他人的赔偿,而丢失他人委托之物的人只能向窃贼要求赔偿。在这里,权利人因法律规定和盗窃事实的发生而获得赔偿,但窃贼即使是犯罪分子,也不能一事二罚。[2] 需要指出的是,在众多意大利的入侵者中,伦巴第人与罗马人在法律制度方面存在竞争。梅特兰曾认为,诸多的日耳曼部落的法律制度,大部分都在后来消失殆尽,但伦巴第法却得以维持下来,并形成思想学派,与罗马法有力地竞争主导地位。[3] 可以说,伦巴第法中关于以手护手的立法例,是纯正的伦巴第日耳曼法的体现。

此外,在《埃姆西希邦法》中对以手护手原则也有明确的规定。该法第 17 条规定,若将动产交于他人之手进行保管,该(接受动产之)手应将动产返还,因为须以手护手。[4]

除了上述立法中明确规定的以手护手原则外,在日耳曼习惯法中也能见到以手护手原则的影子。李宜琛先生指出,以手护手原则在日耳曼的部族法时代即已成立,并可在《萨克森明镜》(Sachsenspiegel)中找到明文规定的证

---

〔1〕 See "Laws of King Liutprand 131", *The Lombard Laws*, translated with an introduction by Katherine Fischer Drew, Philadelphia, University of Pennsylvania Press, 1973, pp. 202 – 203.

〔2〕 See *The Lombard Laws*, translated with an introduction by Katherine Fischer Drew, Philadelphia, University of Pennsylvania Press, 1973, p. 203.

〔3〕 参见[英]梅特兰等:《欧洲法律史概览:事件、渊源、人物及运动》(修订本),屈文生等译,上海人民出版社 2015 年版,第 23 页。

〔4〕 Vgl. Wybren Jan Buma / Wilhelm Ebd (Hrsg.), *Altfriesische Rechtsquellen III. Das emsiger Recht: Texte undÜbersetzungen*, Göttingen, 1967, S. 8. 转引自王立栋:《论日耳曼法上的以手护手》,中国政法大学比较法学研究院 2014 年硕士学位论文,第 16 页。

据。[1] 而《萨克森明镜》是德国中世纪末期由个人自发编著的法律书籍，其中记录、整理和保存了日耳曼地区的习惯法，正如《萨克森明镜》的作者所言："这些法律不是我所想出来，它是由别人带来的，这个别人是我们的祖先，我尝试将这些法律保存，以便其不会失落或被误解。"[2]《萨克森明镜》的确记录了以手护手的法律原则。《萨克森明镜》在Ⅱ.60中明确了这一制度："任何人都可以根据自己的意思，把他的马匹、衣服或是任何种类的动产，采用任何方式，安全地出租或是出押，使该物脱离他的占有。那么，如果一个人因此占有某一个物，而将该物出卖、转让，或是因赌博而输掉，或是被偷窃或抢劫，那么该物的主人只能向此人主张该物，而不能向其他任何人主张该物。"[3]

（三）以手护手原则的法理阐释

日耳曼法上之所以能发展出以手护手原则，可能基于如下三点理由：(1)与日耳曼法上占有为权利外观的物权观念有关。前文已经述及，日耳曼法上，占有是权利的表征，在动产上体现为持有，在不动产上体现为用益，权利被遮盖于占有的外衣之下，并借助占有来体现。[4] 在这种观念之下，人们对占有极为看重。当物权权利人把动产交付他人时，作为权利外观的占有发生了转移，原物权人权利之公示性遂被剥夺。[5] 此时，由外部来看，则是权利外观从原物权人转移到被交付人。那么，基于二人之间的交付与被交付关系，原权利人自然可以向被交付人主张返还。但当被交付人的占有又因主动（借用、租赁等）或被动（被窃）而发生移转时，自外部来看，作为权利外观的占有则是从被交付人转移到第三手，基于被交付人和第三手之间的交付与被交付（借用、租赁等情况下）关系或被动转移（偷窃等情况下）关系，被交付人自然也只能向第三手主张返还。(2)与物权人个人的意思有关。以手护手虽然与日耳曼人的物权观

〔1〕 李宜琛先生将"Sachsenspiegel"译为"萨克逊鉴"，参见李宜琛：《日耳曼法概说》，中国政法大学出版社2003年版，第92页；而我国台湾地区学者则将"Sachsenspiegel"译为"萨克森宝鉴"，参见陈惠馨：《德国法制史——从日耳曼到现代》，中国政法大学出版社2011年版，第112页；而我国学者高仰光则将"Sachsenspiegel"译为"萨克森明镜"，参见高仰光：《〈萨克森明镜〉研究》，北京大学出版社2008年版，第5页。

〔2〕 Friedrich Ebel, 1993, Sachsenspiegel, Reclam: S. 23. 转引自陈惠馨：《德国法制史——从日耳曼到现代》，中国政法大学出版社2011年版，第173页。

〔3〕 高仰光：《〈萨克森明镜〉研究》，北京大学出版社2008年版，第172页。

〔4〕 参见陈灵海、柴松霞等：《中世纪欧洲世俗法》，商务印书馆2014年版，第61页。

〔5〕 参见李宜琛：《日耳曼法概说》，中国政法大学出版社2003年版，第93页。

念有关,但是也并非针对所有脱离占有的情况都发生作用,而只是适用于基于物权人自己意思脱离占有的情况,[1]如果物权人脱离占有是因盗窃、抢劫等非基于自己意思的情形而发生,则物权人恒有追及权,并可通过有力的法律程序追回其动产。[2] 因此,似乎可以认为,物权人基于自己意思交付动产时,未能充分考虑受托人的信用,肆后受托人将物转让他人或遗失,是物权人自己选任过失所致,自己当然应该承担责任,[3]也就是前文所说的"信任置于何处,只能从何处寻回"。(3)与日耳曼人财产转让注重仪式有关。按照日耳曼的古老习惯,将财产交给别人应该遵循一套程式。对于土地这样的不动产转让,由于其事关重大,自不待言。即使对动产,其转移也必须遵守一套严格的程式,否则不发生效力。[4] 因此,当物权人将其动产交付受托人后,受托人又将该财产转让第三人或该财产被第三人所窃,则因物权人与第三人之间既无直接的实际交付行为,也未有任何其他庄严仪式,因而自然没有可能直接主张权利。但是,上述后两项理由,只是少数人的见解,并未成为多数说。[5]

（四）以手护手原则在日耳曼法上的例外

1. 按照戈斯拉尔城市法,任何权利人将其物交给受托人保管,如果受托人转让该物于第三人或非自愿丧失该物(第三人取得),则原权利人可以追及其物,向第三人提出返还原物请求。按照奥格斯堡法律,如果收货人为了清偿其自身债务而将发货人的货物出售,则发货人可以向购买该货物的第三人请求返还原物。[6]

2. 作为受托人的工匠将托付给他们加工的物出售或设定抵押的,在很多城市——如吕贝克、布伦斯维克、多特蒙德等地,这些物的所有权人在支付了属于工匠的报酬后,可以向第三人要求返还原物。这一权利被解释为是手工业者占有权的结果,按照法定的担保和留置的权利,手工业者有权将加工的成

---

〔1〕 See Rudolf Huebner, *A History of Germanic Private Law*, trans. by Francis S. Philbrick et al., Boston, Little, Brown and Company, 1918, p. 409.

〔2〕 See Rudolf Huebner, *A History of Germanic Private Law*, trans. by Francis S. Philbrick et al., Boston, Little, Brown and Company, 1918, pp. 410 - 415.

〔3〕 参见李秀清:《日耳曼法研究》,商务印书馆2005年版,第261页。

〔4〕 参见陈灵海、柴松霞等:《中世纪欧洲世俗法》,商务印书馆2014年版,第62页。

〔5〕 参见李宜琛:《日耳曼法概说》,中国政法大学出版社2003年版,第93页。

〔6〕 Rudolf Huebner, *A History of Germanic Private Law*, trans. by Francis S. Philbrick et al., Boston, Little, Brown and Company, 1918, p. 416.

品典当换取他们应得的报酬。[1]

3. 至少在受托保管人保管的物被窃的情况下,如果该受托保管人死亡或没有起诉,则会允许原占有人向现时的占有人诉请返还。[2]

4. 在部分法律体系中,尤其是吕贝克、石勒苏益格和慕尼黑的法律体系中,如果委托人(原告)愿意足额补偿物的现时占有人的保管费用,则作为原告的委托人被授权在任何委托保管物的诉讼中有权向第三人请求返还原物。这一做法在中世纪晚期时即已存在。[3] 在这里,既有的法律原则被彻底地放弃,即为了第一占有人(原物权人)的利益,以手护手的原则被放弃。

五、日耳曼法中返还原物对后世返还原物制度的影响

(一)占有观念对德意志法系所有物返还请求权制度构建的影响

在历史的激荡中,罗马法在与日耳曼法甫一相遇时并非立占上风。按照弗朗茨维·亚克尔(Franz Wieacker)的说法,罗马法律文明传到日耳曼人中间,但又被遮盖起来(即使在罗马人中间,也是如此)。只是到后来,新兴民族成熟到需要它(罗马法)的时候,它才被重新发现。欧洲法学的开始也不过是重新发现的进行。[4] 因此,日耳曼法事实上有足够的力量和时间发挥其影响。艾伦·沃森(Alan Watson)曾经对欧洲为法学阶梯而撰写的导读进行专门研究沃森称为属地法学阶梯。在为数众多的属地法学阶梯中,有不少阐述了日耳曼法。比如,比较重要的乔治·亚当·斯特鲁夫(Georg Adam Struve)的法学阶梯中,作者尽量地以日耳曼法律制度以及首要是以程序法来阐述日耳曼私法和当代习惯法。在另一本约翰·施尔特(Johann Shilter)的法学阶梯中,包含了大量的日耳曼法,其数量之多让人目瞪口呆。[5] 因此,日耳曼法对于大陆法系甚至英美法系的影响并非想象的那样小。

---

[1] See Rudolf Huebner, *A History of Germanic Private Law*, trans. by Francis S. Philbrick et al., Boston, Little, Brown and Company, 1918, p. 417.

[2] See Sswp. (W.), 191, in Rudolf Huebner, *A History of Germanic Private Law*, trans. by Francis S. Philbrick et al., Boston, Little, Brown and Company, 1918, p. 417.

[3] Lüb. Recht, Ⅱ, 194 (0f 1294), in Rudolf Huebner, *A History of Germanic Private Law*, trans. by Francis S. Philbrick et al., Boston, Little, Brown and Company, 1918, p. 417.

[4] 参见[德]弗朗茨·维亚克尔:《近代私法史——以德意志的发展为观察重点》(上册),陈爱娥、黄建辉译,上海三联书店2006年版,第24页。

[5] 参见[美]艾伦·沃森:《民法法系的演变及形成》,李静冰、姚新华译,中国法制出版社2005年版,第108~109页。

具体到返还原物制度方面的影响,首先还需要从日耳曼法的物权与占有观念上进行分析。如前所述,在日耳曼法中,占有是物权法的核心概念,是物权的一种表现方式,占有是作为法律上支配权的外在形式而存在和受法律保护的。[1] 这种观念在日耳曼法上存在了很长的历史。中世纪末期以后,随着货币交易的发达,对权利关系的尊重逐渐被重视,而强调对物的事实支配的日耳曼法“占有”观念略显不合潮流和需要。于是,罗马法的占有观念逐渐扩张。但尽管如此,日耳曼法的占有观念并没有完全被罗马法的占有观念取代。受日耳曼法的影响,德国法学家将占有视为所有权的外观,潘德克顿法学时代如此,今天也仍然如此。虽然存在各种活跃的反对观点,但这些反对的观点始终是少数。[2] 最终的结果是,二者相互竞争,共同促成了近代以来的占有制度。李宜琛先生有言:“近代法上之占有制度原系罗马法及日耳曼法上之观念混同而成者也。”[3]在罗马法上,占有对于不动产和动产是相通的,都要求有占有的意思和对标的物的事实支配,恰与日耳曼法上针对不动产和动产的占有相异而适成对照。二者的差异,对于近代以来登记制度的发展需要具有不同的意义。在登记制度下,不动产以登记为物权的外观,动产则以占有为物权的外观。这种因不动产和动产而有不同的物权外观的思路与日耳曼法上的占有观念高度暗合,而与罗马法中的占有观念相去甚远。于是,日耳曼法上的占有观念尤其是不动产之占有观念又被吸纳进来。因在日耳曼法上,关于不动产的占有可以成立想象占有,[4]也可以在同一物上成立数个占有,[5]这就对于返还原物请求权制度的实际操作产生以下几点影响:一是《德国民法典》第985条规定可以准用于所有权以外的通过其他形式表现出来的有占有外观的物权的情形,也就是说,所有物返还请求权除适用于所有权人以外,还可以适用于用

---

〔1〕 参见陈灵海、柴松霞等:《中世纪欧洲世俗法》,商务印书馆2014年版,第59页。

〔2〕 Vgl. W. Erst, *Ist der gutgläubige Mobiliarerwerb eine Rechtsscheinwirkung*, *in Lange*, Norr e Westermann, Festschrift Gernhuber, 1993, pp. 98 – 120. 转引自[意]鲁道夫·萨科、[意]拉法埃莱·卡泰丽娜:《占有论》,贾婉婷译,中国政法大学出版社2014年版,第29页。

〔3〕 李宜琛:《日耳曼法概说》,中国政法大学出版社2003年版,第65页。

〔4〕 See Rudolf Huebner, *A History of Germanic Private Law*, trans. by Francis S. Philbrick et al., Boston, Little, Brown and Company, 1918, p. 187.

〔5〕 See Rudolf Huebner, *A History of Germanic Private Law*, trans. by Francis S. Philbrick et al., Boston, Little, Brown and Company, 1918, p. 406.

益权人、质权债权人以及地上权人。[1] 二是《德国民法典》第 985 条规定的"所有人可以向占有人返还原物"中的"占有人"还包括间接占有人。[2] 三是返还原物既可以返还对于原物的实际的控制,即返还占有,同时也可以向原物所有人让与返还请求权。例如,甲车为乙所盗,乙出借于丙,乙并不实际占有该车,实际占有该车的是丙。在这种情况下,甲可以对直接占有人丙请求返还该车,也可以向间接占有人乙请求让与其对丙的返还请求权。四是成就了德意志法系上的公示原则,在返还原物时也须有公示的手段。日耳曼法上,不动产以土地之用益为表象,动产以物之持有为表象。继受罗马法后,这种区别曾经消灭。但因登记制度的发展,二者的区别又有重生。"凡具有此种表象者,即与以权利推定之效果。是为现代物权法上所谓公示主义与公信主义二大原则之滥觞。"[3]这种强调外观的公示的原则在德国法上被有力地强调。对于德国法学家而言,外观事实就是与事物相关的可见、可理解的外部情状:表示是法律行为的可见要素,公示是不动产转移的可认知要素。[4] 于是,当债权行为与物权行为都归于无效时,原所有权人依据《德国民法典》第 985 条主张所有物返还请求权,则尚需有展现于外部的返还公示,对于动产而言就是占有的返还交付,对于不动产而言,则是要进行登记,或交付登记证书、提交公证证明等能够表明返还物权的独立物权意思表示方式。[5]

(二)以手护手原则对返还原物请求权抗辩事由的影响

对于德意志法系中的所有物返还请求权的抗辩,《德国民法典》第 986 条的规定总是能引起讨论,[6]但是有一种抗辩却因太过明显以至于竟不被人真

---

〔1〕 参见[德]鲍尔、[德]施蒂尔纳:《德国物权法》(上册),张双根译,法律出版社 2004 年版,第 185 页。

〔2〕 参见[德]鲍尔、[德]施蒂尔纳:《德国物权法》(上册),张双根译,法律出版社 2004 年版,第 207 ~208 页。

〔3〕 李宜琛:《日耳曼法概说》,中国政法大学出版社 2003 年版,第 65 页。

〔4〕 Vgl. H. Meyer, Das Publizitätspprinzip, Monaco, 1990; Wellspacher, Das Vertrauen auf äussere Tatbstände, Vienna, 1906; Örtmann, Grundsatzliches zur Lebre vom Rechtssshein, in Ztschr f. ges. Handelsr. ,1930. 转引自[意]鲁道夫·萨科、[意]拉法埃莱·卡泰丽娜:《占有论》,贾婉婷译,中国政法大学出版社 2014 年版,第 29 页。

〔5〕 Vgl. Müchener Kommentar, *Bürgerliches Gesetzbuch*, *Sachenrecht*, 3. Auflage, Verlag C. H. Beck, 1997, S. 139.

〔6〕 Vgl. Hans - Jürgen Seidel, Das Zurückbehaltungsrecht als Recht zum Besitz im Sinne des § 986 BGB?, *JuristenZeiten*, 48. Jahrg. , Nr. 4(19 Februar 1993), SS. 180 - 185.

正讨论,这一抗辩就是大陆法系国家的动产善意取得制度。从对物权的保护力度上看,返还原物请求权无疑是非常强有力的保护手段,只要有无权占有或侵夺占有的发生,权利人即可通过返还原物请求权回复其物权的完满。然而,权利的行使必然有其界限,返还原物请求权也是如此。按照诚实信用的帝王原则,为避免物权人尤其是所有权人滥用其权利,实现权利人权利保护与相对人行为自由的平衡,有必要在赋予所有权人返还原物请求权的同时,赋予相对人适当的抗辩权利。而动产善意取得恰是返还原物请求权相对人当然得有的重要抗辩之一,〔1〕并且,正是这一抗辩,与日耳曼法上的以手护手原则有着千丝万缕的联系。

虽然动产善意取得制度在大陆法系国家得到普遍的施行,远远超出了日耳曼法的空间范围,但却无人否认其最初滥觞于日耳曼法中的以手护手原则。在罗马法中,有所谓"任何人不得将大于自己权利的权利让与他人"的原则,遵循这一原则意味着受让人不能善意取得。这种情况下,所有权人受到绝对保护,可以向善意受让人主张返还原物请求权。而日耳曼法则依据以手护手原则,保护善意取得人,偏重交易安全的保护,〔2〕这一点正好符合了商品经济发展的要求,因而被经过改造发展为后来的善意取得制度。正如李宜琛先生指出的,日耳曼法注重外观,当事人的内心状态原非考虑因素。而后来受其他因素影响,遂以第三人善意为要件。在日耳曼法上,以手护手原本是为对抗追及权,后来却逐渐演变为权利取得的原因。〔3〕而反过来说,既然是为了对抗所有权人的追及权,其实也就是返还原物请求权的抗辩理由。于是,《德国民法典》第932条明确规定可以从无权利人处善意取得,甚至进一步通过占有媒介关系(Besitzmittlungsverhältnis)将善意取得扩展适用到占有改定的情形。〔4〕从以手护手原则发展而来的善意取得制度,为通过法律行为进行交易的善意第三人提供了强有力的保护,他可以基于自己对出让标的物的人的权利信赖而依法取得所有权。而与此形成对照的是,原所有权人则在非自愿的情况下失

〔1〕 参见刘凯湘:《论基于所有权的物权请求权》,载《法学研究》2003年第1期。

〔2〕 参见杨宏晖:《动产所有权善意取得制度之比较与再检讨》,载《台大法学论丛》2012年第4期。

〔3〕 参见李宜琛:《日耳曼法概说》,中国政法大学出版社2003年版,第94页。

〔4〕 Vgl. Erwin Deutsch, "Gutgläubiger Eigentumserwerb durch erlaubte Ansichnahme der Sache gemäß §933 BGB?", *JuristenZeitung*, 33. Jahrg., Nr. 11/12 (9. Juni 1978), S. 386.

去了所有权。这种对权利冲突的解决方式,在宪法的财产权保障中,基本可以说得过去。[1] 尤其是,原所有权人丧失权利是因可归责于其自身的原因,因为是他自己自愿将其动产委托他人占有,而该占有人又擅自转让了该物,这种委托他人事务而不审慎选任受托人的风险,由其自己承担最为合理。当然,偏重交易安全保护的制度安排还有更高的价值,那就是公共利益的保护。因为交易安全恰恰代表的就是公共利益,所谓"交易安全与便利的公共利益",[2]通过对这一公共利益的保护,反过来可以进一步促进物的流转,促进社会经济的发展。

由以手护手发展而来的善意取得,不仅在大陆法系成为对抗返还原物的手段,在英美法系也得到发展。传统英美法,最初并不保护善意买受人的利益,自无权处分人处取得权利之第三人,无论是否善意,均不能取得相应权利,[3]因而也不能成为抗辩事由。但是,1952 年公布的《美国统一商法典》改变了传统立场,将保护重点由所有权人有条件地移转到善意购买人。该法典第 2 - 403 条规定,标的物的购买人可以取得出卖人所具有或有权转让的一切所有权,除非是那些购买有限财产权的人,他们仅仅取得所购买部分的所有权。拥有可撤销事由的所有权人有权向支付对价的善意第三人转让所有权。如果标的物是在买卖合同之下成交,则即使交易的过程中有瑕疵,善意买受人也可取得标的物的所有权。[4] 从而,善意取得也成为所有权人返还原物诉讼的有力抗辩事由。

(三)以手护手原则对德意志法系中所有物返还请求权适用范围的影响

从立法效果分析上看,以手护手原则的法理效果是切断原所有权人的所有物返还请求权,不认为原所有权人的返还请求权为自然正当,这就是后来被称为"无因性原则"或者"抽象性原则"的初始状态。因而,以手护手原则的进一步发展便有了物权行为无因性和抽象性原则。而从逻辑上讲,承认了无因

---

〔1〕 Vgl. Manfred Wolf, *Sachenrecht*, 18. *Auflage*, C. H. Beck, 2002, S. 74.

〔2〕 Bauer / Stürner, *Sachenrecht*, 17. Aufl., München 1999, § 52, Rn. 10; Karner, *Gutgläubiger Mobiliarerwerb*, Wien 2006, S. 63ff. 转引自杨宏晖:《动产所有权善意取得制度之比较与再检讨》,载《台大法学论丛》2012 年第 4 期。

〔3〕 参见吴光明:《善意取得制度之设计与省思》,载《财产法暨经济法》2007 年第 11 期。

〔4〕 See The American Law Institute and National Conference of Commissioners on Uniform States, U. C. C. § 2 - 403.

性原则，则大量基于法律行为发生的物权变动都不因债权行为的无效或被撤销而无效或被撤销。既然物权行为有效，则受让人当然取得物的所有权，而原所有权人则只能依不当得利向受让人请求返还。这就使原所有权人在上述情况下只能通过行使不当得利请求权寻求救济，而不能通过返还原物请求权寻求救济，从而使所有物返还请求权的适用范围缩小。

（四）对返还原物诉讼程序的影响

日耳曼法中的诉讼并不是按照权利来划分，而是按照救济需求来划分。[1]日耳曼法不关心原告起诉是基于对领地的权利还是基于他物权，或是基于责任、合同或侵权，它只关心最简单的问题。比如，原告想要什么，是一块土地，一个特定的动产，还是一笔金钱。[2]日耳曼法的动产返还原物（动产追及）方法如现行犯察觉程序、盗窃之诉、追及、捕捉等程序，正体现了这种特点。这种返还原物的特点是针对性强，提出主张也较为方便。正因为其具有这样的优势，这些程序本身也对后世的返还原物诉讼程序产生了一定的影响。英美法学者认为，英国法中的动产侵占之诉（action of trover）从源头上讲，来自非法侵入之诉（action of trespass），这是一种针对被告的损害赔偿之诉。在该诉中，被告发现了标的物，但在所有权人提出返还请求后拒绝返还，而是将其供自己使用，这一诉讼或救济就被称为"trover"[3]。而这种非法侵入之诉的适用条件恰恰类似于日耳曼法中非基于权利人的意思而丧失动产占有时的"捕捉"程序。或许也因为此，孟罗·斯密（Munroe Smith）指出：英国之"action of trover"，原系直接渊源于日耳曼之捕捉程序（anefang），甚至在诺曼时代，寄托人对善意从其受托人处取得该寄托物者，无直接请求权。至以动产所有者得追及物之所在而径行取回原所有物之罗马法原则，至15世纪顷，始为英国法所采取。唯可怪者，乃日耳曼法之原则，或宁称为原始之原则者，不仅为近代德意志所承

[1] See Sir Frederick Pollock, Frederic William Maitland, *The History of English Law before The Time of Edward* Ⅰ, 2 Volume Set, Vol. 2, Liberty Fund Inc., 2010, p. 599.

[2] Vgl. Laband, Die vermögensrechtlichen Klagen, p. 5 ff, quoted in Sir Frederick Pollock, Frederic William Maitland, *The History of English Law before The Time of Edward* Ⅰ, 2 Volume Set, Vol. 2, Liberty Fund Inc., 2010, p. 599.

[3] Renzo D. Bowers, *A Treatise of the Law of Conversion*, Boston, Little, Brown and Company, 1917, p. 7.

受，且为欧洲大陆大多数国家所接受。[1]

第三节 教会法：通过占有权救济达到返还原物的目的

一、作为西方法律传统传承者的教会法

作为西方法律的三大渊源之一，教会法最早是用于规制信徒之间的关系，并规定各种群体的权利义务关系。从广义上看，教会法泛指整个基督教在各个历史时期编纂的规范。而从狭义上看，教会法特指中世纪罗马天主教会制定的教会法规。本书主要从狭义上运用教会法的概念。

公元1139～1142年，波伦亚本笃会修道院的修道士发布了完整形式的教令集。[2] 该教令集被称为《格拉蒂安教令集》（Decretum Gratiani），该教令集在很多世纪中都是明确而权威的教会法合集，该教令集不仅对早期教会至公元12世纪的教会规范文本进行了体系性的编排，而且还通过评注的形式对规范文本进行了讨论和分析。在评注中，作者解释了教令集中规范渊源之间的矛盾，推动其统一。[3] 学者认为，在一定意义上，所有的早期教规都是在为《格拉蒂安教令集》做储备，而所有的后来的教规都在向先人学习时参考了它。[4] 因此，《格拉蒂安教令集》成为西方教会法史上的重要典籍，它本身也是教会法形成过程中的标志性事件。后来，到了16世纪，教皇格列高利十三世在前代教令集的基础上编纂《教会法大全》（Corpus Juris Canonici），《教会法大全》囊括了从12世纪中期的《格拉蒂安教令集》到其后两个世纪中历代教皇颁布的教规，被广泛地认为是整个西方教会直到宗教改革时期的权威典籍。[5]

---

〔1〕 参见［美］孟罗·斯密：《欧陆法律发达史》，姚梅镇译，中国政法大学出版社2003年版，第94页。

〔2〕 See R. S. Mylne, *The Canon Law*, Morrison & Gibb Limited, 1912, p. 23.

〔3〕 See Peter Landau, "Gratian and the Decretum Gratiani", in Wilfried Hartmann, Kenneth Pennington, eds., *The History of Medieval Canon Law in the Classical Period*, 1140 - 1234, Washinton, Catholic University of America Press, 2008, p. 22.

〔4〕 See R. S. Mylne, *The Canon Law*, Morrison & Gibb Limited, 1912, p. 22.

〔5〕 See Oswald J. Reichel, *The Elements of Canon Law*, London, Thomas Baker, Soho Square, 1890, p. 44.

比之罗马法和日耳曼法，教会法对后世的影响似乎有些弱。不过，客观地讲，法律史的研究却不得不承认教会法的重要价值。因为正是教会法借助其在精神世界的强大影响力，在黑暗的中世纪保存、薪传了罗马法的因子。曾经有西方学者指出，《教会法大全》的编纂就是以《优士丁尼民法大全》为蓝本而进行的。[1] 同时，教会法中自身的诸多制度也有很多积极的影响。比如，教会法中的自由施舍制度（free alms），根据该制度，赠与财产建造教堂、学校等，赠与人可以在赠与的财产上保留某些权利。如他可以保留为建造在该土地上的教堂举荐一名教士，或者为他本人或其继承人保留地租等权利。[2] 这种制度的特征，已经有了后来英美法中信托制度的一些雏形。此外，教会法的研究也一直进行着，这也提升了其影响力。到19世纪的时候，教会法历史成为德国人、法国人和意大利人的大量文献中的研究对象，学生会被警告，有关教会法历史的书籍很快就会过时，因为以前没有出版的文献在以很快的速度产出着。[3]

二、教会法中返还原物制度的观念基础：对财产权的尊重

教会法中返还原物制度的观念基础之对财产的尊重主要体现在以下两点：

1. 对私有财产的尊重。中世纪的教会法中已经发展出私有财产神圣的观念。比如，对于统治者的没收和征用行为，教会法学家认为，如果是出于正当目的，并且经过了所有权人的允许，统治者可以征税。但如果是未经允许或同意的强制，则先前的同意无效，税收也是非法的。[4] 这是一种明显的个人主义思想，已经有了明显的强调个人利益的因素。从法律发展的角度上看，这是一种权利意识的觉醒；涉及个人权利的理论，在公元1200年以后就已经在教会法

---

〔1〕 See Robert E. Rodes, Jr. , *Ecclesiastical Administration in Medieval England: The Anglo - Saxons to the Reformation*, Notre Dame, Ind. 1977, p. 66.

〔2〕 See Sir Frederick Pollock, Frederic William Maitland, *The History of English Law before The Time of Edward* Ⅰ, 2 Volume Set, Vol. 2, Liberty Fund Inc. , 2010, pp. 259 - 262.

〔3〕 See H. A. L. Fisher, ed. , *The Collected Papers of Frederic William Maitland*, Volume Ⅲ, Cambridge, Cambridge University Press, 1911, p. 77.

〔4〕 See John F. McGovern, Private Property and Individual Rights in the Commentaries of the Jurist, A. D. 1200 - 1550, Cincinnati, 1991, pp. 131 - 158, in James A. Brundage, *Medieval Canon Law*, London, Longman Publishing, 1995, pp. 80 - 81.

学家中被讨论。[1]

2. 教会法也注重对教会团体财产神圣性的维护。虽然教会的财产法受到当时世俗法的影响,但基于教会自身的特殊性,教会法中就教会财产有一些不同的制度设计。比如,基于前文所述的自由施舍制度,有时某位赠与人可能希望不仅给予一项慈善事业以一块土地的保有权,而且还给予附属于该土地保有权之上的其他所有权利。这种情况下,便要从赠与者的上级封建主那里获得对赠与这些权利的同意或特许。于是,不承担任何封建义务的教会土地便与同时代世俗土地负担沉重的封建财产特征大不相同。伯尔曼指出,事实上,自由施舍土地保有制度中的很大一部分土地逐渐被解除了封建义务的束缚。[2] 这些不受封建义务束缚的教会财产,总是属于某个教会社团,而从来不是某个个人的财产,它也总是服务于该教会社团的目的。就这样,教会法学家逐渐发展出了一种与"人的社团"相对立的"财产的社团"。

三、教会法中的占有权救济

让·布里索(Jean Brissaud)指出,在占有方面,教会立法与罗马法在两点上有所不同:一是准占有,二是对抢夺的预防。[3] 就准占有而言,教会法学家对其进行了无限地扩展,每一项与精神世界或世俗世界有关的人或财产都可成立占有。而在罗马法中仅仅谨慎地允许在准占有上有部分权利。通过这种方式,传统的司法管辖权被扩张,教会的绝对道德权威的地位被宣扬。从东罗马帝国开始,一些特殊的措施就被用来镇压暴力。所有权人如果通过强力从拒绝返还占有的第三人处取回其物,将被强令退还该物,并将丧失其所有权而接受处罚。一些著名的罗马法解释者甚至认为必须创设一种即时占有诉讼,以更好地保护占有。这种从东罗马帝国出现的对抢夺的抵制到中世纪时更普遍了,教会就采取"抢夺救济"(remedium spolii)的方式予以进一步的规范,其雏形来自世俗法创设的占有诉讼(占有恢复)。[4]

---

〔1〕 See Brian Tierney, Villey, Ockham and the Origin of Individual Rights, Altanta, 1988, pp. 1 – 31, in James A. Brundage, *Medieval Canon Law*, London, Longman Publishing, 1995, pp. 80 – 81.

〔2〕 参见[美]哈罗德·J. 伯尔曼:《法律与革命:西方法律传统的形成》(第1卷),贺卫方等译,法律出版社2008年版,第233页。

〔3〕 See Jean Brissaud, *A History of French Private Law*, trans. by Rapelje Howell et al., Boston, Little, Brown and Company, 1912, p. 317.

〔4〕 See Jean Brissaud, *A History of French Private Law*, trans. by Rapelje Howell et al., Boston, Little, Brown and Company, 1912, p. 318.

到12世纪时，教会法的实践中出现了一种恢复土地、财产及无形权利的法律诉讼，通过它，被使用暴力手段或欺诈手段剥夺了占有权的一个先前的占有人，可以仅仅通过对不法剥夺所有权行为的证明而无须证明自己具有一种更有利的权利，就从现时占有人那里收回占有权。[1] 具体而言，一个被剥夺占有的人可以通过诉讼请求返还原物。这种救济的最终实现包括两种方式，诉讼和关于抢夺的主张，二者都将导致恢复原状。这对于防止侵占来说是很自然的，因为蛮族法规定的金钱赔偿并不能满足受害人的要求。并且，“只要侵占人保留着他侵夺的财产，他就会很满意。他就不会对于自己的违法行为感到后悔。而反过来剥夺了侵夺人的占有，所有的暴力侵夺的托词就会消除”。[2] 在此，救济要求的条件非常宽泛，只要符合如下条件，都可启动救济：(1)侵占不仅是指武力侵占，还包括其他任何非法侵占；(2)每一个占有人都可要求救济，无论是合法占有还是非法占有；(3)针对每一种物都可要求救济，无论有体物还是无体物，动产还是不动产；(4)所有权人的救济权利不能针对自己，他不能起诉自己实施了侵占；(5)救济不仅可以针对实施犯罪的侵占者，甚至可以针对他的占有受让人和善意买受人。为了说明上述条件，哈罗德·J. 伯尔曼(Harold J. Berman)曾经举了极端例子予以说明：如果甲武力剥夺了乙的占有权，作为报复，乙又武力剥夺了甲的占有权。这时，甲仍然有权要求一项司法命令以恢复其占有权。[3] 当然，这种宽泛的占有权救济并非一成不变。在教会法的后期，抢夺之诉就不能再对交易中的善意第三人主张。再后来，教会法官又被剥夺了涉及占有的管辖权，该管辖权转归王室法庭，甚至转归地方法官。[4]

从教会法占有权救济的规则内容可以看出，教会对占有权的保护立基于这样的思想：一个被剥夺占有权的人，只要其能证明其是被用武力或欺诈手段剥夺了占有权，那么在与此事相关的任何事情被考虑前，他便应当得到恢复原

〔1〕 参见[美]哈罗德·J. 伯尔曼：《法律与革命：西方法律传统的形成》(第1卷)，贺卫方等译，法律出版社2008年版，第235页。

〔2〕 Jean Brissaud, *A History of French Private Law*, trans. by Rapelje Howell et al., Boston, Little, Brown and Company, 1912, p. 319.

〔3〕 参见[美]哈罗德·J. 伯尔曼：《法律与革命：西方法律传统的形成》(第1卷)，贺卫方等译，法律出版社2008年版，第236页。

〔4〕 See Jean Brissaud, *A History of French Private Law*, trans. by Rapelje Howell et al., Boston, Little, Brown and Company, 1912, pp. 320 - 321.

状的初步司法救济,但他不能自己去实施法律,任何人在教会法上不能通过自己实施法律而获得利益。也就是说,教会法学家设计的对占有权的救济实则不是为了保护占有权本身,而是为了惩罚自救行为和恶意。[1]

四、教会法占有权救济制度对后世返还原物制度的影响

维亚克尔曾指出,管辖教外事项的法庭,也可以适用伦理神学的原则,诸如,教会法中的衡平、信赖利益、良知、诚信、同情等关于人、事的评价标准,都可以判断法律上的义务。它们对于利息、暴利行为、适当的契约对价,以及抗拒法律行为中之欺诈、胁迫,意义尤其重大。[2] 另外,斯密认为,教会原则对近代以来私法的影响主要在亲属法和禁止放债取利等方面。[3] 可见,学者关于教会法对后世民法制度的影响的论述并没有关注到返还原物制度上。实际上,就返还原物制度而言,教会法的影响的确非常小,与罗马法和日耳曼法相比,更是难以望其项背。但从前文教会法对占有权救济的制度可以看出,其对占有权的保护有不少地方与日耳曼法相似,不似罗马法那样,对占有的保护和对本权的保护已经有了区分。因此,不可否认,教会法中关于占有权的保护与日耳曼法中关于动产和不动产权利的保护完全可能共同发挥影响作用。因此,学者指出,教会法中"占有救济"的概念至今仍可以在现行法国民法中找到踪迹。[4] 同时,由于宗教裁判法院会借用罗马法,俗世司法裁判同样也懂教会的一般法律原则,以至于"寺院法与民法是如此密切关系,不理解其中一种,也就不能了解另一种法制"。[5] 因此,教会法在与罗马法的相互影响中也会将其占有权救济制度的因素植入罗马法中,从而对后世产生影响,只是这种影响难以量化而已。

---

〔1〕 参见[美]哈罗德·J. 伯尔曼:《法律与革命:西方法律传统的形成》(第1卷),贺卫方等译,法律出版社2008年版,第239页。

〔2〕 参见[德]弗朗茨·维亚克尔:《近代私法史——以德意志的发展为观察重点》(上册),陈爱娥、黄建辉译,上海三联书店2006年版,第60~61页。

〔3〕 参见[美]孟罗·斯密:《欧陆法律发达史》,姚梅镇译,中国政法大学出版社2003年版,第325~327页。

〔4〕 参见何勤华等:《大陆法系与西方法治文明》,北京大学出版社2014年版,第75页。

〔5〕 [德]弗朗茨·维亚克尔:《近代私法史——以德意志的发展为观察重点》(上册),陈爱娥、黄建辉译,上海三联书店2006年版,第62页。

第四节　理性法、法典化时期：返还请求权理论的诞生

一、理性法与法典化时期

维亚克尔认为，可以把1600～1800年这两个世纪称为理性法时代，在这个时代里，传统法哲学、社会哲学经由启蒙运动而焕发新颜，并大面积影响欧陆国家的法学、立法和司法。[1] 其时，高度抽象客观事实的法律特征借由对意义的逻辑分析而得以展现，因而以高度抽象规则固定的法律概念被创造并运用。韦伯对理性法的讨论大都局限于这种类型，并以来自6世纪罗马法原则的德国潘德克顿法为例进行说明。[2] 的确，德国潘德克顿法本身就是形式理性的产物。可以说，理性法是和形式主义的思维相联系的。德国当时的理性法学者试图通过总结、反思旧有哲学的得失，发现并抽绎治理社会的原则性认识。普芬道夫（Samuel Pufendorf）、沃尔夫（Christian Wolff）等成为德国这一时期的代表人物。普芬道夫从神的命令中发现了法的根本逻辑；沃尔夫相信自然法建立于人性之上，而实在法来自个人意志和合约，前者产生于理性，后者产生于政府。[3] 当然，这些认识本身都是建立在对法和所处社会发展阶段的认识上的，因而都是历史的。实际上后来的发展表明，福利国家和政府监管的兴起为实质上的理性法带来了更大的负担，即理性法被作为有目的的干涉工具。[4] 虽然这是后来的历史事实，但也确实能说明人们的认识，即便是抽象认识也可能因为社会环境的不同而发生改变。即便在理性法时代本身也是这样。因为到后来，黑格尔又指出，理性法以放之四海而皆准的原则作为基础，而实在法则由国家特征、宗教和人们的文明程度决定。[5] 这些探讨本身都从思想认识的层次为欧洲的法典化尤其是德国的法典化奠定了基础。

---

〔1〕参见[德]弗朗茨·维亚克尔：《近代私法史——以德意志的发展为观察重点》（上册），陈爱娥、黄建辉译，上海三联书店2006年版，第245页。

〔2〕See Sharyn L. Roach Anleu, *Law and Social Change*, London, SAGE Publications, 1997, p. 24.

〔3〕See Luigi Miraglia, *Comparative Legal Philosophy Applied to Legal Institutions*, trans. by John Lisle, Boston, The Boston Book Company, 1912, p. 298.

〔4〕See Sharyn L. Roach Anleu, *Law and Social Change*, London, SAGE Publications, 1997, p. 47.

〔5〕See Luigi Miraglia, *Comparative Legal Philosophy Applied to Legal Institutions*, trans. by John Lisle, Boston, The Boston Book Company, 1912, p. 298.

于是,上述理性法的思潮促成近代各国之间的国际法、专制封建国家以及西北欧以等级体制为基础的共和国宪法原则。而在私法方面,则导致普通法的合理化和体系化,产生了一系列现代立法者最早有计划的创作:《普鲁士一般邦法》、《法国民法典》以及《奥地利普通民法典》。[1] 其中,《法国民法典》无疑是最具影响力的。论者或许不清楚在现代历史上何为最早的法典化,但论者都认为,1804 年《法国民法典》必定是法典化的产物——即使它不是最重要的。[2] 其后近百年,欧洲又兴起了第二轮的法典化潮流,其杰出代表便是《德国民法典》和《瑞士民法典》。而其中的《德国民法典》更以其法典化成为 1871 年德国统一之后的具有高度象征意义的法典,并推动德国全国政治认同的形成。[3] 正是在这样的大背景下,德国历史法学派的重要传人温德沙伊德提出了请求权的概念,从而正式确立了实体法上的所有物返还请求权。

二、请求权理论产生前的实践:诉讼法与实体法的分离

"近代立法已将诉讼法与实体法分离,法国法是这种分离的最早尝试者之一。"[4]的确,意味着法国真正的民族制度诞生的《法国民法典》,是世界上第一部现代意义的民法典,它摆脱了罗马法"人——物——诉讼"这样的结构模式,把罗马法中的"人——物"独立出来,设置为"人——财产及所有权的各种变更——取得财产的各种方式"这样的结构而撑起民法典。同时,把罗马法中的"诉讼"另行独立,编纂为《法国民事诉讼法典》。

这种诉讼法与实体法的分离在《法国民法典》和《法国民事诉讼法典》中关于财产权保护的相关规范中也表现出来。《法国民法典》第 1382 条是对侵权行为的一般规定,普遍适用于侵犯财产权在内的侵权行为,因而可以作为保护物权的实体法依据。但是,法国法上并没有形成实体法上的"请求权"观念,因而也不可能有"物权请求权"这样高度抽象的技术化概念。故此,在实体法上,法国主要通过侵权行为条款对包括侵占或侵夺物权的行为进行保护。另外,

---

[1] 参见[德]弗朗茨·维亚克尔:《近代私法史——以德意志的发展为观察重点》(上册),陈爱娥、黄建辉译,上海三联书店 2006 年版,第 11 页。

[2] See Gunther A. Weiss, "The Enchantment of Codification in the Common - Law World", *The Yale Journal of International Law* 25, 2000, p. 451.

[3] See Gunther A. Weiss, "The Enchantment of Codification in the Common - Law World", *The Yale Journal of International Law* 25, 2000, pp. 453 - 454.

[4] 刘凯湘:《物权请求权制度的历史演变》,载《私法》2002 年第 2 期。

法国法上同时也通过诉讼法为物权提供周全的保护。针对财产被侵占而通过诉讼保护时,法国法上有所谓追还财产之诉,并依标的物的不同而分为不动产所有权的追还和动产所有权的追还。[1] 但这种追还财产之诉也需要当事人有诉权。《法国民事诉讼法典》在第30条明确规定了诉权的概念,通过对这种诉权的行使,物权的保护得以进一步实现。

同时也应看到,由于实体法上没有"请求权"的概念,那么实体权利与诉权的沟通便以独特的方式表现出来。一方面,在作为实体法的民法典中明确指出可以在相应的民事诉讼中享有诉权。比如,《法国民法典》第2283条明确规定,平静占有或持有财产的人,得依《法国民事诉讼法典》规定的条件享有占有诉权。[2] 另一方面,在作为程序法的民事诉讼法典中专设特定案件的特别规定,以对应于民法典中"人"、"财产及所有权的各种变更"和"取得财产的各种方法"的相应规定。比如,《法国民事诉讼法典》第3卷用400多个条文专门规定了涉及人的民事诉讼,涉及财产的民事诉讼,涉及夫妻财产制、继承和赠与的民事诉讼,以及涉及债与契约的民事诉讼。[3]

法国民法中虽然没有产生请求权的概念,但由于有了诉讼法与实体法的分离,并且有了诉权的实体法制度,就为请求权概念的提出和请求权理论的完善创造了条件。

三、请求权概念的诞生及请求权理论体系的建立

(一)萨维尼的理论贡献

虽然德国法学家一般认为,德意志法系实体法中所使用的"请求权"概念是由德国历史法学派伟大学者温德沙伊德提出的,[4] 但罗马城并非一天建起来,温德沙伊德之前的不少学者对此都有贡献,其中贡献最大的莫过于温德沙伊德的老师萨维尼。从法制史的角度看,萨维尼无疑在很多方面都对现代民法理论体系的建构起到了最为关键的作用。而这里需要关注的是其关于债权物权区分的学说和其对于罗马法中"诉权"(actio)的研究。

---

〔1〕 参见[法]弗朗索瓦·泰雷、[法]菲利普·森勒尔:《法国财产法》(上册),罗结珍译,中国法制出版社2008年版,第616~629页。

〔2〕 参见《法国民法典》,罗结珍译,法律出版社2005年版,第1626页。

〔3〕 参见《法国民事诉讼法典》,罗结珍译,法律出版社2008年版,第977~1140页。

〔4〕 参见[德]卡尔·拉伦茨:《德国民法通论》(上册),王晓晔等译,法律出版社2003年版,第323页。

1. 首先需要关注萨维尼关于债权物权区分的理论。从发生史上看,物权和债权概念的出现也并非萨维尼的贡献,〔1〕但是萨维尼对于债权和物权区分的学说却作出过卓越的贡献。在其传世宏著《当代罗马法体系》一书中,萨维尼通过阐述法律关系的分类而较为完整地阐述了债权与物权的区分理论。萨维尼指出,"现在,如果回顾我们研究的出发点,我们就会发现,存在三种我们意志支配的可能对象,并且与这三种对象相对应,存在三个我们意志在其中居于支配地位的同心圆:原初的自身、在家庭中扩展的自身、外部世界"。〔2〕萨维尼认为:与原初的自身相应的原权并非真正的权利;与家庭中扩展的自身相应的是家庭法;与外部世界相应的是财产法,并可细分为物法和债法。在物法和债法相区分的前提下,萨维尼进一步指出,在所有权内部可以存在不同形式的有限支配,于是就出现了他物权。而物权正是所有权和他物权之上的概念。与此相对应,债权的内容则是对他人行为的局部支配。但是债权中所支配的他人行为并非全部的他人行为,而是那些"因为其物质性质,可以被视为来自于人并且与物相类似"〔3〕的行为。由此,物法和债法,"一边是严格的所有权和不受限制的返还请求权(Vindication),另一边是仆佣契约和委任(Mandat)。但是,在两者之间,存在一种自认的趋势,甚至存在逐渐的转化。在此之中,大多数最为重要的债的目的在于,通过他人行为而取得物权,或者至少取得对此种权利的行使和享益"。〔4〕

针对上述萨维尼关于债权物权区分的论述,金可可教授认为其理论贡献主要在于三个方面:〔5〕(1)超越了"对人权与对物权"的区分而成为债权物权区分论的真正起点;(2)指明了债权和物权在客体和相对人方面的区别;(3)引入物权行为理论并将之作为债权和物权相互区分及相互转化的工具。这一概括是非常中肯的,但根据这一概括,好似萨维尼的上述贡献与将要讨论的请求权概念的产生没有多少紧密的关联,实则并非如此。这一点将在下文详述,此

---

〔1〕 参见何勤华等著:《法律名词的起源》(下册),北京大学出版社2009年版,第601页。

〔2〕 [德]萨维尼:《当代罗马法体系Ⅰ》,朱虎译,中国法制出版社2010年版,第266页;另请参见金可可:《私法体系中债权物权区分说——萨维尼的理论贡献》,载《中国社会科学》2006年第2期。

〔3〕 [德]萨维尼:《当代罗马法体系Ⅰ》,朱虎译,中国法制出版社2010年版,第286页。

〔4〕 [德]萨维尼:《当代罗马法体系Ⅰ》,朱虎译,中国法制出版社2010年版,第286页。

〔5〕 参见金可可:《私法体系中债权物权区分说——萨维尼的理论贡献》,载《中国社会科学》2006年第2期。

处不赘。

2. 另外还需要关注萨维尼关于罗马法中诉权的研究。尽管学者认为,在实体法和诉讼法分离方面,萨维尼的贡献不大。[1] 但萨维尼对于罗马法中"诉权"的研究,仍然有其理论贡献。萨维尼认为,罗马法上的"actio"是一种主观权利形式,其作用在于当主观权利受损时用以防范。此种情况存在于一切法律制度中。于是,某一种诉讼方式与某一种实体权利相对应。基于此,需要搞清楚诉讼的一般基础,而这一点应置于实体法体系的一般规定中。在一项侵权法律关系中,如果从受害人的立场观察,侵权所导致的后果包括诉或诉权;如果从加害人的立场观察,侵权所导致的后果则是诉讼行为。在前者的意义上讨论诉,是指诉权;而后者意义上的诉讼行为,则属于程序的学说。在这里,萨维尼区分了作为诉的两个前提性因素:一为权利,二为对权利的侵害。无权利,则不可能存在针对权利的侵害;而无侵害,权利则无法取得诉的形式。[2] 在此,萨维尼将这里的诉权视为实体权利,具有遭受侵害时与侵权人相抗衡以求自我保护的作用。[3]

以上萨维尼的关于债权物权区分学说和对罗马法中诉权的理解至少从以下两个方面对请求权理论的诞生起到了推动作用:(1)债权物权二分学说对请求权概念的出现提出了理论需求。作为一种权利类型,被《德国民法典》第194条定义而产生的请求权,是请求他人为或不为一定行为的权利。[4] 在萨维尼的债权物权区分标准之下,债权和物权的界分是比较清楚了,但是债权和物权之间是否有共同的分析工具,则是不明了的。在这种情况下,是否可以有一个概念能对债权和物权作以该概念为工具的统一标准的分析,从而为债权和物权的区分和融通建立共同的基础,则是在民法理论上需要深入考虑的问题。而根据后来提出的请求权理论,请求权是请求相对人为或不为特定行为的权利。在债权来说,请求权是请求相对人为特定行为的权利;而在物权来说,请

[1] 参见朱岩:《论请求权》,载王利明主编:《判解研究》(2003年第4辑),人民法院出版社2004年版,第68页。

[2] 参见[德]萨维尼:《当代罗马法体系》(德文版第5卷),1840年,第6页。转引自朱岩:《论请求权》,载王利明主编:《判解研究》(2003年第4辑),人民法院出版社2004年版,第70页。

[3] 参见朱岩:《论请求权》,载王利明主编:《判解研究》(2003年第4辑),人民法院出版社2004年版,第70页。

[4] Vgl. Larenz / Wolf, *Allgemeiner Teil des Bürgerlichen Rechts*, 9. Auflage, Verlag C. H. Beck München 2004, S. 264.

求权则是请求相对人不为特定行为的权利。于此,请求权后来实际成为贯穿债权与物权的一个中心概念,也成为一个分析工具。当然,在请求权概念出现之前,这种分析还没能实现。因而可以说,债权物权区分的学说对请求权概念的出现提出了理论上的需求。(2)从上文所阐述的萨维尼关于罗马法中“诉权”的研究可知,萨维尼其实已经着手从罗马法的“actio”中抽象出后来所谓的请求权的内容,但囿于已有的理论认识,他还是没能彻底地完成这一任务,但他的贡献在于走出了第一步,正是这可贵的第一步,为后来温德沙伊德的理论突破,提供了有利条件。

(二)温德沙伊德的“发现”

就萨维尼对罗马法中“actio”的解读,温德沙伊德后来表达了明确的不同意见。[1] 萨维尼认为权利遭受侵害是诉和诉权的前提,但温德沙伊德则一方面认为,诉权的确应该交给权利遭受侵害者,但另一方面又认为,仅仅把诉权交给权利遭受侵害者还远远不够,即使在权利没有遭受侵害的情况下,也应该赋予权利人一个实体上的权利。也就是温德沙伊德自己所说的:“罗马法上的诉应该是权利的表达,而非权利的结果;是诉造就了权利,而非权利造就了诉。”[2]按照温德沙伊德的理解,罗马法中的诉,实指请求应得到法律的认可,也就是赋予权利人一个实体上的权利。这一实体上的权利,就是现在所说的请求权。在这里,温德沙伊德对罗马法中的“actio”作了全新的解读,即罗马法之下的法庭对峙最终以保护实体权利为目的,而这一实体权利可以由诉的观念中进一步向前发展,发展的结果就是纯粹实体法上的一项新的权利——请求权。温德沙伊德指出,请求权是“法律上有权提出的请求,也即请求的权利,某人向他人要求一些东西的权利”。[3]温德沙伊德的请求权概念中传递了这样的信息,即请求权是实体法中的权利,并且具有强制的因素而适用于一切权

[1] Vgl. Windscheid, Die Actio des römischen Civilrechts, vom Standpunkt des heutigen Rechts, 1856. 转引自朱岩:《论请求权》,载王利明主编:《判解研究》(2003年第4辑),人民法院出版社2004年版,第70页。

[2] Bernhard Windscheid, Lehrbuch des Pandektenrechts, Erster Band, Literarische Anstalt, Frankfurta. M., 1900, achte Auflage, S. 164. 转引自金可可:《论温德沙伊德的请求权概念》,载《比较法研究》2005年第3期。

[3] Bernhard Windscheid, Lehrbuch des Pandektenrechts, Erster Band, Literarische Anstalt, Frankfurta. M., 1900, achte Auflage, S. 155. 转引自金可可:《论温德沙伊德的请求权概念》,载《比较法研究》2005年第3期。

利。现代德国法中的请求权概念一般指,请求他人作为或不作为的权利,从现实合法性方面看,其功能在于作为一项统一的基础概念服务于所有的这些(主观)权利,借助并超越债法上的债权请求权,要求他人作为或不作为;同时,请求权还发挥着诉讼法上的功能。[1] 温德沙伊德的请求权概念虽然跟现代民法中的请求权的内涵还有一些差别,但已经具备了现今请求权概念最基本的内核。

温德沙伊德的可贵之处在于,并不是提出请求权概念随即了事,而是继续深挖。在已经提出的请求权概念的基础上,温德沙伊德认为,主观性权利的效力可以从两个方面表现出来:(1)"要求与权利人相对的世人或特定人作为或不作为的权利"。[2] 在这里,法律赋予了权利人一种蓄势待发的权利,依据该权利,权利人可以对特定的相对人或不特定的世人发布命令,以对抗其不当行为。但实际上是否发动该权利,则由权利人自己决定。这就是主观权利中的请求权。(2)与他人意思支配无关的权利。这类权利在实践中的例子有:权利人将其所有物出卖的权利,合同当事人解除合同的权利,债权人将其债权予以转让的权利。这一类权利有一个共同的特点就是:这些权利旨在形成、变更或消灭上述第一种权利。这其实就是后来所说的支配权、形成权。[3] 从中可以看出,温德沙伊德实际已经对私权进行了另外一种分类,这就是关于请求权与支配权、形成权的分类体系。但是,因温德沙伊德并没有使用过支配权的概念,因而,准确、清晰地按照现代民法中关于权利作用而对权利进行分类尚属不能。即便如此,温德沙伊德也通过对请求权和支配权、形成权的初步分类,为后来的民法学提供了理性的分析框架。此外,按照温德沙伊德的理论,实体法中的所有私权都存在请求权发生作用的空间,因此,请求权概念就沟通了各种私权,成为连接私法权利的一个工具。正如我国学者所指出的:"从各项私权中抽象出请求权的内容是私权体系化的基石,请求权因此成为贯穿民事权

[1] Vgl. Larenz / Wolf, *Allgemeiner Teil des Bürgerlichen Rechts*, 9. Auflage, Verlag C. H. Beck München 2004, S. 264.

[2] Bernhard Windscheid, Lehrbuch des Pandektenrechts, Erster Band, Literarische Anstalt, Frankfurta. M., 1900, achte Auflage, S. 130. 转引自金可可:《论温德沙伊德的请求权概念》,载《比较法研究》2005 年第 3 期。

[3] Vgl. Larenz / Wolf, *Allgemeiner Teil des Bürgerlichen Rechts*, 9. Auflage, Verlag C. H. Beck München 2004, SS. 250, 266.

利体系的一个中心概念。”[1]

四、返还原物请求权的理论成型及立法化

温德沙伊德对“对物权”的概念进行了深入的解读，他认为，对物权的权利人的意思针对的是物，但对物权表现的却并非人与物之间的关系，而仍然是人与人之间的权利。就此而言，对物权实质上是要求他人不得擅自占有所有人之物，也不得妨碍所有人占有、使用其物，这是一种要求不特定人进行不作为的权利，显然这也是一种请求权。温德沙伊德将这种对物权中所包含的请求权，叫作物权请求权，从而与对人权中所包含的请求权即对人权请求权相区别。[2] 前者是权利人可以向除自己之外的任何人主张的权利，而后者则是只能向特定人主张的权利。同时，温德沙伊德也认为，物权受到侵害时，权利人也可以要求侵害人进行作为，即也可以向侵害人主张物权请求权，从而恢复物权的圆满状态。因此，温德沙伊德实际上认为存在两种类型的物权请求权，一种是针对除己之外的任何人的以不作为为内容的物权请求权，另一种是针对特定侵权人的要求回复物权圆满状态的物权请求权；这恰恰是我们现在所说的物权请求权的内涵。[3] 而针对特定侵权人的要求回复物权圆满状态的物权请求权就包括返还所有物的请求权、妨害排除的请求权和妨害预防的请求权。至此，既有的返还原物制度被冠以请求权的意义而正式发展为返还原物请求权，在理论上进行了重大的突破和革新。

1874 年 6 月，德国联邦议会决定委托起草委员会起草民法典草案，这就是所谓的“第一委员会”。第一委员会由来自实务界和学界的 11 人组成，其中来自学界的委员即有莱比锡大学教授温德沙伊德。当时公认的其他顶尖学者如鲁道夫·冯·耶林（Rudolph von Jhering）、奥托·弗里德里希·冯·基尔克（Otto Friedrich von Gierke）等人都不是委员会的成员。[4] 尽管并非第一委员会的主席，但是因为其巨大的声望，温德沙伊德在委员会中的影响之隆，丝毫

---

〔1〕 杨明：《请求权、私权救济与民事权利体系》，载《比较法研究》2007 年第 4 期。

〔2〕 参见金可可：《论温德沙伊德的请求权概念》，载《比较法研究》2005 年第 3 期。

〔3〕 参见金可可：《论温德沙伊德的请求权概念》，载《比较法研究》2005 年第 3 期。

〔4〕 参见谢鸿飞：《法律与历史：体系化法史学与法律历史社会学》，北京大学出版社 2012 年版，第 178～181 页。

不亚于委员会的主席——帝国高级商事法院院长。[1] 第一委员会的草案公布后，社会各界反应强烈，很多人和团体参加了法典的讨论，[2]这使这一草案对于其后的两个草案产生了重大的影响，并最终对《德国民法典》产生了实质影响。1896 年 7 月，帝国议会以 232 票赞成、48 票反对、18 票弃权的结果，通过了《德国民法典》。[3] 该法典第 194 条第 1 款规定，向他人请求作为或不作为的权利（请求权），受诉讼时效的限制。在此，法典的原文用了“请求权”（Anspruch）的概念。因为有了实定法的明确规定，请求权的概念被学界广泛接受。学者普遍认为，请求权作为民法典总则编中的一个概念，理应适用于法典的各编。故此，应分别存在债法上、物权法上、亲属法上、继承法上的请求权，[4]这些请求权中，物权法上的请求权，是为物权请求权。《德国民法典》在第三编第三章第四节专门规定了“基于所有权的请求权”，其中第 985 条明确规定了返还请求权，该条虽然没有用所有物返还请求权的表述，但因其规定于“基于所有权的请求权”章节中，学者以为该条规定的目的为“所有权的预防性法律保护措施”，[5]其实际上即为所有物返还请求权的规定，可以认为这是涉及返还原物的物权请求权在立法中的正式确认。从此，返还原物请求权制度随着《德国民法典》的传播而得到传播和效法。

五、德国返还请求权对后世返还原物制度的影响

作为能够与《法国民法典》并驾齐驱的法典，《德国民法典》不仅在个人方面提供了一切思考，而且还关注了涉及调整对象这样的私法关系。[6] 因有了像温德沙伊德这样的大师的影响，《德国民法典》中充满了诸如请求权、物权这样的专业概念，这一点使其好像成为远离大众的专业人士的作品，与欧陆国家

---

〔1〕 参见［德］米夏埃尔·马廷内克：《伯恩哈德·温德沙伊德（1817～1892）——一位伟大的德国法学家的生平与作品》，田士永译，载《法哲学与法社会学论丛》（六），第 478 页。

〔2〕 See Micheal John, *Politics and the Law in Late Nineteenth – Century Germany: The Origins of the Civil Code*, Oxford, Oxford University Press, 1987, p. 105.

〔3〕 See Micheal John, *Politics and the Law in Late Nineteenth – Century Germany: The Origins of the Civil Code*, Oxford, Oxford University Press, 1987, p. 204.

〔4〕 Vgl. Palandt Bürgliches Gesetzbuch, 57, neuebearbeitete Auflage, Verlag C. H. Beck München, 1998, S. 186. 转引自金可可：《论温德沙伊德的请求权概念》，载《比较法研究》2005 年第 3 期。

〔5〕 Wolfram Henckel, Vorbeugender Rechtsschutz im Zivilrecht, *Archiv für die civilistische Praxis*, 174. Bd., H. 2/3 (1974), SS. 103 – 104.

〔6〕 Vgl. Larenz / Wolf, *Allgemeiner Teil des Bürgerlichen Rechts*, 9. Auflage, Verlag C. H. Beck München 2004, S. 12.

的其他法典大不相同。然而,《德国民法典》故意在法典的通俗易懂方面作出的这些牺牲,却提高了法典作为裁判依据的准确和高效。民法典中设置总则编,也是这种考虑的产物。正如卡尔·拉伦茨所指出的那样,“《德国民法典》为每个人都建立了法律秩序”,〔1〕因而它并没有成为曲高和寡、束之高阁的“摆设”,不但在德国落地生根,而且成为当时“欧洲法秩序中最年轻也最现代的法制”。〔2〕但从实际继受的情况来看,《德国民法典》的确及不上早于其100年的《法国民法典》。其原因一方面在于,《德国民法典》刻意追求体系化和抽象化,是德意志法学的产物,异邦人士对此可能并不买账。但另一方面更为重要的原因则是,19世纪期间,“所有非普通法法系的较发展的国家都已经完成了民事法律的编纂,因而寻求继受外国法律典范的较迫切需要已仅仅是偶然有之”。〔3〕从实际情况看,受《德国民法典》影响的民法典主要有:1898年最终完成的《日本民法典》,1907年《瑞士民法典》,1930年《中华民国民法典》,1940年《希腊民法典》以及1960年《韩国民法典》。而《德国民法典》第985条规定的返还请求权对上述国家或地区的返还原物制度都产生了较大影响。

《日本民法典》虽然大量学习了德国民法典草案,但是,在基于所有权的物权请求权方面却付之阙如,而只是仅仅规定了占有保护之诉。日本学者曾指出,《日本民法典》草案中本来规定了物权请求权,但草案起草人之一的梅谦次郎认为,基于物权而享有的请求权是不证自明的,无须加以规定。所以,物权请求权最终未能在法典中作出明文规定。〔4〕但是,日本学说上对于物权请求权则确认无疑。我妻荣指出,在解释上,承认物权请求权的理由在于物权是对其标的物的直接支配权。物权人实现其物权无须借助他人行为。但是,当实现物权内容因属于他人支配的原因而受到妨害时,即便是物权人也不应侵害他人的支配而实现其物权内容。故,对处于支配该妨害原因地位的人,物权必须有请求除去该妨害的效力。同时,既然在解释上已经认可基于占有的物权

〔1〕Larenz / Wolf, *Allgemeiner Teil des Bürgerlichen Rechts*, 9. Auflage, Verlag C. H. Beck München 2004, S. 12.

〔2〕[德]弗朗茨·维亚克尔:《近代私法史——以德意志的发展为观察重点》(下册),陈爱娥、黄建辉译,上海三联书店2006年版,第464页。

〔3〕[德]K. 茨威格特、[德]H. 克茨:《比较法总论》,潘汉典等译,法律出版社2003年版,第231页。

〔4〕参见杜颖:《论民事保全请求权》,北京大学法学院2000年博士学位论文。转引自刘凯湘:《物权请求权制度的历史演变》,载《私法》2002年第2期。

请求权,则承认比其更强有力的物权的请求权就更有合理性了。[1] 所以,尽管《日本民法典》中没有规定物权请求权,但日本民法中的确存在物权请求权理论,并且在实务上也已经通过判例承认了物权请求权,[2]并且,日本民法中的物权请求权当然包括所有物返还请求权,标的物为动产时,被称为交付请求权;标的物为不动产时,被称为腾空请求。[3]

《瑞士民法典》尽管在体例和语言风格上均与《德国民法典》有所不同,但在返还请求权方面,却基本承袭了《德国民法典》的做法。《瑞士民法典》第641条第2款规定:所有人对物的无权占有人,有请求交回该物并排除一切不法侵害的权利。这就把物权请求权中的所有物返还请求权、妨害排除请求权和妨害预防请求权悉数囊括了。[4]

《韩国民法典》第213条专门规定"所有物返还请求权",其内容为:所有人对其所属的物,可以向占有人请求返还。但占有人有权占有该物时,可以拒绝返还。该规定也是承袭了德国民法中的所有物返还请求权。

我国台湾地区"民法"受《德国民法典》的巨大影响当属无疑。[5] 其第767条明确规定了所有物返还请求权、妨害排除请求权、妨害预防请求权,并将该条规定的物权请求权准用于所有权之外的物权。同时,该法还改变了《德国民法典》仅在用益权人条款(第1065条)和质权债权人条款(第1227条)中有准用规定的模式,而明确在基于所有权的物权请求权条款(第767条)中规定其他物权可以准用。这样,在我国台湾地区,实际上就形成了较为完整的返还原物请求权体系。

---

〔1〕 参见[日]我妻荣:《新订物权法》,有泉亨补订,罗丽译,中国法制出版社2008年版,第23~24页。

〔2〕 参见侯利宏:《论物上请求权制度》,载梁慧星主编:《民商法论丛》(第6卷),法律出版社1997年版,第678页。

〔3〕 参见[日]我妻荣:《新订物权法》,有泉亨补订,罗丽译,中国法制出版社2008年版,第23~24页。

〔4〕 参见刘凯湘:《物权请求权制度的历史演变》,载《私法》2002年第2期。

〔5〕 参见[德]弗朗茨·维亚克尔:《近代私法史——以德意志的发展为观察重点》(下册),陈爱娥、黄建辉译,上海三联书店2006年版,第465页。

第五节　我国固有法上的返还原物制度——一个初步的探讨

在讨论物权的保护时，一般都会把注意力集中在物权保护的罗马法渊源以及主要大陆法系国家的物权保护制度方面，而对于我国固有法上是否存在专门的物权保护制度，尤其是返还原物制度，则很少有讨论。实际上，在我国漫长的封建社会里，也存在具有自身特点的返还原物制度，这些固有法上的制度，对于我国现代民法体系中返还原物请求权制度的发展和完善也具有潜移默化的影响作用，不可不察。

一、涉及不动产的返还原物制度

在我国的传统民事法律中并没有将物区分为不动产和动产，现代民法中的"物"在我国漫长的封建社会里大都被称为田宅和财物。田宅又被称为"产"或"产业"，即指现在的不动产。[1] 而财物则指财或物，主要指现在的动产。因不动产价值巨大，在任何社会都是最为重要的社会资源，因而，中国历代的统治者都非常注意对不动产的保护。

杨鸿烈先生曾指出，《唐律》之后编纂并流传下来的《宋刑统》、《元史·刑法志》或《元典章》、《明律集解》、《大清律例》等书，其内容虽有繁简差异，但体制却相去并不甚远，由此可明白《唐律》是中国现存历代法典的模型。[2] 因而唐律中关于物权保护的规定，具有极强的典型性。《唐律》中明确禁止四种侵犯公私土地所有权的行为，即盗种公私田的行为，妄认公私田的行为，官员侵夺私田的行为和盗耕他人墓田的行为。根据《唐律》第165条的规定，对盗种公私田的人除了给予刑事处罚以外，还需要将土地的出产物返还给土地的权利人，所谓"苗子归官、主"。[3] 对于妄认公私田的人，如果将妄认的公私田盗卖，则也要给予刑事处罚。对于倚仗公权力而侵夺私人土地的行为，按照侵夺

[1] 参见张继文：《中国古代民法与现代民法若干问题比较研究——以物权法为中心》，载《行政与法》2007年第8期。

[2] 参见杨鸿烈：《中国法律发达史》，中国政法大学出版社2009年版，第225页。

[3] 参见冯卓慧：《唐代民事法律制度研究——帛书、敦煌文献及律令所见》，商务印书馆2014年版，第39页。

土地的面积论罪处刑，并且处罚的严厉程度要高于前两种侵害土地所有权的行为。[1] 因中国古代社会对于宗法礼仪非常重视，因而对于墓地历来给予严格的保护。《唐律》中关于禁止盗葬他人墓田的规定，体现了严格制裁的思想。《唐律》第168条规定："即盗葬他人田者，笞五十；墓田，加一等。仍令移葬。若不识盗葬者，告里正移埋，不告而移，笞三十。"[2] 也就是说，盗用他人土地或墓地埋葬死者的，除了要受到刑事处罚之外，还要移葬，将盗葬的田地返还给权利人。同时，如果找不到盗葬者本人的，则由权利人告知里正后自行移埋，通过自力回复土地权利的圆满状态。对于上述四种侵害土地所有权的行为，《唐律》中虽然只规定了刑罚处罚的措施，而对是否返还没有明确规定，但从稳定封建统治关系及社会关系的角度衡量，在给予刑事处罚的同时，返还侵占或侵夺的土地应属当然。

至宋代，《宋刑统》也承袭《唐律》明确规定了盗种公私田、妄认公私田、官员侵夺私田以及盗耕他人墓田等行为的刑事处罚措施。除此之外，宋代更为注重对民间私田的保护。如果私田被侵占，则受害人可以起诉要求返还被侵占的私田，并且不受务限法的限制。务限法是宋代民事诉讼中的特有制度，按照务限法，"诉田宅、婚姻、债务，起十月一日至三月三十日，检校以外不合"。[3] 这是一种照顾农业生产的诉讼制度，要求民事诉讼要避开农忙时节，以免影响农业生产。关于务限法在私田被侵占时予以灵活变通的情况，在宋真宗时期曾经有明确的召令，宋孝宗时亦有更进一步的规定。[4] 私田被侵占要求起诉可以不受务限规则的限制，这说明宋代对于私人田产的保护力度是非常大的。

到了明清时期，不动产所有权的保护依然受到重视。《大明会典·户部则例·田赋》中规定："一、奉天旗民自首私垦余地，如系红册地旁滋开之地，准业

[1] 参见冯卓慧：《唐代民事法律制度研究——帛书、敦煌文献及律令所见》，商务印书馆2014年版，第40页。

[2] 长孙无忌等：《唐律疏议》卷十三，第168条。

[3] 杨鸿烈：《中国法律发达史》，中国政法大学出版社2009年版，第348页。

[4] 宋真宗天禧二年（1018年）六月下诏："民有诉理田土，非是交相侵夺者，并依旧制俟务开日理决"。也就是说，土地所有权被非法侵犯，所有权人不受"务限"的约束，可以随时向官府投诉。而且宋孝宗隆兴元年（1163年）规定的更加明确，"有下户为豪强侵夺者，不得以务限为拘，如违，许人户越诉"。参见陈志英：《宋代物权关系研究》，河北大学历史系2006年博士学位论文，第88页。

户作为己产(照例纳租),售卖听其自便。……"[1]这是鼓励垦荒的规定,经过开垦的荒地可以作为私田,享有完全的所有权。明朝时期,典权制度得到了极大的发展。到了清代,典权制度已经非常完善,其中有非常重要的返还原物制度,这就是法律为了平衡保护典权人和出典人的利益,而对典权人返还典物义务的规定,这一点集中体现在清朝对返还典物的期限的规定上。在清朝以前,就典物的赎回,期限并不严格。一般来说,出典人在典期届满后可以随时要求赎回。而很多私下的典契则对赎期没有限制。[2] 由于典权的设定大都是出典人迫于经济压力而做出的无奈之举,如果对于典权的赎回期不作严格要求,则可能出现长达几十年甚至上百年的典权,[3]这样对于经济地位本就较弱的出典人更为不利,同时也会引发诉讼案件的大量增加。于是,为了统一回赎期,乾隆帝规定返还原物的期限为3年、5年、10年。后来嘉庆帝在位时修订《户部则例》,明确规定典期不得超过10年。"民人典当田宅,契载年份,统一十年为率,限满听赎。如原业主力不能赎,听典主投税过割执业。倘于典期内多载年份,已经发觉,追缴税银,照例治罪。"[4]于是,典期被统一规定为不得超过10年,典权人必须在最多10年内向出典人负返还原物的义务。例外情况是,涉及八旗土地典当的,回赎期则不应超过20年。

二、涉及动产的返还原物制度

《唐律》中对于财物和牲畜的保护设有专门的规定。首先是禁止官员利用工作上的便利侵占公私财物,《唐律·职制律》中对此设有明文。如第142条规定:"诸贷所监临财物者,坐赃论。若百日不还,以受所监临财物论。强者,各加二等。"[5]此外,《唐律·厩库律》中对侵占牲畜等行为有所规定。如第212条规定:"诸监临主守,以官奴婢及畜产私自借,若借人及借之者,笞五

[1] 杨鸿烈:《中国法律发达史》,中国政法大学出版社2009年版,第549页。

[2] 参见岳丽颖:《中国古代典权制度研究》,山东大学法学院2006年硕士学位论文,第35页。

[3] 如福建省就存在"一卖百体""一典九尽"的习俗,九尽就是赎期届至后可以再"凑尽",子孙不限,以至于有的赎期竟超过百年之久。又如,湖北省规定,凡是未订立回赎期限者,不限时日均可赎回,故有"一典千年活"之说。有些地方还有"立夏不赎夏,立秋不赎秋"的惯例,回赎期多在立秋之后。对于典期久远的回赎,按照地方习惯要"加一取赎"。参见张晋藩:《清代民法综论》,中国政法大学出版社1998年版,第119~120页。

[4] 《户部则例》卷十《田赋·置产投税部》。转引自岳丽颖:《中国古代典权制度研究》,山东大学法学院2006年硕士学位论文,第35页。

[5] 长孙无忌等:《唐律疏议》卷十一,第142条。

十。”[1]也就是说,官员利用职务便利将牲畜借给他人或借给自己的,将面临笞刑。在这种情况下,擅自借出的牲畜,自得返还给权利人。此外,关于动产保护,《唐律》中引人注目的还有关于遗失物和埋藏物的规定。《唐律·杂律》第448条规定:“诸得阑遗物,满五日不送官者,各以亡失罪论;赃重者,坐赃论。私物,坐赃论减二等。”[2]这里的阑遗物,即为遗失物。该规定的意思是说,拾得遗失物的人应该在5日内将该遗失物交给官府,由官府保管并返还给失主。如果拾得人据为己有,则将被按照盗窃他人之物论处。《唐律·杂律》第447条规定:“诸于他人地内的宿藏物,隐而不送者,计合还主之分,坐赃论减三等。若得古器形制异,而不送官者,罪亦如之。”[3]这里的宿藏物,相当于现代民法中的埋藏物。按照长孙无忌等人对该条的解释,在他人地内得到宿藏物,按照唐律是要与地主均分的。如不送还的要承担盗窃赃物之罪减三等论处。若得到古代的奇异文物也要送官。如果租住官宅或私宅,该租客又将田令人佃耕,佃耕者在地下发现宿藏物,由该佃耕者和房屋所有权人各得一半。[4] 在这里,《唐律》对于动产中遗失物和埋藏物的规定,尤其是对遗失物的规定,在一定程度上注意到了对原所有人的保护,其保护的途径是通过官府向原所有人返还原物。

对于遗失物等动产的保护,宋代在很大程度上承袭了唐制。根据《宋刑统》的记载,凡是拾得遗失物的,都要送到附近的县衙。在市场上拾得遗失物的,要送给市场管理机关。拾得的遗失物,都要悬挂于门外,如果失主认出来是自己的遗失物,经查验属实后即返还原物给失主。如果公告30天后,无失主认领,则该物由官府保存。但官府仍然要制作物品名录,并将该名录继续公告。公告1年后仍无人认领的,即由官府没收。但没收之后,失主又来认领并证据确凿的,官府应返还原物给失主,所谓“没入之后,物犹见在,主来识认,证据分明者,还之”。[5]另外,对于遗失的马、牛、羊等牲畜,也依循同样的逻辑进

[1] 长孙无忌等:《唐律疏议》卷十五,第212条。
[2] 长孙无忌等:《唐律疏议》卷二十七,第448条。
[3] 长孙无忌等:《唐律疏议》卷二十七,第447条。
[4] 参见长孙无忌等:《唐律疏议》卷二十七,对第447条的解释。另请参见冯卓慧:《唐代民事法律制度研究——帛书、敦煌文献及律令所见》,商务印书馆2014年版,第48页。
[5] 《宋史·刑法志》。转引自吴向红:《中国古代遗失物制度的法律运行与观念流变》,载《法学》2006年第1期。

行保护，只是认领方式有异。因为牲畜需要做标记才可辨识，有官府标识的牲畜拾得时自然归官府，有私人标识的牲畜被失主认领的，也应返还给失主。当然，也可根据情况将拾得的牲畜卖掉，所得收入归官府。事后如果失主主张权利，经核实后，将出卖所得价款予以返还。〔1〕此外，对于盗赃的返还，《宋刑统》卷四《名例律》中有“赃物没官及征还官主并勿征”条规定：“诸以赃入罪，正赃见在者，还官、主。”《疏议》的解释是：正赃指“强盗、盗窃、枉法、不枉法、受所监临及坐赃”所得赃物，且“正赃见在未费用者，官物还官，私物还主。”〔2〕也就是说，只要赃物没有灭失的，属于官府的返还原物给官府，属于私人的返还原物给私人。

明清时期，动产的保护虽然略有变化，但也与《唐律》一脉相承，《大明律》以《唐律》为蓝本，而《大清律》则基本承袭明律。杨鸿烈先生曾指出：“《大清律》卷十四《户律·钱债》‘得遗失物’门，卷十三《户律·课程》‘私盐、私茶、私矾给付告人充赏’等规定均同《大明律》。”〔3〕此外，清朝法律中还对涉及典当业的质押物被无权占有的情况作出了规定。《光绪会典事例》中曾规定，在典当行失火时，如果有人趁乱将当物隐匿收藏，或者趁机盗卖，则按照所隐匿之物的银两价值，认定为盗窃罪。并且，要将原当物追回，返还原物给所有权人。〔4〕

三、涉及返还原物的判词

（一）北宋余靖盗马产驹判

北宋余靖《武溪集》中有“盗马产驹判”。起因是被告将原告的马盗走，后该马产下马驹。原告起诉返还原物，法官判决将马和马驹一并返还原告，被告不服。余靖作为二审法官，在判决中深入阐明了返还原物不但包括标的物，还包括标的物的孳息。其判词写明：

> 盗肆敓攘，虽祈苟得，物有蕃庶，诚宜复归。俾惩败类之心，式叶防淫之典。壬也萑蒲命侣，溪壑凝怀。秀禀房精，既攘秦穆之骏；价传龙种，遽产渥洼之驹。初欣执勒之奇，俄败穿窬之迹。永言司宪，式举成规。代劳

---

〔1〕参见吴向红：《中国古代遗失物制度的法律运行与观念流变》，载《法学》2006年第1期。
〔2〕陈重业辑注：《古代判词三百篇》，上海古籍出版社2009年版，第86页。
〔3〕杨鸿烈：《中国法律发达史》，中国政法大学出版社2009年版，第549页。
〔4〕参见《光绪会典事例·刑部·卷八百二十九·刑部·一百零七·刑律杂犯四·失火》。转引自许光县：《清代物权法研究》，中国政法大学法学院2009年博士学位论文，第78页。

方恋于君轩，必复其始；游牝纵生于尔室，亦又何求？既尽意于邦经，尚见非于寇堂，徒烦亟请，难改前言。且贸易之赀，他类犹闻于归主；殉阜蕃之畜，见赃安得而惠奸？无差伏枥之谋，当从共皂之本。宜详治体，奚取盗言？献美乘于虞公，终为晋府；返名驹于北叟，式叶庄篇。勿轻辕下之赇，必采受中之法。[1]

在该判词中，法官认为，即使是窃贼临时起意，见利盗物，对于物的蕃息也应返还。对于日常往来中的物品，也应归于原主，况且是能够繁衍生息的牲畜，岂能让盗贼从赃物中再得到好处。马及所产小马驹既然在一个马槽里喂食，就不应将二者分开。昔年晋国大夫荀息以璧、马献虞公，假途灭虢，退灭虞国；把马还给塞翁，返还原物于人，则无所累。千万不要小看这盗来之马及所产之驹，有人将因此受牢狱之祸的。可见，在中国古代的判词中，法官虽然有时不直接引用法律条文，但通过引经据典的条分缕析，也基于一般的正义观念对无权占有进行价值判断，从技术上，对于无权占有他人之物的返还范围，已经有了较为清晰的认识，即不仅要返还原物，还要返还原物所生孳息。

（二）明侵占街道判

明代《新纂四六合律判语》中载有"侵占街道判语"。案情是，公共街道被人占用盖房，法官遂判决将所占用的土地返还原物给官府，对占用人处以杖刑。其判词曰：

张良烧栈道于褒中，止因备盗；宋祖负险石于马上，欲便行人。孰云街道之中，可施侵占之计？今某无地起楼台，乃窃取天街之半；有心宽第宅，遂阴窥衢路之联。得寸得尺，岂同范雎之谋；让畔让途，故违西伯文化。不闻窦宪夺沁水园，贵戚几为雏鼠；罔思萧何请上林苑，元勋且就囹圄。地取还官，人断以杖。[2]

该判决中，法官先引用张良献计火烧栈道和宋太祖赵匡胤负石平大道的典故说明"烧栈道"和"负石"的理由在于"备盗"和"便行人"。接着反问，岂有在街道之中侵占土地盖房之理。现今侵占街道而盖房子，实际是窃取了公共街道，决不可与范雎当年"远交近攻，得寸则王之寸，得尺则王之尺"的政治谋

[1] 陈重业辑注：《古代判词三百篇》，上海古籍出版社2009年版，第86页。

[2] 陈重业辑注：《古代判词三百篇》，上海古籍出版社2009年版，第86页。

略相比。昔日,虞、芮之君互相争夺田地,很久不能解决问题。于是相互商量认为,西伯姬昌治下仁义,可以去评理,于是一同赴周。[1] 到了周的地界,二人发现耕田的互相让地,行路的互相让道,男女行路各有其道,老年人不用干重活。到了周的朝廷,发现士人、大夫和卿之间也互相礼让,颇为融洽。二人于是互相说道:“我们这些小人,不配进入互相礼让的君子之庭。”于是,互相将争夺的田地予以返还。判决中还举出了窦宪夺沁水公主田园的典故。汉章帝宠臣窦宪低价强买沁水公主园田,沁水公主畏其权势,不敢与争。后章帝得知此事,痛责窦宪说,国家废弃你窦宪就像废弃孤雏腐鼠,命窦宪将园田返还给公主。[2] 判决最后又引用萧何请上林苑的故事,说明国家的土地不容侵占。原来,萧何曾向高祖刘邦请命,让皇帝将上林苑中的空地赐予百姓,刘邦大怒,认为萧何收受了商人的钱财,为其请上林苑空地,并欲治罪。[3] 古代法官,大都为经过科举考试入仕的儒家学人,因而喜欢在判决中引经据典。实际上,就本案“侵占街道”一事,《大明律》中明确规定:“凡侵占街巷道路而起盖房屋及为园圃者,杖六十,各令复归。其穿墙而出污秽之物于街巷者,笞四十。”[4]因此,该案判决本可直接引用该条规定判决。不过,如前所述,引经据典的判决也更能深入地说明判决背后的道理,更容易让人信服。

上述两则判词,只是引了中国古代众多判词中的个例。这种涉及返还原物的判词,在中国古代绝不在少数。仅在陈重业先生辑注的《古代判词三百篇》中就至少出现了八则涉及返还原物的判词,[5]这些都可以作为我们研究返还原物制度的重要资料。

四、传统民法中的返还原物制度对现今返还原物请求权制度的影响

布洛赫指出:“文明与人一样,绝不像机械排列的单人纸牌游戏,就事论事、支离破碎的认识绝不能导致对整体的认识,它甚至对部分也不能认

---

[1] 参见司马迁:《史记》卷四《周本纪》。

[2] 参见范晔:《后汉书》卷二十三《窦融传》。

[3] 参见荀悦:《前汉纪·高祖皇帝纪》卷四。

[4] 《大明律》卷十三《工律二·河防》。

[5] 除本书的盗马产驹判、侵占街道判之外,尚有“不肯还赁退屋判”“寡妇抢米判”“遗失窖金判”“私借官物判”“凿井获镜判”“太湖县民蔡方来冒祖占藏案”等。参见陈重业辑注:《古代判词三百篇》,上海古籍出版社2009年版,第75页以下。

清。"[1]对法律文明中的制度的认识也是这样,必须从时空联系等各个方面加深认识。就此而言,传统法律中的"返还原物制度"必然有助于我们加深对现今民法中"返还原物请求权制度"的认识。虽然杨鸿烈先生认为,从清代开始,欧美法系即已侵入我国,[2]以至于1929~1930年的《民法典》已经主要是承袭德国、瑞士民法的成果。[3] 但是,历史的脉络是永远无法隔断的,谁也无法否认我国传统固有法对于现行民法的影响。因此,我们至少可以说,传统法律中的返还原物制度、返还原物判决,比如返还原物时也应包括孳息的规则等,与从欧洲大陆法系国家舶来的返还原物请求权制度相结合,共同影响、塑造了近现代以来中国民法中的返还原物请求权制度。反过来,在编纂中国民法典的时代背景下,在民事法律进一步发展完善的大环境下,在吸收外来优质制度资源的同时,传统中的本土资源也是我们借鉴和转化利用的重要宝藏。民法典中关于返还原物的制度设计,有理由也有条件从这一宝藏中汲取营养。

---

〔1〕[法]马克·布洛赫:《为历史学辩护》,张和声、程郁译,中国人民大学出版社2006年版,第131页。

〔2〕参见杨鸿烈:《中国法律发达史》,中国政法大学出版社2009年版,第490页。

〔3〕参见谢怀栻:《大陆法国家民法典研究》,中国法制出版社2004年版,第106页。

第四章

返还原物请求权的法律构成

对预先筹划的每一种修正都可能是对意义一种新筹划的预先筹划；相互矛盾的筹划可以互相加工，直到清楚地确定意义的统一体；解释是带着前把握进行的，这种前把握将被合适的概念取代；正是这种不断更新的重新筹划构成理解和解释的意义运动的，这就是海德格尔所描述的过程。[1]

——伽达默尔

---

〔1〕［德］汉斯－格奥尔格·伽达默尔：《阐释学Ⅱ：真理与方法》，洪汉鼎译，商务印书馆2013年版，第73～74页。

第一节　大陆法系关于返还原物请求权构成要件的学说

在德国，司法判例已经在试图阻止对所有权人的保护变得漫无边际，于是对因经济利用的可能性受阻所致的所有权侵害提出了要有物理干涉的要求。也就是说，在所有权中，并非任何可以使物得到经济上的最佳利用的利益都受保护，而是那种通过对物进行物理干涉来阻碍其利用这样的利益才受保护。〔1〕对物的无权占有，正是这样一种对物的物理干涉。这种干涉之下，以德国法为代表的大陆法系赋予物权人以所有物返还请求权为核心的返还原物请求权作为有力的保护手段。然而，作为一种对物权的法律保护技术，返还原物请求权有其自身的独特构成要件。但对其独特之处到底在哪里，却一直有不同意见，形成了不同的构成要件学说。

一、返还原物请求权三要件说

我国主张三要件说的学者有王利明、刘凯湘、季秀平、汤勇等。刘凯湘以所有物返还请求权为基础论述返还请求权的构成要件。他认为，所有物返还请求权的构成要件有三：一是须有他人无权占有或侵夺所有人之所有物之事实，二是请求权人须为失却占有之所有人，三是须有无权占有所有物之相对人。〔2〕季秀平认为，返还原物请求权的构成要件是：一是须发生他人无权占有物权人之所有物或占有物之事实，二是请求权人须为失却占有之物权人，三是须有相对人出现且其为现时的无权占有人。〔3〕二人关于构成要件的论述虽然都是三点，但在细微内容上仍有差别。季特别强调返还原物请求权的相对人为现时的无权占有人。这一点值得注意，因为如果过去是无权占有人而现在已经不是无权占有人，则权利人是不能向其主张返还原物请求权的。至于汤勇的见解，则与季秀平完全一致。〔4〕

---

〔1〕参见[德]迪特尔·施瓦布：《民法导论》，郑冲译，法律出版社2006年版，第234~235页。

〔2〕参见刘凯湘：《论基于所有权的物权请求》，载《法学研究》2003年第1期。

〔3〕参见季秀平：《论物权人的原物返还请求权》，载《金陵法律评论》2005年春季卷。

〔4〕参见汤勇：《物权请求权制度研究》，中国检察出版社2009年版，第201~212页。

德国也有学者认为所有物返还请求权有三项要件：一是所有权人和共有权人都可以基于《德国民法典》第985条提出该请求，所有的共有人也可以依据《德国民法典》第1011条主张物的返还请求权；二是所有物返还请求权本身是针对无权占有物的占有人；三是与所有物返还请求权相关的确定准则在于物的确定，其程序的描述必须准确，以确保返还请求权的实现是可能的。[1] 此外，德国学者沃尔夫也持三要件说。[2]

二、返还原物请求权二要件说

主张二要件说的学者主要是崔建远教授。他认为，返还原物请求权的构成有二：一是请求权的主体必须是物权人，虽然不是物权人，但依法律规定得行使物的返还请求权的人，如破产管理人、遗嘱执行人、失踪人的财产代管人、国有财产的管理人，也可行使物的返还请求权；二是相对人必须是无权占有人。[3] 此外，冉克平也主张二要件说。[4]

我国台湾地区学者王泽鉴先生实际上也主张二要件说：第一，请求权的主体须为所有人；第二，相对人须为无权占有人。[5]

此外，我国台湾地区学者郑冠宇主张，返还原物请求权的行使要件有三：一是请求权人须为所有权人或依法得行使所有权之人；二是被请求权人须为无权占有人或侵夺所有物者；三是请求返还占有物。[6] 其第三项要件实为行使所有物返还请求权时的要求，并非其本身的要件。因此，也可以认为郑冠宇对"所有物返还请求权"本身的构成要件持二要件说。

三、返还原物请求权一要件说

主张一要件说的代表是我国学者王洪亮教授。他主张"侵占"为返还原物请求权的唯一构成要件。他认为，只要有侵占的情形发生，即可主张返还原物请求权。至于占有人本身的主观方面如何并不需要进行考虑，当然也不需要考虑无权占有之人是否实施了其他不法行为。另外，也无须强调因果关系，即

---

〔1〕 Vgl. Hans Josef Wieling, *Sachenrecht*, Springer – Verlag, 1992, SS. 156 – 157.

〔2〕 Vgl. Manfred Wolf, *Sachenrecht*, 18. *Auflage*, Verlag C. H. Beck, München, 2002, S. 95.

〔3〕 参见崔建远：《物权：规范与学说——以中国物权法的解释论为中心》，清华大学出版社2011年版，第314页。

〔4〕 参见冉克平：《物权法总论》，法律出版社2015年版，第508~510页。

〔5〕 参见王泽鉴：《民法物权·通则·所有权》，中国政法大学出版社2001年版，第164~175页。

〔6〕 参见郑冠宇：《民法物权》（第2版），台北，台湾新学林出版股份有限公司2011年版，第195~203页。

便是因为自然事件引起的无权占有，也不影响返还原物请求权的成立。这样，相对人是不是无权占有就不是构成要件的考虑因素，而是将相对人的有权占有作为抗辩事由。[1] 此外，朱虎也认为，《物权法》第34条的构成要件不包含无权占有的原因和占有人的主观要件。同样由上述制度目标所决定，相对人无占有权不应从正面作为返还原物请求权的构成要件，而应从反面将之作为抗辩事由。[2] 但认真分析朱虎与王洪亮的观点，二者并非完全相同。王洪亮教授认为的返还原物请求权的构成要件只有一个，即"侵占"，而朱虎则认为返还原物请求权的构成要件有二：一是请求权人享有适当物权，二是占有人实施了占有。[3]

四、对返还原物请求权构成要件学说的评析

伽达默尔指出，世界本身是在语言中得到表现的。[4] 学者关于返还原物请求权构成要件的理论言说，较好地表现了法律世界中的返还原物请求权制度。但是，语言表达世界往往有多种可能，因此，抓住语言所要表现的世界的要素最为关键，对于返还原物请求权的表述也是如此。学者关于返还原物请求权构成要件的语言表达虽然不同，但这并不重要，重要的是其表达的关于返还原物请求权构成要件的要素是否有差异。因此，本书对于语言表述的差异不做评价，而只对不同构成要件学说的要素进行评析。

从构成要件的实质要素来看，构成要件的多寡对于在返还原物诉讼中的举证责任会有影响。一般而言，构成要件越多，原告的举证负担越重。但是，二者并非精确的一一对应关系。有时，构成要件的精细，只是为了使制度发挥功能的强度更贴合阐述者所理解的立法本意。同时，也不能因为构成要件多会加重原告的举证负担，就无原则地削减构成要件。准此以言，构成要件数目的多寡，并非衡量某一制度构成要件是否科学合理的标准。按照作为私法基本概念的法律关系理论，由于法律关系规范调整的特征总是只存在于人和人

---

〔1〕 参见王洪亮：《原物返还请求权构成解释论》，载《华东政法大学学报》2011年第4期。

〔2〕 参见朱虎：《物权请求权的独立与合并——以返还原物请求权为中心》，载《环球法律评论》2013年第6期。

〔3〕 参见朱虎：《物权请求权的独立与合并——以返还原物请求权为中心》，载《环球法律评论》2013年第6期。

〔4〕 参见[德]汉斯-格奥尔格·伽达默尔：《阐释学Ⅰ：真理与方法》，洪汉鼎译，商务印书馆2013年版，第633页。

之间，权利行使规范也与权利遵守规范联系在一起，[1]因此，就返还原物请求权法律关系而言，人是不可或缺的要素。德国学者对《德国民法典》第985条所有物返还请求权条款的评注中也对所有权人（Eigentümer）和占有人（Besitzer）进行了强调。[2] 所以，返还原物请求权构成要件中必然应该有人的要素，即权利主体和义务主体的存在。此外，相关的规则必须确保返还原物请求权的实现是可能的。[3] 因此，构成要件中还应强调占有人的占有必须是现时的占有，即占有的标的物是现实存在的，否则，返还原物请求权将因标的不存在而无法实现。

根据上述思路，首先检视返还原物请求权构成要件的三要件说。三要件说一般都要求有返还原物请求权的权利主体和义务主体，而传统民法学中的法律关系理论也恰好从法律关系的主体、客体、内容三个要素入手去分析法律现象，[4]三要件学说与法律关系理论的逻辑思路相契合，应予肯定。同时，为了表明返还原物请求的缘起，有必要指明占有人的占有应为无权占有，否则，如果相对人的占有是有权占有，则无论如何是不能主张返还原物请求权的。实践中，返还原物请求权人尽管无须就相对人为无权占有进行举证，而是由占有人就自己的占有权源进行举证，好似占有人的无权占有并无作为返还原物请求权构成要件的必要，而只要将占有人的有权占有作为抗辩事由即可起到同样的效果。[5] 但是，本书认为，相对人抗辩中某一事由的存在并不妨碍构成要件中设计与该抗辩事由相对的要素。构成要件是从积极的方面设计与制度规范相契合的具体要素，而抗辩事由则是从消极的方面设计与构成要件相竞争的要素，二者并非不能同时出现。有时反而是构成要件中强调的要素当然意味着存在相对的抗辩事由。返还原物请求权构成要件中“占有人为无权占有”的要素，就当然意味着相对人存在“有占有权源”的抗辩事由。在不当得利制度中，也存在这样的情况。尽管学者对不当得利构成要件还未完全达成一

---

〔1〕 Vgl. Larenz / Wolf, *Allgemeiner Teil des Bürgerlichen Rechts*, 9. Auflage, Verlag C. H. Beck München 2004, S. 229.

〔2〕 Vgl. Prütting / Wegen / Weinreich, *BGB Kommentar*, 5. Auflage, Luchterhand, 2010, S. 1867.

〔3〕 Vgl. Hans Josef Wieling, *Sachenrecht*, Springer - Verlag, 1992, S. 157.

〔4〕 参见孙宪忠主编：《民法总论》（第2版），社会科学文献出版社2010年版，第86~87页。

〔5〕 参见王洪亮：《原物返还请求权构成解释论》，载《华东政法大学学报》2011年第4期。

致,[1]但“无法律上的原因”这一要件,却是共识。而在不当得利制度中,相对人的抗辩事由当然也包括“其获益有法律上的原因”。但是,不当得利制度并未因相对人有此抗辩而将“无法律上原因”这一要件去除。同理,返还原物请求权的构成要件中也不应省去“占有人须为无权占有”这一要件。此外,三要件都强调返还原物请求权的相对人应为现时占有人,这一点确保了返还原物请求权的实际存在价值,否则返还原物请求权将因物的灭失或现时已为有权占有而失去意义。所以,三要件说基本具备了返还原物请求权制度功能实现的要素,应予肯定。

二要件说表面看来只是强调了返还原物请求权人和相对人,但在对该两项要件进行具体解释的过程中,论者实际上都将三要件说所体现的要素吸纳进来,因而虽然表述不同,但就实质要素而言,与三要件说并无明显差异。比如,王泽鉴先生在对构成要件中的无权占有人进行阐释时,首先指明其为现在占有其物之人。[2] 因此,二要件说与三要件说更多的是语言表述上的差异,返还原物请求权的实质要素在这两种学说中都得到了体现。

一要件说主要是将“占有人的占有为无权占有”这一要件视为相对人的抗辩事由,因而认为返还原物请求权的要件只有一个就是“侵占”。但正如上文已经讨论的,相对人抗辩中某一事由的存在并不妨碍构成要件中设计与该抗辩事由相对的要素,正如不当得利那样。因此,本书还是认为返还原物请求权的构成要件中应该强调“占有人为无权占有”这一要素。

综上所述,本书认为,从法律关系理论的角度看,三要件说或充分解释后的二要件说能够更好地契合返还原物请求权的制度功能,本书采三要件说。如果严格按照法律关系理论,则三要件应该分别指返还原物请求权的主体要件、客体要件和内容要件。但因返还原物请求权法律关系的内容即请求权人和相对人的权利义务,这属于返还原物请求权的法律效力,内容非常丰富和复杂,从研究的角度看,已经足以另设一章专门讨论。因此,本章讨论的返还原物请求权要件抽去了内容要件,而只讨论返还原物请求权的主体和客体。返还原物请求权法律关系的内容将另行专门讨论。

---

〔1〕 参见孙森焱:《民法债编总论》(上册),法律出版社2006年版,第121页;陈华彬:《债法各论》,中国法制出版社2014年版,第278~280页。

〔2〕 参见王泽鉴:《民法物权:通则·所有权》,中国政法大学出版社2001年版,第166页。

第二节　英美法中返还原物制度的构成

构成要件理论是大陆法系的法学概念，并且是肇始于德国刑法学中的概念，[1]其后扩展于民法学的研究中。英美法系并无构成要件的理论，其法律制度一般也不通过构成要件理论进行分析。但是，从比较法的角度，运用大陆法系构成要件理论对英美法系中的返还原物制度进行阐释和分析，对于大陆法系返还原物请求权研究的精细化无疑具有积极意义。

一、英美法中返还原物制度的构造

英美法系不存在如同大陆法系一样的概念法体系，因而尽管实际上存在相当于大陆法系民法和物权法的法律体系，但其概念、规则、体系是完全不一样的。就大陆法系中的返还原物请求权而言，英美法系主要通过侵权法中的返还不动产或动产的诉讼来解决，这就涉及英美侵权法中的非法侵犯土地（trespass to land）和干涉动产（interference with chattels）。[2]

在非法侵犯土地的侵权行为中，行为人故意进入或唆使他人直接进入他人占有的土地，此时构成对他人土地的侵害，这是一种侵害性侵权。对土地的侵害有很多表现形式，直接进入土地是最明显的例子。将物件置于他人土地或引诱动物进入他人土地也可能构成侵犯土地。[3] 前者可以视为与我国法上的无权占有不动产相当，但后者则无法等同于我国法上对不动产的无权占有，因而后者的情况下是不会发生我国法上的返还原物请求权的，但可能引发我国法上的排除妨害请求权。另外，粉尘等无形物的侵入，在新近的案例中也被法院认为属于非法侵犯土地，只要原告能证明粉尘的侵入造成了实际损害即

---

〔1〕 参见[日]西原春夫：《构成要件的概念与构成要件的理论》，陈家林译，载《法律科学》2007年第5期。

〔2〕 See Simon Deakin, Angus Johnston and Basil Markesinis, *Markesinis and Deakin's Tort Law*, 6th *ed.*, New York, Oxford University Press Inc., 2008, pp. 483 - 503.

〔3〕 See Simon Deakin, Angus Johnston and Basil Markesinis, *Markesinis and Deakin's Tort Law*, 6th *ed.*, New York, Oxford University Press Inc., 2008, p. 496.

可。[1] 因此，英美法系中对于不动产的侵犯中只有很少部分是可以对应于大陆法系中对不动产的无权占有的。而侵犯不动产的救济方式也是多种多样的。比如，如果一个人的行为可能引发持续的或周期性的侵入他人土地的侵权行为，则对方当事人就可以选择请求法院签发禁令。[2] 又如，所有人的土地被他人无权占有，则其有权驱逐（Ejectment）无权占有人。美国法学会在《侵权法重述（第二次）》中对第945条a款的评注中指出，如果原告寻求的仅仅是土地现时占有的回复，则无论是要回复到占有被侵犯时的状态，还是要回复到发生改变之前的最初状态，只要能获得实际的占有，那么这些禁令之外的救济就是充足的。这些救济就包括普通法上的驱逐诉讼，在有些管辖权之下，还包括进入的令状诉讼、强制进入的令状诉讼和扣押的令状诉讼。[3] 这里的驱逐就是通过诉讼的方式要求将侵害人驱逐出该土地。这就相当于我国《物权法》中专门针对不动产无权占有的返还原物制度了，即针对不动产的返还原物请求权，也相当于日本法上的腾空请求权。

对动产的侵犯则完全是另一种情况。任何直接的对动产占有的干涉，都构成侵犯。[4] 但并非对动产的侵犯都可能导致与本书有关的返还原物。英美法中对动产的干涉主要有侵犯（trespass to goods）和侵占（conversion）两种。[5] 侵犯是对他人动产的侵害性侵权，根据《侵权法重述（第二次）》的规定，如果有实际剥夺他人对动产的占有权的损害且原告能够证明的，则可以构成侵犯，[6] 此时的救济当然主要是损害赔偿，但返还原物也是救济手段之一。[7] 可能导致返还原物法律效果的另一种情况是侵占。侵占的侵权行为指用一种与真正所有权人权利相矛盾的方式支配动产的行为，因而侵犯了动产所有权人针

---

〔1〕 See Bradley v. American Smelting and Refining Co. ,[709 p. 2d 782 (Wash. 1986) (SATL 847)]. 转引自[美]文森特·R. 约翰逊：《美国侵权法》，赵秀文等译，中国人民大学出版社 2004 年版，第 257 页。

〔2〕 See The American Law Institute (ALI), Restatement of the Law, Second, Torts, § 930, § 951.

〔3〕 See The American Law Institute (ALI), Restatement of the Law, Second, Torts, § 945, Comment on Clause (a).

〔4〕 See Simon Deakin, Angus Johnston and Basil Markesinis, *Markesinis and Deakin's Tort Law*, 6th *ed.*, New York, Oxford University Press Inc., 2008, p. 483.

〔5〕 See Torts (Interference with Goods) Act 1977, Section 1.

〔6〕 See The American Law Institute (ALI), Restatement of the Law, Second, Torts, § 218.

〔7〕 参见胡雪梅：《英国侵权法》，中国政法大学出版社 2008 年版，第 53 页。

对该动产的权利,或者确认了一种与所有权人的权利相矛盾的权利。[1] 侵占是一种故意侵权行为,并且这种故意侵权行为在很多情形下都可能发生,而任何占有标的物的人都可就侵占行为提起诉讼,因而对侵占行为的救济,既保护所有权人,也保护占有人。通常情况下,侵占的救济途径是损害赔偿。但是,如果原告能够确定其特定动产已由被告侵占,则原告有权要求退还该特定动产。依据普通法的先例,在美国,以普通法诉讼方式要求退还动产的诉讼,通常称为"返还原物之诉"(replevin action)。[2] 这也就相当于我国法上针对动产的返还原物制度了。所以,英美法中对动产的无权占有,可能出现在侵害和侵占这两种侵权行为中;这两种侵权行为本身虽然有很多区别,但却都可能导致返还原物的法律效果,这就使侵害和侵占这两种侵权行为都成为英美法中返还原物制度体系的组成部分。

同时,因为英美法有独特的返还财产法的法律体系,有时候作为返还财产的一种方式,英美法中有所谓"原物返还"的制度,这其实又与英美法近年来高度发展的不当得利法相关了。在大陆法系中不当得利的返还首先选择原物返还,如《意大利民法典》第2041条第2款等的规定。英美法从一开始就采取了一条完全不同于大陆法系的返还路径。英美法在考虑返还责任时,首先强调的就是要求获利人交出获利的金钱价值。在历史上,普通法上准契约的救济方式就仅限于金钱返还。比如,英国法早期与返还财产有关的准契约的诉讼形式,都不是接受的物或财产的事实物返还,而是用金钱的形式对接受的金钱、劳务、货物的价值返还。原物返还则是从衡平法中发展起来的一种针对侵权损害赔偿的救济方式,后来发展为在返还请求权中对金钱价值返还的一种补充救济方式。[3]

此外,在英美合同法中,存在针对违约行为进行救济的返还原物(restitution);[4] 这种情况下的返还原物还不完全等同于以不当得利为核心的返还

---

〔1〕 See Vivienne Harpood, *Modern Tort Law*, 7th *ed.*, Oxon, Routledge - Cavendish, 2009, p. 366.

〔2〕 [美]多布斯:《侵权法》(上册),马静、李昊等译,中国政法大学出版社2014年版,第138页。

〔3〕 See George E. Palmer, "History of Restitution in Anglo - American Law", *International Encyclopedia of Comparative Law*, Volume X: Restitution - Unjust Enrichment and Negotiorum Gestio, Leiden, Brill Academic Publishers, 2007, pp. 111 - 121. 转引自李语湘:《比较法视角下英美返还法的结构与功能研究》,中国政法大学出版社2015年版,第229~230页。

〔4〕 在合同法的著作中,不少人将"restitution"翻译为"恢复原状"。参见[美]范斯沃思:《美国合同法》,葛云松、丁春艳译,中国政法大学出版社2004年版,第844页。

法，返还法是一个专门的实体法领域，而违约救济中的返还原物则仅仅作为返还法的一个方面与其相关联。[1] 当然，在英美合同法中，当合同履行中出现合同无效、撤销、违约或目的受挫或目的落空情况时，也存在返还原物的可能。[2]

由此可见，在英美法中，返还原物制度并非是一个单一的法律制度，而是由侵权法、返还财产法与合同法共同构成的返还原物制度体系。侵权法中对于侵犯土地的救济，对侵害动产的救济，以及对侵占动产的救济中，都有返还原物的制度内容：返还法中不当得利返还的方式之一便是原物返还，合同法中违约、合同解除以及合同目的落空之下的返还性救济中也存在返还原物的可能。

二、作为侵权救济的返还原物的构成要件

（一）侵犯土地情况下返还原物的构成要件

1. 故意

侵犯土地属于英美法中的故意侵权行为，但这里的故意并非是指造成某种损害后果的故意，而是指侵入他人土地的故意。在美国，只要行为人故意进入他人占有的土地，故意导致某物或某第三人进入他人占有的土地，行为人故意滞留于他人占有的土地，或行为人有义务将某物从他人占有的土地上移除而没有移除的，则无论行为人是否因此导致对方合法权益受损，都应向对方承担侵犯土地的责任。[3] 这表明，原告仅需证明被告存在进入自己土地的故意即可，而被告主观上是否有对原告权利造成实际损害的心理状态则在所不问。如果行为人主观上认为自己有权利进入他人土地重新取回货物，则尽管其是善意的，也因其进入他人土地本身系故意行为而应承担侵犯土地的责任。[4] 在英国，故意是指被告对侵入原告土地的行为有认知，而不是指对损害后果有认知。[5] 所以，只要被告本人对其进入他人土地的行为是明知的，就构成侵犯土地中的故意。还需注意的是，如果行为人是在第三人的命令或胁迫之下进入他人土地，则第三人作为命令人或胁迫人构成侵犯他人土地，需要承担侵权

---

〔1〕 参见[美]范斯沃思：《美国合同法》，葛云松、丁春艳译，中国政法大学出版社2004年版，第844页。

〔2〕 See The American Law Institute（ALI），Restatement of the Law, Second, Contracts, §272, §377.

〔3〕 See The American Law Institute（ALI），Restatement of the Law, Second, Torts, § 158.

〔4〕 See Kibbe v. Rohde, 285 Pa. Super. 379. 379. 427 A. 2d 1163（1981）.

〔5〕 See Michael A. Jones, *Textbook on Torts*, Oxford, Oxford University Press, 2002, p. 494.

责任,而被胁迫人或被命令人,不承担侵犯他人土地的责任。[1] 此外,如果被告明知其行为将导致进入原告土地,或者其行为实质上必然会进入原告土地,也应视为被告有进入原告土地的故意。[2]

2. 直接妨害权利人占有或使用土地的侵入行为

按照英国学者的简单表述,侵犯土地是指在未经授权的情况下直接侵入他人占有的土地。[3] 因此,侵入行为是侵犯土地这种侵权行为最重要的外在特征。英美法中的侵入行为有很多表现形式,最常见的有如下几种情形:

(1)直接进入他人土地。直接进入他人土地的侵入行为可能开始时是有合法理由的,但只要原告提起诉讼时被告无合法理由即可。如果行为人在邻近土地所有人土地的自有土地上挖沟,导致原告土地下陷,则可能承担相应的严格责任或过失责任。[4] 从形式上看,这种行为因其并没有直接进入他人土地的行为,故而可能不构成侵犯土地的行为。但实际情况是,法院在这种情况下可能作出扩张解释而将上述行为认定为构成侵犯土地行为。例如,在一起案件中,行为人从井中大功率抽水浇灌自己土地,因抽水过量抽到了附近的地下水,使地下水位下降,并剥夺了其他人按照这种方式从其地下取水的权利,法院最终认定这种行为构成侵犯土地的行为。[5]

(2)进入他人土地之上的空间。被告将其广告牌置于原告土地之上八英寸的地方应构成侵犯土地。但是,进入他人土地上空的行为并不都构成侵犯土地,除非其处在一个影响原告对其土地进行合理使用的高度。[6] 即使在英美法上,第二种行为也很容易与妨碍(Nuisance)产生边界不清的问题。因为,妨害——尤其是妨害中的私人妨害——通常是指对原告的土地、土地权利或生活安宁进行实质的不合理的干涉行为。[7] 鉴于此种情况,美国《侵权法重

---

[1] See The American Law Institute (ALI), Restatement of the Law, Second, Torts, § 158, Comment on Clause (a), j.

[2] See Malouf v. Dallas Athletic Country Club, 837 S. W. 2d 674, 676 (Tex. App. 1992). 转引自[美]多布斯:《侵权法》(上册),马静、李昊等译,中国政法大学出版社2014年版,第90页。

[3] See Michael A. Jones, *Textbook on Torts*, Oxford: Oxford University Press, 2002, p. 494.

[4] See The American Law Institute (ALI), Restatement of the Law, Second, Torts, § 817—§ 821.

[5] See Nida v. American Rock Crusher Co., 253 Kan. 230, 855 p. 2d 81 (1993). 转引自[美]多布斯:《侵权法》(上册),马静、李昊等译,中国政法大学出版社2014年版,第94页。

[6] See Vivienne Harpood, *Modern Tort Law*, 7th *ed.*, Oxon, Routledge - Cavendish, 2009, p. 233.

[7] See Simon Deakin, Angus Johnston and Basil Markesinis, *Markesinis and Deakin's Tort Law*, 6th *ed.*, New York, Oxford University Press Inc., 2008, p. 509.

述(第二次)》对部分界限模糊的妨碍行为或侵犯土地行为进行了规制。按照其规定,以下两种行为应被视为侵犯土地,而不是妨碍:第一,进入他人土地上空的航行器紧贴地面进行飞行;第二,进入他人土地上空的航行器实质地干涉了土地权利人的使用权和安宁权。[1]

(3)持续滞留于他人土地之上。如果一个人据以进入他人土地的许可被撤销,则他就有义务沿最明显最便利的路径离开该土地,如果他拒绝离开或拒绝将置于他人土地之上的物品移除,则从拒绝的那一刻起,他的行为就构成侵犯他人土地。该侵犯土地行为如果持续存在,则每天产生一项新的诉因。[2] 如果某人本来有权或被授权进入他人土地,但其后该人滥用其权利,则从他进入该土地之时起将被视为侵犯他人土地。此时,土地权利人的起诉就是有名的"自始非法侵入他人土地之诉"(Trespass ab initio)。[3] 但是,如果被告的进入是经过土地占有人的授权而不是法律的授权,则"自始非法侵入他人土地之诉"就不再适用。

(4)进入他人土地地表之下。按照早期所有权绝对的原则,所有权可以及于土地上下无限的空间。[4] 因此,在未获准许的情况下侵入他人土地之下,就有可能构成对他人土地的侵犯。美国法院曾经的一个极端案例是,某天然洞穴位于原告和被告土地的下方,该洞穴的唯一入口位于被告的土地内,因此原告无法使用该洞穴。法院最终认定,因被告使用了属于原告土地之下的那部分洞穴,被告行为构成侵犯他人土地。[5] 当然,随着现代社会科学技术水平的发展,对于土地上下空间利用的加强,地役权的运用越来越普遍,这在一定程度上减少了地表之下侵犯土地行为的发生。但是,从对土地权利人的保护来看,地役权的普遍运用并不能成为否认从地下侵入土地构成侵犯他人土地的理由,因此,这种情形仍然是侵犯土地行为的一种常见形态。

(5)侵入高速公路。一般而言,只要正常在高速公路上行驶,不会涉及侵

---

〔1〕 See The American Law Institute (ALI), Restatement of the Law, Second, Torts, § 159.

〔2〕 See Vivienne Harpood, *Modern Tort Law*, 7th *ed.*, *Oxon*, Routledge – Cavendish, 2009, p. 235.

〔3〕 薛波主编:《元照英美法词典》,法律出版社2003年版,第1356页。

〔4〕 参见[美]莫顿·J. 霍维茨:《美国法的变迁1780～1860》,谢鸿飞译,中国政法大学出版社2004年版,第159～161页。

〔5〕 Edwards v. Lee's Adm'r, 265 Ky. 418, 96 S. W. 2d 1028 (1936). 转引自[美]多布斯:《侵权法》(上册),马静、李昊等译,中国政法大学出版社2014年版,第100页。

权的问题。但是如果是超过合理限度,长时间反复穿过高速公路、阻碍高速公路通行或者在高速公路上静止不动,则会构成侵犯土地的侵权行为。[1]

3. 权利主体

在英美法中,有权提起侵犯土地诉讼的是占有人。这里的占有人包括直接占有权人。占有是所有权的初步证据;使用土地的行为,比如,在土地上耕作作物、在土地上建设的行为,构成占有的证据。美国《侵权法重述(第二次)》中也规定,土地的占有人包括三种:(1)以控制为目的而占有土地的人。(2)在其已停止占有但没有放弃土地且不再以控制为目的而占有土地的人。如果没有第三人获得第一种情况下的占有,则该人仍然是土地的占有人。(3)如果没有前两种情形下的占有人,则任何有权对抗所有侵入土地者的人是占有人。[2]根据美国法学会对该条款的解释,即便是强夺者,从其实际占有土地那一刻起,他也成为占有人。尽管在他自己和真正所有权人之间,他并没有权利占有,除非因时效的完成而使他取得所有权。[3] 由此可见,英美法中侵犯土地规则保护的是占有人。但是,这一点并不意味着英美法漠视所有权。一方面,英美法中所有权的观念并不明显,对占有的保护,在很多情况下也会保护所有权,因为占有本身就是所有权的初步证据。另一方面,当占有和所有权发生冲突时,占有人的占有如果没有合理的抗辩,则可能构成对所有权人的土地的侵犯。基于上述原因,侵犯土地中可以提出权利主张的主体既包括占有人,当然也包括所有权人。

在符合上述条件的情况下,如果被告没有合法有效的抗辩,则原告可以通过诉讼回复其对不动产的占有,达到返还原物的效果。

(二)侵犯动产情况下返还原物的构成要件

1. 故意

侵犯动产是指以直接的方式侵犯或侵害他人占有之下的动产。[4] 方式的直接性决定了这种侵权行为必然是故意的侵权行为。美国法中,对动产的侵犯也是故意地以两种方式作出:一是剥夺他人对动产的占有,二是使用他人动

---

〔1〕 See Vivienne Harpood, *Modern Tort Law*, 7th *ed.*, Oxon, Routledge - Cavendish, 2009, p. 236.

〔2〕 See The American Law Institute (ALI), Restatement of the Law, Second, Torts, § 157.

〔3〕 See The American Law Institute (ALI), Restatement of the Law, Second, Torts, § 157, Comment b.

〔4〕 参见胡雪梅:《英国侵权法》,中国政法大学出版社2008年版,第51页。

产或干涉他人对动产的占有。[1] 不过，这里的故意与上文论述侵犯土地侵权行为时所说的“故意”一样，并非指行为人对行为的损害结果的故意，而是仅指行为人对作出行为的本身故意或明知即可。

2. 直接的侵害行为

在英国法中，针对他人动产的任何形式的故意破坏行为都构成侵犯动产，即使是未经允许的使用行为也构成侵犯动产。并且，被告也不能主张善意抗辩，除非他错误地认为被侵犯的物属于他自己。[2] 美国法中则至少有四种情形的侵犯动产行为，分别是剥夺他人对动产的占有；破坏动产的形状、质量或价值；占有人在一段时间内被剥夺了对动产的使用；造成了占有人的身体伤害，或者造成占有人对之有利益的他人或他物的损害。[3] 需要指出的是，英美法中的侵犯动产行为更强调对动产本身的损害和破坏，所以大多数的侵犯动产行为都有动产的实际损害的发生，此时的救济方式当然是损害赔偿。但是，也有少部分侵犯动产的行为只是剥夺了他人对动产的占有权而并不实际造成损害，此时的救济方式则除了损害赔偿之外，还有返还原物。因此，侵犯动产的行为并不都产生返还原物的后果，但作为返还原物法律效果的重要原因之一，侵犯动产当然应该属于返还原物制度体系中的重要组成部分。

3. 权利主体

与侵犯土地相同，侵犯动产主要保护的也是占有。既然侵犯动产是对占有的侵犯，则侵犯发生时占有动产的人，就是有权提起诉讼的权利人。[4] 英美法上，对这种实际占有权的保护，曾经非常重视，以至于对真正的财产权人反而顾及不周。比如，所有人甲将其自行车出租给乙，丙又从乙处将该自行车借走，如果丙事后不还，则只能由乙主张权利，而真正的权利人甲则无权通过诉讼主张其权利。不过，随着全球范围内法律交流的加强，美国国内各州之间法律统一化运动的发展，这种情况已经有所改善，许多法院开始允许财产的实际

---

〔1〕 See The American Law Institute (ALI), Restatement of the Law, Second, Torts, § 217.

〔2〕 See Kirt v. Gregory (1876) 1 Ex D 55, quoted in Vivienne Harpood, *Modern Tort Law*, 7th *ed.*, *Oxon*, Routledge - Cavendish, 2009, p. 365.

〔3〕 See The American Law Institute (ALI), Restatement of the Law, Second, Torts, § 218.

〔4〕 See Simon Deakin, Angus Johnston and Basil Markesinis, *Markesinis and Deakin's Tort Law*, 6th *ed.*, New York, Oxford University Press Inc., 2008, p. 484.

主人(虽然并不占有)在财产被他人剥夺时提起侵犯动产的诉讼。[1] 除动产的占有人、权利人之外,受托人、遗嘱执行人、管理人以及特许经营权人也基于其法律地位而被视为占有,从而有权提起侵犯动产的诉讼。

被告对原告动产的干涉因程度不同可能产生不同的救济方式。如果被告对原告的动产行使或主张了所有权、支配权,则构成对原告动产的严重干涉。此时,被告的行为可能就已经较为严重,需要将侵权行为的定性由侵犯转化为侵占。而根据美国法院的判例,此时,原告其实有权对救济方式进行选择,他可以选择提起动产侵犯之诉(trespass),动产侵占之诉(trover),请求返还动产之诉(detinue),还可提起简约之诉(assumpsit)。[2] 而从法律效果上看,侵犯之诉、侵占之诉以及返还动产之诉都可能发生返还原物的结果。只不过,不同方式对返还原物的强调程度有所不同。

(三)侵占动产情况下返还原物的构成要件

侵占动产(conversion)是一种不同于侵犯动产的侵权行为,它是指干涉他人动产的行为已经严重侵犯了他人的占有权,对动产所有人的权利或占有人的权利造成了严重的威胁,[3]或故意处置他人动产,并严重侵犯了他人的直接占有权或间接占有权。[4] 据此,构成侵占,应符合以下条件。

1. 故意

尽管侵占和侵犯都是干涉动产侵权行为的两种重要情形,但是侵占所要求的故意内容与侵犯并不完全相同。侵占中的故意,是指被告对原告动产进行控制或支配的故意。此外,并无其他要求。[5] 这意味着,原告需要证明被告有干涉、处置(控制或支配)他人动产的故意。但不需要证明被告有否认他人对其自己动产的权利的故意。而侵犯中的故意,则是指行为人对于自己对他人动产的破坏或损害行为是明知的,至于其主观上是否想控制或支配该动产,则并不过问。也就是说,支配或控制的故意,是侵占行为在主观上的核心要素。因此,如果行为人实际并没有对某物的处分权,但其善意地认为自己有处

---

[1] 参见李亚虹:《美国侵权法》,法律出版社 1999 年版,第 30 ~ 31 页。

[2] See Vines v. Branch, 244 Va. 185, 418 S. E. 2d 890, 893 - 894 (1992).

[3] See Vivienne Harpood, *Modern Tort Law*, 7th *ed.*, Oxon, Routledge - Cavendish, 2009, p. 366.

[4] See John Murphy, *Street on Torts*, Oxford, Oxford University Press, 2005, p. 49.

[5] See The American Law Institute (ALI), Restatement of the Law, Second, Torts, § 217, Comment c.

分权,并且进行占有或处分,可以认定为故意。并且,在传统的英美法中,接受其处分的对方当事人,即使其为善意,但因实质上其已具有控制或支配他人财产的意思,因而也属于故意,从而构成侵占。[1]

2. 有支配或控制他人动产的行为

从历史渊源上看,侵占制度来自古老的普通法中的动产侵占之诉(action of trover)。[2] 而动产侵占之诉,在普通法上由来有自。在普通法早期,对于拿走(asportation)、禁闭(detention)以及对动产的破坏,原告有四种救济方式:抢劫和盗窃的控告(appeals of robbery or larceny)、侵入的控告(trespass)、返还原物之诉(replevin),以及请求返还动产之诉(detinue)。[3] 在有些情况下,被告不但无权占有原告的动产,而且可能造成原告动产本身的损害。但是在返还动产之诉中,上述情况下被告的权利却非常积极,他有权在就所侵占的动产对原告作出赔偿和将动产退还给原告之间作出选择。[4] 于是,就会发生如下的不公平现象:作为侵占人的被告已经造成动产的损坏,但他却仍可通过选择退还被损坏的动产而逃避责任,而原告却不能基于损害的事实提起损害赔偿之诉。为克服上述弊端,更为充分地为原告提供救济,又提出了"动产侵占之诉"的理论。而现代侵占法真正开始于1841年的一项判决,该判决中,法院第一次明确阐述了侵犯动产占有和动产侵占的区别,即侵占必然包含了被告对原告财产的控制和支配。从这时起,才有了现代动产侵占规则的发展,[5]并经过逐步的完善和修正,形成目前的动产侵占理论。英国《侵权法(妨碍动产)》(1977年)中也曾明确,动产侵占"conversion"一词即为"trover",并且明确废除了原来的返还动产之诉"detinue"。[6]

侵犯动产和侵占动产都是侵害动产的侵权行为类型,但侵犯行为和侵占行为还是有所不同。侵犯行为并不要求对被侵犯的动产主张权利;而侵占行为则要求侵占人对他人动产主张权利或者实际上以权利人自居而处置该物。

---

〔1〕 See John Murphy, *Street on Torts*, Oxford, Oxford University Press, 2005, p. 57.

〔2〕 See The American Law Institute (ALI), Restatement of the Law, Second, Torts, § 222A, Comment a.

〔3〕 See J. B. Ames, "The History of Trover", *Harvard Law Review* 11, 1897, p. 282.

〔4〕 See J. B. Ames, "The History of Trover", *Harvard Law Review* 11, 1897, p. 286.

〔5〕 See Fouldes v. Willoughby, 8 M. & W. 540, 151 Eng. Rep. 1153 (1841), quoted in The American Law Institute (ALI), Restatement of the Law, Second, Torts, § 222A, Comment a.

〔6〕 Torts (Interference with Goods) Act 1977, Section 1, Section 2.

另外,侵犯动产是按实际减损的价值进行赔偿,如果造成动产全部毁损或无法返还,则应全值赔偿;而侵占动产的赔偿一般都是全值赔偿,因为原告要把其占有权或所有权让渡给被告而获得全部价值赔偿。[1]

3. 权利主体

为了能够作为权利主体起诉,侵占诉讼中的原告必须是拥有所有权的人,或者是有权占有的人;有权占有人可以是直接占有的人,或者拥有留置权或相当权利的人。然而,仅仅凭借一项合同上的权利作为侵占诉讼的权利主体是不足够的。[2] 寄托人和受托人有权任意对剥夺受托人占有的侵占侵权行为提起诉讼。如果占有人的占有超出了其占有的期限,则其行为可能构成侵占,此时,占有期限届满后,本应被他人(也可能是所有权人)继承的该占有利益可能成为一项直接的占有权,继承该利益的人则成为主张侵占的权利主体。[3] 需要指出的是,尽管侵占中的所有权人可以作为权利主体起诉,但其权利主体的根据是其占有,而不是所有。这一点在租赁合同情况下非常明显。在租赁的情况下,租赁物被侵占的,则根据占有人主张的一般原则,是承租人而不是出租人可以作为权利主体起诉。当然,如果出租人与承租人特约约定其有间接占有权的,出租人也可以作为权利主体拥有诉权。

尽管侵占的行为样态是多样的,但其救济方式却并不多样。传统上,对于侵占的救济方式是损害赔偿之诉,在该诉讼中,原告可以按照被侵占物的市价要求赔偿,并可要求由侵占导致的任何特别损失。[4] 但如果在原告起诉之前被告退还了该动产,则原告将不能提起侵占之诉,而仅能提起侵犯诉讼。因为人们的传统观念一般认为原告所能得到的就是动产的整体价值。既然被告已经退还了该动产,则原告就无权再要求动产的价值。[5] 但是,这种观念已经发生变化,作为选择,被侵占动产的真正所有人也可以要求返还原物并附加特别

---

〔1〕 参见胡雪梅:《英国侵权法》,中国政法大学出版社2008年版,第53页。

〔2〕 See Simon Deakin, Angus Johnston, and Basil Markesinis, *Markesinis and Deakin's Tort Law*, 6th *ed.*, New York, Oxford University Press Inc., 2008, p. 486.

〔3〕 See Simon Deakin, Angus Johnston, and Basil Markesinis, *Markesinis and Deakin's Tort Law*, 6th *ed.*, New York, Oxford University Press Inc., 2008, p. 486.

〔4〕 See Simon Deakin, Angus Johnston and Basil Markesinis, *Markesinis and Deakin's Tort Law*, 6th *ed.*, New York, Oxford University Press Inc., 2008, p. 490.

〔5〕 See J. B. Ames, "The History of Trover", *Harvard Law Review*, Vol. 11, No. 5 (Dec. 25, 1897), p. 277.

赔偿。[1] 1977 年英国的制定法改革后,侵权法中明确法官在错误交付动产的诉讼程序中有权发布命令进行交付原物的临时处置。[2]

三、作为不当得利返还方式的返还原物之构成要件

(一)英美法中的返还法与不当得利法

从大陆法系的视角看,在英美法系的传统中,并无大陆法系传统中的不当得利之债。无论是否在观念上存在不当得利的概念,但在法律实践中总是难免出现一方得利而使另一方受损的情况。"因为被告的得利就是对原告的一种剥夺,被告的物质收益也是一种标准的收益。因此,矫正正义已经被违反,就被告而言,当然需要承担返还义务,而根本不需要搞清楚他到底违反了什么义务。"[3]此时,即使此前没有不当得利的概念,但法律实践中对不当得利制度的内容实质也是有需求的。于是,英国法中通过准契约制度解决不当得利返还的问题。1760 年,曼斯菲尔德勋爵(Lord Mansfield)在 Moses v. Macferlan 案的判决中指出,按照正义原则,如果被告应承担返还责任,法律就应该承认该义务,并根据衡平理念,让原告享有这样的请求权,这就可以视为有一项契约,即罗马法上的准契约,在正义和衡平理念之下被告要负返还金钱义务。[4] 此后,曼斯菲尔德勋爵的准契约理论一度发挥了重要作用。后来在《普通法程序法》(1852 年)颁布后,沉寂多年的默示契约理论通过 Sinclari v. Brongham 一案的判决重又登上历史舞台。[5] 此后不久,默示契约理论也遭到包括丹宁勋爵在内的不少人的批评。1931 年,珀斯·H·温菲尔德(Perce H. Winfield)在其《侵权法》著作中,明确地将准契约的义务建立在不当得利应予返还的基础原则之上,从契约中独立成篇。[6] 1941 年,在 United Australia

---

〔1〕 See Vivienne Harpood, *Modern Tort Law*, 7th *ed.*, Oxon, Routledge – Cavendish, 2009, p. 368.

〔2〕 See Torts (Interference with Goods) Act 1977, Section 4.

〔3〕 Lionel Smith, Restitution: The Heart of Corrective Justice, Texas Law Review 79, 2001, p. 2115, quoted from Matthew Doyle, "Corrective Justice and Unjust Enrichment", *University of Toronto Law Journal* 62, 2012, p. 239.

〔4〕 See Lord Goff of Chieveley, Gareth Jones, *The Law of Restitution*, London, Sweet & Maxwell Ltd., 1999, p. 9. 转引自李语湘:《比较法视角下英美返还法的结构与功能研究》,中国政法大学出版社 2015 年版,第 29 页。

〔5〕 Sinclari v. Brongham, (1914) A. C. 398.

〔6〕 See Perce H. Winfield, *The Province of the Law of Tort*, Cambridge University, 1931, p. 116. 转引自李语湘:《比较法视角下英美返还法的结构与功能研究》,中国政法大学出版社 2015 年版,第 32 页。

Ltd. v. Barclays Bank Ltd. 案中,法官明确指出默示契约理论毫无意义,〔1〕英国法中明确返还义务乃是法定,而非来自虚拟的承诺。于是,不当得利应予返还作为一般性原则的基础地位被重新确认。与此同时,美国的法律界对不当得利制度的研究也成为潮流。1937 年,经学者起草的《返还法重述》发布,将零星分布于各领域法律中的矫治财产不当变动的条款,重新进行梳理整合,并以"返还法"为题。其最为关键的成就是把不当得利确定为一种独立的实体责任基础,〔2〕这就为形成以不当得利为核心的返还法体系奠定了重要基础。美国返还法的发展也反射影响到英国。1991 年,在 Lipkin Corman v. Karpnale Ltd. 一案中,英国上议院在判决中确认了不当得利是有别于合同和侵权的另外的独立的义务根据,任何返还财产的诉求都可立基于被告获得利益而原告因此受有损失的基本规则之上。〔3〕于是,英国法中以不当得利法作为债法重要支柱的格局基本得到确立。而在美国,返还法的学术研究经过一段长时期的衰落之后已经出现了转机。〔4〕2011 年,在安德鲁·库尔(Andrew Kull)教授、美国法学会顾问委员以及美国和其他地区的学者、法官、律师的富有创造性的建议之下,在美国法学会会议审核和同意之后,库尔教授已经将他的杰作《返还和不当得利法重述(第三次)》奉献给世人,他重述了这一法律,并将之作为与合同、侵权相并列的法律的基础材料。〔5〕2012 年,安德鲁·伯罗斯(Andrew Burrows)教授出版了《英国不当得利法重述》,〔6〕这一著作与之前皮特·博克斯(Peter Birks)教授已经出版的《不当得利》,〔7〕共同塑造了目前英国法中不当得利法的独立地位。

---

〔1〕 See Lord Goff of Chieveley, Gareth Jones, *The Law of Restitution*, London, Sweet & Maxwell Ltd, 1999, p. 11. 转引自李语湘:《比较法视角下英美返还法的结构与功能研究》,中国政法大学出版社 2015 年版,第 33 页。

〔2〕 See Hanoch Dagan, *The Law and Ethics of Restitution*, Cambridge, Cambridge University Press, 2004, p. 11.

〔3〕 See Lipkin Corman v. Karpnale Ltd 3 WLR 10 at 15 and 27.

〔4〕 See Hanoch Dagan, *The Law and Ethics of Restitution*, Cambridge, Cambridge University Press, 2004, p. 2.

〔5〕 See Michael Traynor, "The Restatement (Third) of Restitution & Unjust Enrichment: Some Introductory suggestions", *Washington & Lee Law Review* 68, 2011, p. 899.

〔6〕 See Andrew Burrows, *A Restitution of the English Law of Unjust Enrichment*, Oxford, Oxford University Press, 2012.

〔7〕 参见[英]博克斯:《不当得利》,刘桥译,清华大学出版社 2012 年版。

不过,整体上讲,英美法中的不当得利法还总是与返还法纠缠在一起。美国法中关于不当得利的重述本身就命名为《返还法与不当得利法重述(第三次)》,该重述在为诸如错误等提供独立的责任基础的同时,也常常为侵权和违约提供补充的或可选择的责任基础。该重述第二部分"返还责任"(liability in restitution)中还专门规定了违反可强制执行合同时的选择性救济。[1] 英国法中的不当得利近年来发展较为迅速,已经基本形成了独立的不当得利法体系,但很多传统的不当得利仅仅是返还的原因之一,因而不当得利应属于返还法体系的看法一时也难以尽消。所以,在英美法的语境中讨论不当得利返还时,往往可能与侵权责任中的返还、合同法中的返还交织在一起。

(二)作为不当得利返还方式的返还原物

1. 被告得利

不当得利要求被告获得利益,这些利益包括金钱、动产或土地,金钱、动产或土地的使用,服务,银行账户的信用,债务或其他责任的免除,一项诉求的放弃,以及无形财产(如知识产权、应收股份)。[2] 有疑问的是,得利是否包括没有价值的利益。比如,重新占有被撤销的动产或土地是对得利的推翻,即使该动产或土地是微不足道的。例如,孩子的油画作品,该油画或许对原告具有感情价值,但对于任何他人都没有价值。再如,重新占有一块被污染的土地,对于所有权人是无价值的。尽管这种情况明显属于边缘性的案例,但无须估值的重新占有的返还并不意味着这一占有权没有价值。即便是他人认为没有市场价值的利益,在当事人之间也可能构成不当得利。

2. 原告因被告得利而有损失

无论是美国还是英国,其不当得利都强调被告得利是在原告受有损失的情况下而发生的(at the expense of another 或 at the claimant's expense)。[3] 在很大程度上,这也是不当得利应该返还的正当性基础。美国人认为,虽然不当得利的典型案例是一方在交易中的得利相当于对方的损失,但"另一方受有

---

〔1〕 See Restatements of the Law 3d, Restitution and Unjust Enrichment 2011, §§ 37 – 39.

〔2〕 See Andrew Burrows, *A Restitution of the English Law of Unjust Enrichment*, Oxford, Oxford University Press, 2012, p. 41.

〔3〕 See Restatements of the Law 3d, Restitution and Unjust Enrichment 2011, § 1; Andrew Burrows, *A Restitution of the English Law of Unjust Enrichment*, Section 1 (1), Oxford, Oxford University Press, 2012, p. 5.

损失”的神圣原则,也可以理解为“侵犯了法律所保护的另一方的权利”,而并不总是需要原告证明其已经受有损失。[1] 对于原告损失和被告得利的关系,英国的重述还专门强调,被告的得利须来自原告,并且是直接来自原告而不是假手于其他人。[2]

3. 非正当性

基于社会经济流转的必要性,人与人之间的财产移转司空见惯,难免发生一方取得利益而另一方受损的情况。但并非所有的这种一方受益一方受损的情况都构成不当得利。只有在原告受损而被告受益不具有正当性的情况下才构成不当得利。因此,不当得利的构成中必须有非正当性的因素。在关于不当得利的重述中,无论是英国,还是美国,“unjust”的因素都是必要的条件。英国法上,按照最新的重述内容,非正当性的得利包括两类,第一类是经原告认可的被告得利肆后被发现受到了损害,或被告的得利已经被限制,或被告的得利本就不存在。这一类的非正当得利包括错误(mistake)、胁迫(duress)、非正当影响(undue influence)、弱点利用(exploitation of weakness)、个人的行为能力欠缺(incapacity of the individual)、无对价(failor of consideration)、不知或无可奈何(ignorance or powerlessness)、受托人授权缺失(fiduciary's lack of authority)等八种情形。[3] 第二类是尽管原告对被告的得利予以认可,但有合法理由表明被告这一得利是非正当的。这一类的非正当得利包括合法的强制(legal compulsion)、紧急避险(necessity)、非法因素(factors concerned with illegality)、公权机构非法获取或授予利益(unlawful obtaining, or conferral, of a benefit by a public authority)等四种情形。[4] 美国法中涉及非正当因素的得利主要包括:交易无效情况下的非正当因素、未获请求而擅自介入他人事务时的非正当因素、履行合同时发生的非正当因素、发生侵权行为时的非正当因素、由第三人授予利益时的非正当因素等五种情形。[5]

---

[1] See Restatements of the Law 3d, Restitution and Unjust Enrichment 2011, § 1, Comment a.

[2] See Andrew Burrows, *A Restitution of the English Law of Unjust Enrichment*, Section 8 (1), Oxford, Oxford University Press, 2012, p. 5.

[3] See Andrew Burrows, *A Restitution of the English Law of Unjust Enrichment*, Section 3 (2) - (3), Oxford, Oxford University Press, 2012, pp. 5 - 6.

[4] See Andrew Burrows, *A Restitution of the English Law of Unjust Enrichment*, Section 3 (2) - (3), Oxford, Oxford University Press, 2012, pp. 5 - 6.

[5] See Restatements of the Law 3d, Restitution and Unjust Enrichment 2011, Chapter 2 - 6.

4. 返还的方式为原物返还

不当得利理论的目标是建立在损害和得利相比较基础上的宽泛的目标，该目标也是原告提出请求的基础。[1] 同时，按照英美法中普遍接受的关于不当得利的学说，返还法是涉及以原告受损为代价的不当得利撤销的法律，或者阻止一个人保留其违背良心从另一人处获得的利益的法律，或者是一项一般道德原则，依该原则，按当时的道德标准看来不应保留的以邻居为代价的非正义得利。[2] 既然如此，矫正这种非正义得利的当然的方法就是返还。英美法中主要存在两种返还的具体方式，一种是金钱的返还，另一种是原物返还，或称特定财产返还(specific restitution)。美国学者在《返还和不当得利法重述(第三次)》救济部分的导言中指出："第一种救济方式适用于所有这样的案件：它主要解决如何用金钱判定被告所得不当利益的问题；相比之下，第二种救济方式则描述了传统上衡平法中的返还救济——尤其是推定信托、衡平法上的留置权、代位等——这种救济允许原告获得被告手中的特定财产的返还。"[3] 但有英美学者认为，从原物返还这种救济方式的性质上看，请求原物返还并非原告可以主张的权利，而是法院自由裁量权范围内的一种救济。[4] 比如，甲将其书借给朋友乙，乙将该书作为礼物送给丙，甲可以起诉丙侵占。在该案中，法院将毫无疑问地认可原物返还，从而支持甲的起诉，[5]但这里的原物返还却是法院裁量而非原告主张的结果。

综上所述，构成英美法返还原物制度体系的不当得利是就其具体返还方式而言的，只有不当得利返还方式中的原物返还属于英美法返还原物制度的范畴。

---

[1] See Peter Jaffey, *The Nature and Scope of Restitution*: *Vitiated Transfers*, *Imputed Contracts and Disgorgement*, Portland, Hart Publishing, 2000, p. 17.

[2] See Peter Jaffey, *The Nature and Scope of Restitution*: *Vitiated Transfers*, *Imputed Contracts and Disgorgement*, Portland, Hart Publishing, 2000, p. 15.

[3] Restatements of the Law 3d, Restitution and Unjust Enrichment 2011, Chapter 7, Introduction.

[4] See Francesco Giglio, *The Foundations of Restitution for Wrongs*, Portland, Hart Publishing, 2007, p. 26.

[5] See Greenwood v. Bennett [1973] QB 195 (CA); see also Fleming 60 – 82, esp 81 – 82, quoted from Francesco Giglio, *The Foundations of Restitution for Wrongs*, Portland, Hart Publishing, 2007, p. 26.

四、合同法中返还原物的构成要件

(一)合同无效或撤销时的返还原物

1. 合同被宣告无效或被撤销

英美合同法中虽然也有要式合同(formal contracts)和简易合同(simple contracts)的区别,[1]但对于合同效力真正有影响的,还是合同当事人的真实意思。根据美国《合同法重述(第二次)》的评注,法律既没有为其提供救济,又没有以其他方式确认承诺人的履行义务,这种情况下的合同,常常是一个无效合同(void contract)。另外,如果"合同"一词被限定为指合同当事人的行为,并且这些行为不考虑法律效果,则这一合同将毫无疑问地被视为"无效"。而合同可撤销的典型的事由有:合同一方当事人是未成年人,或者合同存在欺诈、错误、胁迫,或者在违反担保义务或其他承诺的情况下能够证明受害方终止合同的正当性。[2] 通常情况下,撤销合同的权利属于合同的一方,但在某些情况下,例如合同双方都是未成年人,或者双方都在错误的情况下签订合同,则此时,合同可被合同一方或双方撤销。而撤销,则常常意味着否定。[3]

2. 法院裁决支持返还原物

合同的一方当事人如果撤销该合同,则其按照《合同法重述(第二次)》第376条的规定,有权要求对方返还利益。[4] 如果这些利益可以返还,则其可以选择要求返还金钱利益或特定原物的利益。比如,甲受诱于乙的虚假陈述而将一块土地以10万美元卖给乙,后虚假陈述被发现,甲将10万美元还给乙,之后甲起诉乙返还原土地。甲的这一返还原物请求将被支持。[5] 这种要求对方返还特定原物的权利却可能让位于第三人的权利,这些第三人的权利虽然在《合同法重述(第二次)》中没有提及,但是在《美国统一商法典》中有特殊规则

---

〔1〕 See The American Law Institute (ALI), Restatement of the Law, Second, Contracts, §6, Comment a.

〔2〕 See The American Law Institute (ALI), Restatement of the Law, Second, Contracts, §7, Comment b.

〔3〕 See The American Law Institute (ALI), Restatement of the Law, Second, Contracts, §7, Comment b.

〔4〕 See The American Law Institute (ALI), Restatement of the Law, Second, Contracts, §376, §372, Comment a.

〔5〕 See The American Law Institute (ALI), Restatement of the Law, Second, Contracts, §372, Illustration 1.

对货物买卖合同中出卖人的权利进行控制。[1]

（二）合同履行受挫时的返还原物

1. 存在违约行为或合同目的落空等情形

不履行合同的行为并非都构成违约，除非该合同的履行期限已经届至。而当合同的履行期限届至时，任何不履行行为都将构成违约。[2] 而违约之后的法律效果主要是损害赔偿。但在某些情况下，如果因履行合同而发生财产给付的，则可能发生该财产的返还。此外，合同履行过程中可能发生各种各样新的因素，受这些因素的影响，合同的履行可能变得非常艰难，甚至使合同目的落空。此时，之前的合同可能被调整。这种调整有可能是终止合同，也有可能是对合同作出变更。而在终止合同的情况下，往往可能涉及合同已履行利益的返还。

2. 法院裁决支持返还原物

在违约的情况下，如果受害人请求返还原物，则应当返还其利得的原物，而不是金钱。但是，在英美法的实践中，虽然受害人提出了返还原物的请求，且被交付的原物或许也存在，但法院并不像在合同无效或被撤销情况下一般性地作出支持返还原物的裁决。因此，如上文所举的虚假陈述买卖土地案例中，法院会判决撤销并支持返还原物；但是在违约的情况下，却不一定能够得到这样的判决。美国《合同法重述（第二次）》明确指出，如果会不正当地影响土地权利的确定性或产生其他不公平结果，则法院可以在自由裁量的范围内不作出返还原物的判决。[3]

在合同履行过程中发生其他障碍，导致合同的履行发生困难，甚至使合同目的落空，此时合同可能终止，或者合同一方的义务被免除，但对于已经履行的部分，则可能发生返还的救济。[4] 比如，甲作价 5 万美元将其房屋卖给乙，但乙因客观原因一直未能取得丙银行的抵押贷款，则此时合同目的将无法实

---

〔1〕 See The American Law Institute (ALI), Restatement of the Law, Second, Contracts, § 372, Comment a; The American Law Institute and National Conference of Commissioners on Uniform States, U. C. C. § 2 -702.

〔2〕 See The American Law Institute (ALI), Restatement of the Law, Second, Contracts, § 235(2).

〔3〕 See The American Law Institute (ALI), Restatement of the Law, Second, Contracts, § 372(1)(b).

〔4〕 See The American Law Institute (ALI), Restatement of the Law, Second, Contracts, § 377.

现，乙请求甲返还已经给付的5万美元的请求应该得到法院支持。[1]

五、余论：相异法律传统下返还原物制度体系的自洽性

如同英美法在整体上没有严谨的内部逻辑结构一样，英美法中的返还原物制度也没有太严格地遵循逻辑理路去设计和展开。但是，这一点并没有过多影响其返还原物制度功能的有效发挥。

1. 英美法之侵权法和不当得利法中的返还原物能够为受害人提供全面的救济。因为没有大陆法系中物权请求权的概念和理论体系，英美法中涉及无权占有情形的，主要通过侵权法和不当得利法进行救济。在某种程度上，公正其实是损失和获益之间的衡平，[2]而无论是侵权法提供的驱逐或侵占、侵犯等侵权规则的救济，还是不当得利中与合同法中原物返还的救济，都是在矫正正义原则下推动原告损失和被告获利之间，或原告受损和被告行为自由之间的衡平。在英美法的这种体系下，受害人需要考虑自己主张权利的途径，即以什么诉因提出主张，[3]而且不同的诉因会有不同的诉讼时效和举证责任。但是，受害人的这种考虑无论如何也还是要在侵权法、不当得利法、甚至合同法中进行，而不会任意游离于这些领域之外。就此而言，英美法系中的返还原物尽管不像大陆法系返还原物请求权那样注重逻辑上的精细，但也有其一定之规，对于解决面临的实际问题而言，它是自洽的。

2. 大陆法系返还原物请求权制度与英美法系返还原物制度可以进行比较，但不宜进行比对。与英美法返还原物体系形成鲜明对照的是，大陆法中的返还原物仅仅是返还原物请求权，其他诸如返还财产、合同上的返还以及不当得利中的原物返还等，要么本身即是返还原物请求权，要么是作为民事责任中的返还财产，要么是作为不当得利返还方式的原物返还，它们都不是返还原物请求权的内容，但却可能和返还原物请求权发生竞合。英美法中因为没有物权请求权的概念，因而不承认有返还原物请求权。于是，英美法只从返还的效

---

〔1〕 See The American Law Institute (ALI), Restatement of the Law, Second, Contracts, § 377, Illustration 3.

〔2〕 See Francesco Giglio, *The Foundations of Restitution for Wrongs*, Portland, Hart Publishing, 2007, p. 151.

〔3〕 See Restatements of the Law 3d, Restitution and Unjust Enrichment 2011, § § 13－15 (fraud, duress, undue influence); § 39 (opportunistic breach of contract); § § 40－44 (profitable tort or breach of duty); § § 45－46 (diversion of property rights at death).

果上考察返还的是特定原物,[1]还是金钱。前者是返还原物,或原物的替代物,而不是金钱;[2]后者则是金钱性质的损害赔偿(或者价额返还)。由此可见,大陆法系中的返还原物请求权和英美法系中的返还原物制度各有其专业语境,不能简单地拿大陆法系返还原物请求权制度与英美法系中的返还原物制度进行直接的比对,更不宜仅凭此去判断二者的优劣。

3. 大陆法系返还原物请求权与英美法系返还原物体系在具体制度上有相互借鉴的可能。英美法中不当得利法和返还法的发展轨迹表明,不当得利制度与返还法是由相互混杂到逐渐剥离,从而使英美法系的债法中逐渐确立了合同、侵权和不当得利的格局。[3] 这一发展过程也表明,不当得利法、合同法和侵权法的法律效果中都有返还这一要素。也正因如此,美国的《返还和不当得利法重述(第三次)》中仍然保留了返还法,从而命名为"返还和不当得利法",并且美国法上的返还本来也包括基于侵权、合同和不当得利三者的返还。[4] 这种结构对于完善大陆法系国家的不当得利返还制度或其他制度也不无借鉴意义。尤其是,在我国编纂民法典的重要历史时刻,借鉴英美法中相关的具体制度,对于进一步完善我国以返还原物请求权为核心的相关制度,无疑具有重要意义。比如,在我国的法律语境下,返还财产是一个适用范围更广的概念,它可以产生于合同、准契约的债务关系、物权法、不当得利法和侵权法,这一点与美国法中返还法之于合同、侵权、不当得利的关系有异曲同工之妙。因此,在编纂民法典的过程中,我们可以借鉴美国法的做法,保留我国《民法通则》第134条第1款第4项中的"返还财产"条款,将其作为物权法中返还原物请求权、合同法中的返还财产请求权、不当得利返还请求权等返还类请求权的一般规则,并置于民法典的总则部分。这一立法技术,其实也是德国法上"提取公因式"数学技术的运用。[5]

---

[1] See Restatements of the Law 3d, Restitution and Unjust Enrichment 2011, Chapter 7, Introduction.

[2] See Restatements of the Law 3d, Restitution and Unjust Enrichment 2011, § 1. Comment e (1).

[3] See Michael Traynor, "The Restatement (Third) of Restitution & Unjust Enrichment: Some Introductory suggestions", *Washington & Lee Law Review* 68, 2011, p. 899.

[4] See Restatements of the Law 3d, Restitution and Unjust Enrichment 2011, Chapter 4 – 5.

[5] Gustav Boehmer, Grundlagen der Bürgerlichen Rechtsordnung, Ⅱ1, 1951, S. 72 f. 转引自朱庆育:《民法总论》,北京大学出版社2013年版,第17页。

第三节 返还原物请求权的主体

作为一种非永恒的现象,法律关系原则上都有时间上的开始和时间上的结束。[1] 返还原物请求权法律关系作为法律关系的一种,也当然是非永恒的现象,它只会出现在特定场合和特定的参与人之间,[2]这特定的参与人就是返还原物请求权的权利主体和义务主体。其中,权利主体包含的内容最是广泛,主要体现为诸多有权要求返还原物的权利人。

一、失去占有的所有权人

(一)一般的所有权人

1. 不动产登记簿上记载的权利人

一般的所有权人主要是不动产所有权人和动产的所有权人。不动产所有权人是指不动产登记簿上登记的权利人。根据我国《物权法》第 16 条第 1 款的规定,不动产登记簿是物权归属和内容的根据。《慕尼黑人德国民法典评注》中也指出,因不动产登记的程序严谨,最大限度减少了登记错误的发生,因而能确保不动产物权交易的基础信息是正确的。[3] 也正因如此,不动产登记簿具有推定力,即推定登记簿中记载的信息是正确的。所以,对于不动产而言,不动产登记簿记载的名义人就是不动产所有权人,该记载名义人有权行使返还原物请求权。即使实际上不动产登记簿上的记载有误,但在经法定的涂销登记或更正登记之前,该错误的登记人仍有权行使返还原物请求权。比如,甲依合法建造的事实行为取得房屋,但没有进行登记,乙通过非正常手段取得了该房屋登记权利人的地位。当该房屋被丙无权占有时,作为登记的权利人乙可以行使返还原物请求权,但甲无权行使返还原物请求权。如果甲正在该房屋居住,则可以行使占有物返还请求权,但不能行使返还原物请求权。甲要

---

〔1〕 Vgl. Larenz / Wolf, *Allgemeiner Teil des Bürgerlichen Rechts*, 9. Auflage, Verlag C. H. Beck München 2004, S. 230.

〔2〕 Vgl. Larenz / Wolf, *Allgemeiner Teil des Bürgerlichen Rechts*, 9. Auflage, Verlag C. H. Beck München 2004, S. 228.

〔3〕 Vgl. *Münchener Kommentar zum Bürgerlichen Gesetzbuch*, Band 6 Sachenrecht, 3. Auflage, Verlag C. H. Beck, 1997, S. 288.

想行使返还原物请求权,必须先通过我国《物权法》第 19 条第 1 款规定的更正登记成为不动产登记簿记载的权利人,然后方可向丙主张返还原物请求权。

有疑问的是,不动产异议登记期间,返还原物请求权的主体应如何确定。"由于不动产登记簿的公信力,错误的不动产登记将产生危害,因而应通过普通程序进行晚来的更正。"[1]在更正之前,需要有一个程序专门确定已有的登记到底是否有错。根据我国《物权法》第 19 条第 2 款的规定,不动产登记簿有误的申请人申请更正登记后,不动产登记簿记载的权利人不同意更正的,申请人可以申请异议登记。申请人在异议登记之日起 15 日内不起诉的,异议登记失效。如果申请人在 15 日内起诉的,则通过民事诉讼程序解决这一争议。但是,如果申请人不起诉的,则在异议登记的 15 天内发生标的物被他人侵夺的,应由谁发动返还原物请求权?如果申请人起诉的,则在异议登记的 15 天内以及民事诉讼期间发生标的物被人侵夺的,应由谁发动返还原物请求权?对上述问题,应该回归到不动产登记簿的推定力上进行解决。既然不动产登记簿是物权归属和内容的根据,那么,只要该不动产登记簿记载的权利人没有变更,则仍应以不动产登记簿记载的名义人作为法律上的权利人,哪怕是有人对此提出了异议并将异议记载于不动产登记簿。同样,为求异议成立并取得更正登记而进行的民事诉讼本身,也不表明此前的登记一定是错误的,因此,在异议登记后进行的民事诉讼终审判决没有作出之前,不动产登记簿记载的名义人仍然是法律上的权利人,仍应由其行使返还原物请求权。

2. 动产的所有权人

因动产物权以占有为公示方式,所以动产所有权人的占有与作为事实的"占有"具有相同的外观,但其实质完全不同。得作为返还原物请求权主体的是动产的所有权人而非占有人,占有人仅仅可以享有占有物返还请求权。同时,两个缔约方之间直接的占有的现实转移即交付,是动产物权变动的公示方式。当一个动产物权变动发生时,接受交付的一方即可作为所有权人,可主张返还原物请求权。

因交付除了上述直接交付之外,尚有所谓简易交付、指示交付和占有改定(Besitzkonstitut)等变化的交付方式,有人称之为观念交付。[2] 因此,在确定动

---

[1] Jan Wilhelm, *Sachenrecht*, 4. Auflage, Walter de Gruyter GmbH & Co. KG, 2010, S. 290.

[2] 参见孙宪忠主编:《中国物权法:原理释义和立法解读》,经济管理出版社 2008 年版,第 156 页。

产物权的返还原物请求权主体时还需具体分析。在简易交付的情况下,因所有权取得人本来就占有标的物,当物权转移的合意达成时即视为交付。此时,取得人(同时也是物权转移合意达成前的占有人)即为所有权人,有权行使返还原物请求权。在指示交付的情况下,标的物出让时被其他合法占有人占有,物权的出让人向受让人转移了该标的物的返还请求权即视为交付。[1] 当第三合法占有人的占有期限届满或占有原因丧失后,或者第三合法占有人之外的其他人对占有进行侵夺时,受让标的物的返还请求权的人(新的所有权人)即可行使返还原物请求权。在占有改定的情况下,原所有权人还需要继续使用标的物,于是与受让人约定由受让人取得标的物所有权,但标的物仍归原所有权人占有使用,从而在所有权人(受让人)与出让人之间形成占有媒介关系(Besitzmittlungsverhältnis)。[2] 此时,尽管真正的所有权人没有实际占有标的物,但他基于占有媒介关系对标的物取得间接占有,如果实际占有使用人届期不还,或该物被第三人侵夺,则作为间接占有人的所有权人当然可以行使返还原物请求权。

(二)共有权人

1. 按份共有人

按份共有人又称分别共有人,各个按份共有人之间按照份额对标的物享有所有权。从对外关系上看,如果按份共有的共有物被他人无权占有,我国台湾地区"民法"第 821 条规定,各共有人对于第三人,得就共有物之全部为本于所有权之请求。但回复共有物之请求,仅得为共有人全体之利益为之。王泽鉴先生认为,这里的"本于所有权之请求"在我国台湾地区的实务上应作狭义的理解,即指对于无权占有共有物或侵夺共有物的人,得行使所有物返还请求权。对于妨害共有物或有妨害之虞的,得行使妨害除去请求权和妨害预防请求权。[3] 我国《物权法》虽然对此没有作出规定,但是学者认为,各按份共有人有权对共有物进行必要的保护。[4] 这与德国学者就《德国民法典》第 744

---

〔1〕 Vgl. Prütting . Wegen / Weinreich, *BGB Kommentar*, 5. Auflage, Luchterhand, 2010, SS. 1837 – 1838.

〔2〕 Vgl. Prütting / Wegen / Weinreich, *BGB Kommentar*, 5. Auflage, Luchterhand, 2010, S. 1837.

〔3〕 参见王泽鉴:《民法物权:通则·所有权》,中国政法大学出版社 2001 年版,第 353 页。

〔4〕 参见孙宪忠:《物权法》,社会科学文献出版社 2005 年版,第 231 页。

条所规定的按份共同关系中的共同管理的理解是一致的。[1]

从对内关系上看，如果按份共有人中的一人或数人超出其应有部分占有和使用共有物，则权利被侵犯的共有权人是否可以基于其共有权而主张返还原物请求权？比如，甲、乙、丙、丁兄弟四人均等地按份共有四间房屋，平时都各自占有使用自己的一间房屋，互不影响。如果甲在乙外出期间擅自占用了乙的房间，则乙是否可以行使返还原物请求权。对这一问题，素有否定说和肯定说两种意见。否定说认为按份共有人之间不得相互行使返还原物请求权，如果发生无权占有的情况，只能依据侵权行为或不当得利提出请求。肯定说认为，只要发生无权占有的事实，则按份共有人之间也可以相互主张返还原物请求权。[2] 本书认为，尽管按份共有乃"各共有人对于该所有权在分量上应享之部分，此部分既非标的物的物之划分，亦非所有权作用之割裂，乃各分别共有人行使其权利范围之比例"，[3]但按份共有在本质上仍属于所有权，法律为所有权人提供的保护手段，作为按份共有人的所有权人当然也应享有。按份共有人的份额在共有物分割之前虽然只是抽象的存在，但并非不能表现出来。实际上，各按份共有人行使其权利范围的比例往往能通过坐落、面积、体积、时间、重量等标准具体量化出来。即如上文所举案例，甲、乙、丙、丁四兄弟对共有房屋的按份共有份额通过每间房的面积和坐落即可清晰地确定，如果甲超越自己的房间份额而擅自占有了乙的房间，则当然构成对乙的共有所有物的无权占有，乙当然应有权行使返还原物请求权。并且，由于共有物尚未分割，乙行使返还原物请求权的效果也必须归属于全体共有人。

2. 共同共有人

通说认为，我国现行法上的共同共有主要有夫妻共有、家庭共有和遗产分割前的共有三种类型，[4]其中，最为常见、最为典型的共同共有当属夫妻共有。共同共有只有在共同共有关系被司法判决解除或夫妻自己解除的情况下才告瓦解，此时，共同共有的财产才能进入原来的共有人的独立控制，成为其

---

[1] Vgl. Prütting / Wegen / Weinreich, *BGB Kommentar*, 5. Auflage, Luchterhand, 2010, SS. 1446 – 1447.

[2] 参见王利明：《物权法研究》（上卷），中国人民大学出版社 2012 年版，第 216 ~ 217 页。

[3] 郑玉波：《民法物权》（修订第 16 版），黄宗乐修订，台北，三民书局 2009 年版，第 159 ~ 160 页。

[4] 参见梁慧星、陈华彬：《物权法》（第 4 版），法律出版社 2007 年版，第 241 页。

各自的财产。[1] 在此之前,共同共有的关系一直存在,共同共有的权利也一直都抽象地存在于共有物之上,没有份额之分。在共同共有关系存续期间,各共有人也不得请求分割共同共有的财产。[2] 因此,共同共有人对于共有物的全部享有平等的使用、收益的权利。当共同共有的物被第三人无权占有时,各共有人行使共有物返还请求权,应得共有人全体之同意。[3] 如果事实上确实无法得到全体共有人的同意,则为了保护共有物的需要,实务上认为得仅由同意起诉之共有人为原告,共同起诉。[4]

需要讨论的是,在共有人内部,是否存在某一共有人无权占有其他共有人共有物的情况从而可能引发返还原物请求权的启动?根据共同共有的性质和特征,共同共有人之间不存在份额,从外部也无从判断各共有人对共有物的支配比例,而各共有人对共有物的权利及于共有物的全部。[5] 因此,客观上不会存在共同共有人无权占有、使用共有物的情况。只要共同共有的关系没有解体,则任何一个共同共有人可以对共有物的全部为占有和使用。所以,在共同共有内部,共有人之间不存在主张返还原物请求权的现实基础。当然,如果确有共同共有人毁损共有物情况发生的,则其他共有人可以提出排除妨害的请求权或消除危险的请求权。如果毁损已经完成的,则可基于侵权行为提出侵权法上的损害赔偿请求权,但却不是返还原物请求权。

3. 包含共同共有关系的按份共有权人

现实中还存在包含共同共有关系的按份共有。比如,夫妻二人与朋友共同出资购买推土机,夫妻二人出资 60%,朋友出资 40%。在这一案例中,夫妻二人与第三人按份共有推土机。同时,夫妻二人对于按份共有中的 60% 的份额又成立共同共有关系。这种共有关系格局下发生无权占有的,整体上应比照按份共有情况下的无权占有进行处理,注重其共同管理的性质和特点。[6] 即,该共有的推土机被共有关系之外的第三人无权占有时,夫妻二人或其朋友

---

〔1〕 See Sherry Marcus Wise, "Settlement of a Community Partnership Interest Upon Separation or Divorce", *Tulane Law Review* 51, 1977, p. 701.

〔2〕 参见梁慧星、陈华彬:《物权法》(第 4 版),法律出版社 2007 年版,第 238 ~ 239 页。

〔3〕 参见黄宗乐:《物权的请求权》,载《台大法学论丛》1982 年第 11 卷第 2 期。

〔4〕 参见王泽鉴:《民法物权:通则·所有权》,中国政法大学出版社 2001 年版,第 165 页。

〔5〕 参见梁慧星、陈华彬:《物权法》(第 4 版),法律出版社 2007 年版,第 238 页。

〔6〕 Vgl. Prütting / Wegen / Weinreich, *BGB Kommentar*, 5. Auflage, Luchterhand, 2010, SS. 1446 – 1447.

皆可主张返还原物请求权，但返还的效果必须归属于全体共有人。如果朋友或夫妻二人超出约定，在不应由自己占有使用的时段内占有使用的，则对于其他的共有人来说构成无权占有，则其他共有人可以向无权占有的共有人主张返还原物请求权。在这里，只要将夫妻二人的共同共有视为一个整体即可恰当处理其中的无权占有问题。

（三）脱离物的所有权人

所谓脱离物，是指非基于本人意思而脱离占有之物。所以，在所有人为间接占有而占有媒介人为直接占有人时，如果占有媒介人擅自将其直接占有之物转让他人时，则该物并非脱离物。因为，作为占有媒介人的直接占有人系由所有权人选定，如果占有媒介人滥用其直接占有人地位而导致所有权人丧失占有的，应由所有权人自己承担风险。这也就是前文所阐述的日耳曼法上的"以手护手"原则（Hand wahre Hand）所蕴含的法理，〔1〕所谓"我的信任置于何处，我只能从何处寻回"。〔2〕但是，占有辅助人不是占有人，当占有辅助人擅自拿走受指示所管领控制之物，使该物脱离所有权人的支配的，该物就是脱离物。例如，占有辅助人侵占雇主之物的情况就是。〔3〕实践中，最为常见的脱离物主要有盗赃、遗失物、遗忘物、误取物等，〔4〕有些情况下如果埋藏物被发现并非基于原所有权人的意思的，埋藏物也属于脱离物。

1. 盗赃的所有权人

根据《德国民法典》第 935 条的规定，违反所有权人意思的直接占有，不发生善意取得，〔5〕盗赃显然属于这类情形中的典型情况。因盗窃是对物权的严重侵害，基于所有权的追及效力，标的物无论辗转于何人之手，所有权人均可以追及物的所在，而直接行使对物的占有、使用、收益和处分权能。故此，所有权人对于标的物有基于其追及效力的返还原物请求权。

---

〔1〕 Rudolf Huebner, *A History of Germanic Private Law*, trans. by Francis S. Philbrick et al., Boston, Little, Brown, and Company, 1918, p. 409.

〔2〕 Sir Frederick Pollock, Frederic William Maitland, *The History of English Law before the Time of Edward* Ⅰ, Cambridge, Cambridge University Press, 1898, p. 155.

〔3〕 参见郑冠宇：《民法物权》（第 2 版），台北，台湾新学林出版股份有限公司 2011 年版，第 105 页。

〔4〕 参见梁慧星、陈华彬：《物权法》（第 4 版），法律出版社 2007 年版，第 208 页。

〔5〕 Erwin Deutsch, Gutgläubiger Eigentumserwerb durch erlaubte Ansichnahme der Sache gemäß § 933 BGB?, *JuristenZeitung*, 33. Jahrg., Nr. 11/12 (9. Juni 1978), S. 386.

在构成善意取得的情况下,法律一般会阻断原所有权人的权利,而将物权赋予善意有偿取得标的物的第三人,这就是现代大陆法系国家普遍设立且被《美国统一商法典》吸收的动产善意取得制度。善意取得被作为原始取得,[1]而牺牲了原所有权人的利益,以求达到保护交易安全的目的。也就是说,如果发生了善意取得,则即便是所有权人有追击权,但善意第三人仍然可以对抗原所有权人的追及权而成为新的所有权人。

但是,善意取得在盗赃和遗失物的情况下存在例外,即如果善意第三人取得的动产是盗赃或遗失物,则不适用善意取得,[2]原所有权人仍然享有返还原物请求权,或在一定期间内原所有权人享有无偿的回复请求权,[3]并在行使该回复请求权之后享有返还原物请求权。

在善意取得情况下另外需要注意的问题有三:(1)设定回复请求权除斥期间的立法例之下,在除斥期间内,盗赃或遗失物的所有权人未提出回复请求权以前,标的物所有权归属何人。我国台湾地区通说认为除斥期间内标的物所有权应归属于善意受让人。[4] 我国台湾地区“民法”物权编修正时增订第 949 条第 2 款规定:依前项规定回复其物者,自请求时起,回复其原来之权利。立法理由是:原占有人行使前项之回复请求权后,回复其物之效果如何,学者间虽有不同见解,唯以自请求时起,始回复其原来权利为宜,爰增订第 2 项规定,俾杜争议。该修正理由明确肯定在 2 年除斥期间内,标的物所有权归属于善意受让人。[5] 因此,在可以行使回复请求权的除斥期间内,所有权应归属于善意受让人。此时,如果发生无权占有的,应由善意受让人行使返还原物请求权。

(2)设定回复请求权除斥期间的立法例之下,如果除斥期间经过而原所有权人并未行使回复请求权,则标的物所有权将归何人。从设定回复请求权的

---

〔1〕 善意取得在性质上到底属于原始取得还是继受取得是有争议的。德国学者多主张继受取得说,而法国学者则多主张原始取得说。日本及我国台湾地区学者通说认为善意取得系原始取得。从我国《物权法》第 108 条的规定看,善意受让人取得动产后,该动产上的原有权利消失。应为认可原始取得说。参见梁慧星、陈华彬:《物权法》(第 4 版),法律出版社 2007 年版,第 211 ~212 页。

〔2〕 Vgl. Jan Wilhelm, *Sachenrecht*, 4. Auflage, Walter de Gruyter GmbH & Co. KG, 2010, S. 410.

〔3〕 参见王泽鉴:《民法物权:通则 · 所有权》,中国政法大学出版社 2001 年版,第 280 ~290 页。

〔4〕 参见谢在全:《民法物权论》(下册),中国政法大学出版社 1999 年版,第 975 ~976 页。

〔5〕 参见王泽鉴:《民法物权:用益物权 · 占有》,中国政法大学出版社 2001 年版,第 289 页。

目的看,其意在使丢失物的原所有权人在符合法定条件下向盗赃或遗失物的占有人请求回复其物,既然原所有权人未能在法定除斥期间内行使回复请求权,则所有权仍然归善意第三人所有,此时如果发生对标的物无权占有的,则由该善意取得人行使返还原物请求权。

(3)盗赃的善意取得是通过公开拍卖或类似方式完成的,则标的物的所有权归属何人。此种情况,在德国法上不产生善意取得的法律效果。[1] 因而,标的物所有权仍然归属于原所有权人。但在我国台湾地区,则自标的物被盗或遗失之日起2年内,被害人或遗失人可以通过偿还善意受让人价金而回复其物。[2] 如果标的物由被害人或遗失人回复的,则其作为所有权人可以行使返还原物请求权。

我国《物权法》对于盗赃并没有作出规定,实践中如果发生盗窃且所有权人发现盗赃所在的,自可直接行使返还原物请求权。如果善意第三人在拍卖场所或公开市场支付合理对价且已经实际占有赃物的,应依照我国《物权法》第106条承认该第三人的善意取得,从而由善意第三人取得标的物所有权。

2. 遗失物的所有权人

遗失物,是指非基于所有人或占有人的意思而丧失了对物的占有,且该物并非由他人盗去的非无主动产。从法律性质上看,遗失物与盗赃一样都属于脱离物。但是,盗赃是因加害人的故意行为(盗窃)而脱离本人,遗失物则是因遗失人本人的疏忽大意而脱离其本人。在物权法上,盗赃和遗失物的法律地位非常相似。发生遗失之后,遗失人可在法定期间内凭借其所有权向任何拾得人主张返还原物请求权。但如果经过法定期间,遗失物的物权发生变动的,则遗失人不得行使返还原物请求权。二者在发生善意取得时也遵循同样的处理规则。在德国法上,即使善意第三人对于遗失物的占有也属于违反所有权人意思的直接占有,不发生善意取得。[3] 而在我国台湾地区,则与盗赃一样给予遗失人回复请求期间,在该期间遗失人没有行使回复请求权之前,标的物所有权归属于善意受让人,此时又发生无权占有的,由善意受让人行使返还原物

---

〔1〕 Vgl. Prütting / Wegen / Weinreich, *BGB Kommentar*, 5. Auflage, Luchterhand, 2010, S. 1844.

〔2〕 参见王泽鉴:《民法物权:用益物权·占有》,中国政法大学出版社2001年版,第290~291页。

〔3〕 Vgl. Erwin Deutsch, "Gutgläubiger Eigentumserwerb durch erlaubte Ansichnahme der Sache gemäß § 933 BGB?", *JuristenZeitung*, 33. Jahrg., Nr. 11/12 (9. Juni 1978), S. 386.

请求权。

根据我国《物权法》第107条、第109条、第110条、第111条、第113条的规定,在我国无论经过多长时间或具备任何条件,拾得人均不得取得遗失物的所有权。〔1〕发生物的遗失的,所有权人可以直接向拾得人行使返还原物请求权。如果遗失物已经转让,则所有权人有权自知道或应当知道受让人之日起2年内行使返还原物请求权。拾得人将遗失物送交公安部门的,在公安部门发布招领公告之日起6个月内遗失人仍然是所有权人,可以去公安部门认领。如果超过6个月无人认领,则遗失物的所有权将确定地归国家所有。此后发生无权占有的,将由国家行使返还原物请求权。实务中有观点认为,如果遗失物是与遗失人的身份或生活密切联系的身份证、工作证、驾驶证、照片等物且原物尚存在的,应赋予遗失人返还原物请求权,不应受时间限制。但是,遗失人应该支付保管费用。〔2〕这一观点值得赞同。

3. 埋藏物、漂流物等的所有权人

发现埋藏物是否可以取得所有权共有三种立法例,分别是发现人取得主义、共有主义或国家取得所有权主义和报酬主义。〔3〕我国《物权法》第114条承继了《民法通则》的公有主义的立法例,具体的处理规则同于我国关于遗失物的处理规则。

需要说明的是,上述可以主张返还原物请求权的所有权人,都只能对无权占有人主张。《德国民法典》第985条也只是相对于所有权人和(无权)占有人之间的请求权,绝不是另外的广泛的请求权,只有作如是理解,针对(无权)占有人的物的返还请求权才能获得有效的实现。〔4〕

二、失去占有的他物权人

我国《物权法》第34条规定的返还原物请求权人既包括所有权人,也包括他物权人,这与《德国民法典》第985条规定的返还请求权有所不同。因为后

---

〔1〕参见最高人民法院物权法研究小组编著:《〈中华人民共和国物权法〉条文理解与适用》,人民法院出版社2007年版,第344页。

〔2〕参见最高人民法院物权法研究小组编著:《〈中华人民共和国物权法〉条文理解与适用》,人民法院出版社2007年版,第343页。

〔3〕参见梁慧星主编:《中国民法典草案建议稿附理由·物权编》,法律出版社2004年版,第178页。

〔4〕Vgl. Jan Wilhelm, *Sachenrecht*, 4. Auflage, Walter de Gruyter GmbH & Co. KG, 2010, S. 496.

者的返还请求权实际是所有物返还请求权,同时,所有权人的返还请求权又适用于《德国民法典》第 1065 条规定的用益权人、第 1227 条规定的质权债权人,《地上权条例》第 11 条第 1 款规定的地上权人。[1] 也正是因为这一原因,在德国法上有所有物返还请求权的概念而没有返还原物请求权的概念。而我国法上的返还原物请求权则包括所有物返还请求权,同时还包括基于他物权的返还原物请求权。

(一)用益物权人

1. 建设用地使用权人

我国《物权法》第十二章规定的建设用地使用权在传统民法上即为地上权。《德国民法典》最先于第 1012 ~ 1017 条设有地上权(Erbbaurecht),后来为了适应社会经济发展的要求,在 1919 年专门制定《地上权条例》,并废除《德国民法典》中的规定。[2] 德国法上的地上权指在他人土地上建造和保有建筑物的权利。在地上权设定后,德国还允许地上权人与第三人达成协议,在自己所支配的不动产上设立次地上权。[3] 我国《物权法》颁布前,教科书中也有采用地上权概念的情况,[4]但《物权法》最终采用了建设用地使用权的概念。

因建设用地使用权以占有土地为前提,如果该土地被他人无权占有或侵占,则设立建设用地使用权的目的将落空。因而建设用地使用权人可以自己的名义对无权占有人行使返还原物请求权。实践中,土地的所有权人更容易借助其优势地位侵占土地,如强行收回建设用地使用权人正在使用的土地,[5]或者没有如约按时将出让的土地交给建设用地使用权人,等等。而基于他物权本身所具有的对所有权的限制作用,建设用地使用权人的返还原物请求权当然也可针对所有权人行使。

此外,在其他国家民法上存在建设用地使用权(地上权)的撤销的情况。因建设用地使用权人积欠地租达到一定期间或对土地施加可致永久损害的变

---

[1] Vgl. Prütting / Wegen / Weinreich, *BGB Kommentar*, 5. Auflage, Luchterhand, 2010, S. 1867. 另请参见[德]鲍尔、[德]施蒂尔纳:《德国物权法》(上册),张双根译,法律出版社 2004 年版,第 185 页。

[2] 参见王泽鉴:《民法物权:用益物权·占有》,中国政法大学出版社 2001 年版,第 20 页。

[3] Vgl. *Deutsches Rechtslexikon*, Band 1, 2. Auflage, Verlag C. H. Beck, 1992, S. 1234. 转引自孙宪忠:《德国当代物权法》,法律出版社 1997 年版,第 228 页。

[4] 参见钱明星:《物权法原理》,北京大学出版社 1994 年版,第 293 页。

[5] 参见刘凯湘:《论基于他物权的物权请求权》,载《法学论坛》2003 年第 2 期。

更时,土地的所有权人可能撤销建设用地使用权,[1]此时,建设用地使用权人将不得行使返还原物请求权。

2. 土地承包经营权人

土地承包经营权是以种植、养殖、畜牧等农业为目的,对国家或集体所有的农业用地占有、使用、收益的权利。根据我国《物权法》第126条的规定,耕地的承包期为30年,草地的承包期为30~50年,林地的承包期为30~70年,这就意味着在土地承包经营权人根据其承包土地性质的不同,在最长70年内可以享有用益物权性质的土地承包经营权。在其权利有效期间内,哪怕是作为土地所有权人的村集体经济组织都不能侵占或强行收回土地承包经营权人正在使用的土地,否则,土地承包经营权人将可以行使返还原物请求权。

3. 宅基地使用权人

宅基地使用权是农民依法享有的在集体土地上建造并保有房屋及其附属设施的权利,是新中国成立以来在中国土地政策基础上形成的一个固有制度,是我国特有的一种用益物权形式。[2] 基于其物权人的身份和地位,宅基地使用权人可以对任何无权占有其宅基地的人行使返还原物请求权,包括农村集体经济组织。同时,宅基地使用权具有无期限性,不发生期限届满而消灭的问题,[3]因此,在权利人占有使用的任何时候,无论是谁,只要对宅基地使用权人构成侵占,宅基地使用权人即可行使返还原物请求权。实践中有一个问题是,农村村民将其宅基地上的房屋出卖给城镇居民,属于无效行为。[4] 在无效判决作出之后,出卖人是否可以宅基地使用权人的身份行使返还原物请求权。对此问题,本书认为,实务中法院判决非本集体经济组织成员购买村民房屋无效的理由也是非本集体经济组织成员依法不享有该村农村宅基地使用权。这表明,买卖行为虽然将房屋出卖,但根据"地随房走"的原则,[5]房屋所占用范围内的宅基地使用权也随之转让,但因宅基地使用权不得买卖的禁止性规定,

---

[1] 参见梁慧星、陈华彬:《物权法》(第4版),法律出版社2007年版,第277页。

[2] 参见最高人民法院物权法研究小组编著:《〈中华人民共和国物权法〉条文理解与适用》,人民法院出版社2007年版,第455页。

[3] 参见梁慧星、陈华彬:《物权法》(第4版),法律出版社2007年版,第281页。

[4] 参见(2013)二中民终字第16686号民事判决书。类似判决还可参见(2015)威民一终字第74号民事判决书、(2015)宜民一终字第00202号民事判决书等。

[5] 参见丁宇翔:《农村小产权房的物权变动——以法院裁判引起的物权变动为视角》,载《法律适用》2009年第5期。

该房屋买卖合同将确定无效。如果认可物权行为理论,则债权行为和物权行为都将因违反禁止性规定而无效。此时,合同双方当事人都回到合同成立前的状态,出卖人当然可以宅基地使用权人的身份行使返还原物请求权。

需要指出的是,地役权人不得行使返还原物请求权。返还原物请求权的发动条件是无权占有事实的发生,而地役权不以地役权人占有供役地为条件,甚至间接占有也不需要。一旦有人侵占了供役地,则是由供役地所有权人或使用权人提出返还原物请求权的主张,而不是由地役权人。即便第三人对供役地的侵占妨害了地役权人地役权的行使,则地役权人可以行使排除妨害请求权即为已足,而不是返还原物请求权。因此,地役权人从性质上不可以行使返还原物请求权。[1]

此外,土地被第三人无权占有而建设用地使用权人、土地承包经营权人、宅基地使用权人怠于行使其返还原物请求权的情况下,土地所有权人作为所有权人,可以对无权占有的第三人行使返还原物请求权。

(二)担保物权人

1. 抵押权人

抵押权是债权人可就抵押物优先受偿的权利,按照抵押权的规则,如果债务人届期不履行债务,则债权人可以就债务人或第三人提供的不转移占有的担保物卖得的价金优先受偿。在这一法律关系中,债权人即为抵押权人。抵押权是现代社会最为重要的融资手段,被称为"担保之王"。[2] 在设定抵押权时以及抵押权存续期间,债务人或者第三人无须将抵押物移转于债权人,这一特征是抵押权区别于质权的关键所在,也是抵押权之所以在社会经济中广泛被使用的重要原因。因为,在此情况下,抵押物的交换价值不但得到充分的发挥,而且,抵押物的使用价值也可以得到真正的利用。[3] 既然抵押权以不转移占有为特征,也就是说,抵押权人并不占有抵押物,那么如果抵押物被他人无权占有,应由抵押物所有权人行使返还原物请求权,抵押权人何来返还原物请求权呢!

从抵押权作为物权的性质上看,追及力为物权基本效力之一,作为一种特

---

〔1〕 参见刘凯湘:《论基于他物权的物权请求权》,载《法学论坛》2003 年第 2 期。
〔2〕 梁慧星、陈华彬:《物权法》(第 4 版),法律出版社 2007 年版,第 307 页。
〔3〕 参见孙宪忠:《物权法》,社会科学文献出版社 2004 年版,第 285 页。

别物权，抵押权也不例外。在抵押权设定之后，即使抵押物的转让价款明显低于其价值，抵押权人可根据物权之追及力直接支配抵押物，以实现自己的利益，而无须关注抵押人与其他第三人之间的关系如何。[1] 但是，如果在实现抵押权时，抵押物被他人无权占有，而抵押人又怠于行使权利，则当然应该允许抵押权人以物权人的身份行使返还原物请求权，从而确保其抵押权的顺利实现。而这种情况，在地役权的情况下是不会发生的。因此，虽然不承认地役权人有返还原物请求权，却非承认抵押权人有返还原物请求权不可，这是二者的性质不同使然。从学说上看，德国学者认为，所有物返还请求权的行使以对物的占有为前提，而抵押权并不转移占有，因此，抵押权人不是可以行使返还原物请求权的主体。[2] 而日本学者最近则认为，在抵押物被第三人不法占有，且其继续状态明显的场合，应认为具有妨害抵押权的客观盖然性，抵押权人应可基于抵押权的抵押物返还请求权，请求不法占有抵押物的第三人向抵押人交付抵押物。[3] 应当说，日本学者最近的见解对我们是有借鉴意义的。当然，还需要注意的是，抵押权人行使返还原物请求权的，原物并非返还给抵押权人，而应返还给抵押人。[4]

2. 质权人

质权因标的物的不同而分为动产质权和权利质权。动产质权是为担保债权人权利的实现，而赋予该债权人在债务人届时不履行债务时将质押的动产通过变价并从所得价款中得到清偿的权利。在德国法上，动产质权也可以为将来的债权进行设定。[5] 权利质权则是以权利作为质权客体担保债权，当债务届期不能履行时通过将权利变价并从所得价款中清偿债务的权利。权利质权中的客体权利必须是可以转让的权利。[6] 尽管动产质权在动产信用关系中已经不再发挥核心作用，[7]但其在担保物权中所发挥的作用仍然不应忽视，

---

〔1〕 参见孙宪忠：《物权法》，社会科学文献出版社2004年版，第293页。

〔2〕 参见[德]鲍尔、[德]施蒂尔纳：《德国物权法》(上册)，张双根译，法律出版社2004年版，第185页。

〔3〕 参见[日]近江幸治：《担保物权法》，祝娅等译，法律出版社2000年版，第146～147页。

〔4〕 参见刘凯湘：《论基于他物权的物权请求权》，载《法学论坛》2003年第2期。

〔5〕 Vgl. Prütting / Wegen / Weinreich, *BGB Kommentar*, 5. Auflage, Luchterhand, 2010, S. 1998.

〔6〕 Vgl. Prütting / Wegen / Weinreich, *BGB Kommentar*, 5. Auflage, Luchterhand, 2010, S. 2023.

〔7〕 Vgl. Palandt, *Bürgerliches Gesetzbuch*, 54. Neubearbeitete Auflage, Verlag C. H. Beck, 1995, S. 1291. 转引自孙宪忠：《德国当代物权法》，法律出版社1997年版，第333页。

因而对质权人的保护也仍然需要重视。质权最明显的特征是转移占有,即便是权利质权,也要有登记、背书或权利凭证的交付这些与转移占有具有相同公示作用的方式。也正是因为这一点,当质权标的物被他人被无权占有时,德国法上的质权人可以准用所有物返还请求权得到保护。[1] 而我国法上,质权人可以直接行使返还原物请求权。

需要讨论的是,在转质的情况下,转质权人是否可以成为返还原物请求权的主体。在《物权法》上,转质分为责任转质和承诺转质。责任转质是指在质权存续期间质权人以自己的责任将质物转质于第三人的行为。责任转质中,质权人将把自己占有的质物移交给转质权人,其实质是质权人为了担保自己或第三人的债务,在质物上再行设立新的质权。[2] 因此,转质权人是一个货真价实的新的质权人。当质物被他人无权占有或侵占的,当然可以行使返还原物请求权。同时,转质人则因将质物转移给转质权人而不再占有质物。但是,因转质后转质人(质权人)需要对质物因不可抗力或其他情事导致的损失负责。为质权实现之必要计议,也应赋予转质人作为前质权中的质权人以应有的保护机制。因此,转质人(质权人)也应享有对无权占有质物的第三人(转质权人以外的第三人)的返还原物请求权。当然,转质人在行使这一返还原物请求权时,返还的效果应归属于转质权人,即应将被第三人无权占有的质物返还给转质权人。

承诺转质是经出质人同意而成立的转质。因承诺转质得到了出质人的允许,故质权人除受转质权人质权优先效力的制约外,并不因转质而加重责任。[3] 在承诺转质的情况下,转质权人占有质物,当然应得享有返还原物请求权。而转质人在承诺转质中对于质物因不可抗力或其他情事所导致的损失不再一般地承担责任,仅仅在故意或者重大过失的情况下承担责任。因此,承诺转质中的转质人(质权人)并没有像责任转质中转质人那样重的质物保护责任,且转质人本就不占有质物,不存在返还原物请求权的一般基础。因此,基于权责利一致的原则,似无必要也赋予承诺转质中转质人返还原物请求权。

---

〔1〕 Vgl. Hans Josef Wieling, *Sachenrecht*, Springer – Verlag, 1992, S. 204.; Vgl. Jan Wilhelm, *Sachenrecht*, 4. Auflage, Walter de Gruyter GmbH & Co. KG, 2010, S. 765.

〔2〕 参见崔建远:《物权法》,中国人民大学出版社 2009 年版,第 571 页。

〔3〕 参见孙宪忠:《物权法》,社会科学文献出版社 2004 年版,第 307 页。

如果转质人的质权确因质物被他人无权占有或其他原因而有不能实现之虞的,转质人可以主张妨害除去请求权或妨害预防请求权即为已足。

另外需要讨论的是留置权人是否享有返还原物请求权的问题。留置权是债权人基于合法原因而占有债务人的动产,债务人届期不履行债务的,债权人可以依法留置该动产并以其优先受偿。留置权可以分为一般留置权和商事留置权,前者是一般主体之间的基于债权、与债权人占有的动产有牵连关系而发生的留置权,而后者则是商人之间发生的留置权。在留置权人是否可以成为返还原物请求权的主体方面,一般留置权与商事留置权并无不同,因而此处不对其分类进行详述。关于留置权人对于其留置的物能否享有返还原物请求权,民法学界历来有不同主张。一种观点认为,留置权人对留置物的占有受法律保护,如果被不法侵占,留置权人可以行使物上请求权,从而请求返还原物。[1] 另一种观点则认为,留置权以占有为要件,如果对留置物的占有被侵夺,即丧失占有,则留置权本身即归消灭。所以,留置物被他人无权占有的,留置权人的留置权即已不在,此时,不得再以留置权人的身份行使返还原物请求权。[2] 上述两种观点都有一定道理。但是,留置权人对留置物的占有却有保护的必要,否则,任何债务人都可以消灭留置物的担保为目的而任意侵夺留置物,如此,则留置权的设置目的必将落空。为此,留置权人尽管没有作为物权请求权的返还原物请求权,但是却有基于占有事实而发生的占有物返还请求权。当留置物被他人侵占或无权占有的,留置权人可以按照我国《物权法》第245条的规定,主张占有物返还请求权,[3] 以保护其留置物的占有,实现留置权的目的。

三、失去占有的依法可以行使物权的人

(一)破产管理人

破产管理人是根据破产法规定在破产相关程序中负责债务人财产管理、内部管理、起诉应诉等事项的专门机构或个人。在大部分法域的破产法中,管理人都被赋予核心任务以管理和推进破产程序。[4] 关于破产管理人的法律地

---

〔1〕 参见郭明瑞:《担保法》(修订本),中国政法大学出版社1999年版,第260页。

〔2〕 参见刘凯湘:《论基于他物权的物权请求权》,载《法学论坛》2003年第2期。

〔3〕 参见崔建远:《物权法》,中国人民大学出版社2009年版,第635页。

〔4〕 See Jay Lawrence Westbrook, *A Global View of Business Insolvency Systems*, Boston, Martinus Nijhoff Publishers, 2009, p. 207.

位，有代理说、职务说、代表说、清算机构说等。较符合我国实践的学说是清算机构说，即认为企业在注销之前其法人人格不发生变化，但破产宣告后企业的权利范围和组织机构发生变化，管理人取代原管理机构成为破产企业在清算阶段的代表机构。[1] 根据我国《企业破产法》第33～36条的规定，破产管理人可以在以下情形中行使追回权：(1)因行使破产撤销权而应追回的债务人的财产；(2)被确认无效的债务人的行为导致的财产损失，管理人应予追回；(3)债务人的出资人欠缴的出资，管理人应予追回；第四，债务人的董事、监事及其他高级管理人员侵占的企业财产，管理人应予追回。上述应当追回的财产中，有很多是物，破产管理人可以通过行使返还原物请求权、不当得利请求权等手段予以追回。[2] 需要注意的是，因德意志法系国家承认物权行为的无因性，前述追回权的情形中，被撤销或无效的行为并不必然导致物权的回复（返还原物请求权），而是产生不当得利请求权，只有在物权行为和债权行为皆为无效或皆被撤销的情况下，才发生返还原物请求权。

（二）遗嘱执行人

我国关于遗嘱执行人的规定非常简单。一般而言，遗嘱执行人是依法被指定或法定有权执行遗嘱内容的人。在德国法上，遗嘱执行人可以通过遗嘱来任命，[3]也可根据被继承人的意思，由遗产法院来任命。[4] 无论遗嘱执行人如何产生，其设置的目的都是更好地贯彻被继承人的真实意思，确保遗产的完好无损，保证遗嘱恰当的执行等。为了实现上述功能，更好地履行遗嘱执行人的职责，遗嘱执行人遇到遗产被他人无权占有或侵占的，必须履行其管理和保护遗产的职责，以遗嘱执行人的身份主张返还原物请求权，并应通过诉讼在裁判上加以主张。[5] 遗嘱执行人的资格并非永久存续，而是可能因遗嘱执行完毕、申请辞职、被解除职位等原因而终止。遗嘱执行人资格被终止的，不再享有返还原物请求权。

---

〔1〕 参见范健、王建文：《商法学》（第3版），法律出版社2012年版，第407～408页。

〔2〕 参见(2014)沪一中民四(商)终字第1894号民事判决书、(2013)渝一中法民终字第01961号民事判决书等。

〔3〕 Vgl. Prütting / Wegen / Weinreich, *BGB Kommentar*, 5. Auflage, Luchterhand, 2010, S. 2777.

〔4〕 Vgl. Prütting / Wegen / Weinreich, *BGB Kommentar*, 5. Auflage, Luchterhand, 2010, S. 2779.

〔5〕 Vgl. Prütting / Wegen / Weinreich, *BGB Kommentar*, 5. Auflage, Luchterhand, 2010, S. 2787. 另参见《德国民法典》（第4版），陈卫佐译注，法律出版社2015年版，第622页。

（三）失踪人的财产代管人

现实中可能出现自然人离开住所而下落不明的情况，这会对失踪者自身的财产产生不利影响。如果一直下落不明，则失踪人自身的财产利益很可能遭受损失，与其相关的利害关系人也可能遭受财产上的不利益。比如，共同共有关系中，共有人之一失踪的，如果任其失踪状态持续而不采取任何措施，因共同共有的财产管理必须全体共有人共同为之，则其他共有人的利益必然因此而受到影响。因此，民法上为了防止因自然人失踪而产生的风险，特设宣告失踪制度以为应对。宣告失踪并不产生身份关系上的效果，其主要的目的在于解决失踪人的财产代管问题。[1] 因此，宣告失踪的直接后果是为失踪人指定财产代管人。代管人的职责是管理被宣告失踪人的财产，其主要内容为实施对财产的保存行为，如保管、维护、保养、收取孳息等。如果财产代管人代管的财产被他人无权占有或侵夺的，则财产代管人得以自己名义主张返还原物请求权。但是，宣告失踪仅仅是法律上的一种推定，现实中如有相反的证据，则失踪宣告应被推翻。因此，事实上被宣告失踪人重新出现或有了下落，经本人或利害关系人的申请，法院应撤销失踪宣告。此时，财产代管人的职责将相应终止，此后不得再主张返还原物请求权。

（四）国有资产的管理人

在传统民法中，通过建立法人这样的主体结构，由法人直接行使所有权保护各种权利，一般可以较好地保护团体的财产。但是，在例外情况下也会有遗漏。比如，公法法人的财产有时会存在管理不效率或不到位的问题。因而我国台湾地区的法律实务认为，管理机关也可以行使我国台湾地区“民法”第767条规定的所有物返还请求权。[2] 我国因为《物权法》中明确规定了国家所有权制度，公共财产保护的责任落实问题显得更具必要。[3] 实践中，国有资产的流失问题在很大程度上与国有资产的管理和保护不力有关。对此，学界已经开始探讨通过公益诉讼、民事公诉、民事督促起诉等方式保护国有资产的问

---

〔1〕 参见孙宪忠主编：《民法总论》（第2版），社会科学文献出版社2010年版，第136页。

〔2〕 参见王泽鉴：《民法物权：通则·所有权》，中国政法大学出版社2001年版，第165页。

〔3〕 参见孙宪忠等：《国家所有权的行使和保护研究》，中国社会科学出版社2015年版，第231～235页。

题。[1] 但是,无论哪种方式,都应按照我国《物权法》第 57 条的规定,承认国有资产监督管理部门作为国有资产管理人的权力和职责。因此,我国的国有资产监督管理部门(如国资委等)在国有资产被人无权占有的情况下应有权主张返还原物请求权。

四、失去占有的单纯的占有人不能主张返还原物请求权

返还原物请求权从性质上说属于物权请求权,是基于物权而发生的一种附属性请求权。而民法中的占有则纯粹是一种事实,是从交易实践中得到承认的主体对物的事实的控制(tatsächliche Herrschaft)。在德国民法中,占有提供了一种重要的法律地位,其意义好像一种暂时的权利。[2] 但是,占有究竟是一种事实,而不是权利。所以,对于占有被侵夺的,就不能依据物权的请求权(返还原物请求权)进行保护。但是,占有尽管不是权利,但占有的事实本身也有受保护的必要。[3] 为此,法律特设占有保护制度,对占有的事实提供强有力的保护,从而起到保护本权和社会秩序的作用。

第四节 返还原物请求权的相对人

返还原物请求权的第二个构成要件是相对人即现时的无权占有人。这表明,返还原物请求权的义务人首先是占有人;其次,其占有没有权源;最后,其没有权源的占有在权利人提出主张时仍然存在。

一、占有人

(一)不存在占有媒介关系的直接占有人

直接对物进行事实上的管领和支配,不需要通过他人对物进行管领控制的人,即为直接占有人。[4] 因为直接占有主要基于事实上的管领和控制即可

---

〔1〕 参见孙宪忠等:《国家所有权的行使和保护研究》,中国社会科学出版社 2015 年版,第 565 ~ 567 页。

〔2〕 Vgl. Palandt, *Bürgerliches Gesetzbuch*, 54. Neubearbeitete Auflage, Verlag C. H. Beck, 1995, S. 1039. 转引自孙宪忠:《德国当代物权法》,法律出版社 1997 年版,第 100 页。

〔3〕 Vgl. Jan Wilhelm, *Sachenrecht*, 4. Auflage, Walter de Gruyter GmbH & Co. KG, 2010, SS. 209 - 212.

〔4〕 Vgl. Hans Josef Wieling, *Sachenrecht*, Springer - Verlag, 1992, S. 43.

成立,因而通过盗窃、抢劫、欺诈与胁迫等方式取得的直接对标的物的管领和控制,也成立直接占有,其占有人为直接占有人。直接占有人可以为自然人,也可以为法人。一般而言,直接控制物的质权人、承租人、保管人、借用人等皆为直接占有人。直接占有人为法人的法定代表人时,应注意区分无权占有的行为是否与工作职责有关。如果法人的法定代表人无权占有他人之物纯系个人行为,如法人的法定代表人在自己居住的小区擅自占用他人车位作为自己的停车位,则纯系个人行为,应将该法定代表人作为直接占有人。如果法人的法定代表人在公司所在大楼的停车场擅自占有他人停车位为本公司所用,则应将该法人(公司)作为直接占有人。因为公司法定代表人对停车场事实上的支配应该归属于其公司。并且,该法定代表人也并非占有辅助人,返还原物之诉的被告应为该公司。[1]

(二)间接占有人

间接占有人与直接占有人相对,即不直接管领、控制物,但对于直接占有物的人,可以基于一定的法律关系主张返还请求的人。我国民法中,建设用地使用权人、土地承包经营权人、宅基地使用权人、质权人、承租人等皆为直接占有人,基于建设用地使用权关系、土地承包经营关系、质权关系、租赁关系等,对于他人(所有权人)的物实施占有者,该他人为间接占有人。[2] 作为返还原物请求权相对人的无权占有人既包括直接占有人也包括间接占有人,但不包括占有辅助人。所谓占有辅助人是指基于特定的从属关系而听从占有人的指示对标的物进行事实上管领的人。[3] 比如,受占有人雇佣而直接管领占有物的人,即为占有辅助人。间接占有人与直接占有人之间存在一定的法律关系,该法律关系是占有的媒介,因而被称为占有媒介关系(Besitzmittlungsverhältnis)。[4] 前述建设用地使用权关系、土地承包经营权关系等都属于占有媒介关系。直接占有人和间接占有人、占有媒介人之间的关系可以用如下的实例表示。乙盗去了甲的名表,并出售给丙,丙非为善意。丙其后又将该名表委托丁保管,丁

---

〔1〕 参见王泽鉴:《民法物权·通则·所有权》,中国政法大学出版社2001年版,第167页。

〔2〕 参见郑冠宇:《民法物权》(第2版),台北,台湾新学林出版股份有限公司2011年版,第682页。

〔3〕 参见梁慧星、陈华彬:《物权法》(第4版),法律出版社2007年版,第403页。

〔4〕 参见郑冠宇:《民法物权》(第2版),台北,台湾新学林出版股份有限公司2011年版,第682页。

则由其雇员戊具体实施保管行为。在这一实例中，甲是所有权人，可以向无权占有人行使返还原物请求权。丙是间接占有人，可以作为返还原物请求权的对象。丁是直接占有人，也可以作为甲之返还原物请求权的对象。乙并非占有人，戊是丁的占有辅助人，都不能成为返还原物请求权的对象。[1]

二、无合法权源

(一)基于行为而成立的无权占有

1. 基于侵权行为而成立的无权占有，主要是侵夺。所谓侵夺，是指违背所有人的意思而取得其物。[2] 如盗窃、抢夺、抢劫、侵占等。侵夺所构成的无权占有，占有人的行为具有不法性，如盗窃、抢夺、抢劫等行为视其情节的严重程度，可能构成治安违法行为而受到治安管理处罚，甚至可能构成刑事犯罪而受到刑罚处罚。

2. 由法律行为转化而来的无权占有。在以转移占有为内容的合同关系中，基于合同的占有期间届满，占有人的占有将没有合法根据，从而转化为无权占有。如不定期租赁合同关系中，当事人可以随时解除合同，但出租人解除合同应当在合理期限之前通知承租人。因此，如果出租人在合理期限内提前通知出租人解除合同，承租人超过该合理期限仍然继续占有租赁物的，则因没有占有的合法根据而成为无权占有。[3] 此外，夫妻之间因结婚法律行为而互相占有对方的物，如汽车，当婚姻关系解除后，则互相占有对方物的合法根据丧失，此时如不返还对方的物，则构成无权占有。

3. 由事实行为而发生的无权占有。所谓事实行为是指行为人主观上不一定具有发生、变更或消灭民事法律关系的意思，但依法而发生民事权利义务变动的行为，[4]最典型者如拾得遗失物的行为。前文的论述已经表明，遗失物的所有人在发现遗失物的所在后可以行使返还原物请求权。与此相对，遗失物的拾得人则并非权利人，在得知权利人后或权利人提出返还请求后其对拾得物的占有构成无权占有，从而成为返还原物请求权的相对人。在我国，拾得人拾得遗失物后应送交公安机关或及时通知权利人领取，无论如何也不能通

---

〔1〕 参见王泽鉴：《民法物权·通则·所有权》，中国政法大学出版社2001年版，第166页。

〔2〕 参见谢在全：《民法物权论》(上册)，中国政法大学出版社1999年版，第131页。

〔3〕 参见(2015)庆中民终字第462号民事判决。

〔4〕 参见孙宪忠主编：《民法总论》，社会科学文献出版社2010年版，第106页。

过拾得遗失物成为所有权人。

（二）基于事件而成立的无权占有

在引起民事法律关系发生变动的事实中，事件是指具体的自然事实，即指某种客观情况的发生。例如，人的出生、死亡，自然灾害的发生，战争的爆发等。基于事件而成立无权占有的情形在实践中并不鲜见。如，甲家的羊走入乙家的羊圈，甲家的果实因暴风雨落入邻人乙家的院子等。上述情况，同时也构成不当得利。在上述情况下，乙如果知道甲的羊走入自家羊圈，知道甲的果实落入自家院子而不予返还或不允许取回，则应发生不当得利返还请求权和返还原物请求权的竞合。

（三）由公法上的行为转化而来的无权占有

在公法领域，经常出现这样的情况：警察因抓贼而临时征用公民的汽车、摩托等交通工具，后来贼被抓到，警察占有使用公民交通工具的事由消失，如果不将交通工具返还给该公民，则警察构成无权占有。再如，执法机关根据办案需要，依法对涉案人员的物品采取扣押等措施，后来，扣押措施的原因消除，如办案人员不将所扣押物品返还给原权利人，则构成无权占有。另外，在以发放实物为内容的行政给付行为被撤销后，根据具体行政行为获得的给付应予以返还，据此，政府应可请求接受给付的一方返还原物。我国台湾地区“行政程序法”第127条第1项就此有专门规定。[1] 因此，在公法中，也存在无权占有的情形，从而可能发生返还原物请求权。

三、没有权源的占有在权利人提出主张时仍然存在

（一）无权占有的物在权利人提出请求时仍然被占有人占有

返还原物请求权的启动，以占有人的现时占有为条件。其曾为占有人，而现在已经不是占有人的，即使所有人的占有是因其本人原因而导致丧失，则所有人也仅能在该行为符合侵权行为构成要件的情况下向其主张侵权损害赔偿，而不是对其行使返还原物请求权。[2] 返还原物请求权的启动，同时也以原物存在为条件。如果原物已经灭失，则权利人主张权利时也只能提出损害赔

---

〔1〕 参见刘建宏：《行政主体向人民主张公法上返还请求权之法律途径及其返还范围——以授益处分经自行撤销之情形为例》，载《东吴法律学报》2007年第19卷第2期。

〔2〕 参见郑冠宇：《民法物权》（第2版），台北，台湾新学林出版股份有限公司2011年版，第197页。

偿的请求,而不是返还原物的请求。[1]

（二）权利人提出权利请求时占有人的占有属于无权占有

权利人提出返还原物主张时,占有人的占有必须是无权占有。否则,权利人将因占有人有占有的权源而不能行使返还原物请求权。同时,占有人过去曾为有权占有,但在权利人提出返还请求主张时已经变为无权占有的,也应承担返还原物的义务。

第五节　返还原物请求权的客体

一、返还原物请求权的客体是物

物权以物为客体,大陆法系国家的学者虽然对物的概念并未取得完全一致,但一般都认为,物是能为人力所支配的,作为物权客体的物是有体物。[2]权利在大陆法系国家被认为属于无体物,因此不包括在物的范围之内,从而权利被侵害的不得发生返还原物请求权。不过,权利虽然是无体物,但权利的载体往往是有形的,如票据、股票等,虽然代表的权利是无体物,但纸质的票据和股票本身属于有体物,可以作为物权的客体,如果发生无权占有的,可以请求返还原物。生活中最为常见的物被分为不动产和动产,而无论是不动产还是动产,都可以成为返还原物请求权的客体。对于动产而言,可以直接称为返还原物请求权。对于不动产而言,日本法上有所谓"腾空请求权"。[3] 我国的司法实务中,虽然《民事案件案由规定》中没有"腾房纠纷"的案由,但很多法院也将涉及不动产的"返还原物纠纷"约定俗成地称为"腾房纠纷"。[4]

在我国《物权法》中讨论作为物权客体的"不动产"时,往往会讨论在建的房屋等建筑物是不动产还是动产。在返还原物纠纷中,讨论不动产和动产也并非没有意义。最大的意义在于,对于不动产而言,返还原物的地点是不动产所在地;而对于动产而言,返还原物的地点一般是返还原物请求权的相对人

〔1〕参见(2013)盘中民二终字第00133号民事判决。
〔2〕参见孙宪忠:《中国物权法总论》(第3版),法律出版社2014年版,第249页。
〔3〕参见[日]我妻荣:《新订物权法》,有泉亨补订,罗丽译,中国法制出版社2008年版,第274页。
〔4〕参见(2014)一中民一终字第0828号民事判决、(2013)浙丽民终字第215号民事判决等。

处。[1] 但实践中,则是根据具体情况而有所不同,对此本书将在后文详述,此处不赘。基于上述原因,这里也需要讨论在建房屋的属性问题。我国学者一般认为,尚未完工之房屋,如果足够避风雨,可达经济上的使用目的,则应认为属于土地的定着物,从而视为不动产。[2] 但是,日本法上的判例认为,只组装木材、搭起屋顶尚不能称为建筑物,但若四壁建成,没有地板和天棚也可称为建筑物。因此,我妻荣先生认为,应结合考虑建筑物的使用目的,依法规的目的和社会观念加以决定。[3] 本书认为,只要在建房屋的墙壁已经附着于地面不能移动,即使不足以避风雨,但有独立的经济上的使用价值的,就应认为属于不动产。当该不动产被他人无权占有时,权利人可以向无权占有人主张返还原物请求权,返还地点就在该不动产所在地。

二、返还原物请求权的客体须为原物

这里的原物,即被相对人无权占有的客观存在的原物。如果原物已经灭失,则物权将因客体的消灭而消灭。根据上文的论述,此时,权利人只能要求无权占有人进行违约损害赔偿或侵权损害赔偿。[4] 但是,如果原物在整体上仍然存在,只是局部受到损害,则权利人可以要求无权占有人进行修复,并在修复之后请求返还。在特殊情况下,如果原物尽管还存在,但是已经遭受了重大的毁损,即使可以进行修补,但其修补的费用高于原物本身的现值的,则权利人可以要求损害赔偿,不再要求返还原物。当然,权利人也可以要求返还原物,同时要求损害赔偿。[5] 但是,此时应有损益相抵规则的适用,在计算损害赔偿的数额时,应把原物现存的残值从损害赔偿中除去。

作为物权客体的物,被区分为可消耗物(verbrauchbare Sachen)和不可消耗物(nicht verbrauchbare Sachen)。返还原物中的"原物",将因客体是消耗物还是不可消耗物而有所不同。可消耗物,是指依其性质只能使用一次,而不能反复使用于同一目的之物。比如,酒、米、汽油等物。与此相反,一次使用之后,不会变换主体,并且可以反复使用的物是不可消耗物,例如,电脑、衣服、房

---

〔1〕 参见王洪亮:《物上请求权的功能与理论基础》,北京大学出版社2011年版,第83页。

〔2〕 参见王泽鉴:《民法物权:通则·所有权》,中国政法大学出版社2001年版,第176页;另请参见梁慧星、陈华彬:《物权法》(第4版),法律出版社2007年版,第38页。

〔3〕 参见[日]我妻荣:《新订民法总则》,于敏译,中国法制出版社2008年版,第201页。

〔4〕 参见王利明:《物权法研究》(上卷),中国人民大学出版社2012年版,第222页。

〔5〕 参见王利明:《物权法研究》(上卷),中国人民大学出版社2012年版,第222页。

屋等。[1] 虽然在德国法上,可消耗物与不可消耗物的划分仅针对动产而言,[2] 但从划分标准上看,并没有任何划分要素将不动产排除在外。因此,在我国法上,不妨将不动产也归入可消耗物与不可消耗物的划分类别中。因不动产的特性,其当然可以反复使用,且不因使用而变换主体,所以,应属于不可消耗物。当返还原物请求权的客体是可消耗物时,只要原物没有被使用,仍然可以主张返还原物请求权;但如果原物已经被使用,则因原物已经灭失,不可以主张返还原物请求权。

三、返还的原物为特定物

返还原物请求权中的原物,必定是特定物。特定物与不特定物是根据具体交易时,是否着眼于物的个性而作的区分。德国民法中有所谓可替代物(vertretbare Sachen)和不可替代物(nicht vertretbare Sachen)的区分,这种区分是为了适应商业贸易的目的而进行的。[3] 应当指出,特定物与不特定物的区分,并不完全等同于不可替代物与可替代物的区分。不可替代物与可替代物的区分是交易中对物的客观区分,而特定物与不特定物则是具体交易的主观性区分。虽然在具体的交易中,特定物与不可替代物,不特定物与可替代物常常一致,但却并不总是一致。比如,货币、有价证券等是可代替物,但是经过特别封装的货币,或者特定号码的货币,则构成特定物。而具体的马、鞋等不可替代物,在进行大量交易时,却也可作为不特定物对待。由此可见,特定物与不特定物的区别,不是物自身的区别,而是交易方法的区别,[4] 具有主观性。

尽管特定物与不特定物的区别主要是交易方法的区别,具有主观性,但返还原物中的原物,必定是这种交易方法之下的特定物。因为,返还原物请求权的客体是原物,而原物正是归属于原物权人所有或支配但却被他人无权占有的那个物。原权利人提出返还原物请求权的主张时指向非常明确,就是原物,既不是别的其他物,也不是原物的代替物。从逻辑上讲,权利人和无权占有人在返还原物的纠纷中主要有两种争议:一种是双方对于争执的原物本身没有

---

〔1〕 参见王泽鉴:《民法总则》(增订版),中国政法大学出版社2001年版,第211页。

〔2〕 Vgl. Larenz / Wolf, *Allgemeiner Teil des Bürgerlichen Rechts*, 9. Auflage, Verlag C. H. Beck München 2004, S. 357.

〔3〕 Vgl. Larenz / Wolf, *Allgemeiner Teil des Bürgerlichen Rechts*, 9. Auflage, Verlag C. H. Beck München 2004, S. 356.

〔4〕 参见[日]我妻荣:《新订民法总则》,于敏译,中国法制出版社2008年版,第196~197页。

争议,而只是对占有人的占有是否为有权占有存在争议;另一种是双方对于原物本身有争议,即原告请求返还的原物为A物,而被告认为其并未占有A物。对于第一种情况,在双方当事人对于原物没有争议的情况下,无论是在权利人的意识里,还是义务人的意识里,双方对于所要返还的原物都是有明确认知的,双方对于原物的个性也都有明确的认知。此时,诉争的标的物,是双方指向一致的特定物。对于第二种情况,虽然原告请求返还的原物为A物,而被告认为其并未占有A物,但在原被告各自的主观意识中,对于A物的认识也是确定的。原告对于A物的个性,有确定的认知,原告认知中的A物,必是特定物。而被告不认可自己占有A物的抗辩本身就表明,被告对于A物的个性特征是知晓的,否则其无法有效地完成"自己不占有A物"的抗辩。因此,第二种情况下,原被告双方对于诉争的所谓"原物",也是指向一致的特定物。由此可见,作为返还原物请求权客体的原物是特定物。

四、几种特殊的物可否作为返还原物请求权客体的探讨

(一)货币

从特征上看,货币是性质不同于其他动产的另外的动产。[1] 货币的表现形式与其权利属性之间存在重大差异,它是以国家特别认定的形式记载、确定并加以保护的债权。[2] 但是,从形式上看,货币本身也是一种动产。货币的一般用途与其最终的极其大量的流通状况相符,[3]这与民法中的非流通物恰恰相反。[4] 就此而言,货币是属于所谓的"一般等价物",是可替代物。而可替代物是这样的物,即在流通中按照数量、大小或者重量来对待的动产。[5] 因此,学者认为,货币占有的取得和丧失通常即导致所有权的取得和丧失,因而货币所有权不适用返还原物请求权,权利人仅得依不当得利规定请求相对人返还其无法律上原因所受的利益。[6] 不过,从货币作为动产的属性看,只要无

---

〔1〕 Vgl. Mar Kaser, Das Geld im Sachenrecht, *Archiv für die civilistische Praxis*, 143. Bd., H. 1 (1937), S. 2.

〔2〕 参见孙宪忠:《中国物权法总论》(第3版),法律出版社2014年版,第243页。

〔3〕 Vgl. Mar Kaser, Das Geld im Sachenrecht, *Archiv für die civilistische Praxis*, 143. Bd., H. 1 (1937), S. 3.

〔4〕 Vgl. Hans Josef Wieling, *Sachenrecht*, Springer – Verlag, 1992, S. 22.

〔5〕 Vgl. Stefan Mensler, *Der Allgemeine Teil des BGB: Eine systematische Einführung in die Grundbegriffe des Bürgerlichen Rechts*, Fortis Verlag FH, 1998, S. 62.

〔6〕 参见王利明:《物权法研究》(上卷),中国人民大学出版社2012年版,第224页。

权占有的货币金钱是能够特定化的，如通过信封、纸袋、橡皮筋等予以包装或捆束的，则应返还原物，而不是偿还其价额。当货币因存入银行或其他事由，难以辨识时，得适用混合之规定。[1] 比如，甲误将乙之千元钞票认为自己所有，遂向丙购买价值900元的乐高玩具，丙将货款与自己的钞票放在一起。从法律上看，甲用乙之钞票的行为属于无权处分，而丙则善意取得该笔钞票的所有权。此时，因丙从甲处取得的钞票已经发生混合，不能辨识，乙不能向甲行使返还原物请求权，而只能向甲行使不当得利返还请求权。[2] 因此，笼统地说货币所有权不适用返还原物请求权并不十分准确。

（二）人的身体及其组成部分

基于对人格尊严的尊重，人的身体不能作为支配权的客体，因而不能成为返还原物请求权的客体。但是，人的身体的部分是否可以作为返还原物请求权的客体，则有不同。传统民法中基于对人格尊严的尊重，不承认人体的组成部分具有法律上的地位。取得活人的器官组织，比如肾等，是违反基本法和伦理的基本准则的。[3] 在英美法中，法院一般也不会支持对人体组成部分的器官提起侵占诉讼，除非有关机构或个人已经使人体组织适合于科研、保存或展览。并且，在此种情况下，也只有该机构或个人才有资格起诉侵占诉讼而主张返还原物。比如，博物馆保存的木乃伊被盗，则该博物馆有权起诉；医生保存畸形儿的标本用于研究，该标本被盗时也只有该医生有权起诉。[4] 但是，随着现代社会医疗技术水平的不断发展，输血、器官移植等医疗活动已经非常普遍。此时，如果仍然抱守传统的观点，势必使民法落后于社会发展。因此，应当重新审视人体组成部分绝对不能为支配权客体的观点。首先，在现实中器官移植已经非常普遍的情况下，有将暂时与人体分离的组织承认为物的客观需要。其次，器官未与人体分离时属于人的身体的一部分，当然不能成为客体，否则将有损人格。但是，当器官与人体分离后即不属于人体的一部分，此时在该器官组织上成立物权并不损害人的尊严。最后，与人体暂时分离的器

〔1〕 Vgl. Mar Kaser, Das Geld im Sachenrecht, *Archiv für die civilistische Praxis*, 143. Bd., H. 1 (1937), S. 4.

〔2〕 参见王泽鉴：《民法物权：通则·所有权》，中国政法大学出版社2001年版，第176页。

〔3〕 Vgl. Larenz / Wolf, *Allgemeiner Teil des Bürgerlichen Rechts*, 9. Auflage, Verlag C. H. Beck München 2004, S. 351.

〔4〕 See John Murphy, *Street on Torts*, Oxford, Oxford University Press, 2005, pp. 54 – 55.

官组织、血液等如果经医学手段复归到原体上,或经移植后成为他体的一部分,则又成为人体的一部分,不能作为物权的客体。由此可见,人体的器官组织、血液等在与人体分离后、再次结合前,存在作为物权客体的需要和可能。从民法更新发展的角度看,应该把与人体分离后再次结合前的人体器官组织作为物,这些东西可以成为所有权的客体,而且首先是提供这些东西的活人的所有物。[1] 基于器官移植可能引发的道德风险,以及器官移植本身对于人体承载的人格尊严可能造成的损害,应当认为,提供器官组织的人作为分离后器官的所有权人,在该器官被植入新的受体之前,可以随时行使返还原物请求权,请求将该器官组织返还给他本人,并依靠医疗手段使该器官重新成为其人体的一部分。当该器官重新成为人体的一部分之时,器官就不再是民法中的物,而成为主体的一部分,因此也就因物的不存在而不能再主张返还原物请求权。

此外,对于尸体的问题,学界见解并不一致,有讨论的必要。德国有学者认为,关于物的规则不应适用于尸体。但是,尸体经风化演变已经成为木乃伊或骨骼的,因其不能承载人格,可以适用"物"的规则。因此,尸体本身不能成为所有权的客体,即便死者家属,也不能对尸体享有所有权,但对于亲人的尸体有照管的权利义务。[2] 但日本曾有学者认为尸体是相续人(继承人)的所有物,但相续人对于尸体的所有权应受到严格限制,只可埋葬,不能进行买卖和赠与。本书认为,尸体本身不应作为物权的客体,当尸体被继承人以外的人盗窃或侵夺的,除可能构成刑事犯罪受到刑法的保护外,死者的家属也可基于死者的人格利益提起民法上的保护主张,如请求将尸体交还给亲属等,但此时的保护主张不属于返还原物请求权。同时,在符合相应条件的情况下,可以依据最高人民法院《关于确定民事侵权精神损害赔偿责任若干问题的解释》第3条的规定,请求精神损害赔偿。同时,死者家属尤其是继承人对于被继承人的遗体也并无所有权,除安葬外不得将遗体进行其他处分,不得赠与或售卖。当然,如果死者生前留有遗愿将遗体捐赠的,应该遵从死者遗愿,但死者在死亡

---

〔1〕 参见[德]迪特尔·梅迪库斯:《德国民法总论》,邵建东译,法律出版社2001年版,第876~877页。

〔2〕 参见[德]迪特尔·梅迪库斯:《德国民法总论》,邵建东译,法律出版社2001年版,第876页。

前得随时撤回。[1] 需要指出的是，如果尸体后经火化成为骨灰的，则应视为民法上的物，从而可以成为所有权的客体，其所有权人应为继承人。当骨灰被他人无权占有时，继承人可以行使返还原物请求权保护其权利。

（三）动物

自罗马法以来，动物当然是物的观念即已根深蒂固。而且，自15世纪到16世纪时，法律上即已明确只有人才具有法律上的人格。[2] 但是，随着社会的发展进步，对于动物的保护越来越受到重视，反映到法律中，尤其是民法中，动物作为权利客体的观念则逐渐发生了变化。1985年，《奥地利普通民法典》增订第285条a，[3]专门规定了动物在民法中的地位，以保护动物的福利。[4]《德国民法典》在1990年8月通过立法的形式，重新确认了动物在民法中的地位，即，动物不是物，动物受特别法律的保护。因为，动物作为生物，不能被任意地作为支配权的客体。[5] 不过，作为有生命的"物"，动物虽然不是作为权利客体的"物"，但在权利运行的规则上看，对于动物的规则，准用民法关于"物"的规定。在德国法中是这样，[6]在奥地利民法中也是这样。[7] 在我国台湾地区，动物仍然被视为物，属于动产，但对于动物的支配，受到特别的规范限制。[8] 据此，虽然对于动物的保护明显加强，将其视为有别于"物"的事物。但是，从根本上讲，动物仍然在法律适用上准用关于"物"的规则。因此，动物在实质上仍然是物权的客体，只是在作为物权客体对待的同时，对其进行特殊的保护而已。所以，如果动物被他人无权占有的，或被他人侵夺的，权利人当然可以行使返还原物请求权。[9]

---

〔1〕 参见施启扬：《民法总则》（第8版），中国法制出版社2010年版，第180页。

〔2〕 参见［德］汉斯·哈腾鲍尔：《民法上的人》，孙宪忠译，载《环球法律评论》2001年冬季号。

〔3〕 参见《奥地利普通民法典》，周友军、杨垠红译，清华大学出版社2013年版，第47页。

〔4〕 Vgl. Martin Binder, *Sachenrecht: Theorie und systematisch aufbereitete OGH – Fälle*, Verlag Österreich GmbH, 2003, S. 36.

〔5〕 Vgl. Larenz / Wolf, *Allgemeiner Teil des Bürgerlichen Rechts*, 9. Auflage, Verlag C. H. Beck München 2004, S. 354.; Prütting / Wegen / Weinreich, *BGB Kommentar*, 5. Auflage, Luchterhand, 2010, S. 71.

〔6〕 Vgl. Larenz / Wolf, *Allgemeiner Teil des Bürgerlichen Rechts*, 9. Auflage, Verlag C. H. Beck München 2004, S. 354.

〔7〕 Vgl. Martin Binder, *Sachenrecht: Theorie und systematisch aufbereitete OGH – F älle*, Verlag Österreich GmbH, 2003, S. 36.

〔8〕 参见王泽鉴：《民法总则》，中国政法大学出版社2001年版，第209页。

〔9〕 参见（2014）宿中民终字第00980号民事判决书。

(四)自然力

我妻荣先生指出:“将法律上的物限制在物理学上的有体物,是不适应今天的社会、经济状况的。”[1]这一论断对于电力、燃气等近现代社会以来新出现的自然力不无意义。毋庸置疑,电力、热力等均已成为现代社会人民生活之必须,而人们需要电力、热力时也均是通过交易来获取。技术的发展已经完全可以将无形无体的电力、热力等以定量、定规格等的方式进行控制,使其完全具备交易客体的一般特征。如果说一百多年前人们对电力等自然力还不是很熟悉,从观念上就认为其不能作为所有权的客体。[2] 那么,在一百多年后的今天,连智力成果都可以作为权利的客体,电力等自然力又为何不能作为权利客体呢? 因此,国外学者建议,对有体物作扩张解释,即所谓有体物应当是一种“法律上排他性支配的可能性”。[3] 有体物的观念不应再拘泥于旧有的物理学上的观念。我国学界也对此早有探讨,且不少人都认为自然力是一种特殊的有体物,应该作为权利的客体。[4] 本书认为,自然力虽然无形无体,但在现代科学技术之下可以进行有效的控制和利用,并可以作为交易的客体,应属于物权意义上的“物”,并且是一种特殊的动产。但是,因为自然力属于典型的消耗物,其占有本身就是在消耗,无法予以固定化的保存。当针对自然力发生侵夺或无权占有时,侵夺或无权占有的本身就是对该自然力的消耗,并且这种消耗是不可逆的。[5] 因此,针对自然力的无权占有或侵夺,在民事上只能通过损害赔偿来救济,而无法通过返还原物来救济。也就是说,自然力虽然可以作为物权的客体,但不适合作为返还原物请求权的客体。

最后需要指出的是,本章所讨论的返还原物请求权的构成要件,是在充分尊重体系性的基础上所进行的阐述。从法律参与的社会关系的角度看,返还

---

〔1〕[日]我妻荣:《新订民法总则》,于敏译,中国法制出版社2008年版,第188~189页。

〔2〕德国法上曾经发生过一起以电力为盗窃对象的刑事案件。1887年,莱比锡裁判所曾遇到一起因盗窃他人电力而被提起诉讼的案例,在该案中,法院认为电既不是气体,也不是液体,而只是一种状态,从物理状态来看,它并不是一种物,不能作为所有权的客体。但从公平正义的观念来看,盗窃他人电力会对他人造成损害,因此也应当受到惩罚。至1901年4月9日德国专门颁布法律规定,规定窃电应视为盗窃。See Vinding Kruse, The Right of Property, p. 120. 转引自王利明:《物权法论》(修订本),中国政法大学出版社2003年版,第32页。

〔3〕[日]我妻荣:《新订民法总则》,于敏译,中国法制出版社2008年版,第189页。

〔4〕参见孙宪忠:《争议与思考———物权立法笔记》,中国人民大学出版社2006年版,第36页。

〔5〕参见杨立新、王竹:《论自然力的物权客体属性及法律规则》,载《法学家》2007年第6期。

原物请求权本身也是一种经《物权法》第 34 条调整而形成的法律关系，即返还原物请求权法律关系。只有从法律关系的角度去分析返还原物请求权，才能更全面、深入地阐释返还原物请求权的理论内核。因此，本章的讨论实际是以大陆法系法律关系理论为指引，从逻辑上将返还原物请求权的构成要件分为返还原物请求权的主体要件和客体要件，其中主体要件又分为权利人要件和相对人要件。而客体要件则在关注一般的返还原物请求权客体的同时，也关注了一些特殊的“物”作为返还原物请求权客体的可能，遵循了一种由一般到特殊的理路。由此，从整体上看，返还原物请求权的构成要件呈现一种逻辑性的面相。

第五章

返还原物请求权的法律效果

法律对所有权人和非法占有人之间的关系的调整，仅仅靠规定所有权人的返还请求权是不够的，因此法律也必须调整物因为占有带来的其他的变化关系。[1]

——M. 沃尔夫

〔1〕［德］M. 沃尔夫：《物权法》（第20版），吴越、李大雪译，法律出版社2004年版，第91页。

返还原物请求权在符合其法律构成要件且被请求人无有效抗辩时，即可发生特定的法律效果。这一法律效果主要表现为返还原物请求权人与被请求人之间的权利义务关系。而从返还原物请求权的本性上看，侵夺或无权占有的发生并不导致物权的灭失，因此，返还原物并非是要返还物权，而是要返还占有。[1] 就此而言，这里讨论的请求权人与相对人之间的权利义务关系主要围绕占有的返还展开。但是，占有的返还并非单纯的被无权占有的物的返还，其中可能涉及很多问题。比如，返还原物的占有时，无权占有人占有该物期间所获孳息是否应予一并返还；无权占有期间占有人为占有标的物所支出的费用是否在返还时应予补偿；无权占有发生时占有人的善意或恶意对返还原物是否发生影响；等等。对于返还原物请求权的法律效果的研究，在围绕返还原物的占有展开时必须回答前述问题。因而，关于返还原物请求权法律效果的讨论既是对返还原物问题的抽丝剥茧，也是对返还原物体系的条分缕析。

第一节　返还义务的性质界定及返还的抽象范围

从大陆法系国家的主要方面看，尤其是葡萄牙、西班牙、意大利、奥地利、德国和荷兰的法律体系，都提供了相似的关于所有权保护的解决方法和救济。这些体系包括两类救济：一是所有物返还请求权，即原告要求立刻返还物和恢复占有；二是宣告诉讼，即原告的所有权请求通过法庭的认可，或获得一个关于被告对于物没有所有权的宣告，以及在某些情形中，一个避免将来干扰的禁令。[2] 可见，原物的返还在大陆法系各国关于物权保护的法律体系中占有举足轻重的地位。我国《物权法》也对返还原物作出明确规定。根据《物权法》第34条的规定，无权占有不动产或动产的，权利人可以请求返还原物。但该法对于返还的具体操作方式并无规定。从我国语境下的法律逻辑上讲，权利人请求返还原物可以有两种操作方式：一是权利人提出请求，而由义务人主动地、

〔1〕 参见辜明安：《物权请求权制度研究》，法律出版社2009年版，第229页。

〔2〕 参见［德］克里斯蒂安·冯·巴尔、［英］埃里克·克莱夫主编：《欧洲私法的原则、定义与示范规则：欧洲示范民法典草案》（第8卷：物的所有权的取得与丧失），朱文龙等译，法律出版社2014年版，第742页。

积极地返还;二是在权利人提出请求后,义务人容忍权利人径自将无权占有之物取走。围绕这两种操作方式,关于返还原物之"返还",产生了两种学说,即给付义务说和容忍义务说。[1]

一、返还义务之给付义务说

给付义务说认为,返还原物请求权之下的返还,是在权利人提出请求后,相对人的主动当为,是一种给付义务,返还时应保持原物的本来状态,[2]使权利人的物权恢复到原有的状态,将物重新置于权利人的控制之中,从而使权利人重新对物进行支配。王泽鉴先生也主张所有物返还请求权一般可以类推适用债法中关于"给付"的规定。[3] 整体上看,我国学界对于返还原物请求权之下的"返还"义务,还是认定为给付义务,但也有学者提出反对意见,主要理由是返还原物请求权旨在排除无权占有人对于物权人与标的物之间的介入,无须无权占有人有积极的履行行为。同时,给付义务说也会将返还原物请求权与诸如合同法上的返还请求权相混淆。[4] 此外,德国学者中有人对给付义务说进行修正,其观点是,返还原物请求权的相对人要承担不限于容忍义务的义务,即义务人除了要对权利人取走原物予以容忍外,还需有某些积极的协助行为。[5] 曼弗里德·沃尔夫(Manfred Wolf) 也认为,《德国民法典》第 985 条规定的占有的返还义务是一种需要权利人亲自到义务人处提取的义务(Holschuld),而占有人则必须为此提供方便。[6]

二、返还义务之容忍义务说

另有德国学者认为,返还请求权的内容之一便是占有人必须向所有权人返还原物,也就是说,使所有权人获取直接占有。这里的返还,更多的是指容忍权利人取走,包括用积极的行为取走。[7] 所以,容忍义务说实际上是认为返还原物请求权中的"返还",乃是一种消极义务,不需要任何作为,而只要容忍

---

〔1〕 参见王洪亮:《物上请求权的功能与理论基础》,北京大学出版社 2011 年版,第 78 ~ 80 页。

〔2〕 参见最高人民法院物权法研究小组编著:《〈中华人民共和国物权法〉条文理解与适用》,人民法院出版社 2007 年版,第 138 页。

〔3〕 参见王泽鉴:《民法物权:通则·所有权》,中国政法大学出版社 2001 年版,第 177 ~ 178 页。

〔4〕 参见王洪亮:《物上请求权的功能与理论基础》,北京大学出版社 2011 年版,第 79 页。

〔5〕 Vgl. Staudinger/Gursky, § 985, Rn 59. 转引自王洪亮:《物上请求权的功能与理论基础》,北京大学出版社 2011 年版,第 80 页。

〔6〕 Vgl. Manfred Wolf, *Sachenrecht*, 18. *Auflage*, Verlag C. H. Beck, München, 2002, S. 98.

〔7〕 Vgl. Hans Josef Wieling, *Sachenrecht*, Springer – Verlag, 1992, S. 157.

他人行使其绝对权即可。此时,无权占有人承担的义务,类似于《德国民法典》中所提到的展示义务。[1] 按照容忍义务的学说,如果甲家庭院内果树上的果实落入乙家院内,则乙应容忍甲进入乙之庭院内自行取回。将返还义务定性为容忍义务,在我国民法中并没有得到支持,学者认为,容忍义务说与返还原物请求权的规范目的相悖。[2]

三、返还义务的性质辨析

(一)容忍义务说之评析

从《德国民法典》第985条的规定看,并没有明确返还到底属于义务人的给付义务,还是容忍义务。我国《物权法》第34条对此也未给出确定答案。但从返还原物请求权与其他权利的相互关系上看,将返还原物请求权之下相对人的返还义务解释为容忍义务并不妥当。只要不是为了限制所有权或优先于其他物权而设的物权,如,他物权优先于所有权,在先登记的抵押权优先于在后登记的抵押权等,则类别相同的物权之间并无优先和劣后之分。但是,按照容忍义务说,则可能发生这样的情况:甲之动物遁入乙之房间,则乙需要容忍甲任意进入其房间内搜寻和取走该动物。在这里,甲对于动物的所有权和乙对其房间的物权并无优先劣后之分,何以竟可让甲在行使其物权时压制乙之物权的行使。更何况,在上述所举案例中,允许物权人任意进入他人房间,还可能对他人隐私权造成侵害。由此可见,容忍义务说之下,占有人的权利有受到极大威胁的可能,需要谨慎。

同时,从经济效率方面看,容忍义务说也不可取。"法学的一个合法且必要的任务是:根据法律规范阻止资源浪费、提高效率的程度对其作出评判。"[3]因此,法律制度的设计或对法律现象的解释应该考虑成本。在无权占有情况下,标的物在占有人的控制之下,占有人对标的物的所在最为清楚。而

---

[1] Vgl. Staudinger / Gursky, § 985, Rn 56; Wolf / Raiser, Sachenrecht, 10. Bearb. 1957, § 84 Ⅲ 1, S. 321, Fn. 8. 转引自王洪亮:《物上请求权的功能与理论基础》,北京大学出版社2011年版,第80页。

[2] 参见王洪亮:《物上请求权的功能与理论基础》,北京大学出版社2011年版,第80页。

[3] Überblicksartikel finden sich insb. In Encyclopedia of Law and Economics (Hrsg. Bouchaert, B. / de Geest, G.) (2000) und dem New Palgrave Dictionary of Economics and the Law (1998) (Hrsg. Newman, p.). Siehe auch salje, p., Ökonomische Analyse des Rechts aus deutscher Sicht, in: Rechtstheorie Bd. 15 (1984), S. 277 ff. 转引自[德]舍费尔、[德]奥特:《民法的经济分析》(第4版),江清云、杜涛译,法律出版社2009年版,第1页。

权利人虽然是标的物的权利主体,但对标的物所在的具体信息却并不掌握。在这种情况下,占有人尽管有义务容忍权利人取走原物,但权利人却未必知道原物的具体所在。权利人在取走原物之前,还需细心调查、搜寻,殊为烦琐、成本较高。在无权占有是因占有人的故意而发生时,占有人很可能藏匿标的物。此时,即令占有人可以无限地容忍权利人取走其物,权利人也会因无法找到原物的确定所在而不能取回。与此相反,无权占有人则一般对其占有物的所在更为清楚,如果课以其返还的给付义务而不是容忍义务,则无权占有人将很容易找到标的物而径行返还,对资源的消耗远较容忍义务之下为小。所以,将返还义务解释为给付义务而不是容忍义务,也更有利于节约社会资源。

此外,将返还义务解释为容忍义务,还容易诱发过界的私力救济。因为,既然返还原物是在占有人的容忍下由权利人径自取回,这已经是一种自力救济,则权利人难免最大限度地追求其自身利益,漠视占有人利益,[1]滥用其自力救济权。

(二)给付义务说之评析

给付义务说可以较好地避免上述容忍义务说的弊端,较好地兼顾权利人的取回权和义务人的物权、隐私权,在一定程度上达到利益平衡。但是,如前所述,给付义务说似乎会产生与债权法上的返还请求权相混淆的问题。同时,因返还原物请求权不以过错为要件,如果将占有人返还义务解释为给付义务,在利益平衡上有失妥当;在占有人为善意的情况下,占有人的返还义务如果解释为给付义务似乎也对无辜的占有人甚为不公。[2] 为此,我国有学者提出一种折中的方案,即在无权占有可归责于占有人时,占有人的返还义务为给付义务;在无权占有不可归责于占有人时,占有人的返还义务为容忍义务。[3] 这一方案固然有助于解决上述理论困境,但也并非无懈可击。因为,在无权占有人无可归责事由时若负容忍权利人径自进入自己控制范围内取走标的物的义务,则无异于让善意的无权占有人负有容忍他人侵犯自己物权或隐私权的义务,对于善意的无权占有人实在过于苛刻。

基于此,本书认为,返还原物请求权之下的返还义务仍然应解释为给付义

---

〔1〕 参见王洪亮:《物上请求权的功能与理论基础》,北京大学出版社2011年版,第81页。

〔2〕 参见王洪亮:《物上请求权的功能与理论基础》,北京大学出版社2011年版,第81页。

〔3〕 参见冉克平:《物权法总论》,法律出版社2015年版,第517页。

务。理由如下:(1)根据奥卡姆剃刀原理,如无必要,勿增实体。[1] 对于法律现象的解释,应尽量在原有框架内进行,而不是任意地新增概念、名词或建构新理论,这样既有利于凝聚共识,也有利于降低思维负担和学术交流时的信息沟通成本。因此,对于返还义务性质的解释,最好在原有的"给付义务说"或"容忍义务说"之间进行,实在解释不通时,才好另辟蹊径。(2)返还原物请求权在性质上属于物权请求权而不是债权请求权,但在结构上与债权请求权相同,因此,完全可以类推适用民法债权中关于给付的规定。[2] 既然是类推适用,那就必然与债法中的返还请求权有相似之处,但却不一定造成混淆。(3)类推适用关于给付的规定,未必造成利益失衡,也不会造成不公。一方面,尽管返还原物请求权不以过错为要件,但没有过错而负担给付义务未必会造成利益失衡。利益是否失衡的关键在于返还的费用由谁负担。即使让善意的无权占有人负担的返还义务是给付义务,但只要返还的费用由返还原物请求权人负担就不会产生利益失衡的问题。另一方面,在因自然力而造成的非给付不当得利的情况下,如甲喂养的鱼因暴雨而致水位涨溢,遂漫入乙家鱼塘,则乙构成基于事件而发生的不当得利,[3] 当然负不当得利返还的给付义务。此时并没有人认为乙负担给付义务会造成利益失衡或不公。因此,利益失衡或不公的问题可以通过调整返还费用负担的方式来解决,与是否将返还义务认定为给付义务并无直接关联。

因此,返还原物请求权中相对人的返还义务,在性质上应解释为给付义务,可以类推适用民法债权法中关于给付义务的规定。

四、返还的抽象范围

返还原物请求权的法律效果是返还,但返还并非无限制的。一般来说,返还原物请求权的发生首先是因物被他人无权占有,因此,返还首先应该是原物的返还。现实中,物经常会产生孳息,如动物产仔是为自然孳息,房屋出租所得租金是为法定孳息。民法中关于物的孳息的收取规则曾有罗马法上的原物

---

〔1〕 奥卡姆曾经指出:"一切既无逻辑自明性又缺乏经验证据的命题和概念都必须从知识中剔除出去,可以用经验证据直接说明的东西不需要用非经验的原因解释,可用自明的命题证明的东西不需用意义不明的论辩。"参见赵敦华:《基督教哲学 1500 年》,人民出版社 2005 年版,第 511 页。

〔2〕 参见王泽鉴:《民法物权:通则·所有权》,中国政法大学出版社 2001 年版,第 177 页。

〔3〕 参见张广兴主编:《债法》,社会科学文献出版社 2009 年版,第 400 页。

主义和日耳曼法上的生产主义,前者是指天然孳息由原物所有权人收取,后者是指天然孳息由对于原物施以生产必须之资本与劳力者所有。[1] 德意志法系国家多采原物主义,我国《物权法》第116条也采原物主义。而对于法定孳息,《德国民法典》第101条系采任意性规定,我国《物权法》第116条第2款也是采取任意性规定的方式,将法定孳息的收取交给当事人意思自治和交易习惯。基于此,作为返还原物请求权法律效果的返还,还应包括天然孳息和法定孳息的返还。此外,无权占有人在占有标的物期间很可能会支出保管费用,在返还原物时也会发生返还的费用。在很多情况下,返还原物请求权的法律效果也及于这些费用。当无权占有的物因故灭失或毁损时,将发生物之返还不能,[2] 此时返还原物请求权可能转化为损害赔偿请求权,在讨论返还原物请求权的法律效果时,也应对其转化效果予以关注。

基于以上分析,抽象地讲,作为返还原物请求权法律效果的返还一般不会超出以下范围:原物、孳息、费用、损害赔偿。民法中对待善意和非善意的态度有所不同,善意比非善意在法律上受到更多优待,[3] 因此,在返还原物请求权法律效果所及范围内,善意和非善意的返还范围也有所不同。

第二节 善意占有人的返还

一、无权占有人善意的认定标准

沃尔夫教授在论述所有物返还请求权效果下的用益返还时指出:"在诉讼未决之时,倘若占有人不是善意的,则仍然需要承担责任。这里的善意是指,占有人认为自己是有权占有,因而也相信其有收取用益的权利,但实际上占有人并没有这一权利。"[4] 可见,沃尔夫是从占有人对于占有权源的认知角度界定善意和恶意的。不过,如果更深入地去探究善意还是恶意,可能会面临很多

---

〔1〕 参见姚瑞光:《民法总则论》,中国政法大学出版社2011年版,第151页。

〔2〕 参见[德]鲍尔、[德]施蒂尔纳:《德国物权法》(上册),张双根译,法律出版社2004年版,第189页。

〔3〕 参见[德]鲍尔、[德]施蒂尔纳:《德国物权法》(上册),张双根译,法律出版社2004年版,第187页。

〔4〕 Manfred Wolf, *Sachenrecht*, 18. *Auflage*, Verlag C. H. Beck, München, 2002, SS. 105–106.

更为复杂的问题。比如,人们必然会追问,尽管占有人自己认为是有权占有,但如果一般人只要稍加注意即可判断占有人的占有为无权占有,则还能因占有人自己的如此自信而认其为善意吗?所以,对于善意或恶意的认定标准,应该有精细的界定要素。本书认为,无权占有之下占有人的善意和非善意应该从两个方面来把握:一是善意占有和恶意占有本身的层次;二是善意占有之下还需进一步区分有过失的善意占有和无过失的善意占有。

1. 善意和恶意本身的层次。就这一层次而言,善意可以通过与非善意的对比进行界定。非善意是指占有人知道或者因重大过失而不知道自己为无权占有。[1] 与此相对,则善意是指占有人绝对不知道或因一般过失而不知自己为无权占有。按照这样的善意和非善意标准,则山羊混入绵羊群中,绵羊群所有人应从其未做清点即认定自己羊群里没有混入山羊那一刻起,成立恶意,因为他由于自己的重大过失而不知自己为无权占有。在德国法上,无权占有人的善意和非善意的问题,是所有人——占有人关系规则的重要内容。[2] 要知道,《德国民法典》第985条以下部分的规范目的就在于其自我控制的思想,其本身是自成一体并且为所有人——占有人关系而另外设立的特殊规定。[3] 这些关于所有人——占有人关系规则的内容,成为无权占有中善意占有人和非善意占有人返还范围的主要依据。[4]

2. 善意占有本身的层次,即善意占有本身又因占有人本身的不知情(善意)是否由其自身的过失所导致而分为有过失的善意占有和无过失的善意占有。[5] 之所以从理论上作这样的区分,一方面是因为实定法上,如《日本民法典》中强调了"善意且无过失",[6]这表明,善意占有和无过失占有并非相等关系。另一方面也因为,区分无过失的善意占有和有过失的善意占有在不动

---

〔1〕 Vgl. Hans Josef Wieling, *Sachenrecht*, Springer - Verlag, 1992, S. 163. Prütting / Wegen / Weinreich, *BGB Kommentar*, 5. Auflage, Luchterhand, 2010, S. 1877.

〔2〕 Vgl. Hans Josef Wieling, *Sachenrecht*, Springer - Verlag, 1992, S. 162.

〔3〕 Vgl. Casjen Peters, Die Ansprüche aus dem Eigentum, *Archiv für die civilistische Praxis* - N. F. 33. 1954, S. 454.

〔4〕 Vgl. Prütting / Wegen / Weinreich, *BGB Kommentar*, 5. Auflage, Luchterhand, 2010, SS. 1867 - 1887. 另参见[德]鲍尔、[德]施蒂尔纳:《德国物权法》(上册),张双根译,法律出版社2004年版,第186~194页。

〔5〕 参见谢在全:《民法物权论》(下册),中国政法大学出版社1999年版,第942页。

〔6〕 《日本民法典》第192条规定,通过交易行为平稳而公然地开始占有动产的人,善意且无过失的,立即取得行使于动产上的权利。

产取得时效方面颇具意义。如果占有开始时占有人即为善意且无过失的,其取得时效的计算时间较短。[1]

二、原物占有的返还

权利人行使返还原物请求权之后,如果相对人没有合法有效的抗辩,则首先产生的法律效果是对原物占有的返还。[2] 之所以称为原物占有的返还而不是原物所有权的返还,是因为,请求权人仍然是所有权人或物权人,并未丧失其所有权或者物权,所以,返还的方法是"所有物"占有的转移,而不是所有权的转移。[3] 根据前文对于返还义务性质的讨论,如果返还义务是一种容忍义务,则需要权利人亲自到义务人处提取,占有人则为此提供方便即可。[4] 但本书采给付义务说,即返还义务人应使权利人的物权恢复到原有的状态,将物重新归还到权利人的控制之中。因此,原物占有的返还是无权占有人的给付义务,应由其主动履行。在原物由占有人直接占有的情况下,由直接占有人返还占有。在原物存在间接占有的情况下,则存在对原物间接占有的返还问题。例如,甲将其自有房屋出租给乙,乙在未获甲的允许的情况下,擅自将房屋借给丙使用。就甲而言,丙属于无权占有。嗣后甲乙之间的租赁合同到期,在甲提出返还原物请求后,乙可将对丙的返还请求权让渡给甲而完成原物占有的返还。[5] 但就甲而言,则不能直接请求丙将房屋还给自己,而只能请求其将房屋返还给乙。[6] 例外情况下如果乙不愿或不能受领时,甲即可以请求丙将房屋返还于自己。[7] 不过,在德国法上,也可以根据民事诉讼法的规定,提出直接占有的返还。[8] 比如,根据《德国民事诉讼法》第 886 条的规定,应交付的物由第三人保管时,依债权人的申请,按照关于金钱债权的扣押与转付的规定,将债务人的物的交付请求权转付于债权人。[9] 原物占有的返还,是按照物

---

〔1〕 参见谢在全:《民法物权论》(下册),中国政法大学出版社 1999 年版,第 942 页。

〔2〕 Vgl. Manfred Wolf, *Sachenrecht*, 18. *Auflage*, Verlag C. H. Beck, München, 2002, SS. 97 - 98.

〔3〕 参见郑冠宇:《民法物权》(第 2 版),台北,台湾新学林出版股份有限公司 2011 年版,第 203 页。

〔4〕 Vgl. Manfred Wolf, *Sachenrecht*, 18. *Auflage*, Verlag C. H. Beck, München, 2002, S. 98.

〔5〕 Vgl. Prütting / Wegen / Weinreich, *BGB Kommentar*, 5. Auflage, Luchterhand, 2010, S. 1749.

〔6〕 参见王泽鉴:《民法物权:通则·所有权》,中国政法大学出版社 2001 年版,第 175 页。

〔7〕 参见王泽鉴:《民法物权:通则·所有权》,中国政法大学出版社 2001 年版,第 175 页。

〔8〕 Vgl. Manfred Wolf, *Sachenrecht*, 18. *Auflage*, Verlag C. H. Beck, München, 2002, S. 98.

〔9〕 参见《德国民事诉讼法》,丁启明译,厦门大学出版社 2016 年版,第 216 页。

的原来的适用状态的返还。如果物的适用状态下降,则占有人还应就原状的回复承担责任。

占有的返还既可以通过直接交付的方式,也可以通过指示交付的方式。然而,原物占有的返还是否可以通过占有改定的方式进行,需要讨论。从返还原物请求权的主体范围来看,当然包括作为物权人的间接占有人。也就是说,间接占有人基于占有媒介关系,独立地享有基于物权的返还原物请求权自无疑问。同时,间接占有人基于占有媒介关系作为返还原物请求权的义务人也不成问题。但是,返还原物请求权人和义务人都可基于占有媒介关系而成立,并不能证明原物占有的返还也一定可以借助占有改定而达成,二者并不必然联系。返还原物能否通过占有改定而完成,尚须进行另外的论证。在德国民法中,来自《德国民法典》第930条和第868条的占有改定,是最常见的预先担保所有权转移的方式。[1] 占有改定的意义在于一方面满足经济生活的需要,使出让人在转移所有权的同时,为了自己的特别目的而暂时占有标的物;[2] 另一方面则是在尊重当事人意思自治的情况下,提高了交付的效率,因为如果先将标的物交给受让人之后再按照约定占有媒介关系(Vereinbarung eines Besitzmittlungsverhältnisses)而将标的物交给原出让人继续占有,[3]则人为地增添繁杂,不符合民事流转便捷的要求。

另外需要讨论的是,原物占有的返还是否可以及于原物的代替物。对此,应从无权占有人的返还义务性质进行阐述。无权占有人的返还义务在性质上属于给付义务,可以类推适用民法债编关于给付的规定。[4] 既然如此,则债法中债的消灭的方式中关于清偿的规定,应得类推适用。据此,债法中关于代物清偿(Leistung an Erfüllungs statt)的规定可以被类推适用。当债权人与债务人约定好以其他给付代替原定给付而为受领的,应允许代物清偿。[5] 也就是说,当需要返还的原物不存在时,只要请求权人和相对人协商一致,原物占有的返

---

〔1〕 Richard Giesen, Mehrfachverfügungen des Sicherungsgebers nach § 930 BGB, *Archiv für die civilistische Praxis*, 203. Bd., H. 2 (2003), S. 213.

〔2〕 Vgl. Manfred Wolf, *Sachenrecht*, 18. *Auflage*, Verlag C. H. Beck, München, 2002, SS. 255 – 256.

〔3〕 Vgl. Richard Giesen, Mehrfachverfügungen des Sicherungsgebers nach § 930 BGB, *Archiv für die civilistische Praxis*, 203. Bd., H. 2 (2003), S. 213.

〔4〕 参见王泽鉴:《民法物权:通则·所有权》,中国政法大学出版社2001年版,第177页。

〔5〕 Vgl. Prütting / Wegen / Weinreich, *BGB Kommentar*, 5. Auflage, Luchterhand, 2010, S. 624.

还应及于代替物。但是,这种情况下替代物的返还到底是返还原物请求权的法律效果,还是返还原物请求权已经灭失,权利人转而依据侵权损害赔偿请求权或不当得利返还请求权请求返还替代物,则不无疑问。从返还原物请求权的构成需要以原物的存在为要件这一判断来看,应当认为此时代替物的返还已经不属于返还原物请求权的法律效果,而是受领人在标的不能返还之时偿还其价值,属于一种价额偿还。[1]

但是,在英美法中,却有不同的观念。英美法中没有物权请求权的概念,在侵权法、不当得利法和合同法中都有以返还为效果的返还原物制度。因此,其返还并不严格追求返还的是原物还是原物的替代物。正是有了这样的观念,按照英国不当得利法中的追踪(tracing)制度,如果无权占有的物因灭失、毁损而有替代物,则返还的效力应及于该替代物上。[2] 美国法关于不当得利的重述中也对此予以确认,其评论指出,追踪是一种辅助性的救济机制或技术,允许财产(替代物)的返还与金钱赔偿相并列,用以弥补金钱赔偿方式。[3]

除物权人可以基于返还原物请求权而要求无权占有人返还原物外,《德国民法典》、我国台湾地区"民法"及我国《物权法》等都为物权人考虑而设置了用益返还请求权和损害赔偿请求权,为占有人考虑而设置了费用偿还请求权。这些请求权是对返还原物请求权的补充,因此也以返还原物之诉的存在为前提。[4] 以下对这些问题逐一进行讨论。

三、用益的返还——孳息全部返还

按照一般观念,《德国民法典》第 99 条以下的占有人的如下用益返还责任应该重视:《德国民法典》第 100 条规定的用益(Nutzungen)和第 99 条规定的物的孳息(Früchte einer Sache)、权利孳息(Früchte einer Rechtes)以及物和有保证的权利的使用所带来的利益(Vorteil)。[5] 这里首先讨论孳息。占有人即使属于无权占有,但只要其占有是善意并且是有偿的,则就占有物进行使用收

---

[1] 参见李语湘:《比较法视角下英美返还法的结构与功能研究》,中国政法大学出版社 2015 年版,第 229 ~ 230 页。

[2] See Andrew Burrows, *A Restitution of the English Law of Unjust Enrichment*, Oxford University Press, 2012, p. 56.

[3] See Restatements of the Law 3d, Restitution and Unjust Enrichment 2011, § 58, Comment a.

[4] Vgl. Manfred Wolf, *Sachenrecht*, 18. *Auflage*, Verlag C. H. Beck, München, 2002, S. 104.

[5] Vgl. Jan Wilhelm, *Sachenrecht*, 4. Auflage, Walter de Gruyter GmbH & Co. KG, 2010, S. 526.

益，乃属合法权利，因此而获得的利益，比如天然孳息、法定孳息等，并非无法律上的依据，因此不需返还。这一观念，德国学者在对民法典第 988 条的评注中也予以确认。[1] 我国台湾地区学者更是根据其“民法”第 943 条和第 952 条，直接确认善意占有人得享有占有物之使用利益及取得其孳息之权利，于返还原物的占有时无须返还。[2] 确立该立法意旨的第 952 条立法理由说：“查民律草案第一千二百八十条理由谓善意之占有人，既推定其有适法之权利，自应使其得使用及收益占有物，即其取得之孳息，亦无归于回复占有人之义务。盖历年取得之孳息，若令其悉数返还，善意之占有人，必蒙不测之损害，非保护善意占有人利益之道。此本条所由设也。”[3]必须强调的是，在德国法上，善意占有人无须返还孳息的前提必须是其占有的取得是有偿的。如果善意占有人取得占有是无偿的，则应在现存利益范围内返还孳息。[4]

善意占有人在占有期间还必须按照标的物的通常方式对物进行使用收益，过度收取孳息（Übermassfrüchte）或其他收益的，则应依照不当得利的规定返还这部分孳息，这是善意有偿占有人免负返还收益义务的例外。[5] 过度孳息和孳息应予返还的法理基础在于，过度收取孳息已经超越了对标的物的通常使用范围，构成了对标的物的侵害或权利人的侵害，此时，占有人即使是善意，也不应得到保护。何为过度收取孳息或收益，应结合无权占有开始时双方所认可的情事而为具体判断。在无权占有发生之时，占有人对标的物收取的用益超出其设定占有的目的范围或超出一般人认可的合理范围的，应认为系过度收取用益。

孳息返还的形态因孳息自身的特征而有所不同。如果需要返还的孳息是独立的物体，如动物所产幼崽，树木结出的果实，则应按其本来形态原物返还。[6] 如果作为孳息的独立物被损坏后灭失，则只能对其进行价值返还。如果是因出租不动产等获取的权利孳息，则一般也进行价值返还。

---

〔1〕 Vgl. Prütting / Wegen / Weinreich, *BGB Kommentar*, 5. Auflage, Luchterhand, 2010, S. 1875.

〔2〕 参见郑玉波：《民法物权》（修订第 16 版），黄宗乐修订，台北，三民书局 2009 年版，第 491 页。

〔3〕 参见郑冠宇：《民法物权》（第 2 版），台北，台湾新学林出版股份有限公司 2011 年版，第 218 页。

〔4〕 Vgl. Jan Wilhelm, *Sachenrecht*, 4. Auflage, Walter de Gruyter GmbH & Co. KG, 2010, S. 527.

〔5〕 参见郑冠宇：《民法物权》（第 2 版），台北，台湾新学林出版股份有限公司 2011 年版，第 218 页。

〔6〕 Vgl. Manfred Wolf, *Sachenrecht*, 18. *Auflage*, Verlag C. H. Beck, München, 2002, S. 107.

因为占有媒介人的缘故,间接占有依赖占有媒介人甚大。[1] 所以,还需讨论在有偿占有且存在占有媒介关系的情况下,占有媒介人和间接占有人是否善意对用益返还的影响。从逻辑上讲,存在占有媒介关系的前提下,直接占有人和间接占有人是否善意的返还,主要如下几种情况:一是二者都为善意时,依照前述法理,他们都可以对标的物进行使用收益,因而不需返还孳息及其他用益。二是二者都是恶意时,对善意占有人进行保护的理由已经不存在,此时更应保护返还原物请求权人,因此孳息及其他用益都应返还。三是占有媒介人善意,而间接占有人是恶意的情况。此时,占有媒介人所取得的孳息是为善意,自可保有该利益,无须返还;而间接占有人则应返还其收取的孳息或其他用益。比如,甲将房屋出卖给乙,乙又将房屋租给丙,如果甲乙之间的买卖合同不成立、无效或被撤销,乙知情而丙并不知情,则乙为恶意,在不采物权行为无因性的情况下,乙应向甲返还原物并返还其收取的租金,丙则有权使用该承租房屋。四是占有媒介人恶意而间接占有人是善意的情况。此时,则占有媒介人无权使用收益,而间接占有人有权保有孳息等收益。仍以上述房屋出卖后出租案为例,如果乙对其与甲买卖合同的不成立、无效或被撤销等事由并不知情,但丙知情,则乙为善意而丙为恶意,此时,乙不需返还其租金,而丙则需要返还其使用房屋的价额。[2]

我国《物权法》第243条没有区分无权占有人是善意还是恶意,有偿还是无偿。只要是无权占有,返还原物请求权人可以请求返还原物和全部孳息。这一立法例与法国法中被广泛接受的"对孳息的宽恕"原则不符,[3]也与大陆法系各国保护善意占有人取得孳息的立法例不符。[4] 从实际来看,这一点对于善意且有偿取得占有的人来说,也有失公平。比如,土地承包经营合同被撤销后,此前承包人对土地的占有因合同被撤销而成为无权占有,承包人向发包人返还承包的土地时,即便承包人对于合同被撤销并无过失且对土地的占有系有偿占有,也仍需返还其在承包经营期间出租该土地所得租金和耕种该土地所得出产物,这显然是有失公允的,并且也明显地与人民群众最朴素的公平

---

〔1〕 Vgl. Hans Josef Wieling, *Sachenrecht*, Springer - Verlag, 1992, S. 70.

〔2〕 参见王泽鉴:《民法物权:用益物权·占有》,中国政法大学出版社2001年版,第322页。

〔3〕 参见尹田:《法国物权法》(第2版),法律出版社2009年版,第200页。

〔4〕 参见《法国民法典》第549条、《德国民法典》第988条、《意大利民法典》第1148条、《瑞士民法典》第938条、《日本民法典》第189条。

观念不符。从瑞士、日本的立法例看，如果善意占有人保留孳息，则不得向返还原物请求权人请求返还维护占有物的必要费用。将原物和孳息归属于返还原物请求权人，而将维护占有物的必要费用由返还原物请求权人负担，与善意占有人保留孳息但不得请求返还原物请求权人负担必要费用相比，法律后果差别不大。并且，有意见认为，我国《物权法》的规定，有助于简化法律关系，便于操作。[1] 这一解释有一定道理，但深入分析就会发现，这一立法选择还是不合理。因为就占有物孳息和占有物必要费用的价值来看，一般而言，孳息应大于必要费用。因为，如果占有物的孳息比维护费用都小，那么占有人的占有无任何经济利益可言，理性的占有人肯定会选择放弃占有。而既然占有人没有放弃占有，那说明占有物的孳息必定大于维护的必要费用，有时甚至远远大于维护的必要费用。而在孳息价值大于必要费用的情况下，上述立法选择就可能相差甚远。再以土地承包经营权为例，土地承包经营权人作为占有人的权利内容就是在所承包的土地上从事种植业、林业、畜牧业等农业生产活动，[2] 而这些农业生产活动基本都是对占有土地收取孳息，也就是说，收取孳息是土地承包经营权人（占有人）最主要的权利，其价值远远大于对所承包土地进行维护的必要费用。此时，无论如何不能说土地的孳息与土地维护的必要费用相差不大。因此，以孳息和必要费用相差不大作为立法选择的理由，稍显不足。

其他立法例并没有像我国《物权法》第 243 条那样，只规定孳息须由占有人向权利人返还，而是将选择权赋予善意占有人。如我国台湾地区“民法”第 954 条的规定，[3] 根据该规定，善意占有人可以在孳息和必要费用之间进行选择。如果他选择孳息，则不得向请求权人要求偿还必要费用。如果他选择要求必要费用，则需要放弃孳息。而《瑞士民法典》第 939 条第 1 款和第 3 款更是规定，权利人请求返还原物时，善意占有人可以主张其补偿为该物支出的必要的有益费用，并在支付费用前有权留置该物。占有人已经收取的孳息，应当计入对其补偿的费用。

---

〔1〕 参见胡康生主编：《中华人民共和国物权法释义》，法律出版社 2007 年版，第 516 页。

〔2〕 参见我国《物权法》第 125 条。

〔3〕 该规定的内容是：“善意占有人因保存占有物所支出之必要费用，得向回复请求权人请求偿还。但已就占有物取得孳息者，不得请求偿还。”

对于孳息之外的其他用益，我国《物权法》没有规定，是为法律漏洞。如果真的出现这类情况，法官不能因此而拒绝裁判，而只能创设规则裁判案件。[1]因《物权法》第243条规定的孳息就属于用益的一种，[2]故用益与孳息具有相似性，根据裁判案件的一般方法，应运用类推适用的方法，使类似案件同样处理。因此，应对用益作出与孳息相同的处理，即类推适用《物权法》第243条，将孳息以外的其他用益也一并返还权利人。

四、损害赔偿——善意自主占有人在所获利益的范围内予以赔偿

当《德国民法典》第987条至第992条规定的责任构成要件不成立时，第993条所规定的善意占有人的法律地位就需要认真考虑。[3] 实践中，在善意占有人无权占有期间，标的物难免因各种原因毁损或灭失。此时，完整地进行原物返还已无可能。但如一概地在原物灭失时不做任何返还，或者在原物毁坏时仅返还已被毁坏的原物，也有失公允。从目前的立法例来看，《德国民法典》第989条对诉讼系属发生后的损害赔偿有所涉及，[4]但该条规定的实际是非善意占有人的损害赔偿责任，因为诉讼系属发生后，占有人即使此前为善意，但也因诉讼的开始而对其占有到底为有权占有还是无权占有产生了新的认知，甚至可能意识到自己的占有实为无权占有。所以，诉讼系属发生后的占有人已经转化为非善意的占有人，第989条规定的损害赔偿并非善意占有人的损害赔偿。[5] 但是，通过对《德国民法典》第993条第1款后半句的分析可

---

〔1〕 参见梁慧星：《裁判的方法》（第2版），法律出版社2012年版，第211页。

〔2〕 陈卫佐先生认为，用益（Nutzungen），是物的孳息（Früchte einer Sache）、权利孳息（Früchte eines Rechts）和物或权利的使用所带来的利益的总和。参见《德国民法典》（第4版），陈卫佐译注，法律出版社2015年版，第34页。

〔3〕 Vgl. Jan Wilhelm, *Sachenrecht*, 4. Auflage, Walter de Gruyter GmbH & Co. KG, 2010, S. 534.

〔4〕 所谓诉讼系属，德文词汇为"Rechtshängigkeit"，陈卫佐先生将其翻译为"诉讼系属"，诉讼因起诉而发生诉讼系属（《德国民事诉讼法》第261条第1款）。在德国民事诉讼法上，起诉是通过向被告送达诉状而进行的（《德国民事诉讼法》第253条第1款）。一般来说，诉讼系属在法院的最终判决发生既判力时结束，或在诉讼和解或撤诉时结束。诉讼系属在民事诉讼法上的法律效果主要是：在诉讼系属期间，当事人任何一方都不能另外使诉讼处于未决状态（这意味着不能向同一法院或另一法院就同一诉讼标的另外递交诉状）；受诉法院的管辖权不因构成管辖权基础的情事发生变更而受影响。参见《德国民法典》，陈卫佐译注，法律出版社2015年版，第97页。丁启明翻译的《德国民事诉讼法》对第261条"Rechtshängigkeit"的翻译也采"诉讼系属"的译法。但是，吴越和李大雪翻译的沃尔夫的《物权法》中，将"Rechtshängigkeit"译为"权利未决状态"或"诉讼拘束"，参见[德]M. 沃尔夫：《物权法》（第20版），吴越、李大雪译，法律出版社2004年版，第103页。本书采诉讼系属的译法。

〔5〕 Vgl. Prütting / Wegen / Weinreich, *BGB Kommentar*, 5. Auflage, Luchterhand, 2010, SS. 1875 – 1877.

以看出，德国对于无权占有之下的善意占有人也有一般性的保护，即善意占有人在诉讼系属开始前原则上不承担损害赔偿责任。[1] 从保护效果上看，德国法对善意占有人的保护力度更大，因为它不要求善意占有人在诉讼系属开始前承担赔偿责任。

《欧洲示范民法典草案》对占有期间物的毁损灭失的法律后果由其第6卷“造成他人损害的非合同责任”来调整，而第6卷对此确定的基本处理原则就是，要对故意或过失造成的损害承担赔偿责任。[2] 也就是说，《欧洲示范民法典草案》的态度是，一般情况下，除非有故意或过失，否则善意占有人对所有人所遭受的损失是不负责任的。

我国《物权法》对占有物毁损、灭失的处理分两种情况分别规定。[3] 第一种情况是第242条规定的因占有人自身原因导致占有物毁损、灭失的情况。在这种情况下，善意占有人不负损害赔偿责任。第二种情况是第244条规定的因占有人以外的原因导致占有物毁损、灭失的情况。这种情况下，善意占有人应将因毁损、灭失取得的保险金、赔偿金或者补偿金等返还给权利人。我国有著述因而认为善意占有人承担的是返还责任而不是赔偿责任。[4] 本书认为，返还责任的表述，似乎更符合立法本意，但本条的关键在于对善意占有人的责任进行了限制，他只在因占有物毁损、灭失所获利益的范围内承担责任。

五、费用的偿还——善意占有人有权请求偿还必要费用且不负担返还费用

(一)无权占有期间的费用偿还问题

费用是为了保持、恢复或改善物的使用而需要支出的费用。无论是物的支出还是金钱的支出，二者都属于费用的范畴。另外，倘若占有人对所占有的物付出了劳动，这也属于费用而可以要求赔偿。[5] 总之，返还原物请求权之下

---

〔1〕 Vgl. Manfred Wolf, *Sachenrecht*, 18. *Auflage*, Verlag C. H. Beck, München, 2002, S. 110.

〔2〕 参见[德]克里斯蒂安·冯·巴尔、[英]埃里克·克莱夫主编：《欧洲私法的原则、定义与示范规则：欧洲示范民法典草案》(第6卷：造成他人损害的非合同责任)，王文胜等译，法律出版社2014年版，第179页。

〔3〕 参见王利明：《物权法研究》(下卷)，中国人民大学出版社2013年版，第1488~1490页。

〔4〕 参见最高人民法院物权法研究小组编著：《〈中华人民共和国物权法〉条文理解与适用》，人民法院出版社2007年版，第707页。

〔5〕 Vgl. Manfred Wolf, *Sachenrecht*, 18. *Auflage*, Verlag C. H. Beck, München, 2002, S. 121.

占有人支出的费用，仅指占有人自愿付出的费用（freiwillige Aufwendungen）。[1] 占有人就占有物所支出的各类费用又可以进一步分为必要费用（notwendige Verwendungen）、有益费用（Nützliche Verwendungen）和其他费用。而用《学说汇纂》中的语言表述，这种费用可以分为必要费用、有益费用和奢侈费用（Luxusverwendungen）。[2] 必要费用是指为保持占有物现有状态，保存或管理占有物必须支付的花费。德国学者将必要费用又细分为通常必要费用（gewöhnliche notwendige Verwendungen）和特别必要费用（ausserordentliche notwendige Verwendungen），[3]前者如占有动物后对动物的饲养费用，后者如占有物经受重大自然灾害后所指出的重大修缮费用。[4] 有益费用是指改良占有物所支出的费用，所谓改良是指在不改变占有物本身性质的基础上而使占有物的现存价值有所增加的情况。[5] 比如，将汽车的普通卤素大灯改为更先进的氙气大灯，将房屋的普通门窗改为隔音门窗等。除必要费用和有益费用之外的费用，都属于其他费用，《学说汇纂》中所说的奢侈费用可以归入其他费用中。

在德国法上，善意占有人可以按照《德国民法典》第994条第1款第1句的规定，针对权利人主张对诉讼系属发生前所支付的必要费用进行偿还。对于有益费用，占有人只能在诉讼系属发生前或恶意开始前主张偿还，偿还的范围也仅限于返还占有时仍然存在的增值部分。[6] 但需要注意的是，德国民法上，奢侈费用不得请求返还。[7] 《瑞士民法典》第939条第1款也指出，在权利人请求返还原物时，善意占有人可以请求权利人补偿其支出的必要费用，并可以在得到补偿前留置占有物。在奥地利法中，根据其民法典第331条和第332条的规定，善意占有人已为保存财产本身花费了必要的费用或为增加将来的收益花费了有益的费用的，应根据现有的价值，在不超过其实际花费的范围

---

〔1〕 Vgl. Manfred Wolf, *Sachenrecht*, 18. *Auflage*, Verlag C. H. Beck, München, 2002, S. 121.

〔2〕 Vgl. Jan Wilhelm, *Sachenrecht*, 4. Auflage, Walter de Gruyter GmbH & Co. KG, 2010, S. 540.

〔3〕 参见[德]鲍尔、[德]施蒂尔纳：《德国物权法》（上册），张双根译，法律出版社2004年版，第192页。

〔4〕 参见[德]鲍尔、[德]施蒂尔纳：《德国物权法》（上册），张双根译，法律出版社2004年版，第192页。

〔5〕 Vgl. Prütting / Wegen / Weinreich, *BGB Kommentar*, 5. Auflage, Luchterhand, 2010, S. 1882.

〔6〕 Vgl. Manfred Wolf, *Sachenrecht*, 18. *Auflage*, Verlag C. H. Beck, München, 2002, SS. 124 – 126.

〔7〕 参见王泽鉴：《民法物权：用益物权·占有》，中国政法大学出版社2001年版，第329页。

内，获得补偿。仅为了愉悦或美观而花费的费用，应在财产的一般价值因此实际增加的范围内予以赔偿。移除此等财产不损害财产本身的，前占有人可移除之。[1]《意大利民法典》第 1150 条也规定了善意占有人对于必要费用请求返还的权利，以及对于有益费用请求返还的权利。但是，有益费用的返还以现存价值为限。此外需要指出，《欧洲示范民法典草案》关于善意占有人必要费用的返还作出了另外的制度安排，按照其第Ⅷ—7:104 条的规定，无权占有期间占有人要求对费用支出进行补偿的权利按照不当得利的规定主张。即权利人向善意占有人的返还仅以现存利益为限，而并非偿还所有的必要费用。

从以上各国关于善意占有人必要费用和有益费用是否返还的处理上可以看出，一般情况下，善意占有人有权请求返还必要费用，但在请求返还必要费用时应与其收取的孳息进行折抵。同时，有益费用的返还，以现存价值为限。

我国《物权法》第 243 条对必要费用的负担问题进行了规定，根据该规定，在无权占有情形下，权利人可以请求占有人返还原物和孳息，但应当支付善意占有人就占有物而支出的必要费用。这一规定与前述对孳息的收取规则相呼应，从法理上讲，难谓合理，理由亦如前述。对于有益费用的偿还问题，我国《物权法》则没有涉及。从有益费用的实际功能看，善意占有人对占有物支出的有益费用基本用于增加占有物的价值。在返还原物时，该部分增加的价值对于权利人而言是得利，而对善意占有人则是损失，且二者之间有因果关系，因此可以构成权利人的不当得利。也就是说，在我国《物权法》对有益费用是否偿还未作规定的情况下，可以适用不当得利的规定对善意占有人进行救济。善意占有人在把改良后的原物返还给权利人后，可以不当得利返还请求权请求权利人返还有益费用的现存价值。

（二）占有人的留置权、同时履行抗辩权及取回权

占有人请求偿还的费用如果没有得到清偿，《德国民法典》第 1000 条提供了留置权（Zurückbehaltungsrecht）的保护措施，进而通过第 272 条第 3 款和第 274 条的适用强化其保护。[2] 这里的留置权，不因占有人的善意或恶意而有

---

〔1〕 参见《奥地利普通民法典》，周友军、杨垠红译，清华大学出版社 2013 年版，第 55 页。

〔2〕 Vgl. Hans Josef Wieling, *Sachenrecht*, Springer - Verlag, 1992, S. 177.; Manfred Wolf, *Sachenrecht*, 18. *Auflage*, Verlag C. H. Beck, München, 2002, S. 128.

别,[1]善意占有人当然可以提出。但根据我国台湾地区有关规定,债权人因侵权行为或其他不法之原因而占有动产者,不得主张这里的留置权。同时需要注意的是,这里的留置权不以占有人可得主张的费用偿还请求权已届履行期为条件。[2]

返还原物请求权行使过程中善意占有人对于占有期间有益费用的返还请求可否与权利人的返还原物请求形成同时履行抗辩,值得研究。从同时履行抗辩权的成立要件上看,至少需具备三点:因契约互负债务、存在对待给付并且已届清偿期、未为对待给付。其中,“因契约互负债务”的要件要求,主张同时履行抗辩权,必须是基于同一双务契约而产生的对待给付。[3] 而在返还原物义务和返还有益费用义务的比较中可以看出,二者并非因契约而互负债务,因此,不存在同时履行的问题。不过,实务界有观点认为,善意占有人此时可以主张同时履行抗辩权。[4] 本书认为,承认这种情况下善意占有人的同时履行抗辩权虽然有助于其权利的保护,但却颠覆了同时履行抗辩权本身的理论构成。如果为了保护善意者的权利而可以任意戕害一项成型的民法制度,则民法理论的大厦将时时处于危险之中。因此,不宜承认这里的善意占有人拥有同时履行抗辩权。如果确需保护善意占有人的权利,或可类推适用同时履行抗辩权的规定,准用其法律效果。[5]

善意占有人在占有期间,可能对占有物增添设备,强化其效用。如对占有的汽车加装儿童安全座椅,对占有的房屋加装空调等。对于这些设备,在返还原物时如果能拆除或分离的,返还请求权人应允许无权占有人取走,这在德国法上叫作占有人的“取回权”(Wegnahmerecht)。[6] 这其实是无权占有期间发生的有益费用应予返还的特例。

(三)返还费用的负担问题

返还原物中的费用除了无权占有期间发生的费用外,还有一种费用不能

---

〔1〕 参见王泽鉴:《民法物权:用益物权·占有》,中国政法大学出版社2001年版,第332页。

〔2〕 Manfred Wolf, *Sachenrecht*, 18. *Auflage*, Verlag C. H. Beck, München, 2002, S. 128.

〔3〕 参见王泽鉴:《民法学说与判例研究》(第6册),中国政法大学出版社1998年版,第142页。

〔4〕 参见最高人民法院物权法研究小组编著:《〈中华人民共和国物权法〉条文理解与适用》,人民法院出版社2007年版,第705页。

〔5〕 参见孙宪忠主编:《中国物权法:原理释义和立法解读》,经济管理出版社2008年版,第578页。

〔6〕 Vgl. Hans Josef Wieling, *Sachenrecht*, Springer-Verlag, 1992, S. 179.; Prütting/Wegen/Weinreich, *BGB Kommentar*, 5. Auflage, Luchterhand, 2010, S. 1883.

不予重视,这就是返还原物及其孳息或其他用益过程中所发生的费用,可以称为返还费用。沃尔夫教授曾经举例说明返还费用的负担问题。甲被盗的汽车被乙发现,但在发现时该失窃汽车已经被转移到离甲很远的德国北部。而要把该车从德国北部运到甲所居住的德国南部需要花费300马克,这300马克由谁负担就成为问题。〔1〕因为《德国民法典》第985条返还请求权没有就此作出规定,按照前文关于“返还义务可以类推适用民法债权法中给付义务”的原理,该案例中,应根据《德国民法典》债法编中第269条关于履行地的规定,确定该返还费用的负担问题。因本案中无法确定无权占有的窃贼,故只好由所有权人自行负担这笔运送费用。〔2〕但在确定了恶意占有人(窃贼)的情况下则完全不同,这就涉及恶意占有人的返还范围问题,后文将有详述。此外,德国联邦最高法院曾有一个案例,〔3〕甲已经将11辆汽车转让给信贷公司乙和丙,同时甲因为资不抵债被限制处分。被告丁明知甲有处分限制仍与其缔结合同,并将11辆汽车从甲所在的A地转移到B地。后来,乙和丙将上述车辆转让给原告戊。为保护其权利,原告戊起诉请求被告丁承担将上述汽车从B地运回A地的花费。法院依据《德国民法典》第684条和第812条支持了原告的请求。在这里,法院所遵循的裁判规则是:如果占有物的存放地点发生改变,则占有人为善意的,只在物的现存放地履行,返还费用由返还原物请求权人负担。〔4〕这一规则是德国学者的通说观点,德国学者虽然也有另外的解释方案,即主张把车辆运回的义务不属于返还请求权的应有内容,该义务的正当性基础实际来源于侵权损害赔偿,〔5〕但类似于费用偿还这样的请求权是对返还原物请求权的补充,也以返还原物之诉的存在为前提,〔6〕因此,在返还原物请求权效力的范围内思考费用偿还问题也有合理性。尤其是在我国民法中的

---

〔1〕 Vgl. Manfred Wolf, *Sachenrecht*, 18. *Auflage*, Verlag C. H. Beck, München, 2002, S. 135.

〔2〕 Vgl. Manfred Wolf, *Sachenrecht*, 18. *Auflage*, Verlag C. H. Beck, München, 2002, S. 135.

〔3〕 Vgl. BGHZ 79, 211. = NJW 1981, 752f. 转引自朱虎:《物权请求权的独立与合并——以返还原物请求权为中心》,载《环球法律评论》2013年第6期。

〔4〕 参见朱虎:《物权请求权的独立与合并——以返还原物请求权为中心》,载《环球法律评论》2013年第6期。

〔5〕 Vgl. Staudinger / Gursky, § 985, Rn. 60; MünchKomm / Medicus, § 985, Rn. 22; Ennecerus / Lehmann, Recht der Schuldverhältnisse, Bd. 2, Aufl. 15, 1958, SS. 4f.; Picker, Der vindikatorische Herausgabeanspruch, S. 729ff. 转引自朱虎:《物权请求权的独立与合并——以返还原物请求权为中心》,载《环球法律评论》2013年第6期。

〔6〕 Vgl. Manfred Wolf, *Sachenrecht*, 18. *Auflage*, Verlag C. H. Beck, München, 2002, S. 104.

损害赔偿与德国民法中损害赔偿内涵大相径庭的情况下，更应做这样的理解。因为，我国民法中的损害赔偿与恢复原状并列，仅指金钱的赔偿，而德国民法中的损害赔偿以恢复原状为原则，同时辅之以金钱赔偿。[1]

关于返还费用，我国《物权法》仍然没有涉及。《合同法》第62条第6项对合同中的履行费用的规定，能否完全类推适用，不无疑问。理论上，关于返还费用的处理有两种观点：(1)一体处理主义，这种观点认为，返还原物请求权实现中的返还费用属于其固有范围，费用负担人与返还义务人是一致的，但应考虑返还义务人的过错问题。这是我国学界的通说。[2] (2)分别处理主义，这种观点认为，返还义务与返还费用是两个问题，返还费用请求权应属于物权请求权的伴随性请求权，二者应该分离开来，适用不同的处理规则。在分别处理主义之下，返还费用到底由谁负担，又有相对人负担说、所有人负担说、权利人负担说、"支配与责任"分开说等学说。[3] 在我国的实践中，当事人在返还原物案件的诉讼请求中也会涉及返还费用的问题。而法院在判决返还原物案件中，对于返还费用负担问题的处理也并不统一。在一起返还原物纠纷中，法院在没有认定无权占有原因，进而在没有区分善意恶意的情况下，直接判决运输费用由被告承担。[4] 在另一起返还原物案件中，当事人提出了返还原物时的运输费问题，但法院以该运输费用没有实际发生为由只判决返还原物，而不支持当事人关于返还费用的请求。[5] 而在又一起返还原物纠纷案件中，法院则实际上以被告扣留原告设备的行为构成侵权（主观上具有恶意）为由，判决被告返还原物的同时要承担运输（返还）费用。[6] 从实质合理性的角度分析，返还原物时的费用虽然在判决作出时没有发生，但却是必然要发生的。法院如果不在返还原物纠纷的判决中对此问题作出处理，则势必导致执行程序中发生争议，且不利于当事人服判息诉。因此，就返还费用的负担问题，本书坚持我国学者的通说，即返还原物与返还费用一体处理，不应分开。同时，本书认

---

〔1〕 Vgl. Prütting / Wegen / Weinreich, *BGB Kommentar*, 5. Auflage, Luchterhand, 2010, S. 367 ff.

〔2〕 参见郭明龙：《论物权请求权的独立性与纯粹性——以物权请求权实现之费用负担为切入点的分析》，载《黑龙江社会科学》2008年第1期。

〔3〕 参见郭明龙：《论物权请求权的独立性与纯粹性——以物权请求权实现之费用负担为切入点的分析》，载《黑龙江社会科学》2008年第1期。

〔4〕 参见(2009)巩民初字第2386号民事判决书。

〔5〕 参见(2014)宜民初字第1247号民事判决书。

〔6〕 参见(2014)永民初字第1006号民事判决书。

为，返还义务属给付义务，应由返还义务人履行，但在费用负担上需要考虑占有人的善意或恶意。司法实践中如果当事人提出返还费用负担的诉讼请求，则法院完全可以根据无权占有人的占有是善意还是恶意而对返还费用的负担作出裁决，如果占有人为善意，则基本的原则是：只在物的现存放地履行，返还费用由返还原物请求权人负担而不由善意占有人负担。

第三节　恶意占有人的返还

一、恶意占有人的范围

恶意占有人与善意占有人相对，即明知或因重大过失而不知自己无占有之权利的人。此外，取得占有之后得知自己无占有权利的人，也为恶意。[1] 恶意占有人应当从恶意开始时承担相应责任。德国民法中将恶意占有人分为一般的恶意占有人、诉讼占有人和侵权占有人。[2] 我国台湾地区有关规定也明确，占有人为善意且在本权诉讼中败诉的，从起诉状送达时开始，即被视为具有恶意的占有人。对于一般的恶意占有人和侵权占有人属于恶意占有人，自无异议。但诉讼占有人作为恶意占有人则需分析。

（一）诉讼占有人与恶意占有人同视

1. 诉讼占有人的概念及构成要件

所谓诉讼占有人（Prozeßbesitzer），是指就物的返还而被提起返还之诉的占有人。[3] 根据这一定义，诉讼占有人需具备如下构成要件：

（1）诉讼占有人是诉讼中的占有人。诉讼占有人的概念强调其时空状态为诉讼中。尚未进入诉讼状态的占有，即使为无权占有，也不能将占有人称为诉讼占有人。诉讼终结后的占有，无论为有权占有或无权占有，亦无论为善意占有或恶意占有，均不称为诉讼占有人。

（2）诉讼占有人只存在于返还物的诉讼中。根据返还对象是否涉及物的

---

〔1〕 Vgl. Prütting / Wegen / Weinreich, *BGB Kommentar*, 5. Auflage, Luchterhand, 2010, S. 1877.

〔2〕 参见［德］鲍尔、［德］施蒂尔纳：《德国物权法》（上册），张双根译，法律出版社2004年版，第187～188页。

〔3〕 参见［德］鲍尔、［德］施蒂尔纳：《德国物权法》（上册），张双根译，法律出版社2004年版，第188页。

情况，涉及返还的诉讼至少包括纯粹返还物的诉讼和返还利益（价额）的诉讼。纯粹返还物的诉讼，在大陆法系国家的民法上既可能源于返还原物诉讼，也可能源于侵权诉讼，比如，我国《侵权责任法》第15条第1款第4项就规定了“返还财产”的责任方式，而这种“返还财产”的责任包括返还原物。此外，还可能源于不当得利返还的诉讼。比如，按照《意大利民法典》第2041条第2款的规定，不当得利返还时，如果返还的标的物是特定物且当时仍然存在的，则返还义务人应返还实物。[1] 因此，无论是返还原物诉讼，还是不当得利诉讼，抑或是侵权诉讼，只要返还的内容涉及实物的返还，就可能存在诉讼占有人。

（3）诉讼占有人在物之返还诉讼中是被告。在涉及物的返还诉讼中，诉讼占有人不是原告，而是处于被起诉地位的被告。如此，则在实体法律关系中拥有以物的返还为内容的请求权的人不能在以此为内容的诉讼中成为诉讼占有人。因为在实体法律关系中具有请求权的人往往是潜在的原告，一旦其实体请求权不能得到相对人的主动协助而满足，他就会提起诉讼从而成为诉讼中的原告，而诉讼占有人必然是被告。当然，在符合提起反诉的条件下，不排除诉讼占有人成为反诉的原告，但在物之返还诉讼的本诉中，诉讼占有人恒为被告。

2. 诉讼占有人属恶意占有人

将诉讼占有人定性为恶意占有人又涉及善意与恶意的区分问题。意大利学者曾指出，在这一刻不知其行为损害他人权利的人是善意占有人。[2] 由重大过失导致的不知等同于恶意。怀疑经常被与恶意或重大过失同视，还是依据占有人可能认为该怀疑与实际相合还是相反而使其与明知或不知同视。[3] 这种分析过程中的比较说明，明知或不知是判断善意或恶意的重要因素，而怀疑的心理状态往往能够对不知造成威胁——既然已经对某种状态产生怀疑了，那就可能初步判断该状态并非本来面目。这就是把诉讼占有人定为恶意占有人的深层次原因。当物的返还诉讼提起后，无权占有人即使此前曾为善

---

〔1〕 参见《意大利民法典（2004年）》，费安玲等译，中国政法大学出版社2004年版，第479页。

〔2〕 See Moscati, *Mala fides superveniens non nocet*, *in Scritti in memoria di Lener*, Napoli, 1989, p. 645. 转引自［意］鲁道夫·萨科、［意］拉法埃莱·卡泰丽娜：《占有论》，贾婉婷译，中国政法大学出版社2014年版，第307页。

〔3〕 参见［意］鲁道夫·萨科、［意］拉法埃莱·卡泰丽娜：《占有论》，贾婉婷译，中国政法大学出版社2014年版，第307页。

意,但也将因为诉状的送达,需要重新检视自身的法律地位。因为他必须意识到,诉讼的结果可能是判决要求他返还占有之物。[1] 因此,无论是善意占有人还是恶意占有人,从诉讼系属发生后,都会转化为诉讼占有人,[2]从而成为恶意占有人。

(二)占有辅助人的恶意

占有辅助人(Besitzdiener)是事实上占有物的人,但他并非是取得占有的占有人,而只是依照占有人的意思占有标的物。这就涉及占有辅助人的恶意的法律效果是否应由占有人承受的问题。就此问题,德国及我国台湾地区有三种见解:(1)认为可以类推适用我国台湾地区"民法"第105条关于"代理行为之瑕疵"的规定进行处理。即占有人善意还是恶意的事实,应就其占有辅助人予以决定。(2)认为应类推适用我国台湾地区"民法"第188条第1项关于"雇用人责任"的相关规定,即应看占有人对占有辅助人的选任是否尽到了监督义务。尽到监督义务,则不负责任;未尽到监督义务,则与占有辅助人承担连带责任。(3)根据取得占有的过程而有所不同。占有如果是因法律行为而取得,则类推适用代理行为之瑕疵规定;如果因其他原因而取得占有,则类推适用雇用人责任的规定。[3] 上述三种见解以第三种见解为有力见解。[4] 占有因法律行为而取得的情况,比如,甲公司向乙公司租用大型机器设备,交由雇员丙实际占有控制,而丙在占有之初即明知该借用合同无效。此时,根据我国台湾地区有关规定,应类推适用其"代理行为之瑕疵"规定(第105条)。占有非因法律行为而取得的情况,比如,甲雇用乙开荒,乙故意将开荒范围扩展到丙的农地上并设置围栏,构成对丙农地的无权占有。此时,如果甲对于乙的选任没有尽到监督注意义务,则根据我国台湾地区有关规定,应类推适用"雇用人责任"的规定(第188条第1项),认定甲为恶意占有人,负相应的责任。[5] 对于上述问题,我国民法中并无规定,在法律层面也无可得类推适用的

---

[1] 参见[德]鲍尔、[德]施蒂尔纳:《德国物权法》(上册),张双根译,法律出版社2004年版,第188页。

[2] Vgl. Hans Josef Wieling, *Sachenrecht*, Springer - Verlag, 1992, S. 165.

[3] 该三种见解分别参见 Westermann / Gursky, *Sachenrecht*, S. 37; Baur / Stürner, *Sachenrecht*, S. 37; BGHZ 32, 53; Schwab / Prütting, *Sachenrecht*, S. 31。以上资料均转引自王泽鉴:《民法物权:用益物权·占有》,中国政法大学出版社2001年版,第317页。

[4] 参见王泽鉴:《民法物权:用益物权·占有》,中国政法大学出版社2001年版,第317页。

[5] 参见王泽鉴:《民法物权:用益物权·占有》,中国政法大学出版社2001年版,第317页。

规定。从法理上看,将占有区分为基于法律行为的占有和非基于法律行为的占有更为精细科学。在基于法律行为的占有的情形,占有辅助人若为恶意,则应视为占有人的恶意。在非基于法律行为的情形,如果占有人对于占有辅助人的选任没有尽到监督义务,则占有辅助人的恶意应视为占有人的恶意,应负连带责任。

(三)未成年占有人的恶意问题

未成年人作为占有人时,其善意与恶意的判断不能完全按照完全行为能力人的标准进行。因为各国民法都贯彻了对于未成年人进行特殊保护的理念。一般而言,作为归责基础的行为能力主要以年龄进行划分,未成年人行为能力的划分也是如此。但通过年龄体现的智力成熟且具有语言表达能力也是未成年人有行为能力的一个权威标准,[1]这就涉及未成年人的识别能力问题。在我国的司法实践中,未成年人无权占有他人之物的,判决虽然最终要求被告返还无权占有的标的物,但对于未成年人恶意的问题,很少进行分析,[2]这种做法将直接导致恶意无权占有期间孳息、用益、必要费用、有益费用等返还的依据不足的问题,应予摒弃。

(四)侵权占有人的恶意问题

占有人以法律所禁止的私力(verbotene Eigenmacht)或犯罪行为取得占有的,属于明显的恶意。[3] 德国法中将这种以法律所禁止的私力取得占有的人称为侵权占有人(deliktischen Besitzer),[4]属于典型的恶意占有人。侵权占有人对任何损害都要向权利人承担赔偿责任,他要按照回复原状的要求,使权利人回复到赔偿事由没有发生时的状态。也就是说,侵权占有人需要赔偿权利人可能收取的所有的收益。同时,他还需要返还权利人自己都可能无法收取,但他却已经收取的那些收益。原因在于,侵权占有人的地位无论如何不能超越一般恶意占有人的地位。[5]

---

〔1〕 Vgl. Mathias Schmoeckel / Joachim Rückert /Reinhard Zimmermann, *Historisch - Kritischer Kommentar zum BGB, Band* Ⅰ: *Allgemeiner Teil*, Mohr Siebeck, 2003, S. 368.

〔2〕 参见(2014)一中民一终字第 132 号民事判决书。

〔3〕 Vgl. Prütting / Wegen / Weinreich, *BGB Kommentar*, 5. Auflage, Luchterhand, 2010, S. 1879.

〔4〕 Vgl. Hans Josef Wieling, *Sachenrecht*, Springer - Verlag, 1992, S. 170.

〔5〕 参见[德]鲍尔、[德]施蒂尔纳:《德国物权法》(上册),张双根译,法律出版社 2004 年版,第 191 ~192 页。

二、原物占有的返还

无权占有无论善意还是恶意，占有人都应负原物占有的返还责任，这一点，前文关于“善意占有人的返还”中已经予以讨论，此处不再赘述。

三、用益的返还——全部返还

（一）恶意占有人有偿或无偿对返还用益的影响

在德国法上，善意或恶意占有人用益的返还往往与无偿联系起来，[1]因为无偿地无权占有他人之物的用益，本身也可能构成不当得利。所以，在德国法上，善意占有人如果无偿取得对标的物的占有，应按照不当得利的规定向权利人返还其使用收益。[2] 这一规定对善意占有人较为苛刻。至于恶意占有人使用收益的返还是否无偿的问题并无规定。但从《德国民法典》第 990 条（恶意占有人的责任）的规定看，该条只援引了第 987 条（诉讼系属发生后的用益）和 989 条（诉讼系属发生后的损害赔偿），而并没有援引第 988 条（无偿占有人的用益）。由此可知，恶意占有人的占有不论有偿还是无偿，都应按照《德国民法典》第 990 条的规定向权利人返还用益，因为此时恶意占有人已经不值得再受保护。[3] 我国台湾地区对于恶意占有人的用益返还也不区分有偿还是无偿。根据我国《物权法》第 243 条的规定，恶意占有人返还孳息也不区分有偿或无偿。

（二）恶意占有人对孳息的返还

根据我国《物权法》第 243 条的规定，恶意占有人应将无权占有期间所得孳息全部返还给权利人。[4] 从比较法上看，大部分大陆法系国家都坚持这一处理规则。《德国民法典》以诉讼系属的发生为节点，其后的用益应向权利人返还。[5] 《瑞士民法典》则规定恶意占有人对于已经收取的孳息承担赔偿责任。[6] 《日本民法典》也明确规定恶意占有人负有返还孳息的义务。[7] 就此而言，恶意占有人应返还全部孳息，在理论和实务上都不成问题。

---

〔1〕 Vgl. Jan Wilhelm, *Sachenrecht*, 4. Auflage, Walter de Gruyter GmbH & Co. KG, 2010, S. 526 ff.

〔2〕 Vgl. Hans Josef Wieling, *Sachenrecht*, Springer – Verlag, 1992, S. 169.

〔3〕 Vgl. Manfred Wolf, *Sachenrecht*, 18. *Auflage*, Verlag C. H. Beck, München, 2002, S. 107.

〔4〕 参见最高人民法院物权法研究小组编著：《〈中华人民共和国物权法〉条文理解与适用》，人民法院出版社 2007 年版，第 705 页。

〔5〕 Vgl. Prütting / Wegen / Weinreich, *BGB Kommentar*, 5. Auflage, Luchterhand, 2010, S. 1874.

〔6〕 参见《瑞士民法典》，于海涌、赵希璇译，法律出版社 2016 年版，第 321 页（第 940 条第 1 款）。

〔7〕 参见《日本民法典》，王爱群译，法律出版社 2014 年版，第 40 ~ 41 页（第 190 条第 1 款）。

但是占有物的所生孳息需要占有人尽到收取的义务。现实中存在孳息因恶意占有人怠于收取而发生损失的情况。比如,甲恶意占有乙之耕牛期间,耕牛产仔,因甲对小牛犊疏于保管,小牛犊走失。该案中,恶意占有人甲在返还乙之耕牛时,走失的小牛犊应如何处理呢? 按照《德国民法典》第 987 条第 2 款的规定,占有人因故意或过失没有收取孳息,而实际上按照正常的经营规则,他本可以收取这些孳息的,占有人将承担损害赔偿责任。[1] 我国《物权法》对此虽没有明确规定,但在解释上,应认为占有人负返还孳息价金的义务。另需注意,在占有的本权不包括收取孳息权能的情况下,占有人误以为有收取孳息权能的,视为恶意占有人,[2]适用关于恶意占有人返还的规则。

如果恶意占有人没有很好地保管收取的孳息,致使孳息遭受毁损,则类推适用《德国民法典》第 987 条第 2 款,占有人仍应在其过错的范围内承担赔偿责任。当然,按照不可抗力免责的一般原则,孳息因不可抗力而灭失或毁损的,恶意占有人不承担责任。但是,返还请求权人已经提出返还请求,而占有人怠于返还的,构成给付迟延,此时如果发生不可抗力的,恶意占有人仍应承担责任。

还有一种情况是恶意占有人收取孳息后将其消费。我国《物权法》对此付之阙如。从法理上看,明知自己无权占有而将他人之物孳息消费的,其主观恶意并不比怠于收取孳息小,甚至有过之而无不及。而在返还孳息方面,恶意占有人负担加重的返还责任(Verschärfte Haftung auf Nutzungsherausgabe),与善意占有人有限的返还责任(Beschränkte Haftung auf Nutzungsherausgabe)适成对比。[3] 因此,应当认为恶意占有人对占有期间所消费的孳息负偿还责任。此外,这里所说的消费,也应包括将孳息转让给第三人。因为,将孳息转让他人也是一种法律上的消费。这种情况下,权利人既可以请求恶意占有人偿还,也可以直接请求第三人返还孳息。占有人返还价金时,可以要求权利人让与其对第三人的返还请求权。而第三人应权利人的请求进行返还后,也可请求无权占有人返还其受让孳息时所支付的对价。[4]

---

〔1〕 Vgl. Manfred Wolf, *Sachenrecht*, 18. *Auflage*, Verlag C. H. Beck, München, 2002, S. 108.

〔2〕 参见史尚宽:《物权法论》,中国政法大学出版社 2000 年版,第 585 页。

〔3〕 Vgl. Manfred Wolf, *Sachenrecht*, 18. *Auflage*, Verlag C. H. Beck, München, 2002, SS. 107 – 109.

〔4〕 参见史尚宽:《物权法论》,中国政法大学出版社 2000 年版,第 585 ~ 586 页。

（三）恶意占有人对其他用益的返还

无权占有期间除了产生孳息外，还会因使用占有物而获得收益。《德国民法典》第100条规定的用益是经历了从罗马法一直到法典化时期的发展的成果，[1]其内容不仅包括孳息（第99条），也包括对物进行使用而获取的好处。因此，在德国法上，返还原物时必然返还孳息，也要返还孳息之外的其他用益。比如，小偷用盗窃来的车载客做生意而获利，[2]该获利也需要返还。我国台湾地区有关规定对于孳息之外的其他收益如何处理没有明确。学者认为，这里的孳息不仅包括天然孳息与法定孳息，还应通过类推适用其台湾地区"民法"第958条，解释为包括使用占有物所得之利益。[3] 我国《物权法》对孳息之外的收益问题并无规定，属于法律漏洞，可以采取漏洞补充的办法，类推适用《物权法》第243条前半句，对其他用益作与"孳息"相同的处理。

四、损害赔偿——恶意占有人就占有物的损害承担完全赔偿责任

（一）因可归责于恶意占有人的事由而导致物的毁损灭失

按照大陆法系部分国家的立法例，无权占有期间，占有物发生损毁灭失的，善意占有人一般仅在因标的物毁损灭失所受利益的范围内承担损害赔偿责任。德国法中对善意占有人的损害赔偿责任没有明确限定在所受利益的范围内，而是要求善意占有人在诉讼系属开始前原则上不承担损害赔偿责任。[4] 与此形成鲜明对照的是，恶意占有人则须对无权占有期间因可归责于自己之事由而导致的占有物的毁损灭失，承担全额的损害赔偿责任。至于占有人是否因此毁损灭失而受有利益，在所不问。虽然德国民法在对善意占有人的保护方面与其他国家不同（德国不要求赔偿，而其他国家则要求在所受利益内赔偿），但在恶意占有人的处理上，则与其他大陆法系国家大体相同，只不过更为精细：即一般的恶意占有人和诉讼占有人需要对因其过错导致的占有物的毁损灭失承担损害赔偿责任，而侵权占有人需要就因意外事件导致的损害在内

---

〔1〕 Vgl. Mathias Schmoeckel / Joachim Rückert /Reinhard Zimmermann, *Historisch – Kritischer Kommentar zum BGB*, *Band* Ⅰ: *Allgemeiner Teil*, Mohr Siebeck, 2003, SS. 344 – 349.

〔2〕 参见［德］克里斯蒂安·冯·巴尔、［英］埃里克·克莱夫主编：《欧洲私法的原则、定义与示范规则：欧洲示范民法典草案》（第8卷：物的所有权的取得与丧失），朱文龙等译，法律出版社2014年版，第872页。

〔3〕 参见谢在全：《民法物权论》（下册），中国政法大学出版社1999年版，第1004页；另请参见王泽鉴：《民法物权：用益物权·占有》，中国政法大学出版社2001年版，第321页。

〔4〕 Vgl. Manfred Wolf, *Sachenrecht*, 18. *Auflage*, Verlag C. H. Beck, München, 2002, S. 110.

的所有损害承担赔偿责任。[1]《欧洲示范民法典草案》第Ⅷ-7:102条将无权占有期间占有物毁损灭失的赔偿问题交给第6卷"造成他人损害的非合同责任"来处理,[2]也就是完全按照侵权责任规则来处理。因为,无权占有期间因占有人的事由而导致毁损灭失表明占有人存在故意或过失,这就完全满足了《欧洲示范民法典草案》第6卷中规定的故意或过失要件。[3]

按照我国《物权法》第242条和第244条的规定,占有物毁损灭失或有其他损害的,恶意占有人不仅要把占有物毁损灭失而取得的保险金等收益返还权利人,还应足额赔偿权利人未得到填平的损失。从法律规定的文义看,我国并不在意占有物的毁损灭失是否因可归责于占有人的事由而导致。这就表明,占有物的毁损灭失不管是否因可归责于占有人的事由而导致,恶意占有人都要承担损害赔偿责任,并且以全部赔偿为原则。[4] 但从法理上对第244条进行分析可以发现,该条的前半句实际上是不当得利的返还,而后半句则是损害赔偿。即占有物毁损灭失有赔偿金等替代物时,依据该条,权利人只能先请求不当得利的返还,在不当得利不能填补损失时,才可对恶意占有人请求损害赔偿;或者占有人并未因占有物的毁损灭失而获得赔偿金等替代物的,权利人可直接请求恶意占有人赔偿损失。学者认为,这一规范安排和损害赔偿法原理存在冲突,因为在占有物毁损灭失情况下权利人到底是主张不当得利请求权,还是提出损害赔偿请求,应由其自行选择,但在目前的规范安排之下权利人已经失去了选择自由。[5] 这一主张有其道理,但究竟是纯理论的探讨。实践中,这种情况大都通过《民事案件案由规定》中的"财产损害赔偿纠纷"案由

---

〔1〕 Vgl. Jan Wilhelm, *Sachenrecht*, 4. Auflage, Walter de Gruyter GmbH & Co. KG, 2010, SS. 530-534.

〔2〕 参见[德]克里斯蒂安·冯·巴尔、[英]埃里克·克莱夫主编:《欧洲私法的原则、定义与示范规则:欧洲示范民法典草案》(第8卷:物的所有权的取得与丧失),朱文龙等译,法律出版社2014年版,第860页。

〔3〕 参见[德]克里斯蒂安·冯·巴尔、[英]埃里克·克莱夫主编:《欧洲私法的原则、定义与示范规则:欧洲示范民法典草案》(第6卷:造成他人损害的非合同责任),王文胜等译,法律出版社2014年版,第434、444页。

〔4〕 参见孙宪忠主编:《中国物权法:原理释义和立法解读》,经济管理出版社2008年版,第570页。

〔5〕 参见孙宪忠主编:《中国物权法:原理释义和立法解读》,经济管理出版社2008年版,第583~584页。

解决,而不通过“占有物损害赔偿纠纷”案由解决。[1] 这就是说,实践中,当事人大都以《物权法》第37条或《侵权责任法》第15条中规定的损害赔偿条款为规范基础,从而有效避过了本条所规定的占有物毁损灭失时权利人需要先请求不当得利返还的要求。

(二)因不可归责于恶意占有人的事由而导致的毁损灭失

从大陆法系国家或地区的立法例考察,《德国民法典》第989条、《奥地利普通民法典》第338条、《瑞士民法典》第940条第3款及《日本民法典》第191条均要求恶意占有人就占有物毁损灭失的赔偿责任以其有可归责事由为条件。这就意味着,无权占有期间,如果非因占有人的原因而导致占有物毁损灭失的,即便占有人的占有本身为恶意,也不应承担赔偿责任。在这一问题上,善意占有人与恶意占有人的不同在于:善意占有人对于因自己的原因导致的占有物毁损灭失,仅在因该毁损灭失而受有利益的范围内承担责任;而恶意占有人则需要对因自己原因导致的占有物毁损灭失的全部损失承担责任,无论其是否因此毁损灭失而受有利益。当然,需要强调的是,德国法上也存在例外。这就是《德国民法典》第992条规定的侵权占有人在无权占有期间,对即便是不可归责于自己的事由所导致的占有物毁损灭失,也要承担损害赔偿责任,这是一种严格责任(verschärfte Haftung)。[2] 并且,《德国民法典》第987条以下的诸如用益的返还等规定对他也仍然适用。[3]

根据以上分析,除了德国法上的侵权占有人另当别论外,不可抗力(höhere Gewalt)所导致的占有物毁损灭失,一般不应由恶意占有人承担损害赔偿责任。但是,如果恶意占有人在得知权利人的返还请求后仍不为返还,其时,占有物若在迟延返还时因不可抗力而毁损灭失的,恶意占有人是否应承担赔偿责任?对此,我国台湾地区学者曾有不同见解。一种见解认为,应适用我国台湾地区“民法”第182条第2款后半句,只要不当得利与发生的损害有因果关

---

〔1〕 从中国裁判文书网搜索2010年1月1日至2016年10月2日的“占有物损害赔偿纠纷”判决,只有159件,而“财产损害赔偿纠纷”判决则有14,257件。另以笔者所在的北京市第一中级人民法院为例,2011年1月1日至2016年10月2日的“占有物损害赔偿纠纷”判决仅有4件,而“财产损害赔偿纠纷”判决则有839件之多。

〔2〕 Vgl. Manfred Wolf, *Sachenrecht*, 18. *Auflage*, Verlag C. H. Beck, München, 2002, SS. 112–113; Jan Wilhelm, *Sachenrecht*, 4. Auflage, Walter de Gruyter GmbH & Co. KG, 2010, SS. 530–534.

〔3〕 Manfred Wolf, *Sachenrecht*, 18. *Auflage*, Verlag C. H. Beck, München, 2002, S. 113.

系,无论故意或过失,都应赔偿。另一种见解认为,应适用台湾地区“民法”第252条违约金额过高之酌减的规定和第218条因赔偿义务人生计关系之酌减的规定。第三种见解认为,恶意占有人的迟延返还,应类推适用债务人迟延的规定,对迟延返还后发生的不可抗力承担损害赔偿责任。[1] 前文已经述及,返还原物请求权在性质上属于物权请求权而不是债权请求权,但在结构上与债权请求权相同,可以类推适用民法债权中关于给付的规定。因此,返还义务人的迟延可以类推适用给付迟延的规定,即在迟延期间,债务人也因给付而对偶然事件负责。[2] 基于以上分析,本书采第三种见解。

我国《物权法》第242条和第244条对无权占有期间占有物毁损灭失或其他损害,不论是否可归责于恶意占有人,都课以其损害赔偿责任。实务中有观点认为,该两条规定并不关注占有人的过错,关注的只是因果关系,即只要行为与损害之间有因果关系,即可认定占有人的赔偿责任,如此规定有利于实际操作。[3] 但有学者对此提出批评,认为上述实务观点混淆了损害赔偿法中的过错和因果关系,且该规定立法政策的合理性也值得怀疑。[4] 本书认为,学者从立法论的角度提出的批评值得深思和借鉴。但在立法已经如此规定的情况下,从解释论的角度看,该两条规定的确对恶意占有人课以了加重的责任,在无权占有期间所发生的占有物毁损灭失或其他损害,不以占有人有过错为条件,占有人需要承担严格的损害赔偿责任。

五、费用偿还的问题

(一)无权占有期间的费用偿还问题

民法中一般都将无权占有期间的费用区分为必要费用、有益费用和其他费用,或必要费用与非必要费用。费用本身又是物上的支出,而支出又是指明用途所及的自愿的财产牺牲(freiwillige Vermögensopfer)。[5] 这些财产牺牲要么是为了保存占有物的必要,要么是为了增值占有物的必要。在返还占有

---

〔1〕 参见谢在全:《民法物权论》(下册),中国政法大学出版社1999年版,第1002页。

〔2〕 Vgl. Wolfgang Fikentscher / Andreas Heinemann, *Schuldrecht*, 10. Auflage, De Gruyter Recht, 2006, S. 195; Prütting / Wegen / Weinreich, *BGB Kommentar*, 5. Auflage, Luchterhand, 2010, S. 472.

〔3〕 参见最高人民法院物权法研究小组编著:《〈中华人民共和国物权法〉条文理解与适用》,人民法院出版社2007年版,第702页。

〔4〕 参见孙宪忠主编:《中国物权法:原理释义和立法解读》,经济管理出版社2008年版,第567页。

〔5〕 Vgl. Hans Josef Wieling, *Sachenrecht*, Springer - Verlag, 1992, S. 172.

物时，自然也需要对这些费用支出进行清算，决定由谁最终负担。

从比较法上考察，对于必要费用，一般都规定，恶意占有人为保存占有物而支出的必要费用，可以按照无因管理的相关规定请求权利人偿还。[1] 据此，恶意占有人可以请求偿还的费用，必须是经权利人认可的，或者要符合权利人的利益且不违反权利人真实或可推知的意思的费用。这里需要强调以下几点：第一，依照无因管理规定向权利人请求返还必要费用的只能是诉讼系属占有人和恶意占有人。[2] 善意占有人可以直接要求权利人偿还必要费用——当然，在有些国家或地区需要与其收取的孳息相抵，而不需要援引无因管理的规定。第二，所谓"按照无因管理的规定"并非指恶意占有人需要完全满足无因管理的构成要件时才可主张偿还。因为，从规范目的上看，恶意占有人应该不需要具备为权利人管理事务的意思。[3] 若非如此，则在所有的无权占有返还中，大量存在自主无权占有人因不具有为他人管理事务的意思而不能依据上述规定主张必要费用的返还。所以，上述关于"依照无因管理规定"的立法表达，实际上仅仅是准用无因管理的规定，[4]而非完全按照无因管理构成要件执行。第三，必要费用的支出如果是为权利人尽公益义务，即使违反其明示意思或可推知的意思，权利人也应返还。比如，恶意占有人所支出的必要费用是权利人依法应当缴纳的税款，则即使该费用的支出违背权利人的意思，恶意占有人仍然有权利请求权利人按照关于不当得利的特殊规定予以偿还。[5] 第四，恶意占有人支出的必要费用如果不利于本人，或者违背权利人明示意思或可推知的意思，则视情况分别处理。比如，无权占有的他人房屋即将拆迁，占有人仍然进行了修缮。此时，如果权利人愿意享有修缮利益，则在现存的修缮利益范围内，依照关于不适法无因管理的规定向恶意占有人承担偿还责任。[6] 但如

---

[1] 参见《德国民法典》第994条第2款、《奥地利普通民法典》第336条、《瑞士民法典》第940条第2款、《日本民法典》第196条。

[2] Vgl. Jan Wilhelm, *Sachenrecht*, 4. Auflage, Walter de Gruyter GmbH & Co. KG, 2010, S. 543.

[3] Vgl. Manfred Wolf, *Sachenrecht*, 18. Auflage, Verlag C. H. Beck, München, 2002, SS. 123 – 124.

[4] 参见郑冠宇：《民法物权》（第2版），台北，台湾新学林出版股份有限公司2011年版，第224～225页。

[5] 参见王泽鉴：《民法物权：用益物权·占有》，中国政法大学出版社2001年版，第330页。

[6] 参见郑冠宇：《民法物权》（第2版），台北，台湾新学林出版股份有限公司2011年版，第225页。

果权利人按照其本意不愿享有该修缮利益的,也可以按照不当得利规定,提出所受利益并不存在的意见,从而免除不当得利的返还义务。但是,上述恶意占有人按照无因管理规定请求权利人偿还必要费用的观念也在一些欧洲国家被修正。比如,按照《奥地利普通民法典》第336条的规定,恶意占有人可以根据无因管理的规定主张必要费用的偿还。但奥地利的主流观点对此项规则进行了一定程度的修正,认为如果此项费用的支出徒劳无益,则权利人不需要给予恶意占有人补偿。[1]

对于有益费用,德国学者认为恶意占有人不得主张偿还。[2] 但从法理上讲,恶意占有人即便不能主张无因管理规则之下的偿还请求权,也应可以在符合不当得利构成要件的情况下主张不当得利返还请求权。因为,不当得利制度的功能在于调整无法律上原因而发生的财产变动,其正当性基础在于衡平。既然事实上发生了一方支出费用而另一方受有利益的事实,则不应排除不当得利的适用。并且,在未占有某物但却支出了有益费用的情况下,无疑应承认不当得利的存在;而在占有某物并且也支出了有益费用的情况下,也应当承认不当得利的存在。同时,承认不当得利也不会损害权利人的利益。因为如果权利人认为恶意占有人支付必要费用所形成的利益对于自己而言不存在,或者并非自己所愿取得的利益,则可以所受利益不存在为由,排除不当得利的返还责任,这就是所谓强迫得利(Aaufgedrängte Bereicherung)的问题。[3] 从法理上讲,这种情况下应将不当得利情形下返还的价额进行主观化的处理,就得利人的所有财产,按照其经济上的计划来认定应偿还价额。[4] 如将权利人即将拆除的围墙刷漆涂新的情况,可以认定权利人应偿还的价额为零,从而省去返还责任。

---

〔1〕 Vgl. Koziol and Welser, Bürgerliches Recht I13, 347f; Iro, Sachenrecht, no. 7 / 9; Kletecˇka and Schauer(– Lurger), ABGB, § 336, nos. 1 f; contra: Klang(– Schey and Klang), ABGB Ⅱ, 100 etseq. 转引自[德]克里斯蒂安·冯·巴尔、[英]埃里克·克莱夫主编:《欧洲私法的原则、定义与示范规则:欧洲示范民法典草案》(第8卷:物的所有权的取得与丧失),朱文龙等译,法律出版社2014年版,第906页,注释62。

〔2〕 Vgl. Manfred Wolf, *Sachenrecht*, 18. *Auflage*, Verlag C. H. Beck, München, 2002, S. 126.

〔3〕 Vgl. Wolfgang Fikentscher / Andreas Heinemann, *Schuldrecht*, 10. Auflage, De Gruyter Recht, 2006, S. 743.

〔4〕 Vgl. Munchkomm – Lieb §812, Rz. 265f.; Soergel – Mühl §812 Rz. 162; Esser / Weyers, Schuldrecht Ⅱ/2, S. 105f. 转引自王泽鉴:《债法原理·第二册·不当得利》,中国政法大学出版社2002年版,第214页。

我国《物权法》第243条对于费用返还问题仅仅规定了必要费用的返还，且仅仅将必要费用偿还请求权赋予善意的占有人。但从必要费用的性质上分析，只要是为了保持占有物的本来效用，则不管该物归谁占有，都要支付这一费用，就连权利人自己也不例外。正因如此，各国立法才肯认恶意占有人对于必要费用的偿还请求权。[1] 因此，在涉及恶意占有人支付必要费用的场合，可以考虑将我国立法中的不备认定为法律漏洞，并将之类推适用无因管理的规定，为恶意占有人提供必要的救济。而对于恶意占有人支出的有益费用，则应准许其依照不当得利的规定，向权利人在现存利益的范围内要求返还。当然，如果有益费用所增加的利益对于权利人而言并非利益的，权利人可以所受利益不存在为由，拒绝承担返还责任。

（二）恶意占有人可否享有留置权、同时履行抗辩权及取回权

前文的论述表明，善意占有人在其主张的费用未获清偿时，可就就其所占有的动产行使留置权。问题是，恶意占有人应否享有这一权利。从大陆法系国家关于留置权的成立要件和行使要件看，一般并不对权利人的主观状态作出要求，也不关注权利人取得权利的原因。[2] 因此，留置权的成立和行使不因权利人为善意或恶意而有所不同。在占有人就其必要费用或有益费用行使返还请求权时，如果权利人拒绝偿还，则即使占有人为恶意，也不影响其留置权的行使。当然，对于侵权占有人而言，则不得行使留置权。[3] 因为，如果侵权占有人可以行使留置权，则无异于放纵侵权人的不法行为。

关于同时履行抗辩权，即使善意占有人，也因不符合同时履行抗辩权的要件而无法享有。恶意占有人也应作如此的解释。

占有人将自己的或第三人的物附着于占有物上，往往可能改良物的效用或提升物的价值。在返还占有物的时候，该附着的物应由占有人取回还是归物的所有权人，这涉及取回权和先占权的问题。[4] 德国民法的处理方法是尊重占有人的选择，占有人可以将该附着物分离并归为己有，这被认为是对于占

[1] 参见孙宪忠主编：《中国物权法：原理释义和立法解读》，经济管理出版社2008年版，第577页。

[2] Vgl. Prütting / Wegen / Weinreich, *BGB Kommentar*, 5. Auflage, Luchterhand, 2010, S. 414；史尚宽：《物权法论》，中国政法大学出版社2000年版，第491～503页；孙宪忠：《物权法》，社会科学文献出版社2005年版，第313～318页。

[3] Vgl. Prütting / Wegen / Weinreich, *BGB Kommentar*, 5. Auflage, Luchterhand, 2010, S. 414.

[4] Vgl. Hans Josef Wieling, *Sachenrecht*, Springer – Verlag, 1992, SS. 179 – 180.

有人在请求费用偿还时所受限制的松绑。[1] 结合《德国民法典》第997条的规定,其具体规则是:如果返还时能够保持原来的状态,则占有人有权取回已经成为重要成分的添附物。但是,如果占有人行使取回权对其自身毫无意义,或者权利人已经对占有人进行了补偿,且补偿额不低于其取回后可能获得的利益的,则占有人不再享有该取回权。具体在行使取回权时,取走的费用以及对主物进行恢复原状的费用应由取回人(占有人)负担。[2] 按照上述规则,不论是善意占有人抑或是恶意占有人,都可以行使该权利。

我国《物权法》对于占有人添附情况下返还原物时的取回权没有规定,但从保护物权(占有人对添附物有所有权)和占有(占有人用占有之物添附到权利人的物上)的角度考虑,应该做与上述德国法上同样的制度设计。

(三)返还费用的负担问题

无权占有他人之物引起的主要法律效果是返还,返还的内容既有原物占有的返还,也涉及上述的孳息、用益等的返还等。本书将上述返还义务定性为给付义务,因此返还可以适用债法中关于给付的规定。而根据我国《合同法》第62条第6项的规定,在没有另外约定或约定不明确的情况下,履行费用应由履行义务的一方负担。如此,返还中的费用是否可以完全适用这一条而不论善意或恶意径由占有人承担呢? 这又涉及广义的民法解释问题。前文讲到返还原物请求权虽然不是债权请求权,但结构上二者相同,因而返还原物请求权可以类推适用债法中关于给付的规定,这是一种法律漏洞的补充方法。但是,在法律适用方法上,这种方法并非不加选择任意进行类推适用,而是在经过利益衡量之后做出的选择。因此,即便在法律适用时对法律漏洞进行补充,也不是单纯地进行逻辑上的类推,而是在类推之前已经进行了利益衡量。所以,所谓的类推适用也好、目的性限缩也罢,不过都是技巧而已,最终到底运用哪种技巧,应该根据不同情况下作出的实质判断而定。[3] 这里讨论的返还费用问题虽然没有明确的法律依据,属于法律漏洞,可以采取类推适用或目的性限缩等技巧对法律漏洞进行弥补,但必须首先进行利益衡量,判断返还请求权人、

---

〔1〕 Vgl. Manfred Wolf, *Sachenrecht*, 18. *Auflage*, Verlag C. H. Beck, München, 2002, S. 128.

〔2〕 Vgl. Manfred Wolf, *Sachenrecht*, 18. *Auflage*, Verlag C. H. Beck, München, 2002, S. 129; Prütting / Wegen / Weinreich, *BGB Kommentar*, 5. Auflage, Luchterhand, 2010, S. 397.

〔3〕 参见[日]加藤一郎:《民法的解释与利益衡量》,梁慧星译,载梁慧星主编:《民商法论丛》(第2卷),法律出版社1994年版,第87页。

善意占有人和恶意占有人在返还费用的负担问题上，何者应该受到优先保护，而不能死扣概念法学的逻辑。[1] 根据我们的生活经验和主流道德观念，在返还原物请求权人和善意占有人之间何者负担返还费用的问题上，善意占有人更值得保护；而在返还原物请求权人和恶意占有人之间何者负担返还费用的问题上，则返还原物请求权人更值得保护。因此，在恶意占有的情况下，返还费用的负担问题不宜类推适用我国《合同法》第 62 条第 6 项的规定，否则将产生杨仁寿先生所说的“只知用逻辑进行机械操作，而不知运用智慧进行利益衡量”的问题。[2] 所以，本书认为，依公平原则，在返还占有的负担问题上，恶意占有人的返还应当以恶意开始时为时间节点，即占有人的返还义务必须在恶意开始后物的所在地予以履行，如果物已经发生了位置转移，则恶意占有人必须负担费用将占有物运送到恶意开始时的地方（履行地）。[3] 当然，如果因权利人受领迟延而导致返还费用增加，或者由于权利人要求将物送往其他地点履行而增加的费用，依公平原则，则应由权利人负担。[4]

第四节　返还原物请求权的让与性探析

根据我国《物权法》第 26 条的规定，交付义务人可以通过将返还请求权让与权利人的方式代替现实的交付，这就是民法所说的指示交付（Übereignung durch Abtretung des Herausgabeanspruchs），又称返还请求权之让与或返还请求权之代位。[5] 但我国台湾地区有学者认为称“指示交付”欠妥适。[6] 根据上述指示交付的意义，返还原物请求权是否可以转让，也是一个必须考虑的问题。

---

〔1〕 See Oliver Wendell Holmes, *The Common Law*, Boston, Harvard University Press, 2009, p. 3.

〔2〕 参见杨仁寿：《法学方法论》（第 2 版），中国政法大学出版社 2013 年版，第 4 页。

〔3〕 Vgl. Jauernig / Berger, Aufl. 14, 2011, § 985, Rn. 7; Palandt / Bassenge, Aufl. 66, 2007, § 985, Rn. 10; Schwab / Prütting, *Sachenrecht*, Aufl. 28, 1999, Rn. 519. 转引自朱虎：《物权请求权的独立与合并——以返还原物请求权为中心》，载《环球法律评论》2013 年第 6 期。

〔4〕 参见崔建远主编：《合同法》（第 4 版），法律出版社 2007 年版，第 130 页。

〔5〕 参见郑玉波：《民法物权》（修订第 16 版），黄宗乐修订，三民书局 2009 年版，第 56 页；谢在全：《民法物权论》（上册），中国政法大学出版社 1999 年版，第 103 页。

〔6〕 参见蔡明诚：《现实交付与返还请求权之让与》，载《台湾本土法学杂志》2001 年总第 18 期。

一、指示交付制度产生的逻辑难题

根据上述指示交付制度的精神，德国法上物的所有权人可以根据《德国民法典》第931条的规定，基于合意而转让或让渡其对直接占有物的第三占有人的返还请求权。[1] 我国民法上的所有权人也可基于《物权法》第26条的规定，转让其对于占有人的返还原物请求权以代替现实的交付，完成物权变动。[2] 既然如此，则从文义上看来，无论是德国法上，还是我国物权法上，都可以将返还原物请求权转让给他人以完成交付。但是，大陆法系国家的物权法理论大都认为，物权请求权是附从于物权上的请求权，只是为保证物权的完满状态而存在，且其不可以与本权相分离而独立地转让给第三人。[3] 而返还原物请求权恰恰是物权请求权中最为重要的一种。于是，在指示交付制度之下，大陆法系所奉行的物权请求权不能与物权分离而为单独让与的规定，在返还原物请求权上被打破了。是物权请求权不可脱离物权而为转让有问题，还是返还请求权让与的观念有误？从文义上分析，二者必定有一个是对的而另一个是错的，那么到底哪一个错了呢，这一逻辑矛盾该如何解决？这需要从关于返还请求权可转让性的争论开始分析。

二、关于返还原物请求权可转让性的争论

尽管《德国民法典》第931条、我国台湾地区“民法”第761条第3款以及我国《物权法》第26条确实规定了返还请求权让与，但关于返还请求权可转让性的争论，从德国法开始就一直存在。[4] 根据德国学者的考证，返还请求权可转让性的问题在19世纪末就在普通法的学说中讨论很多，但《德国民法典》生效后暂时有所减弱。[5] 随着《德国民法典》第931条所引燃的争论格局，当时德国存在两种截然相反的观点：一种观点认为，返还请求权的可转让性是无条

---

〔1〕 Vgl. Hansjörg Stösser, *Zur Frage der Abtretbarkeit des dinglichen Herausgabeanspruchs*, Fotodruck PRÄZIS, Tübingen, 1966, S. 6.; Hans Josef Wieling, *Sachenrecht*, Springer – Verlag, 1992, SS. 92 – 94; Prütting / Wegen / Weinreich, *BGB Kommentar*, 5. Auflage, Luchterhand, 2010, S. 1838.

〔2〕 参见孙宪忠主编：《中国物权法：原理释义和立法解读》，经济管理出版社2008年版，第160页。

〔3〕 Vgl. Deutsches Rechtslexikon, Band 2, Verlag C. H. Beck, 1992, S. 442. 转引自孙宪忠：《德国当代物权法》，法律出版社1997年版，第88页。

〔4〕 Vgl. Hansjörg Stösser, *Zur Frage der Abtretbarkeit des dinglichen Herausgabeanspruchs*, Fotodruck PRÄZIS, Tübingen, 1966, SS. 28 – 33.

〔5〕 Vgl. Hansjörg Stösser, *Zur Frage der Abtretbarkeit des dinglichen Herausgabeanspruchs*, Fotodruck PRÄZIS, Tübingen, 1966, S. 28.

件的(unbedingt);而另一种观点则主张返还请求权的可转让性仅仅是例外(ausnahmsweise),也就是说,这仅仅是一种不具有独立性的转让(unselbständig Abtretung)。[1] 经过长期的学说发展,德国目前的通说倾向于将被让与的返还请求权区分为债权请求权和物权请求权而予以进一步的讨论。有学者认为,让与人必须将《德国民法典》第 398 条(债权让与,Forderungsabtretung)规定的针对占有媒介人(Besitzmittler)的返还请求权转让给受让人,从而完成《德国民法典》第 870 条规定的间接占有的转让。[2] 与此同时,让与人享有的《德国民法典》第 985 条规定的所有物返还请求权失效,而受让人的新的权利产生。在这一过程中,除了基于占有媒介关系而发生的请求权转让外,其他所有物返还请求权的转让将不被考虑。[3] 沃尔夫也认为,物权请求权的目的在于保护物权不受侵扰,因此,这一权利不能离开物权而单独转让。但为了获取占有,《德国民法典》第 985 条规定的返还请求权可以转让给第三人,第 931 条规定的返还请求权的让与也是可以的。[4] 此外,还有其他人也持有相类似的观点。[5]

我国学者对此也颇有争论。梅仲协先生认为,返还请求权让与中让与人所让与的仅指所有权人的物权请求权,而不包括间接占有人的债权请求权。[6] 谢在全教授则认为让与的对第三人的请求权,包括债权的返还请求权,也包括物权的返还请求权。前者主要是针对第三人基于占有媒介关系而产生的返还请求权;后者主要指无权占有的情况下,让与人对于无权占有人的所有物返还请求权。[7] 王泽鉴教授则将返还请求权的让与分为让与人是间接占有人、让与人不是间接占有人、让与人仅有所有物返还请求权以及证券化动产物权等情况进行分别讨论,并认为因情况不同从而被让与的返还请求权既可能有债

---

〔1〕 Vgl. Hansjörg Stösser, *Zur Frage der Abtretbarkeit des dinglichen Herausgabeanspruchs*, Fotodruck PRÄZIS, Tübingen, 1966, SS. 28 – 29.

〔2〕 Vgl. Prütting / Wegen / Weinreich, *BGB Kommentar*, 5. Auflage, Luchterhand, 2010, SS. 662 – 667; S. 1749.

〔3〕 Vgl. Hans Josef Wieling, *Sachenrecht*, Springer – Verlag, 1992, S. 92.

〔4〕 Vgl. Manfred Wolf, *Sachenrecht*, 18. *Auflage*, Verlag C. H. Beck, München, 2002, SS. 137 – 138.

〔5〕 Vgl. Jan Wilhelm, *Sachenrecht*, 4. Auflage, Walter de Gruyter GmbH & Co. KG, 2010, SS. 385 – 386.

〔6〕 参见梅仲协:《民法要义》,中国政法大学出版社 1998 年版,第 522 页。

〔7〕 参见谢在全:《民法物权论》(上册),中国政法大学出版社 1999 年版,第 103 页。

权的返还请求权,也可能有物权的返还请求权。[1]

三、返还原物请求权转让性的具体分析

(一)存在占有媒介关系的返还请求权的转让

现实中,用益权人、质权人、承租人、保管人等,或与其有类似法律地位的主体,往往因其与所有权人的合同关系而成为物的直接占有人,而所有权人则基于与这些人建立的占有媒介关系而取得间接占有。当所有权人将被第三人占有的物转让他人时,直接依据关于指示交付的规定,将返还原物请求权转让给受让人以代替现实的交付。此时,一方面,出让人与直接占有人之间存在出质、租赁、保管等合同关系,因而基于债权让与的一般原理,出让人作为债权人当然可以将自己拥有的合同上的返还请求权让与他人。[2] 另一方面,因出让人与受让人之间就物权转移达成合意(dingliche Einigung),加之交付(指示交付)的完成,故在出让人与受让人之间已经完成了物权的变动。在完成物权变动之后,出让人的旧的返还原物请求权失效,而物权受让人作为新的权利人,其新的返还原物请求权随之产生。[3] 在这一过程中,因为标的物的交付和物权变动之间总有"逻辑上一秒"的时间差,[4]即从逻辑上应该是先有交付后有物权变动,所以如果把这里的交付(指示交付)认定为返还原物请求权的转让,这就相当于认为在物权变动还未发生时或正在发生时,返还请求权就转让了,这无异于认可了返还原物请求权转让上的独立性,与物权请求权不能与物权分离转让的原理不符。因此,在存有占有媒介关系的情况下,应认为指示交付所让与的返还请求权仅仅是债权请求权,而非物权请求权性质的返还原物请求权。[5] 但是受让人基于其已经取得的所有权,可以行使返还原物请求权。

(二)不存在占有媒介关系的返还请求权的转让

不存在占有媒介关系的返还请求权主要是三种情形:(1)基于侵权行为而发生的返还请求权;(2)基于不当得利而发生的返还请求权;(3)让与人仅有返还原物请求权情形下的返还请求权。

在基于侵权行为而发生返还请求权的情形,所有人与买受人签订买卖合

---

〔1〕 参见王泽鉴:《民法物权:通则·所有权》,中国政法大学出版社2001年版,第137~138页。

〔2〕 Vgl. Hans Josef Wieling, *Sachenrecht*, Springer - Verlag, 1992, SS. 93 - 94.

〔3〕 Vgl. Hans Josef Wieling, *Sachenrecht*, Springer - Verlag, 1992, S. 92.

〔4〕 参见高富平:《物权法原论》(第2版),法律出版社2014年版,第365页。

〔5〕 参见蔡明诚:《现实交付与返还请求权之让与》,载《台湾本土法学杂志》2001年总第18期。

同,约定一月后履行。在实际履行前,标的物被他人侵占。此时,所有权人对侵权人有基于侵占的侵权行为而发生的返还财产责任请求权。还有学者认为,此时还可以基于侵权行为而产生恢复原状请求权,因为这里的恢复原状就包括物被侵夺时返还该物(学者称为物理上的恢复原状)。[1] 他可将该恢复原状中的返还请求权或作为侵权责任的返还财产责任请求权让与受让人以代替交付,但这一请求权只是债权请求权。而受让人则因为买卖合同履行中的物权合意和指示交付而受让物权的变动,其可基于所有权人的身份,主张返还原物请求权。[2]

在基于不当得利而发生返还请求权的情形,所有人与第三人签订买卖马匹的合同,约定一月后履行。在实际履行前,马走入邻居院落,由邻居占有。此时,邻居构成不当得利,所有权人对于邻居有不当得利返还请求权。买卖合同履行期限届至,所有权人可以将该不当得利返还请求权让与受让人以代替交付。此时,所让与的返还请求权也只是债权请求权,而非返还原物请求权。同时,受让人也基于物权变动而取得所有权,从而可以主张返还原物请求权。[3]

在让与人仅有返还原物请求权的情形,比如,在签订买卖合同后实际履行前,所有物被盗或遗失而不知所在。这种情况下,因不知无权占有人是谁,因而无法认定所有权人有侵权责任请求权或不当得利请求权;但所有权人享有返还原物请求权(所有物返还请求权)是确定无疑的,所有权人在这种情况下也只享有返还原物请求权。此时,所有权人是否可以将其返还原物请求权让与买受人以代替交付,也即,指示交付所让与的返还请求权此时是否可以是物权请求权性质的返还原物请求权。如前所述,物权请求权不能脱离物权而单独让与,但在所有物遗失或被盗而不知所在的情况下,通说认为所有人可以让与他自己所享有的所有物返还请求权以代替交付。[4] 但也有德国学者认为,

---

〔1〕 Vgl. Oliver Brand, *Schadensersatzrecht*, Beck, 2010, S. 51. 此外,朱岩教授也认为我国《民法通则》第117条第1款规定的“侵占国家的、集体的财产或者他人财产的,应当返还财产,不能返还财产的,应当折价赔偿”,就是一种“物理性的恢复原状”。参见朱岩:《什么是恢复原状?——兼评中国大陆侵权责任承担方式》,载《月旦民商法》2009年总第26期。

〔2〕 参见王泽鉴:《民法物权:通则·所有权》,中国政法大学出版社2001年版,第137页。

〔3〕 参见王泽鉴:《民法物权:通则·所有权》,中国政法大学出版社2001年版,第137页。

〔4〕 参见王泽鉴:《民法物权:通则·所有权》,中国政法大学出版社2001年版,第138页;另请参见崔建远:《物权法》,中国人民大学出版社2009年版,第95页。

此时只能认为返还原物请求权在受让人身上重新产生,因为在这一案件中可以认为物权变动因买卖物权的合意而发生,不以交付为要件,所以受让人可以自己新取得的物权向占有人主张返还原物请求权。[1] 不过,另有德国学者认为《德国民法典》第985条规定的所有物返还请求权是例外的可以让渡给第三人的请求权,[2]这其实也是通说的观点。如果秉承这一观点,则在这一案件中,也可以认为指示交付所让与的请求权就是物权请求权性质的返还原物请求权。

(三)证券化物权的返还请求权的转让

现代社会,物权证券化是一个越来越普遍的现象,如海商法上的提单,就是物权的凭证,原则上谁合法持有提单,谁就享有提单上记载货物的所有权。[3] 所以,在证券化物权转让的情况下,即使物品并不在所有权人的直接控制之下,其转让也不存在返还请求权的转让。因为物权证券的交付,与物的交付具有同样的效力,物的所有权的转移,在交付物权证券时即已经发生,不需要现实地交付物品。

四、对我国《物权法》第26条的评析

(一)我国《物权法》第26条规定的指示交付的要件

根据我国《物权法》第26条关于指示交付的规定,我国民法中的指示交付需要具备如下要件:

1. 在物权设立或转让之前占有人必须占有动产。[4] 正常情况下,如果设立物权或转让物权时,是权利人自己占有动产,则由权利人自己即可完成物权的设立或转让变动,不需进行替代交付。比如,在买卖汽车的情况下,出卖人本来就占有汽车,则在履行时直接将汽车交付买受人即可,无须进行替代交付。只有在汽车被他人占有的情况下,出卖人需要向买受人交付自己并不直接占有的汽车的情况下,才有替代交付的必要性。

2. 第三人必须是合法地占有标的物。这一要件表明,我国《物权法》中的指示交付是排斥非法占有的。也就是说,基于侵权行为等不合法原因占有标

---

〔1〕 Vgl. Baur/Stürner, *Sachenrecht*, S. 584 ff.; Schapp, *Sachenrecht*, S. 108 ff. 转引自王泽鉴:《民法物权:通则·所有权》,中国政法大学出版社2001年版,第138页。

〔2〕 Vgl. Manfred Wolf, *Sachenrecht*, 18. *Auflage*, Verlag C. H. Beck, München, 2002, S. 138.

〔3〕 参见范健主编:《商法》(第4版),高等教育出版社、北京大学出版社2011年版,第590页。

〔4〕 参见王利明:《物权法研究》(上卷),中国人民大学出版社2012年版,第376页。

的物的，不成立指示交付。[1] 合法占有标的物的原因很多，有可能是基于公法而占有，如征用，也有可能是基于私法而占有，如租赁。不论基于何种原因，只有这一合法原因消灭，权利人才能请求返还物的占有。所以，在指示交付的情况下，物权变动从客观上也无法通过实际交付来实现。[2] 然而，应当指出的是，德国法上的指示交付，并不要求第三人占有物必须是合法的占有。[3] 沃尔夫教授还在自己的物权法著作中以盗窃车辆为例说明第三人的占有可以是侵权（盗窃）占有，并可以转让《德国民法典》第985条规定的所有物返还请求权。[4] 我国台湾地区"民法"中的指示交付也不要求占有人的占有是合法占有。[5]

3. 转让人应对现占有人享有返还请求权。转让人对占有人拥有返还请求权意味着转让人必然是所有权人或者有处分权的物权人（如建设用地使用权人）。在某些情况下，如果占有人不明，转让人无法得知其可得行使返还原物请求权的对象，此时可否适用指示交付有不同意见。[6] 本书认为，返还请求权让与的目的旨在确保交易安全的前提下实现物权转移的便捷，即使占有人不明，但如果物权转移的双方认可，则自无限制的必要。况且，占有人不明也非恒定，如果物权变动后占有人变得明确，则返还请求权的让与更无任何障碍。因此，返还请求权让与中所让与的返还请求权不限于对特定第三人的返还请求权。[7]

4. 关于返还请求权的转让已经达成协议。让与返还请求权是出让人向受

---

〔1〕 参见最高人民法院物权法研究小组编著：《〈中华人民共和国物权法〉条文理解与适用》，人民法院出版社2007年版，第119页。

〔2〕 参见孙宪忠主编：《中国物权法：原理释义和立法解读》，经济管理出版社2008年版，第160页。

〔3〕 Vgl. Hans Josef Wieling, *Sachenrecht*, Springer – Verlag, 1992, SS. 92 – 93; Jan Wilhelm, *Sachenrecht*, 4. Auflage, Walter de Gruyter GmbH & Co. KG, 2010, SS. 385 – 386.

〔4〕 Vgl. Manfred Wolf, *Sachenrecht*, 18. *Auflage*, Verlag C. H. Beck, München, 2002, S. 260.

〔5〕 参见郑玉波：《民法物权》（修订第16版），黄宗乐修订，台北，三民书局2009年版，第56页；谢在全：《民法物权论》（上册），中国政法大学出版社1999年版，第102～103页。

〔6〕 王利明教授认为，如果转让人的财产被第三人占有以后，转让人不知道占有其动产的人是何人，因而不能对特定的占有人提出请求，也不能实行指示交付。参见王利明：《物权法研究》（上卷），中国人民大学出版社2012年版，第377页。史尚宽先生认为，即使某动产不知被何人占有，如被盗之物被盗贼抛弃，不知由何人占有，所有权人的返还请求权也可以让与。参见史尚宽：《物权法论》，中国政法大学出版社2000年版，第41页。

〔7〕 参见最高人民法院物权法研究小组编著：《〈中华人民共和国物权法〉条文理解与适用》，人民法院出版社2007年版，第119～120页。

让人的让与，因此，出让人和受让人必须就转让针对第三人的返还请求权达成一致。[1] 如果受让人对于让与返还请求权这种替代的交付方式有异议，则让与请求权就不能实施，因而交付也就没有完成。说到底，让与请求权就是为了减少标的物先由直接占有人交付出让人，再由出让人交付受让人的麻烦，但本质上仍然是交付，包含当事人对于合同履行的意思，如果不能达成一致，则当然不能成立返还请求权的让与。

（二）检讨

1. 我国《物权法》第 26 条并未明确可以转让的返还请求权是债权请求权还是物权请求权。但从返还原物请求权作为物权请求权的性质上分析，一般应限定为债权请求权，否则将破坏物权请求权不得脱离物权而单独让与的一般原则。在遗失物等让与人仅有返还原物请求权的情形，则根据通说可以例外地认定为让与人让与的是返还原物请求权，[2]但也仅仅是这种情况下才有这一例外。除此之外，均应认为返还原物请求权不得让与。

2. 如前所述，我国《物权法》第 26 条要求，必须是在第三人合法占有标的物的情况下才可能构成指示交付。因此，我国民法上，基于侵权行为等不合法原因占有标的物的，不成立指示交付，因而不能让与请求权。但是，这样的立法设计既不符合立法趋势，也并不符合实践中的情况。完全按照这一条款的文义去解释，则会认为，因他人的侵权行为被占有标的物的人不能将其对该侵权占有人的哪怕是债权性质的返还请求权（恢复原状中的返还）转让给受让人，显然不利于所有权人的保护。在第三人侵占或以其他方式无权占有动产时，采取指示交付的方式既可以使交付变得更为简便，也无任何不利之处，只要受让人心甘情愿接受这种权利，愿意承担该权利实现过程中的风险，[3]法律并没有必要强为限制。因此应当考虑采取目的性扩张的方式，将非依法占有动产情形下的返还请求权的让与也归入指示交付的范畴。[4]

---

〔1〕 参见王利明：《物权法研究》（上卷），中国人民大学出版社 2012 年版，第 377 页。
〔2〕 参见胡康生主编：《中华人民共和国物权法释义》，法律出版社 2007 年版，第 73 页。
〔3〕 参见王利明：《物权法研究》（上卷），中国人民大学出版社 2012 年版，第 377 页。
〔4〕 参见冉克平：《物权法总论》，法律出版社 2015 年版，第 437 页。

第五节　返还原物请求权对总则和债法规定的适用

作为一种强有力的物权保护制度,返还原物请求权本身属于物权法的范畴,原本只应适用总则和物权的相关规范。但是,物权请求权又是一项不同于原本物权的权利。比如,房屋所有权是一种原本的物权,在发挥其法律效果时一般只适用民法总则和物权法的规定。但基于房屋所有权的返还原物请求权则不然,它虽然是附从于物权的请求权,但其结构上却与债权请求权相类似,因而存在准用债法规定的可能。而实践中,基于发挥法律效果的需要,返还原物请求权除了适用民法总则和物权法的规定外,往往需要适用债法的规定。〔1〕因此,分析研究返还原物请求权的法律效果时,还必须对其发挥效果需要适用民法总则和债法条款的法律现象进行研究。

一、返还原物请求权对民法总则的适用

(一)对诚实信用原则的适用

诚实信用原则(Treu und Glauben)是指行使权利和履行义务时应以诚实和信用的方法为之。诚实信用原则源自罗马法,最初主要在恶意抗辩的场合适用,后来逐渐得到发展。在契约自由勃兴之下,诚实信用原则被认为属于道德观念法律化的集中体现,其适用范围也从债法领域发展成为行使一切权利义务的最高准则。诚实信用原则之于大陆法,犹如衡平之于英国法,未见匹敌。〔2〕德国学者指出,《德国民法典》第 242 条规定的诚实信用原则虽只有一个基本含义,但却有许多各别的用途。〔3〕按照《德国民法典》的结构,诚实信用原则规定于其总则编和债务关系编,主要见于第 157 条解释合同时对诚实信用原则的遵从,第 242 条依诚实信用原则为给付,第 307 条依诚实信用原则对合同内容进行控制。其中第 157 条和第 307 条其实都涉及解释合同时运用

〔1〕 Vgl. Manfred Wolf, *Sachenrecht*, 18. Auflage, Verlag C. H. Beck, München, 2002, SS. 135 – 138; Jan Wilhelm, *Sachenrecht*, 4. Auflage, Walter de Gruyter GmbH & Co. KG, 2010, SS. 547 – 549.

〔2〕 参见杨仁寿:《法学方法论》(第 2 版),中国政法大学出版社 2013 年版,第 188 页。

〔3〕 Vgl. Wolfgang Fikentscher / Andreas Heinemann, *Schuldrecht*, 10. Auflage, De Gruyter Recht, 2006, S. 114.

诚实信用原则,而第242条则从履行债务的角度强调了诚实信用原则。[1] 在《德国民法典》之后,1907年瑞士民法在其第2条明确规定,“行使权利及履行义务应依诚实信用方法为之”。从而使诚实信用原则的地位进一步提高,有了划时代的意义。[2]

返还原物请求权法律关系作为一种物权保护法律关系,当然也要适用民法总则中作为“帝王规范”的诚实信用原则。[3] 据此,在行使返还原物请求权时,权利人和义务人均应依照诚实信用的方法进行。义务人可以在不给权利人造成任何不便的情况下履行的,就绝不给权利人造成不便;权利人能够在义务人负担最小的情况下接受履行的,就绝不在给义务人加重负担的情况下接受履行。在具体的履行时间、履行地点、履行方式的选择上也都应本着诚实信用的原则妥善履行和接受履行。

(二)对自助制度的适用

自助(Selbsthilfe)是在符合法律规定的条件下为了实现自己的合理要求而采取的一种具有侵犯性的积极行为。[4] 一般而言,无论正当防卫还是紧急避险,都仅仅是赋予防卫某种现实侵害和现实危险的行为以合法化的效果,但却不能使具有极强合理性的侵犯行为也得到合法化的效果。[5] 而这一点,正需要借助于自助制度来达成。根据关于自助制度的经典立法表述,[6] 为自助而取走或破坏物的人,或扣留负有义务的逃跑嫌疑人的人,或排除义务人的抵抗的人,如确实因为不能及时得到公力救济而不得不自力实施前述行为的,其行为阻却违法。其实,根据德国学者的知识考古,早在1852年,耶林就在其著述中阐述了罗马法上的自助,并突出强调,即使为了集体利益已经有了制度化的

---

[1] Vgl. Wolfgang Fikentscher / Andreas Heinemann, *Schuldrecht*, 10. Auflage, De Gruyter Recht, 2006, SS. 114 – 117; Dirk Looschelders, *Schuldrecht Allgemeiner Teil*, 10. Auflage, Verlag Franz Vahlen München, 2012, S. 30; Jan Dirk Harke, *Allgemeines Schuldrecht*, Springer – Verlag, 2010, SS. 127 – 130.

[2] 参见杨仁寿:《法学方法论》(第2版),中国政法大学出版社2013年版,第250页。

[3] 参见孙宪忠主编:《民法总论》(第2版),社会科学文献出版社2010年版,第65页。

[4] Vgl. Larenz / Wolf, *Allgemeiner Teil des Bürgerlichen Rechts*, 9. Auflage, Verlag C. H. Beck München 2004, SS. 345 – 346.

[5] 参见[德]卡尔·拉伦茨:《德国民法通论》(上册),王晓晔、邵建东等译,法律出版社2003年版,第370页。

[6] Vgl. Prütting / Wegen / Weinreich, *BGB Kommentar*, 5. Auflage, Luchterhand, 2010, S. 316; 另请参见《德国民法典》(第4版),陈卫佐译注,法律出版社2015年版,第78~79页。

国家法律实施体系，也不能针对偶然事件而任意消费国家法律体系，而应有与生俱来的自助或有利于自身生存的功效的制度存在。[1] 结合以上论述以及自助制度的宗旨，应当认为自助实质上是一种临时的保全措施，其目的在于对请求权进行保全，而要使该请求权获得最终实现，还要通过公权力机关的司法救济程序方可达成。[2]

要想实施合法的自助行为，必须符合以下要件：(1)行为人有请求权。至于该请求权是否已经届期，在所不问。但如果请求权所指向的义务人有权提出永久的抗辩，比如，已过诉讼时效的抗辩，则行为人的自助的合法性将存在问题。因为，存在永久的抗辩的情况下，即便是公权力机关的司法强制执行也将被排除。(2)请求权有不能实现的危险而来不及受公权机关的援助。请求权不能实现的危险又被称为请求权危害（Anspruchsgfähr-dung）。[3] 如果被请求的公权机关不正当地拒绝请求权人的请求，且该有权机关不可能在适当期间内更正其拒绝决定的，也应当认为具备该要件。同时，如果权利人的请求被有权机关驳回，而权利人的补正行为又不可能及时完成的，也应当允许自助。因为，自助的实质以行为人实施自助行为时来不及请求有权机关帮助为要件，行为前是否得到过有权机关的帮助，在所不问。[4] (3)行为人要有自助意思（Selbsthilfewille）。[5] 行为人必须是为了保护自己之权利而实施自助行为，这一点与正当防卫可以为保护他人权利而实施，紧急避险可以为避免他人之急迫危险而实施有所不同。当然，实施自助行为，可以取得他人的协助。[6]

返还原物请求权作为一种请求权，当然可以适用民法总则关于自助的规定。[7] 当权利人发现自己物被他人无权占有，如果不及时采取积极行动将物取回将导致无权占有人逃脱而难再取回。当然，权利人借助自助行为实现其

---

〔1〕 Vgl. Mathias Schmoeckel / Joachim Rückert /Reinhard Zimmermann, *Historisch – Kritischer Kommentar zum BGB, Band* Ⅰ: *Allgemeiner Teil*, Mohr Siebeck, 2003, S. 1073.

〔2〕 参见［德］卡尔·拉伦茨：《德国民法通论》（上册），王晓晔、邵建东等译，法律出版社2003年版，第371页。

〔3〕 Vgl. Larenz / Wolf, *Allgemeiner Teil des Bürgerlichen Rechts*, 9. Auflage, Verlag C. H. Beck München 2004, S. 346.

〔4〕 参见史尚宽：《民法总论》，中国政法大学出版社2000年版，第760页。

〔5〕 Vgl. Larenz / Wolf, *Allgemeiner Teil des Bürgerlichen Rechts*, 9. Auflage, Verlag C. H. Beck München 2004, S. 346.

〔6〕 参见史尚宽：《民法总论》，中国政法大学出版社2000年版，第759页。

〔7〕 Vgl. Manfred Wolf, *Sachenrecht*, 18. Auflage, Verlag C. H. Beck, München, 2002, S. 135.

返还原物请求权是有限度的,即不得超出为避开危险所必要的限度。在实施自助行为时,如果存在可以使义务人损害更小的方法,则应优先使用。对于返还原物请求权人而言,《德国民法典》第 859 条和第 860 条还规定了其有权在一定时间限度内使用暴力取回原物的权利,这被德国学者称为“特别的自助权”。[1] 另外需要指出的是,如果返还原物请求权人错误地认为存在实施自助行为的必要条件而实施了自助行为,即便权利人对于自己的错误认识并无过失,但如果因此导致对方当事人的损害,则应当承担损害赔偿责任。[2]

(三)对时效制度的适用

德国有学者认为,对于返还原物请求权人而言,民法总则中关于时效的规定原则上也适用于返还原物请求权。[3] 对这一问题,因素有争论,且本书将专门论述返还原物请求权的时效问题,考虑到内容结构的需要,这里只是列出,容后文详述。

作为物权请求权的返还原物请求权除了可以适用民法总则中的上述规定外,在我国民法上,还可适用公序良俗、权利平等等规范。

二、对债法规定的适用

与返还原物请求权对民法总则的适用不同,其对债法的适用属于所谓“类推适用”,因为返还原物请求权属于物权范畴,当然得适用作为“提取公因式”成果的总则部分。[4] 但是物权请求权毕竟不是债权请求权,虽然二者结构相近似,但从逻辑上讲也不能直接适用债法规定,而只能类推适用。

(一)可以类推适用的债法规范

1. 对债务人迟延规则的类推适用

无权占有人是返还原物的义务人,对其可以类推适用债法中关于债务人

---

〔1〕 Vgl. Prütting / Wegen / Weinreich, *BGB Kommentar*, 5. Auflage, Luchterhand, 2010, SS. 1740 – 1741; 另请参见[德]迪特尔·梅迪库斯:《德国民法总论》,邵建东译,法律出版社 2001 年版,第 134 页。

〔2〕 Vgl. Larenz / Wolf, *Allgemeiner Teil des Bürgerlichen Rechts*, 9. Auflage, Verlag C. H. Beck München 2004, S. 348; Prütting / Wegen / Weinreich, *BGB Kommentar*, 5. Auflage, Luchterhand, 2010, S. 318.

〔3〕 Vgl. Manfred Wolf, *Sachenrecht*, 18. Auflage, Verlag C. H. Beck, München, 2002, SS. 134 – 135.

〔4〕 Vgl. Gustav Boehmer, Grundlagen der Bürgerlichen Rechtsordnung, Ⅱ 1, 1951, S. 72 f. 转引自朱庆育:《民法总论》,北京大学出版社 2013 年版,第 17 页。

迟延的规定。返还原物请求权的义务人对于债务人迟延的类推适用主要表现在两个方面:一方面,哪些情形可以视为迟延;另一方面,迟延之后的法律效果。根据大陆法系国家的一般立法例,以下情形应视为义务人迟延:(1)返还原物请求权人已经在清偿期届至后进行了催告,但义务人仍未履行。这里的催告包括提起返还原物之诉。(2)双方已经按照日历确定了具体时间作为返还时间,而义务人仍然没有履行返还义务。(3)义务人向权利人明确表示不履行返还义务。[1] (4)其他因可归责于义务人的原因而迟延履行的情况。而迟延对于义务人的法律后果是,在迟延期间义务人需要就其所有的过失负责任,并且要对迟延期间的偶然事件所导致的损失负责。[2] 比如,甲的宠物猫被乙无权占有,在甲提出返还请求后乙仍不返还,陷入迟延。此时,如果小猫不慎落入井中溺亡,则乙应负损害赔偿责任。此外,按照通说,不可抗力是各国民法中的法定免责事由。但是在迟延履行期间,如果发生不可抗力造成占有物损害的,义务人虽然免除了返还原物的义务,但却需要就占有物的毁损灭失负损害赔偿责任。[3] 还有一种情况是在迟延期间,因其他原因的加入(备用原因加入)而发生损害。德国学者认为,义务人在陷入迟延后承担担保责任,但是这种担保责任将会因假设因果关系而减轻。[4] 本书认为,这种情况下另外考虑假设因果关系将会使法律关系变得复杂,而在义务人迟延的情况下,法律的本意就是要课以其加重责任,因而不妨仍然由陷于迟延的义务人负责。当然,如果义务人能够证明,即使他按期完全履行了返还义务,标的物仍然会发生损害的,则不承担责任。[5] 比如,甲的宠物狗本已身患绝症,后被乙无权占有。在甲提出返还请求后乙迟延履行,迟延期间该宠物狗死亡。该案中,乙即使没有迟延履行,宠物狗也难免一死,因此,乙不对迟延履行产生的宠物狗的损害负责。

---

〔1〕 Vgl. Wolfgang Fikentscher / Andreas Heinemann, *Schuldrecht*, 10. Auflage, De Gruyter Recht, 2006, SS. 238 – 239; Dirk Looschelders, *Schuldrecht Allgemeiner Teil*, 10. Auflage, Verlag Franz Vahlen München, 2012, SS. 212 – 213.

〔2〕 Vgl. Prütting / Wegen / Weinreich, *BGB Kommentar*, 5. Auflage, Luchterhand, 2010, S. 472.

〔3〕 参见黄立:《民法债编总论》,中国政法大学出版社2002年版,第463页。

〔4〕 参见[德]迪特尔·梅迪库斯:《德国债法总论》,杜景林、卢谌译,法律出版社2004年版,第306页。

〔5〕 Vgl. Dirk Looschelders, *Schuldrecht Allgemeiner Teil*, 10. Auflage, Verlag Franz Vahlen München, 2012, S. 216.

2. 对债权人迟延规则的类推适用

权利人行使返还原物请求权时，如果受领迟延，则应类推适用债法中债权人迟延的规定。所谓债权人迟延（Gläubigerverzug），又称受领迟延（Annahmeverzug），是指债务人已经正常提出给付，并且该给付是可能的，但债权人不受领或拒绝受领。[1] 正常情况下，债务人履行债务时往往需要债权人协助。比如，在买卖合同的情况下，买受人就有必要在受领出卖物方面提供协助，在医疗合同等服务性合同中，如果债权人不合理协助甚至可能导致合同目的不能实现。[2] 在返还原物的情况下，如果权利人不协助义务人履行义务，比如权利人拖延受领标的物，也会影响给付效果，甚至可能因迟延受领而导致物在迟延期间毁损灭失等。一般意义上的受领迟延容易认定，但一些特殊情况下权利人是否构成受领迟延，则需要个别认定。比如，返还义务人提出履行时，权利人又确定了具体的履行时间，而在该时间义务人无力履行的，债权人不构成迟延。[3] 但在权利人和义务人都负有给付义务的情况下，如有偿保管合同，保管人（返还义务人）因请求权人（寄存人）支付保管费用之后才负有返还原物的义务。此时，即使权利人已经做好准备接受返还的原物，但如果权利人不提出支付保管费用的对待给付的，也构成受领迟延。还有一种情况是，给付的时间并没有确定，或者债务人有权选择在约定的时间以前履行，此时如果债权人仅仅是暂时不能受领，则不构成受领迟延。[4] 准用这一规则，返还原物的情况下，返还义务人提前履行导致权利人暂时没能受领的，不构成受领迟延。当然，返还义务人在返还之前的适当时间内已经通知权利人，而权利人仍然没能受领的，则构成受领迟延。[5]

对于返还原物请求权人而言，如果构成受领迟延，则类推适用债权人迟延的规定，承受相关的法律效果。(1)虽然权利人构成迟延，但并不免除义务人的原给付义务（返还原物的义务）。因为，返还义务人的返还义务并不因权利人的迟延而消灭，其给付内容并没有发生任何变化。基于合同关系而嗣后发

---

[1] Vgl. Jan Dirk Harke, *Allgemeines Schuldrecht*, Springer - Verlag, 2010, S. 192.

[2] 参见王洪亮：《债法总论》，北京大学出版社2016年版，第328页。

[3] Vgl. Prütting / Wegen / Weinreich, *BGB Kommentar*, 5. Auflage, Luchterhand, 2010, S. 481.

[4] Vgl. Jan Dirk Harke, *Allgemeines Schuldrecht*, Springer-Verlag, 2010, S. 196.

[5] Vgl. Dirk Looschelders, *Schuldrecht Allgemeiner Teil*, 10. Auflage, Verlag Franz Vahlen München, 2012, S. 268.

生无权占有的,也不会因此而赋予义务人解除合同的权利。(2)如果返还原物请求权人构成迟延,则在迟延期间,返还义务人只对占有物因其自身的故意或重大过失所致损失负责。因此,如果受领迟延期间,返还义务人因轻过失导致占有物的损害,则不负责任。但是,恶意占有人尤其是侵权占有人能否主张这一抗辩,需要认真考虑。一般而言,无权占有情况下的侵权占有人直接适用关于侵权损害赔偿的规定,承担严格责任。甚至在因偶然原因导致物的毁损灭失时也要承担责任。[1] 但是在权利人已经陷入迟延的情况下,是否仍然需要恶意占有人承担如此严格责任呢?本书认为,在权利人迟延的情况下,不宜再让占有人哪怕是恶意的侵权占有人承担严格责任,而应让义务人(恶意占有人)只对因其自身的故意或重大过失导致的损失负责。(3)如果返还原物的义务人在返还原物时还需返还无权占有期间的物的用益的,如果权利人迟延,则返还义务人仅在其实际收取用益的范围内承担用益返还的义务。[2] 这就是说,在迟延期间,即使返还义务人故意或重大过失而不收取占有物的用益的,也无须承担责任。但这一点应仅限于善意的占有人,即不知自己无权占有物之人。如果恶意占有人故意不收取占有物的用益的,则基于诚实信用原则,应要求其承担责任。因为,恶意占有人明知自己无权占有他人之物,将来必定被要求归还,本于诚实信用原则,他应该对占有物正常情形下的用益予以收取,并在将来返还原物时一并返还。[3] 基于同样的道理,侵权占有人作为恶意占有人,在权利人迟延期间,也应对因其自身故意而没有收取的用益负责。(4)债权人迟延时必然导致债务人支出额外的保管、保护费用或其他费用,对此债务人可以向债权人提出请求。[4] 类推适用到返还原物的场合,则是返还义务人在权利人迟延时可以向其主张额外的保管费用、维护费用等。

另外需要指出的是,在返还原物请求权人迟延时,返还义务人也可能因此

---

〔1〕 Vgl. Manfred Wolf, *Sachenrecht*, 18. Auflage, Verlag C. H. Beck, München, 2002, S. 113.

〔2〕 Vgl. Wolfgang Fikentscher / Andreas Heinemann, *Schuldrecht*, 10. Auflage, De Gruyter Recht, 2006, S. 251; Dirk Looschelders, *Schuldrecht Allgemeiner Teil*, 10. Auflage, Verlag Franz Vahlen München, 2012, S. 271.

〔3〕 王洪亮教授对此持有不同意见。他认为,在债务人负有返还或赔偿用益(孳息)的情况下,如债权人受领迟延,债务人仅以实际收取的用益为限承担返还义务。即使债务人故意或重大过失而不获取用益,其亦不承担责任。参见王洪亮:《债法总论》,北京大学出版社2016年版,第333页。

〔4〕 Vgl. Jan Dirk Harke, *Allgemeines Schuldrecht*, Springer-Verlag, 2010, S. 193.

而受有损害。比如,运输合同中承运人为托运人运输危险物质,在交货期届至时托运人受领迟延,导致承运人因该危险物质而受有损害。此时,应当承认返还义务人有权请求权利人承担损害赔偿责任。

3. 对不完全给付规则的类推适用

不完全给付(Ungehörige Erfüllung),起源于德国法中积极侵害债权(positive Forderungsverletzung)概念,是德国律师 Staub 于 1902 年的论文《积极侵害契约及其法律效果》和 1904 年正式发表的文章《积极侵害契约》中首先提出的,[1]后经德国的判例学说承认,在争论中得到发展,也被称为不良给付(Schlechtleistung)。不完全给付的主要法律后果是产生损害赔偿债务,如依照《德国民法典》第 281 条所产生的损害赔偿义务。[2] 基于此,返还原物请求权主张时,如果返还义务人的返还存在瑕疵,则完全可以准用不完全给付的规范。

从实定法上看,我国并没有债法总则,因而没有不完全履行的法定概念,但我国在学理上对于承认不完全履行的概念基本达成共识。[3] 同时,我国《合同法》第 112 条尽管没有用"不完全履行"这一概念,但该条实际上规定了不完全履行的内容。据此,合同债务人履行合同中存在不完全给付且给债权人造成损失的,债权人可以按照《合同法》第 112 条的规定请求损害赔偿。履行返还原物义务时也可类推适用该规定,即如果义务人返还的物存在瑕疵且造成权利人损害的,权利人可类推适用《合同法》第 112 条的规定,请求义务人损失赔偿。此时,原物返还义务继续存在,损害赔偿义务与返还原物的给付义务并存,返还原物的请求权基础是《物权法》第 34 条,而损害赔偿的请求权基础是《合同法》第 112 条。[4]

此外还需要注意部分给付(Teilleistung)的规则。在德国法上,债务人无权

---

〔1〕 Vgl. Staub, Die positiven Vertragsverletzungen und ihre Rechtsfolgen, in: Festschrift f. d. XXVI DJT, 1902, S. 29; Staub, Die positiven Vertragsverletzunge, 2. Auflage, Neudruck1969.

〔2〕 Vgl. Wolfgang Fikentscher / Andreas Heinemann, *Schuldrecht*, 10. Auflage, De Gruyter Recht, 2006, S. 243.

〔3〕 参见王家福主编:《民法债权》,中国社会科学出版社 2015 年版,第 158 ~ 161 页;张广兴:《债法总论》,法律出版社 1997 年版,第 182 ~ 187 页;王洪亮:《债法总论》,北京大学出版社 2016 年版,第 252 ~ 256 页。

〔4〕 参见王洪亮:《债法总论》,北京大学出版社 2016 年版,第 253 页。

只是履行部分给付。[1] 因为将整体的给付义务分批分次履行,将给债权人造成负担或困扰。所以,德国法认为,债权人拒绝部分给付一般不构成受领迟延。[2] 我国《合同法》第72条对部分履行进行明确规定,按照该规定,债务人仅为部分履行的,债权人有权拒绝。但如果部分履行并不损及债权人的任何利益,比如,尚未履行的部分仅仅是零头,则基于诚实信用原则,债权人不应再行拒绝。但是,如果部分履行增加了债权人的费用负担,则该费用负担由债务人承受。据此,经类推适用后,在返还原物过程中,原则上不允许义务人部分返还。如果确因客观原因返还了大部分而仅剩余很小部分,则应允许,但返还费用应由返还义务人负担,无论其为善意还是恶意。比如,甲无权占有乙之搅拌机20台,在返还时,仅返还19台,剩余1台未返还,则应允许甲为部分履行,将剩余1台搅拌机返还,并由甲自行承担该费用。当然,从意思自治的角度看,法律中关于"拒绝部分履行"的规定得以协议排除其适用,[3]因此,如果返还义务人和权利人明确约定分批分次履行返还原物的义务,则应视为适当履行。

(二)不可类推适用的债法规范

1. 不可类推适用给付不能的规定

给付不能是德国学者莫姆森(Mommsen)在1853年提出的概念,后为1896年《德国民法典》在立法上予以确认。[4] 所谓给付不能就是债务关系的内容不能实现,德国学理中把给付不能分为物质不能(pysische Unmöglichekeit)和法律不能(juristische Unmöglichekeit),[5]《德国民法典》中给付不能的适用范围主要依托其第275条和第326条展开。对于返还原物请求权能否适用债法中给付不能的规定,沃尔夫指出,如果不可能返还原物或者返还时状况已经非常糟糕的物,应该适用《德国民法典》第989条(诉讼系属发生后的损害赔偿)

---

[1] Wolfgang Fikentscher / Andreas Heinemann, *Schuldrecht*, 10. Auflage, De Gruyter Recht, 2006, S. 141.

[2] Medicus / Lorenz, *Schuldrecht AT*, 20. Auflage, 2012, Rn. 157. 转引自王洪亮:《债法总论》,北京大学出版社2016年版,第102页。

[3] 参见[德]迪特尔·梅迪库斯:《德国债法总论》,杜景林、卢谌译,法律出版社2004年版,第127页。

[4] 参见谢鸿飞:《合同法学的新发展》,中国社会科学出版社2014年版,第447页。

[5] Vgl. Wolfgang Fikentscher / Andreas Heinemann, *Schuldrecht*, 10. Auflage, De Gruyter Recht, 2006, SS. 197 – 198.

和第 990 条（非善意占有人的责任）的规定，却不适用第 275 条（给付义务的排除）和第 280 条（违反义务而发生的损害赔偿）的规定。[1] 也就是说，对于返还原物请求权是不能类推适用债法中给付不能的规定的。对此，我国台湾地区持同样主张。[2] 需要指出的是，物权请求权是一个体系，虽然物权请求权中的返还原物请求权不能类推适用债法中关于给付不能的规定，但其他的物权请求权则可以适用给付不能的规定。[3] 在我国法上，《物权法》第 244 条对于占有的不动产毁损灭失而导致的返还不能有明确规定。在此种情况下，占有人应将占有物毁损灭失而获得的赔偿金等价值替代物返还权利人，如果损害仍然没有填平的，恶意的占有人还需赔偿损失。因此，并不存在类推适用债法中给付不能规定的前提。

另外需要注意的是给付的部分不能。德国法上，其民法典第 323 条第 1 款和第 326 条第 1 款规定的情形中都可能发生给付部分不能的问题。请求返还的原物如果有若干，而其中部分毁损灭失而导致部分履行不能的，从解释上看，应仍然适用《德国民法典》第 989 条的规定，无须类推适用债法规定。按照我国《物权法》第 244 条的规定，占有物因部分毁损灭失而导致部分给付不能的，同样应将毁损灭失部分的赔偿金等价值替代物返还给权利人，仍然没有填平损失的，恶意占有人应负损害赔偿责任。

2. 不可类推适用种类之债的规定

种类之债系以属于一定种类或数量的物的交付为标的的债，种类之债的履行，一般应给付中等品质或种类（Sache von mittlerer Art und Güt）的物。民法以特定之债为调整模式，[4] 种类之债必须经过特定方得履行。因此，种类之债的最大特点是履行之前必须特定，其法律意义在于种类之债不发生履行不能的问题。[5] 而特定之债中，则可能因标的物的毁损灭失而发生履行不能的问题。在返还原物请求权情况下，被要求返还的物是原物，而原物意味着被请求返还标的物本就是特定的，因而并不存在类推适用种类之债的前提。而

---

〔1〕 Vgl. Manfred Wolf, *Sachenrecht*, 18. Auflage, Verlag C. H. Beck, München, 2002, S. 136.

〔2〕 参见王泽鉴：《民法物权：通则 · 所有权》，中国政法大学出版社 2001 年版，第 177 页。

〔3〕 Vgl. Manfred Wolf, *Sachenrecht*, 18. Auflage, Verlag C. H. Beck, München, 2002, S. 136.

〔4〕 参见[德]迪特尔 · 梅迪库斯：《德国债法总论》，杜景林、卢谌译，法律出版社 2004 年版，第 114 页。

〔5〕 参见崔建远：《债法总论》，法律出版社 2013 年版，第 26 页。

在占有期间发生标的物毁损灭失的，在我国民法上，可以直接适用《物权法》第244条的规定，也不存在类推适用种类之债规则的问题。

3. 不可类推适用债权让与的规定

债权让与(Forderungsübertragung)是在不损及债的同一性的前提下让与人与受让人之间以移转债权为内容的合同。通过该合同，新债权人取代原债权人享有债权。[1] 返还原物请求权作为物权请求权，具有附从性，其不得脱离物权本身而单独让与。在例外情况下需要让与的，直接依据指示交付的规定实施即可，因而没有类推适用债权让与规则的前提和必要。

〔1〕 Vgl. Wolfgang Fikentscher / Andreas Heinemann, *Schuldrecht*, 10. Auflage, De Gruyter Recht, 2006, S. 351 ff.; Prütting / Wegen / Weinreich, *BGB Kommentar*, 5. Auflage, Luchterhand, 2010, SS. 661 – 667.

第六章

返还原物请求权与相关请求权的竞合

但是，也有一些情况，在这些情况下尽管给付是同一的，而且也只能一次履行，但由于考虑到请求权的作用不同，不能说这是一个建立在多种基础上的统一的请求权。这种情况根据通行的学说仍然属于“请求权竞合”。[1]

——卡尔·拉伦茨

〔1〕［德］卡尔·拉伦茨：《德国民法通论》（上册），王晓晔、邵建东等译，法律出版社2003年版，第355页。

有本权的占有人,其占有被侵夺时,可能发生返还原物请求权与占有物返还请求权的竞合。基于合同而转移占有的情况下,如果合同约定的占有期限终止,如租赁合同到期,承租人(占有人)拒不返还租赁物的,则可能发生返还原物请求权和合同上返还请求权(租赁物返还请求权)的竞合。在不适法无因管理中,如果本人主张享有无因管理所得利益,则本人自得请求管理人将管理事务进行的情况报告本人,因处理事务所收取或占有的金钱、物品、孳息等也应交付本人,此时就可能发生返还原物请求权与无因管理中本人的交付请求权的竞合。在不承认物权行为无因性的场合,还可能存在返还原物请求权与给付不当得利请求权(以占有不当得利表现出来)的竞合可能。以上种种的竞合可能,让返还原物请求权与邻近请求权的关系扑朔迷离。鉴于此,以返还原物请求权为中心,逐一地将其与相关请求权竞合可能进行深入细致的分析,既是深刻认识返还原物请求权与相关请求权关系的需要,也是全方位、立体式剖析返还原物请求权自身的需要。

第一节 请求权竞合与返还原物请求权

从渊源上看,欧洲大陆法系的民法和民事诉讼法是在吸收继承罗马法内容之基础上逐渐演变而成的,因此,罗马法上存在过的问题也就像基因一样被遗传下来,请求权竞合的问题就是如此。[1] 根据前文的论述,在罗马法时代,虽然没有请求权的概念,但却存在诉的竞合。并且,诉的竞合是诉权消灭的一种原因。在古典法时代,诉讼竞合不过是“一事不再理”原则的具体适用。到优士丁尼时代,才作为特别的消灭原因被保存延续下来。[2] 所以,从历史上看,请求权竞合的问题由来有之。而从人类的认识规律上看,人们往往利用类型化的方法去认识和阐发社会现象,民法正是利用类型化方法作为重要方法而调整社会生活的部门法,这又同时导致民法调整社会生活的多维性。这种

〔1〕 参见段厚省:《请求权竞合要论——兼及对民法方法论的探讨》,中国法制出版社 2013 年版,第 105 页。

〔2〕 参见[意]彼德罗·彭梵得:《罗马法教科书》,黄风译,中国政法大学出版社 1992 年版,第 108 ~ 109 页。

多维性的调整和多元性的立法表达，必然存在交叉或重合的区域，这就可能产生请求权的竞合。[1] 因此，请求权竞合是"人类智慧有限的副产品"，[2]也就是说，请求权的竞合是无法避免的法律现象。

德国学者将数个请求权并存的情况进行了区分，第一种情况是所谓法条竞合（Gesetzeskonkurrenz），就是存在特别法的情况下，基于特别规范的请求权排除了其他请求权规范的适用。[3] 在民法的适用中有所谓"特别法优于普通法"的规则，正是这一规则导致了法条竞合现象的发生。不过，对于法条竞合的表述，拉伦茨教授不予赞同。他认为法条竞合的概念文不对题，容易产生误解，因而建议采用"规范排除之竞合"（normverdrängende Konkurrenz）的概念，[4]这一见解得到我国部分学者的响应，[5]本书从之。从法律适用的角度看，法条竞合的适用规则，即"特别法优于普通法"规则对于法律关系的明晰具有重要意义。在很多情况下，正是法条竞合规则使司法者精准地确定了请求权基础，从而得出明确的裁判结论。

第二种情况是所谓的选择性竞合或择一竞合（alternative Konkurrenz）。这是指当事人享有数个请求权，或享有一个请求权一个形成权，当事人得选择其一而为行使，行使过其中一个，则不能再主张其他的权利。选择性竞合可能因数个请求权而发生。比如，根据我国《合同法》第116条的规定，在当事人既约定违约金又约定定金的情况下，可以就适用定金条款还是违约金条款作出选择。选择性竞合还可能因一个请求权和一个形成权而发生。例如，因欺诈而订立合同的，受欺诈的一方要么选择请求对方继续履行合同（请求权），要么行使撤销权（形成权）。[6]

第三种情况是请求权的聚合（Anspruchshäufung）。这是指因为同一个法律事实而产生了数个给付内容不同的请求权，权利人可以对这些请求权同时

〔1〕 参见段厚省：《请求权竞合要论——兼及对民法方法论的探讨》，中国法制出版社2013年版，第118～125页。

〔2〕 王轶：《物权保护制度的立法选择》，载《中外法学》2006年第1期。

〔3〕 Larenz / Wolf, *Allgemeiner Teil des Bürgerlichen Rechts*, 9. Auflage, Verlag C. H. Beck München 2004, S. 320.

〔4〕 Vgl. Larenz / Wolf, *Allgemeiner Teil des Bürgerlichen Rechts*, 9. Auflage, Verlag C. H. Beck München 2004, S. 320.

〔5〕 参见朱庆育：《民法总论》，北京大学出版社2013年版，第552页。

〔6〕 参见朱庆育：《民法总论》，北京大学出版社2013年版，第553页。

或先后主张,又称为"累积性竞合"(Kumulative Konkurrenz)。[1] 在无权占有的情况下,德国法上,可根据其民法典第985条请求返还原物,同时还可在一定情况下要求返还取得的收益。而根据我国《物权法》第34条和第243条的规定,所有权人也可以请求返还原物和孳息。以上现象都属于请求权的聚合。在请求权聚合情况下,各个请求权之间互相并不妨碍。如果请求权本身具有可转让性(物权请求权一般不能单独转让),则权利人可以将各个请求权单独转让,或者就各个请求权分别起诉,或者合并起诉。这种合并起诉的情况又被称为"客观的诉的合并"或者"请求的合并"。[2]

第四种情况就是请求权的竞合(Konkurrenz von Ansprüchen)。当同一个法律事实符合若干个请求权规范的构成要件时,如果基于这些不同规范所产生的请求权内容相同,且保护目标无异,此时将产生请求权的竞合。请求权竞合之下,当事人得选择行使请求权,其中一个请求权因目的达到而消灭时,其他请求权也因目的达到而消灭。相反,如果一个请求权因目的达到之外的原因而消灭(如诉讼时效的经过)时,权利人仍然可以行使其他无瑕疵的请求权。[3] 比如,在所有权人的所有物被他人无权占有时,所有权人可以直接依据我国《物权法》第34条主张返还原物请求权。但同时,根据我国《民法通则》第134条第1款第4项的规定,所有权人也可以主张返还财产请求权。此时,二者发生竞合,所有权人可以选择行使,如果返还财产请求权罹于时效,在采物权请求权不适用诉讼时效的观点时,[4]权利人仍可主张返还原物请求权。从学理上,请求权竞合有两种理解:一是真正的请求权竞合(echte Anspruchs-konkurrenz),这种请求权竞合包含数个实体请求权,比如,租赁期届满后出租人可以按照《合同法》第235条的规定请求返还租赁物。如果出租人还是所有权人,则其还可依据《物权法》第34条行使返还原物请求权。该两项请求权具有相同的内容,但一个是来自租赁合同的债权请求权,另一个则是来自物权的

---

〔1〕 Vgl. Larenz / Wolf, *Allgemeiner Teil des Bürgerlichen Rechts*, 9. Auflage, Verlag C. H. Beck München 2004, S. 321.

〔2〕 [德]卡尔·拉伦茨:《德国民法通论》(上册),王晓晔、邵建东等译,法律出版社2003年版,第350页。

〔3〕 参见王泽鉴:《法律思维与民法实例:请求权基础理论体系》,中国政法大学出版社2001年版,第167页。

〔4〕 参见孙宪忠:《中国物权法总论》(第3版),法律出版社2014年版,第433~434页。

请求权。二是请求权规范竞合(Anspruchsnormenkonkurrenz),也称"请求权基础竞合"(Anspruchsgrundlagenkonkurrenz),即同一法律事实符合数个规范的构成要件,但基于这些规范只产生一项实体请求权。请求权规范竞合是由德国法学家拉伦茨提出来的,后来得到很多人的认同。拉伦茨认为,同一个事实既符合侵权责任构成又符合债务不履行责任构成时,权利人在实体上只有一个请求权,所竞合的并非请求权,而是请求权的基础规范。[1] 根据我国《合同法》第122条的规定,合同一方因其违约行为而损害相对人人身或财产的,相对人有权选择要求其承担违约责任或侵权责任。该条规定的实际就是请求权规范竞合,因为这里的请求权都是损害赔偿请求权,但其请求权规范却既有合同法规范也有侵权法规范。[2]

请求权基础多元这一法律现象对于法官的法律适用提出了更高的要求,法官必须合理运用相关的法律适用技术妥善处理涉及法条竞合、请求权竞合的相关问题。

第二节 与返还财产请求权、占有物返还请求权的竞合

返还财产请求权是我国民法中的特有概念,其源于我国民法大量存在的"返还财产"条款。在德国法上,将侵占物返还于权利人是恢复原状的当然之意,而恢复原状又是损害赔偿的原则。[3] 因此,在其侵权责任意义上,没有单独的"返还财产"责任形式。[4] 基于此,德国法上不会像我国民法那样出现返还原物请求权(物权请求权)和返还财产请求权(债权请求权)的纠葛。我国台湾地区的情况,也大致如此。[5] 因此可以说,返还原物和返还财产之间的纠葛,是民法学研究中的中国问题,当然,同时也是中国学界在研究返还原物请

---

〔1〕 Vgl. Larenz / Wolf, *Allgemeiner Teil des Bürgerlichen Rechts*, 9. Auflage, Verlag C. H. Beck München 2004, SS. 323 – 324.

〔2〕 参见朱庆育:《民法总论》,北京大学出版社2013年版,第554页。

〔3〕 参见陈卫佐译注:《德国民法典》(第2版),法律出版社2006年版,第306~314页。

〔4〕 参见[德]马克西米利安·福克斯:《侵权行为法》(第5版),齐晓琨译,法律出版社2006年版,第252~253页。

〔5〕 参见曾世雄:《损害赔偿法原理》,中国政法大学出版社2001年版,第147~154页。

求权时无法回避的问题。

一、返还原物请求权与综合性返还财产请求权发生规范排除的竞合

我国《民法通则》第134条和《民法总则》第179条所规定的既非侵权责任方式，也非违约责任方式，而是对整个民法中民事责任的“概括性总结”，[1]因此，本书将其视为所有民事责任的一般规定。如此，则第134条第1款第4项（第179条第1款第4项）规定的返还财产是民法中所有以返还为内容的民事责任的一般规定。而返还原物请求权从本质上是综合性返还财产请求权的下位概念，或者说关于前者的规定是后者规定的特别条款。根据前文关于数个请求权并存时的四种情况，这里的情形属于第一种，即法条竞合。因为在发生无权占有的事实的情况下，关于返还原物请求权的规定（如《物权法》第34条、第44条等规定）作为特别规范，其规定的请求权也具有特别性，因而排除了其他请求权规范的适用，[2]应当优先适用。

二、返还原物请求权与占有物返还请求权发生请求权竞合

（一）占有物返还请求权与返还原物请求权的异同

1. 相似点

（1）二者都属于《物权法》中的保护性规范，占有物返还请求权在于保护占有的事实，[3]返还原物请求权在于保护物权本身，虽然保护的对象不同，但在规范性质上都属于保护性规范。

（2）二者的形式结构相近。[4] 无论是占有物返还请求权还是返还原物请求权，从形式上看，都是请求人向被请求人提出返还的主张。

（3）二者返还的对象都是动产或不动产。占有物返还请求权之下请求返还的是占有物，既可能是动产也可能是不动产；返还原物请求权之下请求返还的也是被他人无权占有的占有物，同样包括动产和不动产。

（4）特殊情况下二者的实现都可借助于自助行为。一般而言，保护权利的职能由国家垄断，[5]因而民法禁止私力救济。但在紧急情况下也可通过自卫

---

[1] 李浩然：《所有权保护的请求权类型及其关系》，中国政法大学比较法学院2014年硕士学位论文，第33页。

[2] 参见王泽鉴：《法律思维与民法实例》，中国政法大学出版社2001年版，第166页。

[3] 参见冉克平：《物权法总论》，法律出版社2015年版，第609页。

[4] 参见冉克平：《物权法总论》，法律出版社2015年版，第609页。

[5] 参见孙宪忠主编：《民法总论》（第2版），社会科学文献出版社2010年版，第108页。

行为维护权利。但是,还有一些情况下的私人强制行为无法通过自卫行为正当化合法化。比如,请求权实现过程中受阻而又来不及请求公权力机关协助时,就需要通过私人强制手段以实施对请求权相对人侵犯行为的方式确保请求权的实现,而要想使这种侵犯行为具有合法性,就必须求助于自助行为。而不论是返还原物请求权,抑或是占有物返还请求权,在实现过程中都可能遇到这种情况,此时与返还原物请求权人一样,占有人也可以通过自助行为保护其对标的物的占有。〔1〕

2. 不同点

(1)主体不同。返还原物请求权的主体是物权人,具体包括失去占有的所有权人、物权人以及其他依法可以行使物权的人,如破产管理人、遗嘱执行人、失踪人的财产代管人、国有资产的管理人等。而占有物返还请求权的主体则是占有人。由于占有制度保护的是占有的事实,每个占有人都受到该制度的保护,不论其占有是否为有权占有。〔2〕 因此,占有保护请求权的主体甚至可以是无权占有人,但返还原物请求权的主体很显然不可能是无权占有人。

(2)制度功能不同。返还原物请求权的制度价值在于确保物权的圆满,直接保护物上的权利不被侵犯。〔3〕 而占有物返还请求权的功能绝非表面看起来的对占有物的返还,而是对占有这一事实状态的维持。而占有的事实状态代表了社会现存秩序,因而占有物返还请求权实际上是对现存社会秩序的维持,哪怕这种现存的社会秩序是不正确的,首先也要维持这一秩序,其后再考虑通过法律手段纠正其不正确。二者的这一差别,在占有人提起占有之诉而权利人相反地提起本权之诉的情况下尤为明显。

(3)构成要件不同。返还原物请求权以无权占有为要件。如所有物返还请求权中,占有人的占有状态必须是不合法的才可主张所有物返还请求权。〔4〕 而占有物返还请求权则以占有被侵夺为构成要件。试举一例,甲的房屋被乙承租,租期届满后乙拒不返还,此时乙构成无权占有,甲得主张返还原物请求

〔1〕 Vgl. Jan Wilhelm, *Sachenrecht*, 4. Auflage, Walter de Gruyter GmbH & Co. KG, 2010, SS. 236–237; Rüthers / Stadler, *Allgemeiner Teil des BGB*, Verlag C. H. Beck München, 2003, SS. 58–59.

〔2〕 Vgl. Manfred Wolf, *Sachenrecht*, 18. *Auflage*, Verlag C. H. Beck, München, 2002, S. 87.

〔3〕 Manfred Wolf, *Sachenrecht*, 18. *Auflage*, Verlag C. H. Beck, München, 2002, S. 133.

〔4〕 Manfred Wolf, *Sachenrecht*, 18. *Auflage*, Verlag C. H. Beck, München, 2002, S. 98.

权,但却不能主张占有物返还请求权,[1]因为乙一直占有该租赁房屋,并没有发生占有被侵夺的事实。反之,如果乙的无权占有又被他人侵夺,在符合权利行使期间的条件下,乙可以主张占有物返还请求权,而无论其是否有所有权。

(4)诉讼程序有所不同。在我国台湾地区,所有物返还请求权(返还原物请求权)通常以普通程序进行。而占有物返还请求权重在对占有事实状态的保护,贵在迅速,程序设置务求简单便捷,故占有物返还请求权在诉讼中以简易程序进行推动,并对其能否上诉到第三审法院作出限制。[2]

(5)举证责任不同。行使返还原物请求权时,权利人必须证明其享有合法的物权,或者其是依法可以行使物权的人。但占有物返还请求权的行使,则仅须原告对占有的事实承担举证责任。至于占有人是否有占有权源,则无须举证证明。[3]

(6)权利行使的期间不同。根据我国《物权法》第245条的规定,占有物返还请求权的行使期间为一年,超过一年未行使的,权利消灭。关于该权利行使期间的性质,历来有消灭时效说和除斥期间说两种。德国法上,学者认为《德国民法典》第864条规定的期间为除斥期间。[4] 此外,《瑞士民法典》第929条第2款,也将占有物返还请求权的行使时间作为除斥期间。[5] 本书认为,根据《物权法》第245条规定,侵夺占有后一年内未行使占有物返还请求权的,该权利消灭。既然是权利消灭,则表明该期间为权利的存续期间,期间经过,权利消灭,这恰恰是关于除斥期间的法律效果。除斥期间一般要求法官主动予以审查和适用,[6]而在我国司法实践中,法院也的确主动适用了第245条关于一年的权利行使期间。[7] 此外,占有保护重在保护占有的事实,贵在迅速,如果将其视为诉讼时效,则可能因中断等事由而发生拖延,使占有的事实处于

---

〔1〕 参见王泽鉴:《民法物权:用益物权·占有》,中国政法大学出版社2001年版,第353页。

〔2〕 参见王泽鉴:《民法物权:用益物权·占有》,中国政法大学出版社2001年版,第353~354页。

〔3〕 参见(2008)一中民终字第6587号民事判决书。

〔4〕 Vgl. Jan Wilhelm, *Sachenrecht*, 4. Auflage, Walter de Gruyter GmbH & Co. KG, 2010, S. 238.

〔5〕 参见郑冠宇:《民法物权》(第2版),台北,台湾新学林出版股份有限公司2011年版,第698页。

〔6〕 Vgl. Stäudinger/Peters (2004), Vorbem. zu § § 194 ff. Rn. 13. 转引自朱庆育:《民法总论》,北京大学出版社2013年版,第533页。

〔7〕 参见(2015)运中民终字第1616号民事判决、(2016)云23民终232号民事判决书。

长期的不稳定状态，不能有效保护占有。[1] 因此，应当认为《物权法》第245条规定的一年为除斥期间。[2] 可见，在我国法上，占有物返还请求权的除斥期间为一年。而返还原物请求权的权利行使期间，则在《民法总则》第196条有明确规定，即不动产物权和登记动产的返还原物请求权不适用诉讼时效，其他返还原物请求权适用诉讼时效期间。

（二）占有物返还请求权与返还原物请求权发生的竞合及其处理

同一个法律事实既符合返还原物请求权的规范要件，又符合占有物返还请求权的规范要件时，将产生返还原物请求权和占有物返还请求权两个请求权。但这两个请求权行使的效果实际上是同一个给付，即占有的返还。也就是说，占有返还这一个给付请求可以同时依据两个请求权规范而成立，这种情况显然成立请求权的竞合。而关于请求权竞合的处理规则依通说是由当事人选择行使，其中的一个请求权目的已达而归于消灭时，其他请求权也因目的已达而归于消灭。例外情况是，当一个请求权因目的已达之外的原因消灭时，权利人仍然可以主张其他请求权。当有本权的占有人如物权人或依法可行使物权的人占有被侵夺时，发生返还原物请求权与占有物返还请求权的竞合，他可以选择行使返还原物请求权或占有物返还请求权，并通过本权之诉（返还原物纠纷）或占有之诉（占有物返还纠纷）最终实现其请求。这是按照请求权竞合的一般处理原则得到的关于返还原物请求权和占有物返还请求权竞合时的解决方案。

然而，由于本权之诉和占有之诉关系的特殊性，通过诉讼解决返还原物请求权与占有物返还请求权的竞合问题时，存在更有利的解决方案。本权之诉的目的是确定权利之关系，而占有之诉的目的是维持管理这一事实状态，因而本权之诉与占有之诉两不相妨，可以同时提起，也可以分别提起。[3] 因此，当占有人同时是权利人时，其占有被侵夺的，他可以同时提起返还原物之诉和占有物返还之诉，或者分别提起。但是，这种同时提起或分别提起的权利也有部

---

〔1〕 参见最高人民法院物权法研究小组编著：《〈中华人民共和国物权法〉条文理解与适用》，人民法院出版社2007年版，第711~712页。

〔2〕 但是，王利明教授认为《物权法》第245条第2款规定的一年为诉讼时效期间。参见王利明：《物权法研究》（下卷），中国人民大学出版社2013年版，第1504~1506页。

〔3〕 参见郑玉波：《民法物权》（修订第16版），黄宗乐修订，台北，三民书局2009年版，第502页；史尚宽：《物权法论》，中国政法大学出版社2000年版，第596页。

分限制。这就是,在占有之诉败诉的情况下,权利人(同时也是占有人)可以提起本权之诉;但在本权之诉败诉时,占有人则不应再提起占有之诉。[1] 比如,在本权诉讼中,被告已经被生效判决确认享有占有的权利(如作为被告的承租人基于租赁关系而享有占有租赁物的权利),则原告败诉后,不能再依据占有事实而提起占有物返还之诉。[2] 因为,占有人(原告)所主张的返还请求权,其要件已经从根本上遭到摧毁。[3]

三、返还原物请求权与合同上的返还请求权的竞合及其处理

(一)返还原物请求权与合同终止时的返还请求权的竞合

以占有为内容的合同在其存续期间,占有人依据合同享有占有权,[4]甚至当合同约定的费用没有得到清偿时,占有人还可以针对相对人的返还请求行使留置权。所以,在合同尚未完全履行之时,物权人并不享有返还原物请求权。但是,在合同履行完毕而终止时,比如,在租赁合同届满时,以德国为代表的大陆法系国家明确承租人有返还租赁物的归还义务(Rückgabepflicheten),这属于合同终止时所谓的清理请求权(Abwicklun-gsansprüche)。[5] 这一权利对于出租人而言就是合同上的返还请求权。而如果出租人同时又是租赁物的所有权人,则其基于所有权人的地位当然也应当享有所有物返还请求权,此时发生返还原物请求权和合同上的返还请求权并存的情况。但是,这种并存能否发生竞合,在德国曾经存有争议。一种观点认为,这种情况下应舍弃返还原物请求权而使合同上的返还请求权规范得到优先适用。其理由是,根据《德国民法典》第986条之文义,所有人须受到他与占有人债法上关系之拘束,因此他要尊重源于该债权关系所生之恢复规则。[6] 但是,德国通说认为,这种情况应成立请求权的竞合。因为根据文义,《德国民法典》第986条的要求是,仅仅在他主占有情况下,所有权人才无权行使返还原物请求权;而依据返还原物请求权向占有人提出请求时占有人的被动地位,与本于合同提出返还请求时占

---

〔1〕 参见史尚宽:《物权法论》,中国政法大学出版社2000年版,第597页。

〔2〕 参见王泽鉴:《民法物权:用益物权·占有》,中国政法大学出版社2001年版,第363页。

〔3〕 参见郑玉波:《民法物权》(修订第16版),黄宗乐修订,台北,三民书局2009年版,第503页。

〔4〕 Vgl. Hans Josef Wieling, *Sachenrecht*, Springer – Verlag, 1992, S. 159; Prütting / Wegen / Weinreich, *BGB Kommentar*, 5. Auflage, Luchterhand, 2010, S. 1872.

〔5〕 Vgl. Jan Dirk Harke, *Besonderes Schuldrecht*, Springer – Verlag, 2011, S. 256.

〔6〕 Vgl. Wolf / Raiser, Sachenrecht, 10. Bearb. 1957, § 84 I 2. 转引自王洪亮:《物上请求权的功能与理论基础》,北京大学出版社2011年版,第92页。

有人的被动地位并无二致。如果否认二者的竞合,其规定将变得没有意义。[1]

本书认为,发生返还原物请求权和合同上的返还请求权并存的情况时,应认可二者形成竞合。请求权竞合的本意就是同一个生活事实,被纳入不同的法律规范,根据这些不同的法律规范产生不同的请求权,但这些请求权的内容则是相同或重叠的,[2]也正因如此,其中一个请求权得到履行,其他请求权将随之消灭。而在以占有为内容的合同终止时,比如租赁合同终止时,出租人往往也是所有权人,或者即便不是所有权人也是依法可以行使物权的人(如破产管理人)。基于出租人的地位,他可以行使我国《合同法》第235条规定的租赁物返还请求权。而基于其所有权人或依法可以行使物权的人的地位,他可以行使我国《物权法》第34条规定的返还原物请求权,二者正好形成竞合。此时,应由权利人选择提起返还原物请求权还是合同上的返还请求权。在德国法上,如果提起返还原物请求权(所有物返还请求权),则权利人可以得到《德国民法典》第891条(不动产登记簿的权利推定效力)和第1006条(占有人的所有权推定效力)的法律推定的好处。[3] 而在我国民法上,虽然没有明确规定上述推定,但如果权利人提起返还原物请求权,也具有如下优势:(1)诉讼时效上的优势,我国《民法总则》第196条对不动产和登记动产的返还原物请求权没有诉讼时效的限制。但合同上的返还请求权却要受到诉讼时效的限制。(2)权利主张对象上的优势,返还原物请求权可以对任何无权占有人主张,但是合同上的返还请求权只能对合同当事人主张。(3)既判力上的优势,从生效判决的既判力主观范围上看,返还原物纠纷作出生效判决后,任何受让该物的人都将被判决的既判力所拘束。而基于合同之诉的返还判决作出后,则只对承受合同权利义务的人发生拘束力。

(二)返还原物请求权与合同被确认无效或被撤销时的返还请求权的竞合

按照海因里希·莱曼(Heinrich Lehmann)的观点,私法规范的主要任务在

---

〔1〕 Gursky, 20 Probleme aus dem BGB, das Eigentuermer - Besitzer - Verhältins, 1996, S. 5f. Münchener - Medicus, § 985 Rn. 30. 转引自王洪亮:《物上请求权的功能与理论基础》,北京大学出版社2011年版,第92页;程啸:《合同上的返还请求权与所有物返还请求权之关系》,载《人民法院报》2004年4月2日,第5版。

〔2〕 参见[德]卡尔·拉伦茨:《德国民法通论》(上册),王晓晔、邵建东等译,法律出版社2003年版,第351页。

〔3〕 Vgl. Manfred Wolf, *Sachenrecht*, 18. *Auflage*, Verlag C. H. Beck, München, 2002, S. 102.

于导引，并且是通过礼节、生活准则等而不是通过争斗准则进行导引。[1] 这一思想与私法自治的原则暗合。不过，私法也从来不是独立王国，国家会基于各种目的对私法空间进行干预。[2] 关于法律行为无效的制度和合同无效的制度在很大程度上正是这一干涉的产物。根据我国《合同法》第52条的规定，合同将因为欺诈、胁迫而损害国家利益等原因导致无效。而无效的法律后果，必然导致先前依据合同而发生的给付没有依据。所以按照一般法理，都会发生返还的问题。德国法上，因合同无效而导致的返还适用《德国民法典》第812条（不当得利的返还）。[3] 日本法上，也将其作为不当得利处理。[4] 我国《合同法》第58条明确规定，合同被确认无效后因合同而得到财产的应返还财产，这是我国处理合同无效后返还问题的明确依据。因此，在我国法上，合同被确认无效的，可以直接依据《合同法》第58条请求返还财产。当然，合同无效很可能只是部分无效，但是，当部分无效的合同导致整个合同不会被实施或无法被实施的，整个合同全部无效。[5] 部分无效的合同，也可能导致部分财产的返还。至于能否适用不当得利规则，涉及对物权行为理论的认识问题，后文将有详述，此处不赘述。在我国的司法实践中，涉及合同无效而返还的案件，很多都是以《合同法》第58条作为裁判依据。[6] 然而，根据具体案件的不同，很多情况下会存在返还原物请求权和合同上的返还财产请求权竞合。只要被要求返还的标的物是动产或不动产，原物仍然在相对人的占有中，就会发生返还原物请求权的适用。此时，发生返还原物请求权与合同上的返还请求权的竞合。需要指出的是，在我国法上，合同无效情况下的合同上的返还财产请求权，并非基于合同，因为此时合同已经被确认无效。这种情况下的返还财产请求权

---

〔1〕 Vgl. André Depping, *Das BGB Durchgangspunkt: Privatrechtsmethode und Privatrechtsleitbilder bei Heinrich Lehmann* (1876 – 1963), Mohr Siebeck, 2002, S. 216.

〔2〕 参见谢鸿飞：《合同法学的新发展》，中国社会科学出版社2014年版，第231页。

〔3〕 Vgl. Hans Brox / Wolf – Dietrich Walker, Allgemeines Schuldrecht, 29. Auflage, Verlag C. H. Beck, München, 2003, S. 24.

〔4〕 参见［日］我妻荣：《新订民法总则》，于敏译，中国法制出版社2008年版，第364页。

〔5〕 Vgl. Rüthers / Stadler, *Allgemeiner Teil des BGB*, Verlag C. H. Beck München, 2003, S. 410 ff.

〔6〕 参见（2015）陕民一终字第00240号民事判决书、（2015）甘民一终字第26号民事判决书、（2014）芜中民一终字第00902号民事判决书、（2013）鄂民监三再终字第12号民事判决书。

直接来自我国《合同法》第 58 条的规定。[1] 当然,这里的返还财产请求权同时也可能与不当得利返还请求权发生竞合,但这是另一个问题,不能因此否定第 58 条作为独立的请求权基础的地位。这就如同梅迪库斯曾经针对合同解除的效力所指出的那样,《德国民法典》第 346 条第 1 款构成了自己的请求权基础,返还请求权根本不是因不当得利(《德国民法典》第 812 条第 1 款)而产生的。[2] 同理,既然合同解除之后的返还规范可以自己作为请求权基础,那么合同被撤销之后的返还规范也同样应该自己作为请求权基础。在承认《合同法》第 58 条可以作为独立的返还财产请求权的基础上,当然应当认可此处返还财产请求权与返还原物请求权的竞合。

与合同被确认无效相似,合同被撤销也会产生相应的法律效果。即合同(法律行为)被撤销后的法律状态是溯及的无效(Rückwirkende Nichtigkeit),从《德国民法典》第 142 条第 1 款的内容看,也是规定法律行为被撤销后,自始无效。[3] 我国《合同法》第 56 条也作了相似的规定。因此,合同被撤销后应与无效同视。当合同被撤销后要求返还的财产是不动产或动产时,也发生返还原物请求权和合同上的返还财产请求权的竞合,应由当事人选择行使。

四、返还原物请求权与返还财产责任请求权的竞合及其处理

(一)我国侵权法中的返还财产责任探析

在民法中,责任往往是义务违反的结果。法律思想史上,奥斯丁曾经认为法律由命令、义务和制裁这三个要素构成。[4] 这里的制裁就包含责任的因子。德国法学家鲁道夫·伊赛(Rudolf Isay)也曾主张把债和责任相分离,把责任法独立出来。另一位学者施威灵(Schwerin)也主张在债法总则的研究中,将债务法和责任法相区分。[5] 我国从《民法通则》立法开始,就在法律上确立了独立

---

〔1〕 我国学界对此并没有进行正面论述,即没有将《合同法》第 58 条作为独立的请求权基础,而是将其定位为不当得利请求权或物权请求权,并围绕二者进行论争。认为第 58 条规定的返还财产请求权属于不当得利请求权的意见,可参见王利明:《合同法研究》(第 1 卷),中国人民大学出版社 2002 年版,第 715 页。认为属于物权请求权的意见,可参见崔建远主编:《合同法》(第 4 版),法律出版社 2007 年版,第 117 页。

〔2〕 参见[德]迪特尔·梅迪库斯:《德国债法总论》,杜景林、卢谌译,法律出版社 2004 年版,第 399 页。

〔3〕 参见《德国民法典》(第 4 版),陈卫佐译注,法律出版社 2015 年版,第 50 页。

〔4〕 参见[英]约翰·奥斯丁:《法理学的范围》,刘星译,中国法制出版社 2002 年版,第 17 ~ 18 页。

〔5〕 参见林诚二:《民法理论与问题研究》,中国政法大学出版社 2000 年版,第 209 页。

的民事责任体系,并被认为与大陆法系的民法思想及发展的最新潮流相符,[1]而《侵权责任法》第 15 条关于侵权责任方式的规定主要采自《民法通则》的模式。从实定法规范看,作为侵权责任方式的返还财产主要规定在我国《民法通则》第 117 条第 1 款和《侵权责任法》第 15 条第 1 款第 4 项。对于这两个条款规定的返还财产侵权责任的性质,一直存有争议。争议的实质在于返还财产请求权到底是否等同于返还原物请求权,抑或是将返还原物请求权解释为侵权责任中的返还财产请求权。本书认为,探讨上述返还财产与返还原物的关系,需要从作为侵权责任方式的返还财产所对应的权利保护范围进行分析。返还原物是仅指不动产和动产而言的,如果《民法通则》第 117 条第 1 款和《侵权责任法》第 15 条第 1 款第 4 项规定的返还财产中的财产仅指不动产和动产而言,则可以将这里的返还财产与《物权法》第 34 条的返还原物同视,否则将有失偏颇。

1. 侵权法保护物权免受侵害

物权是绝对权,应该得到法律的严格保护。从各国侵权法的理论与实务考察,所有权受侵权法的保护乃是通例。[2] 并且,保护所有权也能够很好地保护民众的财富进取心。我国《侵权责任法》在所谓"侵权行为一般条款"(第 2 条)中明确指出,该法保护的民事权益包括所有权、用益物权、担保物权。所以,由于侵权法保护物权,则作为侵权责任的返还财产责任,可以解释为返还原物。但是,从大陆法系国家的立法看,侵权法所保护的财产权绝不仅仅指物权,还包括其他财产权,因而我国法中的返还财产责任,应大于返还原物的适

---

〔1〕 参见王家福主编:《民法债权》,中国社会科学出版社 2015 年版,第 203 页;张广兴:《债法总论》,法律出版社 1997 年版,第 285 页。

〔2〕 德国关于所有权受侵权法保护的论述,可参见 Maximilian Fuchs, Deliktsrecht, 2. Auflage, Springer – Verlag, 1997, S. 17 ff; Hans Brox / Wolf – Dietrich Walker, *Allgemeines Schuldrecht*, 29. Auflage, Verlag C. H. Beck , München, 2003, S. 295 ff; Wolfgang Fikentscher / Andreas Heinemann, *Schuldrecht*, 10. Auflage, De Gruyter Recht, 2006, S. 762 ff. 具体的立法规定,请参见《德国民法典》第 823 条第 1 款。在《奥地利普通民法典》第 1293 条也对财产的保护作出了规定,该财产当然包括所有权。参见《奥地利普通民法典》,周友军、杨垠红译,清华大学出版社 2013 年版,第 212 页。《日本民法典》第 709 条通过抽象概括的方式,也将所有的保护纳入侵权法中,参见王爱群译:《日本民法典》,法律出版社 2014 年版,第 114 页。英美法中侵权法也通过侵犯土地和侵占动产制度建立了对不动产和动产的保护,参见 Vivienne Harpood, *Moderm Tort Law*(*Seventh Edition*), Routledge – Cavendish, 2009, pp. 231 – 242; Simon Deakin, Angus Johnston, and Basil Markesinis, *Markesinis and Deakin' s Tort Law* (*Sixth Edition*), Oxford University Press Inc. , New York, 2008, pp. 483 – 508。

用范围。

2. 侵权法也保护股权等其他财产权

1875年,德国法学家瑞纳德(Renaud)提出股东权是一种特殊的社员权的学说,迄今,这一学说已经成为德国学界的通说。[1] 我国学界对于股权的定位,也基本为社员权。[2] 而社员权是一种复合型权利,既包括经济性质的权利,如股东的自益权;也包括非经济性质的权利,如股东的共益权。以股权中的自益权为例,如股东的利息分配请求权、剩余财产分配请求权、新股认购优先权等都具有财产属性,也都有被侵犯的可能。比如,盗用股东身份将股东的股权登记在非股东名下,可以构成对股权的侵犯。受害股东可以请求返还(恢复)被行为人假冒登记的股权,这也属于我国《侵权责任法》中的返还财产。

可见,我国法律中作为侵权责任承担方式的返还财产,不仅可以适用于返还不动产和动产的场合,也可以适用于返还股权的场合。因此,将作为侵权责任的返还财产请求权与作为物权请求权的返还原物请求权完全等同起来未尽妥当。

(二)返还原物请求权与返还财产请求权的竞合处理

既然返还原物请求权与侵权法中的返还财产请求权并不等同,而且无论是我国《民法通则》第117条还是《侵权责任法》第15条,都使用了"返还财产"而不是"返还原物"的表述,这说明,作为侵权责任方式的返还财产就是侵权责任请求权,并非是作为物权请求权的返还原物请求权。[3] 反之,也应认为作为物权请求权的返还原物请求权不应属于侵权责任请求权的内容。本书认为,当作为侵权责任的返还财产所要返还的是不动产或动产时,则发生同一事实既符合返还财产请求权又符合返还原物请求权的情况。并且,其具体的给付内容都是返还对物的占有,恰好符合请求权竞合的特征。所以,此时应承认二者的竞合,[4] 允许权利人对于到底主张哪一项请求权进行选择。不过,考虑到侵权责任一般要求过失为要件,如果选择主张返还财产请求权(侵权责任请求权)则需要证明行为人的过失,而返还原物请求权则不需要证明行为人有过

---

[1] Vgl. Renaud, Das Recht der Aktiengesellschaften, 2. Auflage, 1875, S. 98. 转引自刘俊海:《股份有限公司股东权的保护》(修订本),法律出版社2004年版,第47页。

[2] 参见朱庆育:《民法总论》,北京大学出版社2013年版,第497页。

[3] 参见冉克平:《物权法总论》,法律出版社2015年版,第495页。

[4] 参见辜明安:《物权请求权制度研究》,法律出版社2009年版,第251~254页。

失,[1]这一点决定了主张返还原物之诉的举证负担要小。但是,如上文所述,因为侵权法除了保护物权之外,还保护股权、知识产权等其他财产权,因而《侵权责任法》中的返还财产责任请求权外延更广,其意义不仅体现于侵夺物权的占有,也体现在对于侵犯股权、知识产权(如冒名领取他人股利等)等的保护上。

第三节　返还原物请求权与恢复原状请求权的竞合问题

一、传统大陆法系国家的恢复原状概说

恢复原状又被称为“回复原状”,是来自罗马法的概念。罗马法中的表述为“*restitutio in integrum*”,是指大法官凭借其统治权对合法但显失公平的行为予以撤销,则该行为被视为自始不成立,从而使其恢复到原来状态的命令。[2]在德国和奥地利法上,恢复原状被称为“Naturalherstellung”或“Naturalrestitution”。由于恢复原状的目的在于恢复受害人之固有整体利益,因而又被称为“损害赔偿法上的实际履行”。[3] 现行《德国民法典》第 249 条第 1 款确定了损害赔偿法中以恢复原状为主以金钱赔偿(Geldersatz)为辅的原则。[4] 根据该条规定,德国法上的损害赔偿,是在全部赔偿的前提下要求恢复原状,即恢复到如同导致赔偿义务情况没有发生时的状态。《意大利民法典》第 2058 条规定的所谓“特殊形式的损害赔偿”,其第 1 款实际上也还是恢复原状,解释上应作同样的理解。我国台湾地区学者对于恢复原状到底是恢复到原有状态还是恢复到应有状态有所讨论。原有状态是指损害发生时的状态,而应有状态则是指将损害事故发生后的权益变化情况也予以考虑。如盗窃 100 元后返还 100 元,这属于恢复到原有状态。而盗窃 100 元后返还 100 元再加孳息,这就

---

〔1〕 参见崔建远:《物权法》,中国人民大学出版社 2009 年版,第 123 页。

〔2〕 参见周枏:《罗马法原论》(下册),商务印书馆 1994 年版,第 911 ~913 页。

〔3〕 “schadensrechtliche specific performance”,Vgl. G. Brüggemeier,Haftungsrecht: Struktur,Prinzipienn und Schutzbereich,2006,Springer,S. 564. 转引自朱岩:《什么是恢复原状?——兼评中国大陆侵权责任承担方式》,载《月旦民商法》2009 年总第 26 期。

〔4〕 Vgl. Hans Brox / Wolf - Dietrich Walker, *Allgemeines Schuldrecht*, 29. Auflage, Verlag C. H. Beck ,München,2003,SS. 324 - 325.

属于恢复到应有状态。[1] 基于全部赔偿的理念,恢复原状应以恢复到应有状态为内涵。按照亚里士多德的矫正公正和分配公正的理论,[2]作为损害赔偿方式的恢复原状应该属于矫正公正,这就意味着通过恢复原状的赔偿方式弥补其损害为已足,而不应使受害人反而得利。因此,我国台湾地区"民法"第213条规定,被害人可以请求支付恢复原状的必要费用,从而替代恢复原状。同时于第215条又规定,事实上或法律上不能恢复原状则求诸金钱赔偿。

总之,传统民法上的恢复原状是作为损害赔偿的原则而出现的,并辅之以金钱赔偿。且恢复原状具有行为给付的色彩,诉讼上的功能比较有限,可能存在最终转换为金钱赔偿的情况。[3]

二、我国民法上的恢复原状

(一)《民法通则》和《民法总则》中的恢复原状

《民法通则》第117条第2款规定了损坏国家、集体和他人财产情况下的恢复原状或折价赔偿,学者认为这一规定借鉴了大陆法系的恢复原状和金钱赔偿,只是在表述上有所变化而已。[4] 从规范属性上看,这是作为侵权责任而规定的,并被称为"修理性的恢复原状"。[5] 这种"修理性的恢复原状"仅适用于侵害物权人的物的情形,不适用于人身损害赔偿,也不适用于物被他人无权占有的情形。

《民法通则》第134条第1款第5项和《民法总则》第179条第1款第5项规定的恢复原状是诸多民事责任形式中的一种,对于该条规定的恢复原状所指为何,大部分意见认为是指把遭到破坏的有体物修复到原有状态。[6] 另有一种意见把该条规定的恢复原状归入物权请求权,并在解释上认为其是与赔偿损失、修理、更换、重作等相并列的财产责任形式。[7] 本书认为,将《民法通

---

[1] 参见曾世雄:《损害赔偿法原理》,中国政法大学出版社2001年版,第149页。

[2] [古希腊]亚里士多德:《尼各马可伦理学》,王旭凤、陈晓旭译,江西教育出版社2014年版,第80页。

[3] 参见曾世雄:《损害赔偿法原理》,中国政法大学出版社2001年版,第149页。

[4] 参见朱岩:《什么是恢复原状?——兼评中国大陆侵权责任承担方式》,载《月旦民商法》2009年总第26期。

[5] 参见朱岩:《什么是恢复原状?——兼评中国大陆侵权责任承担方式》,载《月旦民商法》2009年总第26期。

[6] 参见王利明、杨立新:《侵权行为法》,法律出版社1996年版,第104页;张新宝:《中国侵权行为法》(第2版),中国社会科学出版社1998年版,第188页。

[7] 参见张广兴:《债法总论》,法律出版社1997年版,第293页。

则》第134条和《民法总则》第179条中的“恢复原状”解释为物权请求权并没有得到多数人的支持，而把“恢复原状”解释为把遭到破坏的有体物修复到原有状态也略显牵强。因为，在《民法通则》第134条第1款第6项和《民法总则》第179条第1款第6项已经规定修理、重作、更换的情况下，前述解释会使第6项的规定因与恢复原状重合而显得多余。鉴于此，对于第134条第1款第5项和第179条第1款第5项中的“恢复原状”应作另外的解释。本书认为，应将此处的恢复原状解释为通过修理等类似手段之外的其他手段使受损之标的物恢复到原来的状态。

（二）《物权法》中的恢复原状

根据我国《物权法》第36条的规定，造成物的毁损的，权利人有权提出修理、重作、更换或恢复原状的请求。这里的恢复原状也被认为是通过修理等类似手段之外的其他手段使受损之标的物恢复原来的状态。[1] 与前述《民法通则》第134条规定的恢复原状有相同的内涵。应该说，在我国社会向“民法社会”转型的大背景下，[2]对物权的保护应该更充分、手段应该更丰富，《物权法》第36条体现了这一时代要求。基于此，该条规定的恢复原状与《合同法》第97条规定的恢复原状并不相同。这里的恢复原状范围窄于《合同法》中的恢复原状。如水井的用益物权人，对于污染其井水的人可以请求恢复原状。[3]

（三）《合同法》中的恢复原状

根据我国《合同法》第97条的规定，合同解除后，根据合同的履行情况和性质，当事人可以提出恢复原状请求。这种合同解除情况下的恢复原状在其他大陆法系国家也存在。在德国法中，已经生效的合同被解除的，尚未履行的给付义务，归于消灭。[4] 比如，出卖人解除合同的，则不能再行主张还未支付的剩余价款。同时，因合同而接受的给付应当返还（Rückgewähr empfangener leistungen），这就是所谓的回复清算义务（Rückabwicklungspfli-chten）。[5] 正

---

〔1〕 参见孙宪忠主编：《中国物权法：原理释义和立法解读》，经济管理出版社2008年版，第181页。

〔2〕 参见孙宪忠：《中国社会向民法社会的转型以及民法学术的转型》，载《法学研究》2011年第6期。

〔3〕 参见孙宪忠主编：《中国物权法：原理释义和立法解读》，经济管理出版社2008年版，第181页。

〔4〕 Vgl. Hans Brox / Wolf – Dietrich Walker, *Allgemeines Schuldrecht*, 29. Auflage, Verlag C. H. Beck, München, 2003, S. 156.

〔5〕 Vgl. Karl – Heinz Fezer, *Klausurenkurs zum Schuldrecht Besonderer Teil*, 9. Auflage, Verlag Franz Vahlen, München, 2013, S. 11.

是因为德国法将合同解除的法律效果定位为清算义务,其法理上一般认为,行使解除权,只是对合同中的权利义务内容进行了变更,债的关系依然存在,并因为解除而在内容上转化为"清算关系"(Abwicklungsverhältns)。[1] 这种解释的理论优势在于不消灭债的关系,因违约所生的损害赔偿请求权也能继续成立。在我国台湾地区,也存在依据其"民法"第 259 条而生的以解除权为成立要件的恢复原状请求权。该条对恢复原状具体分六种情况进行细化规定,学者将其总结为三个方面:一是原物返还;二是实质上无法原物返还的,则进行价额偿还;三是费用偿还。[2] 我国《合同法》第 97 条并未给出细致规定,但从解释上应当认为包括以上三个方面。

(四)《侵权责任法》中的恢复原状

我国《侵权责任法》第 15 条第 1 款第 5 项规定的恢复原状是作为侵权责任的恢复原状,在解释上应该作与《民法通则》第 134 条第 1 款相同的理解,并且仅适用于侵害物权人的物的情形,不适用于人身损害赔偿,也不适用于物被他人无权占有的情形。

三、返还原物请求权与恢复原状请求权的竞合可能及其处理

(一)返还原物请求权与《民法通则》第 117 条第 2 款的恢复原状请求权不发生竞合

返还原物请求权产生的前提是发生无权占有的事实,而《民法通则》第 117 条第 2 款的恢复原状请求权发生的前提是国家、集体或他人的有体物遭受破坏,[3] 二者的规范目的根本不同,给付内容也完全不同,完全可以同时请求,并行不悖。[4] 因此,即使同一个生活事实导致了返还原物请求权和恢复原状请求权的并存,二者也只能发生聚合,而不可能发生竞合。例如,甲之莱卡相机被乙侵夺并拆分,则甲有权请求乙将相机恢复原状(组装完整)后返还原物。[5]

---

[1] Vgl. E. Wolf, Rücktritt, vertretenmussen und Verschulden, AcP 153, 97. 转引自黄立:《民法债编总论》,中国政法大学出版社 2002 年版,第 530 页。

[2] 参见游进发:《契约解除、回复原状与损害赔偿义务》,载《台北大学法学论丛》2011 年总第 79 期。

[3] 参见崔建远:《关于恢复原状、返还财产的辨析》,载《当代法学》2005 年第 1 期;王利明、杨立新:《侵权行为法》,法律出版社 1996 年版,第 104 页。

[4] 参见朱庆育:《民法总论》,北京大学出版社 2013 年版,第 553 页。

[5] 参见(2014)鄂民监三再终字第 00026 号民事判决书、(2015)延中民四终字第 345 号民事判决书等。

（二）返还原物请求权与《民法通则》第134条和《民法总则》第179条规定的恢复原状请求权不发生竞合

我国《民法通则》第134条第1款第5项和《民法总则》第179条第1款第5项规定的恢复原状，仅指通过修理等类似手段之外的其他手段使受损之标的物恢复原来的状态，它不适用于无权占有的情形，因而无法与返还原物请求权形成竞合，但二者可以发生聚合，其道理与上文相同。

（三）返还原物请求权与《物权法》中的恢复原状请求权不发生竞合

《物权法》第36条规定的恢复原状请求权的功能在于恢复受损的物从而保护其物权完满状态，[1]虽然具有物权请求权的功能，但我国大部分学者并不把恢复原状请求权归入物权请求权的范畴。[2]而从规范性质上看，该条规定的恢复原状请求权与《民法通则》第134条规定的恢复原状请求权应是一致的，该请求权只可能与返还原物请求权发生聚合，而不可能发生竞合。

（四）返还原物请求权与《合同法》规定的恢复原状请求权可以发生竞合

根据前文的分析，我国《合同法》第97条中规定的恢复原状实际包含三个方面内容：一是原物返还；二是实质上无法原物返还的，则进行价额偿还；三是费用偿还。由于有原物返还的内容，这就必然会发生与返还原物请求权的竞合。

我国《合同法》第97条规定的是合同被解除后的恢复原状。而从学界的研究看，合同解除的法律效果因继续性合同和非继续性合同而可能有所不同。某种程度上，解除合同是为了再现当事人在合同成立前的法律状态，所以，使合同的解除债务人向解除债权人返还所受领的给付物的规则设计，是与解除合同的本质相符的规则设计。[3]但是，合同解除的溯及力（Rückwirkung）的有无，则可能关系到这种规范运作的改变。德国法上，曾经认为合同的解除具有

[1] 参见孙宪忠主编：《中国物权法：原理释义和立法解读》，经济管理出版社2008年版，第181页。

[2] 参见梁慧星、陈华彬：《物权法》（第4版），法律出版社2007年版，第60页；孙宪忠：《中国物权法总论》（第3版），法律出版社2014年版，第432页；崔建远：《物权法》，中国人民大学出版社2009年版，第113～114页。

[3] 参见游进发：《契约解除、回复原状与损害赔偿义务》，载《台北大学法学论丛》2011年总第79期。

溯及既往的效力,[1]但如果溯及既往则合同将被视为自始未成立,如果合同解除之前即因债务不履行而产生损害赔偿请求权,此时,反而因合同的解除而丧失损害赔偿请求权,有失公允。[2] 因此,德国学界又发展出所谓“清算关系说”,即随着合同的解除而产生的债务清算关系,[3]其请求权基础是民法典第346条及以下条款。我国民法理论研究中有人提出采纳德国法上的“清算关系说”的主张,[4]这一见解虽然没有完全被接受,[5]但根据我国《合同法》第97条的规定,法条并没有对合同解除后是否消灭予以明示。因而学者所认为的“解除非继续性合同,原则上得溯及既往;解除继续性合同,原则上不溯及既往”的主张,[6]也只是从解释论的立场进行的阐述。而根据《合同法》第98条,合同解除并不影响清理和结算条款的效力。据此,即使认定解除具有溯及力,在我国法上也不会存在解除前即已存在的损害赔偿请求权无法主张的问题。[7] 所以,本书主张,合同的解除具有溯及力,即尚未履行的债务免于履行,而已经履行的债务则发生返还请求权。[8]

基于上述分析,则以动产或不动产转移占有为内容的合同被解除的,在双方当事人之间发生返还占有的义务。这一返还义务根据是否承认物权行为理论而有所不同。承认物权行为无因性的,则为不当得利请求权,否则为返还原物请求权。于是,在不承认物权行为无因性的理论背景下,则会有此处的恢复原状请求权与返还原物请求权的竞合问题。根据竞合的处理规则,权利人可以作出选择。在选择时应该衡量两个请求权各自的优劣势,在选择恢复原状请求权的情况下,德国法上会有同时履行规则的适用。[9] 因为根据《德国民

---

〔1〕 参见[德]克里斯蒂安·冯·巴尔、[德]埃里克·克莱夫主编:《欧洲私法的原则、定义与示范规则:欧洲示范民法典草案》(第3卷:债务及相应的债权),高圣平等译,法律出版社2014年版,第771页。

〔2〕 参见黄立:《民法债编总论》,中国政法大学出版社2002年版,第529~530页。

〔3〕 Vgl. Hans Brox / Wolf - Dietrich Walker, *Allgemeines Schuldrecht*, 29. Auflage, Verlag C. H. Beck, München, 2003, S. 268.

〔4〕 参见申海恩:《论解除权效力之法理构成》,载《政法论丛》2010年第2期。

〔5〕 参见谢鸿飞:《合同法学的新发展》,中国社会科学出版社2014年版,第397页。

〔6〕 参见李永军:《合同法》(第3版),法律出版社2010年版,第352页。

〔7〕 参见黄立:《民法债编总论》,中国政法大学出版社2002年版,第529页。

〔8〕 这就相当于我国学界讨论的“直接效果说”。具体讨论可参见谢鸿飞:《合同法学的新发展》,中国社会科学出版社2014年版,第396页。

〔9〕 Vgl. Dirk Looschelders, *Schuldrecht Allgemeiner Teil*, 10. Auflage, Verlag Franz Vahlen München, 2012, S. 292.

法典》第348条的规定,因解除合同而发生的义务,双方必须同时履行,并且准用不履行合同的抗辩权。[1] 但如果选择返还原物请求权,则《德国民法典》第986条规定的抗辩并没有包含同时履行的抗辩。[2] 当然,这种情况下,即便返还原物之诉的被告无法按照第986条提出抗辩,但仍然可以依据第348条规定另诉。而从我国《合同法》第97条的规定看,虽然没有明确应该同时履行返还义务,但从解释上应当认为存在同时履行的抗辩。因此,如果权利人提起恢复原状之诉,则被告有权提出同时履行的抗辩。如果原告提起返还原物之诉,被告虽不能提出同时履行抗辩,但应该可以提起反诉或另诉。

(五)返还原物请求权与《侵权责任法》中的恢复原状请求权不发生竞合

如前文所述,我国《侵权责任法》第15条第1款第5项规定的恢复原状与《民法通则》第134条第1款第5项规定的恢复原状相同,不适用于物被他人无权占有的情形。因而不可能与以无权占有为前提的返还原物请求权发生竞合。但基于与前文同样的道理,二者可以发生聚合。

第四节 返还原物请求权与物权防御请求权的竞合可能性探析

一、物权防御请求权的内容及制度功能

所谓物权防御请求权(Abwehranspruch),即指物权被以侵夺或扣留占有之外的方式侵害,物权人所享有的除去妨害请求权和妨害预防请求权而言,又称物权的保全请求权。[3] 在德国法上,受害人在此种情况下可以提起不作为之诉。[4] 根据我国《物权法》第35条的规定,所谓除去妨害请求权和妨害预防请求权分别相当于我国《物权法》上的排除妨害请求权和消除危险请求权。[5] 作为物权请求权的重要组成部分,物权防御请求权当然具有物权请求权的主要功能,即恢复物权的圆满支配状态。但从发挥功能的特点上看,物权防御请

[1] Vgl. Prütting / Wegen / Weinreich, *BGB Kommentar*, 5. Auflage, Luchterhand, 2010, S. 570 ff.

[2] Vgl. Hans Josef Wieling, *Sachenrecht*, Springer - Verlag, 1992, S. 159.

[3] 参见郑玉波:《民法物权》(修订第16版),黄宗乐修订,台北,三民书局2009年版,第36页。

[4] Vgl. Manfred Wolf, *Sachenrecht*, 18. *Auflage*, Verlag C. H. Beck, München, 2002, S. 147.

[5] 参见孙宪忠:《中国物权法总论》(第3版),法律出版社2014年版,第442页。

求权又与返还原物请求权不同。(1)从主动性方面看,前者是防御性的请求权,权利的行使体现出被动的特点。而后者则具有更强的进取性,体现出主动的特点。(2)从具体的调整范围看,前者调整以侵夺或扣留占有之外的方式侵害物权的情况,[1]而后者只调整侵夺和扣留占有的情况。(3)在具体的功能上,前者具有保全功能,而后者具有实现功能。

二、返还原物请求权与排除妨害请求权的竞合可能性分析

所谓排除妨害请求权,是指权利人对标的物的占有权的圆满状态,被以占有之外的方法妨害时,权利人所享有的除去该妨害的权利。一般认为,这一概念源自《德国民法典》规定的除去请求权或消极性请求权(第1004条)。[2] 按照生活观念进行观察,有些生活事实既可能构成对他人物的无权占有,同时也可能构成对他人的物的妨害。因妨害请求权一般是在不动产上发生,[3]这里试举不动产之妨害的案例。比如,建设用地使用权人甲超越规划审批范围和建设用地使用权面积建筑房屋,使房屋侵入邻居乙之土地,在乙提出异议后,甲仍不予理睬而继续建房,[4]此时甲对乙构成无权占有(无权占有乙之土地),此时乙当然可以主张返还原物请求权。同时,从生活经验看,甲超范围建房的行为显然也对乙造成了妨害,从而乙似乎可以主张排除妨害请求权,从而可能发生返还原物请求权和排除妨害请求权的竞合。但是,从法律上看,却不是这样。如上所述,排除妨害请求权中的妨害,在法律意义上是指行为人以占有之外的方式妨害他人行使物权,本案中甲的行为虽然也对乙构成了妨害,但却并非法律意义上的妨害,因为他是以占有的方式进行妨害,而不是以占有之外的方式进行妨害,所以并非法律意义上的妨害。既然不属于法律意义上的妨害,则无法行使排除妨害请求权,因而也就不能与乙的返还原物请求权发生竞合。但我国司法实践中有检察院的抗诉意见认为,存在无权占有情形的,权

[1] 参见王洪亮:《物上请求权的功能与理论基础》,北京大学出版社2011年版,第157页。
[2] Vgl. Jan Wilhelm, *Sachenrecht*, 4. Auflage, Walter de Gruyter GmbH & Co. KG, 2010, S. 565; Manfred Wolf, *Sachenrecht*, 18. *Auflage*, Verlag C. H. Beck, München, 2002, S. 140.
[3] 参见黄宗乐:《物权的请求权》,载《台大法学论丛》1982年第2期。
[4] 参见辜明安:《物权请求权制度研究》,法律出版社2009年版,第210~211页。

利人同时可以请求返还原物和排除妨害。[1] 从法理上讲，这一认识应再斟酌。

三、返还原物请求权与消除危险请求权的竞合可能性分析

我国民法中的消除危险请求权即传统民法中的妨害预防请求权（Unterlassungsklage）。[2] 以德国法为代表的德意志法系中，妨害预防请求权要求有将来继续受妨害之虞。[3] 不过也有德国学者认为，其民法典第1004条第1款后半句只是法律提供的诉讼救济，并非实体法上的请求权。[4] 从消除危险请求权的功能上看，它是要在妨害发生现实作用之前就阻止它，[5]而返还原物请求权的功能在于对已经发生的无权占有的回复。因此，二者的功能完全不同，不可能以同一给付为目的，而这一点就决定了它们不可能发生竞合。另外，从构成要件上看，返还原物请求权以发生无权占有为要件，而消除危险请求权以发生妨害之虞（但尚未发生实际侵害）为要件，从逻辑上讲，二者不可能在同一时间点上并存，因而不可能存在竞合。[6]

第五节　返还原物请求权与无因管理中的请求权的竞合可能性探析

无因管理（Geschäftsführung ohne Auftrag）的经典表述是，没有法律上的义务而为他人管理事务。[7] 但这里的法律上的义务应该作广义的理解，即指无

---

〔1〕 在（2015）辽审一民抗字第121号案件中，检察院抗诉认为，辽阳市中级人民法院（2013）辽阳民再终字第23号民事判决认定的基本事实缺乏证据证明，适用法律错误。本案所涉的房屋其产权证上记载的权利人为姚某，现由吴某、李某占有使用。根据《物权法》的规定，姚某有权行使物上请求权，要求排除妨害，返还被占有的房屋。参见（2015）辽审一民抗字第121号民事判决书。

〔2〕 参见王利明：《物权法研究》（上卷），中国人民大学出版社2012年版，第232～233页；最高人民法院物权法研究小组编著：《〈中华人民共和国物权法〉条文理解与适用》，人民法院出版社2007年版，第117页。

〔3〕 Vgl. Hans Josef Wieling, *Sachenrecht*, Springer - Verlag, 1992, SS. 156 - 157; Jan Wilhelm, *Sachenrecht*, 4. Auflage, Walter de Gruyter GmbH & Co. KG, 2010, S. 565.

〔4〕 Vgl. Manfred Wolf, *Sachenrecht*, 18. Auflage, Verlag C. H. Beck, München, 2002, S. 147.

〔5〕 Vgl. Manfred Wolf, *Sachenrecht*, 18. Auflage, Verlag C. H. Beck, München, 2002, S. 146.

〔6〕 参见辜明安：《物权请求权制度研究》，法律出版社2009年版，第212页。

〔7〕 参见史尚宽：《债法总论》，中国政法大学出版社2000年版，第57页；孙森焱：《民法债编总论》（上册），法律出版社2006年版，第96页。

法定或约定义务。《德国民法典》第677条中虽然强调了“未受他人委任”而管理事务，但其第二句实际也暗含“未被法律赋予义务”而管理事务。[1] 在无因管理法律关系中，为他人管理事务的人是管理人（Geschäftsführer），被管理事务的人是本人（Geschäftsherr）。无因管理本以有“为他人管理事务的意思”为要件，具备这一意思的管理为纯正的无因管理（echte Geschäftsführung ohne Auftrag），不具备这一意思的管理为不真正无因管理（unechte Geschäftsführung ohne Auftrag）。[2] 而在纯正的无因管理中，有一种管理是有利于本人且不违反本人明示或可得推知的意思的管理，此为适法之无因管理（berechtigte Geschäftsführung ohne Auftrag）。另有一种管理则是违反本人明示或可得推知的意思而不利于本人，此为不适法无因管理（unberechtigte Geschäftsführung ohne Auftrag）。本节将从请求权竞合的角度研究上述各种无因管理情形下的请求权与返还原物请求权竞合的可能性及具体处理规则。

一、返还原物请求权与适法无因管理中相关请求权的竞合分析

适法无因管理是最为典型的无因管理，其构成要件是：需有事务的管理（Geschäftsbesorgung），有为他人管理事务的意思（Fremdgeschäftsführungswille），未受委任或其他义务（Ohne Aufrag oder sonstige Berechtigung），合法地承受事务的管理（Berechtigung zur Übernahme der Geschäftsbesorgung）。至于当事人的行为能力，则在所不问。[3] 在无因管理之下，发生如下法律效果：一是阻却违法，排除了管理人承担侵权责任的可能；二是在管理人和本人之间发生债权债务关系。而这种债权债务关系因管理人和本人而有所不同，以下分别分析管理人请求权和本人请求权中与返还原物请求权的竞合可能。

（一）适法无因管理中管理人请求权与返还原物请求权不存在竞合可能

适法无因管理一旦成立，则管理人对于本人的权利主要在于费用偿还请求权、债务清偿请求权和损害赔偿请求权。[4] 费用偿还请求权是指管理人在

---

〔1〕 Vgl. Wolfgang Fikentscher / Andreas Heinemann, *Schuldrecht*, 10. Auflage, De Gruyter Recht, 2006, S. 626 ff.

〔2〕 Vgl. Dirk Looschelders, *Schuldrecht Besonderer Teil*, 3. Auflage, Carl Heymanns Verlag, 2009, S. 279.

〔3〕 Vgl. Hans Brox / Wolf – Dietrich Walker, *Besonderes Schuldrecht*, 29. Auflage, Verlag C. H. Beck, München, 2004, SS. 384 – 394.

〔4〕 参见孙森焱：《民法债编总论》（上册），法律出版社2006年版，第110～111页。

管理事务过程中为本人所支出的必要费用或有益费用,有权请求偿还,并有权请求偿还自支出时起所生之利息。这种情况下不会有返还原物的发生,因而返还原物请求权与管理人的费用偿还请求权没有竞合的可能。债务清偿请求权则是指管理人为了管理事务而负担的债务,有权请求本人清偿。在无因管理之下,管理事务都是由管理人实施的,本人并无介入。因而不可能发生本人无权占有管理人之不动产或动产的情形,因而不存在管理人针对本人之返还原物请求权的可能,因此也就不可能存在返还原物请求权与管理人债务清偿请求权的竞合。损害赔偿请求权是指管理人在实施管理事务时受有损害的,可以请求损害赔偿。在德国法上,损害赔偿包括恢复原状和金钱赔偿,而我国法上的损害赔偿仅指金钱赔偿。而金钱赔偿请求权很显然是不可能与返还原物请求权发生竞合的。

（二）适法无因管理中本人的请求权与返还原物请求权的竞合可能

在适法无因管理的情况下,管理人除了需要斟酌本人真实或可得推知的意思而为适当管理之外,还须向本人及时通知事务管理的情况,并应就事务管理向本人负报告义务、交付移转义务及损害赔偿义务。[1] 其中,通知义务、报告义务、损害赔偿义务等自然不可能与返还原物请求权发生竞合。但是,管理人对于本人的交付移转义务则可能因交付移转的是动产或不动产而存在与返还原物请求权竞合的可能。

具体而言,无因管理是为本人利益而进行的对本人事务的管理,事务管理是其必备要件,[2] 而本人事务包括一切可以满足生活需要,适合于为债务目的的事务。因此,管理事务可以是事实行为,也可以是法律行为,可以是涉及财产的行为,也可以是涉及身体名誉等的行为。[3] 因此,在事务管理的过程中完全有这种可能,即需要把属于本人所有或本人对之拥有物权的不动产或动

---

〔1〕 参见王泽鉴:《债法原理(一):基本理论·债之发生》,中国政法大学出版社 2001 年版,第 344 ~ 346 页。

〔2〕 Vgl. Dirk Looschelders, *Schuldrecht Besonderer Teil*, 3. Auflage, Carl Heymanns Verlag, 2009, S. 264.

〔3〕 参见史尚宽:《债法总论》,中国政法大学出版社 2000 年版,第 59 页;王泽鉴:《债法原理(一):基本理论·债之发生》,中国政法大学出版社 2001 年版,第 333 页。

产由管理人占有而为管理。[1] 比如,甲出国访学一年,其间,因风雨侵蚀,甲之房屋有倒塌风险。邻居乙见状在未受委任的情况下破坏门锁而进入对之进行修缮,修缮后将房门上锁并自己控制钥匙。甲回国后,乙将对房屋修缮的事宜向甲讲明,但拒绝交出房门钥匙。此时,乙按照无因管理之债的内容,需要向本人甲交付因管理事务所收取或控制的物品,此为本人对管理人的交付请求权。[2] 而同时,甲作为房屋的所有权人当然可以对无权占有其物的乙,行使返还原物请求权。在此,同一个法律事实符合两个请求权规范的构成要件,且该两项请求权的内容都是返还,因而发生请求权的竞合。[3]

二、返还原物请求权与不适法无因管理中相关请求权的竞合分析

不适法无因管理,是指管理人的事务管理违反了本人明示或可得推知的意思,或者事务管理不利于本人。我国台湾地区"民法"第 177 条规定,管理事务不合于前款规定(指管理事务不利于本人或违反本人意思而言)时,本人仍然可以享有管理所得的利益,而本人对于管理人所负义务以本人所得的利益为限。从法理上讲,不适法无因管理中本人和管理人的利益调整都应以此为原则。

(一)不适法无因管理中管理人请求权与返还原物请求权不存在竞合可能

不适法无因管理中,管理人系不当干预他人事务,为了更好地保护本人的利益,应适用侵权法的规定。[4] 其中,侵权人当然是未请自来的管理人,而本人实际成为受害人。作为侵权行为人的管理人,一般是没有请求权的。但是,正如我国台湾地区"民法"中的规定,当管理事务违反本人利益或违反本人明示或可推知的意思时,本人仍然可以对之进行承认,从而享有管理所得之利

---

〔1〕 司法实践中发生的大部分无因管理都是因垫付费用而发生的无因管理,如(2013)一中民终字第 09823 号民事判决书、(2014)三中民终字第 08586 号民事判决书、(2011)年石民初字第 04696 号民事判决书等。

〔2〕 参见孙森焱:《民法债编总论》(上册),法律出版社 2006 年版,第 109 页;黄立:《民法债编总论》,中国政法大学出版社 2002 年版,第 177 页。

〔3〕 不过,辜明安在其论著中认为,在适法无因管理中,因在管理人和本人之间形成正常的无因管理之债,管理人非为无权占有人,自无返还原物请求权的适用问题,因此其认为适法无因管理中,不可能存在返还原物请求权与无因管理相关请求权的竞合可能。参见辜明安:《物权请求权制度研究》,法律出版社 2009 年版,第 257 页。

〔4〕 参见王泽鉴:《债法原理(一):基本理论 · 债之发生》,中国政法大学出版社 2001 年版,第 351 页。

益，但需要以其所得利益为限对管理人负担费用偿还、债务清偿和损害赔偿义务。[1] 相应地，管理人的请求权也都是费用偿还、债务清偿和损害赔偿的请求权。基于与上文同样的道理，管理人的这些请求权不可能与返还原物请求权发生竞合。

（二）不适法无因管理中本人的请求权与返还原物请求权的竞合可能

在不适法无因管理中，本人对于是否主张享有无因管理所得的利益具有选择权。如果本人主张享有无因管理所得利益，则本人自得请求管理人将管理事务进行的情况报告本人，因处理事务所收取或占有的金钱、物品、孳息等也可向管理人请求交付本人。比如，甲的古董极具收藏价值，朋友乙明知甲不愿将该古董拿出去展览，却擅自从甲处取走该古董进行展览并获得参展收益5000元，甲得知后主张对参展收益的权利。该案例中，乙就其展览委托之物并没有约定义务，也无法定义务，但其展览行为违反甲的意思，构成不适法无因管理。但因甲主张该无因管理所得之收益，故得类推适用关于无因管理的法律规定，[2]本人可以向管理人主张利益的交付以及古董的返还。如果乙拒绝交付和返还，则构成无因管理之债务不履行，本人得主张无因管理中的交付请求权。同时，因乙拒绝交付和返还，成立无权占有，甲当然也可以主张返还原物请求权，二者发生竞合。

如果本人不主张享有无因管理所得利益，则本人与管理人之间的关系应适用不当得利之规定。[3] 比如，在上述案例中，甲如果不主张古董参展收益，则甲与乙之间的关系按照不当得利规则处理。此时，甲可以不当得利为由主张乙返还参展收益。如果乙连古董也不予返还，则同样成立对于古董的无权占有，甲可以请求返还原物。此时，因不适用无因管理之债的规则，因而只成立返还原物请求权与占有不当得利返还请求权的竞合。

三、返还原物请求权与误信无因管理中相关请求权的竞合分析

管理人在没有法定或约定义务的情况下有管理他人事务的行为，但无管理他人事务的意思的，成立不真正无因管理。不真正无因管理并非真正的无

---

〔1〕 参见黄立：《民法债编总论》，中国政法大学出版社2002年版，第182页。

〔2〕 参见张广兴：《债法总论》，法律出版社1997年版，第84页。

〔3〕 参见王泽鉴：《债法原理（一）：基本理论·债之发生》，中国政法大学出版社2001年版，第353页。

因管理,但却具有管理行为的外观。从其法律效果上看,不真正无因管理不能阻却违法,性质上应属违法行为。不真正无因管理的第一种情形是所谓误信无因管理(vermeintliche Geschäftsführung ohne Auftrag),即指误信他人事务为自己事务而为管理。在德国民法上,误信管理不得援用关于委任的规定。[1] 当然,作为一种不真正的无因管理,误信管理也不能类推适用无因管理的规定。[2] 比如,甲在附近公园游玩时发现了一只流浪狗,仔细查看之后发现竟是自己一周前丢失之宠物狗,随即抱回家精心喂养。而实际上,该狗并非甲之狗,只是外形颇为相似而已。该狗的主人实为乙。数日后,乙经多方访查后寻至甲家。该案中,甲误以他人之狗作为自己之狗而喂养,构成误信管理。甲因喂养狗而有所支出,乙则因甲帮其喂养小狗而受有利益,甲有权请求乙返还该不当得利。同时,甲占有该狗应属得利,[3]而乙丧失其狗受有损失,二者之间存在因果关系,甲应将其狗依不当得利规定返还给乙。因此,乙对甲存在不当得利返还请求权。同时,乙本来就是狗的所有权人,基于其所有权,乙当然可以向甲行使返还原物请求权。在此,误信管理中发生了占有不当得利返还请求权和返还原物请求权的竞合,权利人可以选择其一行使。

四、返还原物请求权与不法管理中相关请求权的竞合分析

不真正无因管理的第二种情形是不法管理(Unerlaubte Eigengeschäftsführung),即明知是他人事务,但仍然作为自己事务而为管理。这里的不法管理与前文所谓不适法无因管理并非同一概念。不法管理是明知他人事务而作为自己事务进行管理,属于不真正无因管理的范畴;不适法无因管理则是管理事务不利于本人或违反本人明示或可得推知的意思,属于真正无因管理的范畴。[4] 但也有论著将不适法无因管理称为“不法无因管理”。[5] 不法管理仅在客观的他人事务(die sog. objectiv fremden Geschäfte)情形下发生,该种事务可以在客

---

〔1〕 Vgl. Prütting / Wegen / Weinreich, *BGB Kommentar*, 5. Auflage, Luchterhand, 2010, SS. 1389 – 1390; Hans Brox / Wolf – Dietrich Walker, *Besonderes Schuldrecht*, 29. Auflage, Verlag C. H. Beck, München, 2004, S. 401.

〔2〕 参见王泽鉴:《债法原理(一):基本理论·债之发生》,中国政法大学出版社 2001 年版,第 355 页。

〔3〕 参见史尚宽:《债法总论》,中国政法大学出版社 2000 年版,第 103 页。

〔4〕 参见黄茂荣:《债法通则之四·无因管理与不当得利》,厦门大学出版社 2014 年版,第 6 页。

〔5〕 参见张广兴:《债法总论》,法律出版社 1997 年版,第 81 页。

观上依其法律上的权利归属加以判断,[1] 如清偿他人债务,修缮他人房屋等。在主观的他人事务(die sog. subjectiv fremden Geschäfte)的情形下,即所管理的事务是否属于他人,在客观上无法判断,只能依照管理人的主观意思进行判定的情形[2]下,因他人事务依仗管理人主观进行判断,与不法管理中明知是他人事务的要求格格不入,因而主观的他人事务中不发生不法管理。比如,甲出国做访问学者一年,委托朋友乙代为看管房屋。乙则趁此机会将甲之房屋出租,收取租金5万元。后来,甲提前回国,得知上述情形后要求乙返还房屋并交出租金。乙因租期未到,无法交房。同时也不愿将租金交出。乙认为,房屋是自己经多方奔走而出租的,其付出了劳动且支付了广告费和中介费,因而只同意将房屋使用的折旧费(经计算为1万元)交付甲。[3] 在该案例中,乙明知房屋是甲的,该房屋从客观上也的确是他人(甲)的,因而属于客观的他人事务,具备成立不法管理的可能。但乙从根本上是为了自己的利益而对甲之房屋进行事务管理,他自己也认为是自己之事务。因此,这里不成立真正的无因管理,而是成立不真正无因管理中的不法管理。[4]

对于不法管理,德国法上,本人可以主张适法无因管理之下本人的权利(《德国民法典》第677条),也可以主张不适法无因管理之下本人的权利(《德国民法典》第678条),[5] 对于本人的保护,较为周全。在我国台湾地区,不法管理得准用不适法无因管理中本人的权利义务规则。此外,我国台湾地区学者还认为,不法管理原则上得适用侵权行为和不当得利的规定。[6] 上述案例中,甲回国后要求乙交付租房所收租金,这表明甲对于管理事务的承认,学者因而认为可以转化为委任关系。[7] 而如果转化为委任关系,则乙应视为受托

---

[1] Vgl. Dirk Looschelders, *Schuldrecht Besonderer Teil*, 3. Auflage, Carl Heymanns Verlag, 2009, S. 264.

[2] Vgl. Hans Brox / Wolf – Dietrich Walker, *Besonderes Schuldrecht*, 29. Auflage, Verlag C. H. Beck, München, 2004, S. 385.

[3] 该案例改编自台北政治大学黄立教授的一则案例。参见黄立:《无权出租房屋所生请求权竞合的问题》,载《月旦法学杂志》2002年7月,总86号。

[4] 参见黄立:《无权出租房屋所生请求权竞合的问题》,载《月旦法学杂志》2002年7月,总86号。

[5] Vgl. Wolfgang Fikentscher / Andreas Heinemann, Schuldrecht, 10. Auflage, De Gruyter Recht, 2006, S. 636 ff.

[6] 参见王泽鉴:《债法原理(一):基本理论·债之发生》,中国政法大学出版社2001年版,第356页。

[7] 参见黄立:《无权出租房屋所生请求权竞合的问题》,载《月旦法学杂志》2002年7月,总86号。

人,其通过租赁性质的占有媒介关系间接占有甲之房屋。在甲提出返还请求后,乙应按照委任关系承担返还义务。同时,乙之占有在甲提出返还要求后转化为无权占有,应有甲返还原物请求权的存在。于是,甲的返还原物请求权与其作为委托人的返还请求权发生竞合。同时,乙无权处分甲之房屋,构成侵权,但因其行为已经甲的承认,因而没有侵害行为存在,基于侵权行为而生的请求权即已消灭。同时,由于甲的承认,乙对于租金的得利已经具备法律上的原因(委任关系),因而也不构成不当得利。所以,在上述案例中,因甲的承认,最终只存在返还原物请求权和委托人返还请求权的竞合。

上述案例中,假设甲回国后没有承认乙的出租行为,则又是另一种情形。乙未经甲之允许擅自将房屋出租,既不是为了防止甲的损害,也不是为了增进甲的利益,而是为了增进自己的利益,与民法中鼓励见义勇为和奖励互助的无因管理制度目的不符,本质上并非无因管理,而是不当得利或侵权行为。[1] 所以,在上述案例中,如果甲不予承认,则乙的行为成立侵权行为和不当得利的竞合。乙在甲提出返还请求后因其与丙的租赁契约尚未到期,因而暂时无法返还,此时成立无权占有,因而甲当然享有返还原物请求权。此时,成立侵权行为请求权、不当得利请求权和返还原物请求权的竞合,甲得择一行使。

五、返还原物请求权与幻想管理中相关请求权的竞合分析

不真正无因管理的第三种情形是幻想管理。所谓幻想管理,是指误信自己事务为他人事务而进行管理。在幻想管理情况下,所管理的事务本为自己事务,但主观上认为是他人事务,因此即便其具备无因管理的主观要件,也因客观上管理的事务为本人事务而不符合无因管理的构成要件。因此,幻想管理和误信管理虽然同不法管理都属于不真正无因管理,但却不能像不法管理那样类推适用无因管理之规定。[2] 具体而言,在幻想管理中,管理人处理的事务实际上是本人的事务,客观上与他人事务无涉,不可能单纯因事务的管理而对本人造成侵权,也不可能单纯因事务的管理而占有本人之物,因而本人不得依侵权行为的规定向管理人主张权利,也不得主张返还原物请求权。但是,管理人如果误以为自己是在为他人管理事务,并将管理事务的情况报告给本人,

---

〔1〕 参见谢哲胜:《论准无因管理》,载《新世纪经济法制之建构与挑战——廖义男教授六秩诞辰祝寿论文集》,台北,元照出版有限公司2002年版,第649页。

〔2〕 参见林诚二:《民法债编总论——体系化解说》,中国人民大学出版社2003年版,第109页。

并向“幻想”的“本人”交付了管理成果，则“本人”构成不当得利。如果“本人”明知而不作否认表示，则可构成无权占有。

第六节　返还原物请求权与不当得利请求权的互动及未来趋势

最近几十年，在大陆法系，不当得利法已经成为教学上令人担忧的孩子，〔1〕成为处处充满思辨和争议的领域，但同时实际上却也推动了研究的不断深入。而英美法系中，不当得利法也在学界对其与返还法相互关系的不断认识中得到了发展，以至于返还与赔偿一样，被作为一个回应的类别，而不是原因事件的类别。因为它的原因事件并不总是不当得利。〔2〕在本章所讨论的返还原物请求权与相关请求权所发生的可能的关系中，其与不当得利请求权的关系因牵涉到物权行为理论问题而显得颇具思辨性。理论上，二者既存在竞合的可能，同时也会因物权行为无因性理论的采纳与否而呈现互为消长的关系。而实践中，法院对于二者关系的态度却并非理论研究中那样清晰。因此，在研究返还原物请求权与不当得利请求权关系问题时，既需要有理论批判的勇气，同时也需要有解决实践问题的智慧。鉴于此，本节将以二者在理论上的竞合作为重点逐步展开二者关系的研究，同时，将从理论研究的视角对实践中存在的问题给予关注。

一、返还效果下返还原物请求权与不当得利请求权的竞合分析

（一）返还原物请求权与不当得利请求权的冲突与缓和

根据返还原物请求权的内涵，标的物被他人无权占有或侵夺时，所有权并不丧失，可以行使所有物返还请求权。同时，该他人既未取得所有权从而获有利益，因此并不存在不当得利的问题，当然也就不存在所有权之不当得利返还请求权。基于这种情况，传统观念认为，所有物返还请求权与不当得利返还请

〔1〕参见［德］迪特尔·梅迪库斯：《请求权基础》，陈卫佐、田士永等译，法律出版社2012年版，第185页。

〔2〕参见［英］博克斯：《不当得利》，刘桥译，清华大学出版社2012年版，第20页。

求权是排斥的，二者不能两立。[1] 然而，从无权占有人或侵夺人的角度看，其对于标的物的占有虽然不是一种权利，但无疑是一种利益，应可以视为不当得利中的得利，[2]因而可以成立占有不当得利。于是，当标的物被他人无权占有或侵夺时，无权占有人的占有本身是一种不当得利，原物权人当然可以请求返还该不当得利。同时，无权占有或侵夺并未使原物权消灭，因而权利人仍然可以享有返还原物请求权。因而，返还原物请求权和占有不当得利返还请求权可能发生竞合，[3]此前的冲突已经缓和。

(二)不当得利的基本类别

不当得利(ungerechtfertigte Bereicherung)的经典定义是，无法律上的原因而受有利益，并使他人遭受损失的法律事实。一般而言，涉及财产的变动，在法律上是否欠缺根据，是否应予以返还，是从债权、物权、人格权等各相关领域作出的判断，而不是从不当得利所作出的判断。不当得利制度只负责具体认定受益人保有其所受利益是否正当，以及如何返还这些不当利益的问题。因此，不当得利制度被日本学者称为"财产法体系的反射体"。[4] 基于不当得利制度的上述特点，学者对于不当得利的类型给出了多种分类。如奥地利学者魏伯格(Wilburg)将不当得利区分为给付不当得利与非给付不当得利，现已成为德国和奥地利的通说；[5]德国学者温德沙伊德将不当得利分为基于损失者意思之得利与不基于损失者意思之得利；[6]史尚宽先生则将其区分为非债清偿之不当得利与不法原因给付之不当得利。[7] 从我国民法研究的情况看，多数学者将不当得利区分为给付不当得利和非给付不当得利，[8]本书从之。

---

〔1〕 参见王家福主编:《民法债权》，中国社会科学出版社 2015 年版，第 493 页。

〔2〕 Vgl. Wolfgang Fikentscher / Andreas Heinemann, *Schuldrecht*, 10. Auflage, De Gruyter Recht, 2006, S. 713.

〔3〕 参见孙森焱:《民法债编总论》(上册)，法律出版社 2006 年版，第 163 页。

〔4〕 [日]加藤雅信:《事务管理、不当得利》，三省堂 1999 年版，第 67 页。转引自王泽鉴:《债法原理(第二册)·不当得利》，中国政法大学出版社 2002 年版，第 3 页。

〔5〕 当然也有反对意见，Vgl. Kaehler Bereicherungsrecht und Vindikation, 1922, S. 156 ff; Kell - mann, NJW, 1971。转引自黄立:《民法债编总论》，中国政法大学出版社 2002 年版，第 190 页。

〔6〕 参见黄立:《民法债编总论》，中国政法大学出版社 2002 年版，第 190 页。

〔7〕 参见史尚宽:《债法总论》，中国政法大学出版社 2000 年版，第 83 ~ 90 页。

〔8〕 参见张广兴:《债法总论》，法律出版社 1997 年版，第 97 ~ 106 页；寇志新总编:《民法学》，陕西人民出版社 1998 年版，第 966 ~ 967 页；王利明主编:《民法》，中国人民大学出版社 2000 年版，第 494 ~ 495 页；魏振瀛主编:《民法》，北京大学出版社、高等教育出版社 2000 年版，第 576 ~ 577 页。

所谓给付不当得利（Leistungskondiktion），是指没有法律上的原因，基于他人的给付而发生的得利，主要有以下几类：一是自始欠缺给付目的的不当得利，最典型的是非债清偿。德国法上就此存在给付不当得利中非常重要的错债索回之诉权（Condictio indebiti）。[1] 二是给付目的不达的不当得利，如附停止条件的债务，预期条件可以成就而先予交付标的物，后来条件未成就。与此对应，德国法理论上有所谓目的不达之返还诉权（Condictio ob rem），用以解决目的不达情况下给付不当得利的问题。[2] 此外，德国学者费恩彻尔（Fikentscher）和海尼曼（Heinemann）认为，拉丁文中的"*condictio ob rem*"与"*Condictio causa data causa non secuta*"系同样的法律意义。[3] 也就是说，被我国学者翻译为"为其他目的的请求返还诉权（*Condictio ob rem*）"与因对价落空要求返还财产的诉讼（*Condictio causa data causa non secuta*）的两项制度，[4]实际上是同一的。三是给付目的嗣后不存在的不当得利，如合同解除后因履行该合同而发生的给付。与此对应，德国法上通过所谓目的嗣后不存在之返还诉权（*Condictio ob causam finitam*）予以落实。[5]

所谓非给付不当得利（Nichtleistungskondiktion），就是因给付之外的事由而发生的不当得利。非给付不当得利主要包括：权益侵害型不当得利、费用支出型不当得利、求偿型不当得利等。所谓权益侵害型的不当得利（Eingriffs-

---

〔1〕 Wolfgang Fikentscher / Andreas Heinemann, *Schuldrecht*, 10. Auflage, De Gruyter Recht, 2006, S. 705. 我国也有学者认为"*Condictio indebiti*"就是非债清偿之诉权，参见霍政欣：《不当得利的国际私法问题》，武汉大学出版社 2006 年版，第 390 页。

〔2〕 Vgl. Karl – Heinz Fezer, *Klausurenkurs zum Schuldrecht Besonderer Teil*, 9. Auflage, Verlag Franz Vahlen München, 2013, S. 261. 不过，也有学者指出，目的不达之返还诉权在《德国民法典》之下的作用非常有限。参见 B. S. Markesinis, W. Lorenz, G. Dannemann, The German Law of Obiligations, Vol. 1 729 (1997)。转引自霍政欣：《不当得利的国际私法问题》，武汉大学出版社 2006 年版，第 75 页。

〔3〕 Wolfgang Fikentscher / Andreas Heinemann, *Schuldrecht*, 10. Auflage, De Gruyter Recht, 2006, S. 716.

〔4〕 分别参见［德］迪特尔·梅迪库斯：《德国债法分论》，杜景林、卢谌译，法律出版社 2007 年版，第 810 页；薛波主编：《元照英美法词典》，法律出版社 2003 年版，第 278 页。

〔5〕 Vgl. Bernhard Berger, *Allgemeines Schuldrecht*, 2. Auflage, Stämpfli Verlag AG Bern, 2012, S. 726. 杜景林、卢谌翻译的《德国债法分论》中将"*Condictio ob causam finitam*"翻译为"债因消失之后的请求返还之诉"。参见［德］迪特尔·梅迪库斯：《德国债法分论》，杜景林、卢谌译，法律出版社 2007 年版，第 810 页。

kondiktion),是指无法律上原因的财产损益变动系因侵犯他人权益而发生,[1]这是非给付不当得利中最为重要的类型。比如,租赁合同终止后,承租人拒不交还租赁物,反而将其转租他人,并收取租金,此举损害出租人之权益,成立权益侵害型不当得利。[2]所谓费用支出型不当得利(Aufwendungskondiktion),是指非基于给付意思而在他人之物上支出费用所形成的不当得利。比如,在不适法无因管理中,如果本人虽受有利益,但不愿承认,也表示不愿享受管理利益时,即可能构成费用支出型不当得利。[3]所谓求偿型不当得利(Rückgriffskondiktion),是指受害人无端蒙受不利,而实际上该不利应由他人承受(他人因此而得利),故而得向他人请求返还的不当得利。比如,第三人提供抵押担保情况下,债权人通过行使抵押权而受偿,债务人对债权人的债务因而被免除(受有利益),但抵押物被拍卖的抵押人对债务人则有求偿型不当得利请求权。[4]此外,不当得利还可以因自然事件而引发,甲的牧场与乙的牧场相邻,因疏于照管,甲的牲畜越入乙的牧场吃料,甲因此构成自然型不当得利。[5]

(三)返还效果之下的返还原物请求权与给付不当得利请求权

1. 返还原物与自始欠缺给付目的的不当得利返还

《瑞士民法典》缔造者欧根·胡贝尔(Eugen Huber)教授曾经指出,你的与我的是最为直接的表述权利的方法,如果有什么东西可以被称为是你自己的,那么,这将与承认人格共同成为社会中最重要的制度。[6]返还原物请求权制度的设置正是为了确保这种"你的、我的"的物权得以完满的有效手段。因此,"我的物"被他人无权占有的,按照自然法原则,也应该被返还,这是不需要证

---

〔1〕Vgl. Karl – Heinz Fezer, *Klausurenkurs zum Schuldrecht Besonderer Teil*, 9. Auflage, Verlag Franz Vahlen München, 2013, S. 322.

〔2〕参见王泽鉴:《债法原理(第二册)·不当得利》,中国政法大学出版社2002年版,第164页。

〔3〕参见黄茂荣:《债法通则之四·无因管理与不当得利》,厦门大学出版社2014年版,第89页。

〔4〕参见王泽鉴:《债法原理(第二册)·不当得利》,中国政法大学出版社2002年版,第193页。

〔5〕Esser / Weyers, *Schuldrecht Band* II *Besonderer Teil*, Teilband 2, 8. Auflage, Heidelberg, 2000, § 50, III 1. 转引自黄茂荣:《债法通则之四·无因管理与不当得利》,厦门大学出版社2014年版,第90页。

〔6〕Eugen Huber, Erläuterungen zum Vorentwurf des Eidgenössischen Justiz – und Polizeidepartements, Band 2, Sachenrecht und Text des Vorentwurfes vom 15. November 1900, 2. Auflage, Bern, 1914, S. 32. 转引自[意]约莱·法尔尼奥利:《失去"往日辉煌"的所有物返还请求权》,王洪亮译,载《中德私法研究》(总第8卷),北京大学出版社2012年版,第149页。

明的公理。在不承认物权行为无因性的前提下,给付的标的物如果是不动产或动产,则在自始欠缺给付目的时,应发生返还原物请求权。

给付是从债务人方面看,债务人为满足债权人债权而应实施的行为。给付如果自始欠缺目的,则意味着债务人无须进行本次履行,其原因可能是已经履行完毕,也可能是给付的原因行为不成立、无效或被撤销。无论是哪一种情况,自始欠缺目的的给付,都将产生不公平的结果。根据自然法原则,应该将这种不公平的状态恢复到原来状态。这种恢复的最好方法就是将受领给付所得利益返还给受损失的人。但在不承认物权行为无因性的前提下,接受给付的一方并没有取得标的物的所有权,所以不能就标的物成立不当得利,但可以就标的物的占有成立占有不当得利,权利人可以主张占有不当得利返还请求权。

以上两种返还,即返还原物和返还自始欠缺给付目的的不当得利,具有法效果上的共同性,即物或得利从无权利人回到了权利人,得发生返还原物请求权和不当得利请求权的竞合。

2. 返还原物与给付目的嗣后不存在的不当得利返还

一项法律交易的目的达不到,也是一种欠缺法律基础的得利,〔1〕当然也就是一种不当得利,得利人应该将所获利益予以返还。这种情况的不当得利,以附条件法律行为中确定的给付最为多见。在这种不当得利中,给付目的被着重地予以强调。一般而言,法律行为并不刻意强调动机和目的。但特定情况下,当事人需要在法律行为中强调动机和目的时往往通过附条件法律行为而使目的具有法律意义。〔2〕此时,如果当事人设立法律行为时所附解除条件已经成就,则当事人设定该法律行为的目的和意义就不复存在。此前基于法律行为的效力而正常履行的给付义务,都因失去根据而需要作出恢复性的调整,于是就有了不当得利的返还。比如,甲将其轿车赠与乙,并约定如果乙移居国外,则赠与合同将失去效力。后乙果然移居国外,则乙保有该轿车的原因嗣后不存在,〔3〕此时乙成立占有不当得利,应返还。同时,如果承认物权行为的无因性原则或抽象性原则(Abstraktionsprinzip),则乙还可成立不当得利。反

〔1〕 Vgl. Hans Brox / Wolf - Dietrich Walker, *Besonderes Schuldrecht*, 29. Auflage, Verlag C. H. Beck, München, 2004, S. 419.

〔2〕 参见孙宪忠主编:《民法总论》(第2版),社会科学文献出版社2010年版,第238页。

〔3〕 参见崔建远:《债法总论》,法律出版社2013年版,第289页。

之,如果不承认,则应成立甲的返还原物请求权。此时,从返还效果上看,二者都对当事人提供了较为充分的救济,可以发生竞合。

3. 返还原物与给付目的不达的不当得利返还

给付目的不达是为了将来实现某一目的而进行给付,但后来其给付的目的并未达成。比较典型的例子如,甲乙之间以结婚为条件而签订的赠与协议,但提前将赠与物交付。如果嗣后双方未能结婚,则应视为赠与的条件未成就,受赠人应将受赠得利予以返还。当然,如果赠与人违反了诚实信用原则而恶意阻止条件成就,不可按照不当得利之规定请求返还。[1] 实践中也有将上述附条件赠与解释为附否定的解除条件的赠与,从而认定为不当得利的情况。比如,上述关于甲乙结婚的案例也可视为甲乙之间签订了以不结婚为解除条件(否定的解除条件)的赠与合同。赠与合同履行后,如果双方不结婚,则赠与合同的解除条件具备,已经发生法律效力的赠与将失去法律效力,[2]赠与的财产将依照不当得利规定予以返还。以上情况属于给付目的不达的不当得利。同样,在不认可物权行为抽象性的法律环境下,给付目的不达时也会产生返还原物请求权,此时,发生返还原物请求权与不当得利请求权的竞合。

(四)返还效果之下的返还原物请求权与非给付不当得利请求权

1. 返还原物与权益侵害型不当得利

权益侵害型不当得利是在没有合法根据情况下因侵害他人的权益而使他人受损,从而发生不当得利,这是非给付不当得利中最为重要的类型。民法中论述权益侵害型不当得利的正当性基础,主要有两种思路:一是所谓的“违法性说”,即认为权益侵害型不当得利中的侵害行为具有不法性,正是这种获利行为的不法性,成为不当得利请求权的正当性基础。该学说最初用来解释不当得利中的“无法律上原因”,[3]后被学者修正,用来论证权益侵害型不当得

[1] 参见郑玉波:《民法债编总论》(修订2版),陈荣隆修订,中国政法大学出版社2004年版,第99页。

[2] 参见(2016)京01民终4956号民事判决书。

[3] Schulz, System der Rechte auf den Eingriffserwerb, AcP 105 (1909). 1 ff. 转引自王泽鉴:《债法原理(第二册)·不当得利》,中国政法大学出版社2002年版,第140页。

利的正当性。[1] 二是所谓的“权益归属说”，即认为权益应归属于权利人，违反法律所保护的权益归属状态而取得利益的，乃是欠缺法律上的原因，构成不当得利。“权益归属说”以是否可以正当地保有给付作为判断不当得利的标准，符合其本质特征，而侵害的违法性，仅仅是偶然的特征，不是要件。[2] 对于权益侵害不当得利，德国民法中还区分为特别权益侵害不当得利和一般权益侵害不当得利。前者是依照《德国民法典》第 816 条而产生的权利人因无权利人而丧失权利的情形，后者是指《德国民法典》第 812 条规定的前者之外的一般的权益侵害型不当得利。[3] 在侵害型不当得利中，为避免人格权的物化倾向，一般不认可以侵犯特别人格权为事由的侵害型不当得利。[4] 但对于财产的侵害，如无权出卖（处分）他人之物，无权利人出租他人之物，无权利人使用、消费他人之物等，都可成立权益侵害型不当得利。而在无权出租他人之物、无权占用他人之物等无权占有或侵夺他人之物的情况下，当然都可以成立返还原物请求权。于是，会产生返还原物请求权与权益侵害型不当得利请求权的竞合。

2. 返还原物与费用支出型不当得利

费用支出型不当得利中，支出费用的人并无给付的意思，[5] 比如误信管理中，误以他人之宠物狗为自己之狗而进行饲养，饲养人完全没有给付的意思。只有类似这样的情况下，才可能考虑费用支出的不当得利请求权。在违反本人明示或可得推知的意思的情况下的管理（不适法无因管理），本人受有不能除去的利益，但不愿承受该管理利益时，也可能构成费用支出型不当得

〔1〕 Vgl. Jakobs, Eingriffsewerb und Vermögensverschiebung, 1964. S. 154f. ; Wilhelm, Rechtsverletzung und Vermögensentscheidung als Grundlagen und Grenzen des Anspruchs aus Ungerechtfertigter Bereicherung, 1973, S. 79. 转引自王泽鉴：《债法原理（第二册）·不当得利》，中国政法大学出版社 2002 年版，第 140 页。

〔2〕 参见王泽鉴：《债法原理（第二册）·不当得利》，中国政法大学出版社 2002 年版，第 141 页；黄立：《民法债编总论》，中国政法大学出版社 2002 年版，第 206 页。

〔3〕 Vgl. Wolfgang Fikentscher / Andreas Heinemann, *Schuldrecht*, 10. Auflage, De Gruyter Recht, 2006, S. 709 ff; Prütting / Wegen / Weinreich, *BGB Kommentar*, 5. Auflage, Luchterhand, 2010, S. 1567. 参见［德］迪特尔·梅迪库斯：《德国债法分论》，杜景林、卢谌译，法律出版社 2007 年版，第 576 ~ 579 页。

〔4〕 参见黄茂荣：《债法通则之四·无因管理与不当得利》，厦门大学出版社 2014 年版，第 89 页。

〔5〕 Vgl. Wolfgang Fikentscher / Andreas Heinemann, *Schuldrecht*, 10. Auflage, De Gruyter Recht, 2006, S. 635.

利。比如,占有人在无权占有期间对占有物实施有益费用的支出时即这种情形。[1] 不过,上述情况下的受益人如果确实不愿意承受该利益,或者承受该利益违反其事先的计划,则可能构成前文所谓的"强迫得利"问题,收益人可以主张该利益价额为零,不必返还。从上述关于费用支出型不当得利的论述中可以看出,请求返还费用型不当得利的债权人主要是为他人之物或事务而支付或负担费用的人。他在请求债务人返还不当得利的同时,自己可能也需要向债务人负返还物或管理收益的义务。所以,在费用支出型不当得利中可能同时存在返还原物请求权和不当得利请求权,但却分归不同人享有,即为他人之物或事务而支付或负担费用的人可以向该他人主张不当得利请求权,而该他人则可向其主张返还原物请求权,该两项请求权并不归属于同一权利主体,因而不发生竞合。

3. 返还原物与求偿型不当得利

求偿型不当得利是在没有委托、无因管理等法定的求偿条件下因清偿他人债务而发生的。因求偿型不当得利涉及三人之间的法律关系,因此,又被归入"三角关系不当得利"。[2] 比如,甲向乙购买名画,因资金不足而分期付款,并约定了所有权保留条款。在分期履行过程中,对甲享有债权之丙申请对该名画为强制执行,并代替甲付清了后几期的价款,消灭了甲乙之间的债权债务关系。此时,甲因丙代为清偿而受有利益,丙受有损失,二者之间存在因果关系,丙可以向甲主张(求偿型)不当得利返还请求权。[3] 可见,在求偿型不当得利关系中,债权人所得请求的是代债务人所清偿的债务的现存利益部分,其与费用支出型不当得利在本质上是相同的。[4] 因此,基于同样的道理,求偿型不当得利一般不可能与返还原物请求权发生竞合。

4. 返还原物与自然事件型不当得利

自然事件不当得利的典型情况如甲之羊跑入乙的羊群中,甲当然可以向

---

〔1〕 Vgl. Esser / Weyers, Schuldrecht Band Ⅱ Besonderer Teil, Teilband 2, 8. Auflage, 2000, Heidelberg, § 50 Ⅲ 3. 转引自黄茂荣:《债法通则之四·无因管理与不当得利》,厦门大学出版社 2014 年版,第 90 页。

〔2〕 参见黄立:《民法债编总论》,中国政法大学出版社 2002 年版,第 213 页。

〔3〕 参见王泽鉴:《债法原理(第二册)·不当得利》,中国政法大学出版社 2002 年版,第 148 页;崔建远:《债法总论》,法律出版社 2013 年版,第 293 页。

〔4〕 参见[德]迪特尔·梅迪库斯:《德国债法分论》,杜景林、卢谌译,法律出版社 2007 年版,第 583 页。

乙主张占有不当得利返还请求权。[1] 如果甲的羊有明显的标记,可以证明属于甲所有,则甲还可基于物权人而行使返还原物请求权,因此,二者可以发生竞合。不过,自然事件不当得利的认定会与不同法域的认识习惯有关。比如,甲养殖的鱼自然遁入乙的鱼塘中,在我国大都认为构成不当得利,[2]如果该鱼具有独特性(比如,只有甲的鱼塘有该种类的鱼,而乙的鱼塘则没有)从而能够证明确属于甲的鱼,则可以构成不当得利请求权与返还原物请求权的竞合。但在德国法上,则认为甲的鱼遁入乙鱼塘后即成无主物,乙应成立先占从而取得鱼的所有权,[3]此时就不会有甲的返还原物请求权,也不发生不当得利,当然更没有二者的竞合。另外,《德国民法典》第964条也表达了这样的意旨,即并非只要使他人受害而取得利益,其得利即为不当。[4] 如果秉承这样的认识,返还原物请求权和自然事件的不当得利请求权当然不能发生竞合。

二、返还原物请求权与不当得利请求权的比较

(一)联系

返还原物请求权制度被认为是物权请求权中最核心的部分,而不当得利则被认为是见证了学界在关于私法方面所能够取得的最高成就。[5] 如此重要的两项制度,对于谋求财产上的均衡,实现公平理念,都发挥了非常重要的作用。二者的联系主要是如下几个方面:

---

〔1〕 参见崔建远:《债法总论》,法律出版社2013年版,第295~296页。不过,对于这种情况是否一定构成不当得利也有不同意见。我国台湾地区学者黄茂荣认为,自然事件有时虽然可能使一方受利益,他人受损害,但该受利益及受损害,在规范上可能被认定为无因果关系,而不构成不当得利。例如,甲乙分别所有之池塘相邻,而甲池高,乙池低。如因甲池满水以致其养殖之鱼越岸而游入乙池。这时交易习惯上,如果认为甲对其池内之鱼,于越岸而入乙池时,已丧失其占有,而使甲之鱼成为无主物,则乙因甲之鱼游入乙池而获得之利益,便不被认为系源自甲之损害,而系因先占无主物而取得该鱼之所有权,从而不构成不当得利。参见黄茂荣:《债法通则之四·无因管理与不当得利》,厦门大学出版社2014年版,第113页。

〔2〕 参见王家福主编:《民法债权》,中国社会科学出版社2015年版,第499页;张广兴:《债法总论》,法律出版社1997年版,第106页。

〔3〕 Vgl. Esser, *Schuldrecht*, 2. Auflage, 1960, Karlsruhe, §187, Ziff. 4, a) aa). 转引自黄茂荣:《债法通则之四·无因管理与不当得利》,厦门大学出版社2014年版,第114页。

〔4〕 Vgl. Esser / Weyers, *Schuldrecht Band* Ⅱ *Besonderer Teil*, Teilband 2, 8. Auflage, 2000, Heidelberg, § 47 1 c (S.29). 转引自黄茂荣:《债法通则之四·无因管理与不当得利》,厦门大学出版社2014年版,第114页。

〔5〕 See Stephen A. Smith, Taking Law Seriously, 50 U. Toronto, 2000, L. J. 241, 256-257. 转引自廖艳嫔:《英国准合同制度的演变之路——英美法系返还法的滥觞》,载《比较法研究》2014年第5期。

1. 从渊源上看,二者都来自罗马法上的返还财产之诉(*condictio*)。在罗马法中,财产法被分为关于有体物(*res corporales*)的法和关于无体物(*res incorporales*)的法,在财产法之下,财产权的共同特点就是它们都是财产。因此,其中就既包括特定的物也包括金钱和具有财产价值的权利。在乌尔比安《论告示》第16卷中即明确地载有对轮船及其小艇请求返还的论述。[1] 在对人诉讼和对物诉讼作为最重要诉讼类型划分的情况下,返还原物之诉被作为罗马法中最为重要的对物之诉。不过,话说回来,当时的返还财产制度还主要是诉讼制度,并没有发展为独立的实体法上的返还原物请求权和不当得利请求权。后来,经过萨维尼和温德沙伊德的理论努力,温德沙伊德更提出"要求与权利人相对的世人或特定人作为或不作为的权利",[2] 从而有了实体法上的请求权理论,返还财产之诉以此为基础在大陆法系逐渐发展为返还原物请求权和不当得利请求权。

2. 从制度功能上看,二者都有返还的效果。返还原物请求权作为物权请求权的一种,其制度功能在于实现物权的完满状态。只不过与排除妨害请求权和消除危险请求权不同的是,返还原物请求权通过主动的、积极的原物的返还来实现,而排除妨害请求权和消除危险请求权则通过被动的、消极的防御来实现。[3] 不当得利请求权被我妻荣先生认为在私法体系中具有润滑剂的作用,[4] 即通过不当得利请求权来调整受益人和受损人之间的财产不当变动。而符合要件的不当得利请求权,被告如无合理的抗辩事由,其法律效果就是将所取得的不当利益返还受害人。因此,返还原物请求权与不当得利请求权都具有返还的效果。

3. 从返还的方式上看,二者有重合的可能。不当得利的返还方式,原则上是原物返还,无法返还原物的,可以价额偿还。[5] 从比较法上看,《法国民法

---

〔1〕 See *The Digest of Justinian*, Volume 1, translation edited by Alon Watson, Philadelphia, University of Pennsylvania Press, 2009, p. 201.

〔2〕 Bernhard Windscheid, Lehrbuch des Pandektenrechts, Erster Band, Literarische Anstalt, Frankfurta. M., 1900, achte Auflage, S. 130. 转引自金可可:《论温德沙伊德的请求权概念》,载《比较法研究》2005年第3期。

〔3〕 参见马勇:《物权防御请求权研究》,华东政法大学法律学院2013年博士学位论文,第5页。

〔4〕 参见[日]我妻荣:《债权各论·下卷一》,冷罗生、陶芸等译,中国法制出版社2008年版,第51页。

〔5〕 参见崔建远:《债法总论》,法律出版社2013年版,第298~299页。

典》(第1379条)、《意大利民法典》(第2041条)都是明确规定应首先进行原物返还。《德国民法典》关于不当得利返还范围的规定(第818条),虽未明确应首先返还原物,但从解释上应作这样的理解。[1] 而返还原物请求权启动后,如果可以返还,当然也只能是原物的返还。不过需要指出的是,在采物权行为无因性原则的法律语境下,合同无效、被撤销之后不当得利中的原物返还属物权行为,[2]会发生物权变动;而返还原物请求权(所有物返还请求权)中的原物返还实际仅仅是占有的返还,不发生物权变动。在不采物权行为无因性的法律语境下,因履行合同而交付的标的物在合同无效、被撤销之后会发生占有不当得利,则占有不当得利之下的原物返还和返还原物请求权之下的原物返还,都只是占有的返还,而不涉及物权变动。

4. 从构成要件上看,二者的成立都不要求主观要件。返还原物请求权作为物权请求权的一种,其构成中并不要求主观要件,[3]只要有无权占有或侵夺占有事实的发生,即可发生。而不当得利在性质上与侵权行为和无因管理都不同,属于事件中的一种,[4]在构成要件上,不需要考虑任何主观上的故意或过失。因此,二者都不需要主观构成要件。

5. 从在民法教义学中的地位看,二者叙事结构上存在勾连。作为一种重要的债的发生原因,不当得利自然应属债法范畴,各国在编纂民法典时通常将其置于债法分则(《德国民法典》)或债法总则(我国台湾地区"民法")。但是,在关于不当得利的法教义学或者教科书中,则可能将"从他人财货所获不当得利"放到物权法讲义之所有物返还请求权(返还原物请求权)部分进行阐述。另外,给付不当得利则可能放到民法总则教科书之法律行为无效、被撤销的法律效果部分进行阐述。[5]

(二)区别

返还原物请求权与不当得利请求权的区别主要体现在:

---

〔1〕 Vgl. Wolfgang Fikentscher / Andreas Heinemann, *Schuldrecht*, 10. Auflage, De Gruyter Recht, 2006, SS. 739 – 740. 另请参见[德]迪特尔·梅迪库斯:《德国债法分论》,杜景林、卢谌译,法律出版社2007年版,第549页。

〔2〕 参见黄茂荣:《债法通则之四·无因管理与不当得利》,厦门大学出版社2014年版,第181页。

〔3〕 Vgl. Hans Josef Wieling, *Sachenrecht*, Springer – Verlag, 1992, SS. 156 – 157.

〔4〕 王家福主编:《民法债权》,中国社会科学出版社2015年版,第488页。

〔5〕 参见陈华彬:《债法各论》,中国法制出版社2014年版,第274～275页。

1. 法律性质不同。返还原物请求权是物权请求权,而不当得利请求权属于债权请求权,这一区别甚为明显。

2. 构成要件不同。返还原物请求权的构成为:主体是失去占有的物权人或依法可以行使物权的人,相对人是现时的无权占有人,客体是被相对人无权占有的客观存在的原物。给付不当得利请求权的构成要件是:因给付而受有利益,他人受到损害,损害和受益之间存在因果关系,无法律上原因;[1] 非给付不当得利的构成要件,则因权益侵害型还是费用支出型或是求偿型而有所不同。[2] 无论如何,各种类型的非给付不当得利请求权在构成上都是与返还原物请求权不同的。

3. 返还方式的性质不同。返还原物请求权和不当得利请求权中的返还方式都有原物返还,但前者的原物返还是失去占有的物权人或依法可以行使物权的人对自己物权的行使,而后者的原物返还则是债权人对自己债权的行使。前者的原物返还并不发生物权变动,而仅仅是占有的回转。而后者的原物返还在认可物权行为无因性的法律语境下,如果不当得利是因以物权变动为给付目的的合同的无效、被撤销而产生的,则该不当得利之下的原物返还属于物权变动,是将物权从受益人回转到受害人名下。

4. 诉讼时效的适用有所不同。在德国法上,关于所有物返还请求权的时效为 30 年(《德国民法典》第 197 条),而不当得利请求权的时效为普通时效 3 年。[3] 我国关于物权请求权是否适用诉讼时效的问题,曾经存有争议。《民法总则》第 196 条第 2 项予以明确,即不动产物权和登记动产物权的返还原物请求权不适用诉讼时效,其他返还原物请求权则适用普通诉讼时效。而不当得利返还请求权适用普通诉讼时效。

---

〔1〕 Vgl. Wolfgang Fikentscher / Andreas Heinemann, *Schuldrecht*, 10. Auflage, De Gruyter Recht, 2006, S. 709 ff.

〔2〕 Vgl. Wolfgang Fikentscher / Andreas Heinemann, *Schuldrecht*, 10. Auflage, De Gruyter Recht, 2006, S. 721 ff.

〔3〕 2002 年 1 月 1 日起,《德国民法典》规定的整个时效制度被修订。一方面,原来 30 年的时效真的是太长了;另一方面,这一时效期间有太多的豁免,这意味着整个时效体系是不清楚的。而修订后,3 年的普通消灭时效期间适用于大部分合同上的请求权,包括给付请求权和损害赔偿请求权(《德国民法典》第 280 条以下),也适用于因法定债务关系而发生的请求权,如因侵权行为而发生的请求权(《德国民法典》第 823 条以下)、因不当得利发生的请求权(《德国民法典》第 812 条以下)或因无因管理而发生的请求权(《德国民法典》第 677 条以下)。参见《德国民法典》(第 4 版),陈卫佐译注,法律出版社 2015 年版,第 68 页。

5. 举证责任不同。返还原物请求权的启动，原告只须证明自己是物权人或依法可以行使物权的人、标的物由被告占有。而不当得利请求权的启动，以给付不当得利为例，原告则需要证明自己受有损害、被告得利、得利和损害之间存在因果关系、没有法律上原因。〔1〕

6. 返还时的范围不同。各国关于返还原物的范围和返还不当得利的范围有所不同。在德国法上，返还原物请求权之下，除了返还原物之外，一般还需要返还权利未决状态或恶意开始后取得的用益。也就是说，如果占有人是善意，则除了占有为无偿取得(《德国民法典》第 988 条)或占有物所得按照正常经营规则判断为孳息之外的额外收益(《德国民法典》第 993 条第 1 款)的情况之外，占有人对于善意占有期间所得收益无须返还。但在不当得利请求权之下，原则上善意得利人则需要返还所有的现存利益。〔2〕 我国台湾地区“民法”中，占有人善意占有期间所得用益，均得保有，无须返还(第 952 条)。〔3〕 而在不当得利返还中，善意得利人原则上应返还现存利益(第 182 条第 1 款)。我国《物权法》第 243 条对返还原物请求权的范围虽有规定，但并未区分善意和恶意情况下的返还范围，而关于不当得利的返还范围也没有精确划分。但从法理上讲，返还不当得利的目的在于剥夺受益人无法律上原因的财产受益，返还原物的目的在于恢复对物的占有，原则上，不当得利返还范围要广于返还原物的范围。〔4〕 我国在编纂民法典时可以借鉴上述我国台湾地区和德国的相关规定。

三、返还原物请求权与不当得利请求权的消长关系——以物权行为抽象性为媒介

(一)物权行为抽象性

抽象性原则(Abstraktionsprinzip)是德国物权法中关于物权行为的重要原则，其含义为发生物权行为[Verfügungsgeschäft(处分行为)]的法律原因不在

---

〔1〕 参见(2015)一中民终字第 07286 号民事判决书。

〔2〕 Vgl. Wolfgang Fikentscher / Andreas Heinemann, *Schuldrecht*, 10. Auflage, De Gruyter Recht, 2006, S. 740; Prütting / Wegen / Weinreich, *BGB Kommentar*, 5. Auflage, Luchterhand, 2010, S. 1597.

〔3〕 参见郑冠宇：《民法物权》(第 2 版)，台北，台湾新学林出版股份有限公司 2011 年版，第 218 页。

〔4〕 参见洪学军：《不当得利制度研究——一种系统的结构、功能理路》，西南政法大学法学一系 2003 年博士学位论文，第 203 页。

其自身,而在于债权行为[Verpflichtungsgeschäft(负担行为)],处分行为可以被用以履行不同的负担行为(原因),比如所有权的移转(物权行为)既可用于履行销售合同,也可用于履行赠与合同,因而物权行为是抽象的,其效力不受作为原因的负担行为效力的影响。[1] 正如萨维尼所言,即使一个交付的原因有误,但交付本身也完全有效。[2] 在这里的"处分行为"概念,是德语法学中最为重要的概念之一,它可被运用于各种场合,在《德国民法典》的债权、物权和继承法中都非常重要。[3] 物权行为抽象性原则在我国台湾地区也被通说所承认。[4] 我国大陆民法学界对于应否承认物权行为理论有过激烈争论,起初倡导者甚少,但经过多年的学说争鸣,主张物权行为理论及抽象性原则的学者越来越多。尤其是,不少学者从解释论角度认为我国《物权法》采纳了物权行为独立性和无因性。[5] 这一现象表明,物权行为理论的价值正在被越来越多的人接受。

(二)债权行为与物权行为同时存在的关系模型

从逻辑上考察,债权行为与物权行为主要存在三种关系:一是仅有债权行为而无物权行为,如无偿保管契约,只存在保管人的义务,而无权利的处分。二是仅有物权行为而无债权行为,如所有权的抛弃,这是单纯的对所有权的处分。三是债权行为和物权行为同时存在,如买卖合同及其履行。[6]

在债权行为和物权行为同时存在的情况下,二者呈现以下四种关系:[7]

1. 二者均为有效的情况。在一个从原因到结果的完整的交易活动中,债权行为和物权行为皆为有效,如以买卖合同设立债权债务关系的有效的负担

---

[1] Vgl. Manfred Wolf, *Sachenrecht*, 18. *Auflage*, Verlag C. H. Beck, München, 2002, SS. 190 – 191; Jan Wilhelm, *Sachenrecht*, 4. Auflage, Walter de Gruyter GmbH & Co. KG, 2010, S. 14 ff.

[2] 参见[德]K. 茨威格特、[德]H. 克茨:《比较法总论》(第15章《"抽象物权契约"理论——德意志法系的特征》),孙宪忠译,载《外国法译评》1995年第2期。

[3] See Howard D. Fisher, *The German Legal System and Legal Language (Fifth Edition): A General Survey Together with Notes and German Vocabulary*, Dublin, Clarus Press, 2013, p. 147.

[4] 参见郑冠宇:《物权行为独立性与无因性》,载《月旦法学教室》2006年总第42期。

[5] 参见孙宪忠:《我国物权法中物权变动规则的法理评述》,载《法学研究》2008年第3期;朱广新:《合同法总则》,中国人民大学出版社2012年版,第212~213页;朱庆育:《物权行为的规范结构与我国之所有权变动》,载《法学家》2013年第6期。

[6] 参见朱庆育:《民法的任督二脉:负担行为与处分行为》,载《中德私法研究》(总第8卷),北京大学出版社2012年版,第192页。

[7] 参见王泽鉴:《债法原理(第二册)·不当得利》,中国政法大学出版社2002年版,第34~35页。

行为,通过有效的处分行为得到履行。[1] 此时,出卖人获得价款和买受人获得标的物都有法律上的原因,不发生不当得利。买受人占有标的物,出卖人占有价款也不属于无权占有,因而也不发生返还原物请求权。此种情况下,返还原物请求权与不当得利请求权不发生任何关联。

2. 二者均存在效力瑕疵的情况。债权行为和物权行为都存在不成立、无效或被撤销情形时,因没有物权行为,也就不会发生物权变动。同时又因没有债权行为,也就没有原因行为。既然没有物权变动,则标的物所有权仍然由出卖人享有,又因原因行为(买卖合同)也不存在,则买受人的占有则为无权占有,因而发生出卖人的返还原物请求权。同时,买受人占有标的物无法律上的原因(买卖合同不成立、无效或被撤销),成立占有不当得利,出卖人享有给付不当得利请求权。[2] 因而,此时可以成立返还原物请求权与不当得利请求权的竞合,但不会发生二者的此消彼长。

3. 债权行为有效而物权行为存在效力瑕疵的情况。这种情况的典型案例是:甲乙签订买卖合同,并按照约定于一个月后履行了合同,这一交易关系中,债权行为有效成立。但嗣后发现在合同履行前,出卖人甲已经成为无行为能力人。于是,转移标的物的物权行为因其意思表示无效不能有效成立。[3] 不过,因作为原因的债权行为有效,买受人占有标的物有其基础关系,出卖人占有价款亦有基础关系,因而双方均不成立不当得利,也不发生返还原物请求权。但买受人可以依据此前的买卖合同(债权行为)中出卖人的义务要求进行有效的物权移转,[4] 因甲已成为无行为能力人,则乙可以请求甲的法定代理人重新完成物权转移的合意。[5] 此种情况也不存在返还原物请求权与不当得利请求权的消长。

4. 债权行为存在效力瑕疵而物权行为有效的情况。在债权行为不成立、

---

〔1〕 Vgl. Ernst Zitelmann, Der Wert eines "Allgemeinen Teils" des bürgerlichen Rechts, 1905, S. 15 f. 转引自朱庆育:《民法的任督二脉:负担行为与处分行为》,载《中德私法研究》(总第 8 卷),北京大学出版社 2012 年版,第 193 页。

〔2〕 Vgl. Manfred Wolf, *Sachenrecht*, 18. *Auflage*, Verlag C. H. Beck, München, 2002, SS. 191 - 192.

〔3〕 See Howard D. Fisher, *The German Legal System and Legal Language: A General Survey Together with Notes and German Vocabulary*, 5th *edition*, Dublin, Clarus Press, 2013, p. 85.

〔4〕 Vgl. Manfred Wolf, *Sachenrecht*, 18. *Auflage*, Verlag C. H. Beck, München, 2002, S. 191.

〔5〕 Vgl. Rüthers / Stadler, *Allgemeiner Teil des BGB*, Verlag C. H. Beck München, 2003, S. 283.

无效或被撤销而物权行为合法有效的情况下，最终的法律效果将完全取决于是否承认物权行为抽象性。如果认可抽象性原则，则买受人取得物权，出卖人享有不当得利返还请求权；如果不认可抽象性原则，则买受人不能取得物权，出卖人享有返还原物请求权，二者互为消长。

（三）债权行为存在效力瑕疵而物权行为有效情形下返还原物请求权与不当得利请求权的消长

1. 承认抽象性原则时的后续处理

抽象性原则又被进一步分为外部抽象和内部抽象，前者指物权行为的效力无因于债权行为，又称效力抽象；后者指物权行为的构成要件分离于债权行为，又称内容抽象。可见，在内容抽象的意义上，抽象原则包含了分离原则。[1] 在抽象性原则之下，债权行为与物权行为分离，债权行为的无效不影响物权行为的效力。因此，即使作为原因的债权行为不成立、无效或被撤销，物权行为的效力也不受其影响。以买卖行为为例，买卖行为完成后的受让人得保有标的物的所有权。但是因原因行为（债权行为）的不成立、无效或被撤销，受让人取得的物权将变得没有法律上的根据，而出卖人则受有损失（物权丧失），二者之间存在因果关系，因而成立不当得利，出卖人得向买受人主张不当得利请求权。同时，因出卖人的物权已经发生变动，所有权人变为买受人，因而出卖人已经不享有物权，因而不能主张返还原物请求权。在这里，不当得利制度发挥了重要的职能作用。假设没有不当得利制度，则在抽象性原则之下，债权行为无效物权行为有效的情况可能发生极为失衡的后果。比如，在赠与人撤销赠与合同的情况下，赠与合同可因撤销而无效，但赠与标的物所有权转移的物权行为并未无效，[2] 如果没有不当得利请求权，则赠与人的赠与给付将无法收回，无端受到极为不公正的待遇。因此，有学者强调，给付型不当得利返还请求权具有调节物权行为抽象性原则所带来的财产变动的功能。[3] 德国学者邓伯格（Dernburg）更指出，不当得利之设立，是立法者用以治疗其自己创生的伤

---

〔1〕 Vgl. Larenz / Wolf, *Allgemeiner Teil des Bürgerlichen Rechts*, 9. Auflage, Verlag C. H. Beck München 2004, S. 421.

〔2〕 参见郑冠宇：《民法物权》（第2版），台北，台湾新学林出版股份有限公司2011年版，第33页。

〔3〕 参见王泽鉴：《债法原理·第二册·不当得利》，中国政法大学出版社2002年版，第35页。

疤的，这个伤疤就是物权行为的抽象性原则。[1]

2. 不承认抽象性原则的后续处理

在不认可抽象性原则的情况下，没有所谓的效力抽象和内容抽象效果，则合同的不成立、无效或被撤销，将直接导致物权变动的不发生。在买卖合同中，则即便已经完成交付，买受人仍然不能取得标的物的所有权。相反，标的物的所有权仍然由出卖人享有，此时买受人的占有将变得没有基础关系，成为无权占有，则出卖人自然可以行使返还原物请求权。当然，买受人在没有基础关系情况下对标的物的占有，也可成立占有不当得利，出卖人也可以行使不当得利返还请求权，此时返还原物请求权与不当得利请求权发生竞合。[2]

可见，在债权行为存在效力瑕疵而物权行为有效的情形下，如果认可物权行为抽象性，则将有不当得利请求权的广泛适用而限缩返还原物请求权的适用；如果不认可物权行为的抽象性，则将有返还原物请求权的广泛适用而限缩不当得利请求权的适用，[3]二者以物权行为抽象性原则为媒介，发生互为消长的关系。

四、返还原物请求权向不当得利请求权的转化——以标的物的灭失为条件

返还原物请求权与不当得利请求权的消长关系还可基于这样的原因而发生：返还原物请求权的构成以对原物现时的占有（原物的存在）为要件，而不当得利返还请求权则不以对原物现时的占有为要件，因而当占有人占有的标的物发生事实上或法律上的灭失时，将产生返还原物请求权向不当得利请求权的转化。因为这种转化是单向的，即仅仅是返还原物请求权向不当得利请求权的转化，因而与上文论述的二者的互为消长有所不同。

（一）法律上的灭失：善意取得、添附

1. 善意取得所导致的转化

无权处分是权益侵害型不当得利的重要情形，[4]而无权处分中的处分

---

[1] "So heilt die Leistungskondiktion die vom Abstraktionspmmp bewusst geschlagenen Wunden", Vgl. Demburg, *Das Bürgerliche Recht*, Die Schuldverhältnisse Band II/2, 4. Auflage, S. 77. 转引自王泽鉴：《债法原理 · 第二册 · 不当得利》，中国政法大学出版社 2002 年版，第 35 页。

[2] 参见孙森焱：《民法债编总论》（上册），法律出版社 2006 年版，第 163 页；王泽鉴：《债法原理 · 第二册 · 不当得利》，中国政法大学出版社 2002 年版，第 269 页。

[3] 参见王泽鉴：《债法原理 · 第二册 · 不当得利》，中国政法大学出版社 2002 年版，第 35 页。

[4] Von Caemmerer E., *Bereicherung and unerlsubte Handlung*, *Fertschrift für Rabel* 337 (1954). 转引自霍政欣：《不当得利的国际私法问题》，武汉大学出版社 2006 年版，第 79 页。

权,包括事实上的处分权(tatsächliche Verfügungsmacht)和法律上的处分权(rechtliche Verfügungsmacht)两种。只有进行法律上的处分,才会导致标的物就占有人而言发生法律上的灭失,这里先讨论法律上处分的情形。

所谓法律上的处分,主要是改变标的物法律状态的处分行为,如将标的物转让或抛弃对标的物权利的行为等。[1] 从原因上看,导致返还原物请求权发生的是无权占有,在无权占有标的物的情形下,无权占有人对标的物很可能没有处分权,在这种情况下,占有人原则上是不能在法律上处分标的物的。比如,在最常见的买卖合同中,如果出卖人没有处分权,则一方面其不能在法律上处分标的物,另一方面也不能以无处分权为由拒绝履行义务,[2]当然,如果其不能履行义务,则会发生损害赔偿之债。但现实中不乏这样的情况,即占有人明知自己没有处分权而仍然将标的物出卖,此时的法律效果一般是无效,除非有处分权的人进行事后追认。既然处分行为无效,则基于无权处分行为而接受标的物占有的第三人并没有取得物权,权利人仍然具有所有权人的地位,当然可以向买受人行使返还原物请求权从而使其物权恢复到完满状态。同时,无权处分人的行为构成对所有权人的侵权,所有权人自然可以向无权处分人(出卖人)主张损害赔偿之债。但是,所有权人却不可向无权处分人主张不当得利请求权。[3] 因为,所有权人的所有权并没有丧失,而无权处分所得价金利益也并非其对价,[4]价金利益的真正来源是无权处分人与第三人(买受人)的买卖合同。可见,在无权处分情形下,受害人(所有权人)一般都可基于返还原物请求权维护其合法权益。

但是,在买受人为善意时,情况则大不相同。根据德意志法系国家的善意取得制度的一般规则,只要具备让与人无权处分、让与合意、完成交付、受让人为善意等要件,[5]即构成善意取得。而善意取得的法律效果之一便是善意买

---

〔1〕 Vgl. Bernhard Berger, *Allgemeines Schuldrecht*, 2. Auflage, Stämpfli Verlag AG Bern, 2012, S. 157.

〔2〕 Vgl. Brox / Walker, *Allgemeiner Teil des BGB*, 34. Auflage, 2010, Rn. 109. 转引自朱庆育:《民法总论》,北京大学出版社 2013 年版,第 155 页。

〔3〕 参见王泽鉴:《债法原理 · 第二册 · 不当得利》,中国政法大学出版社 2002 年版,第 154 页。

〔4〕 参见王泽鉴:《无权处分与不当得利》,载王泽鉴:《民法学说与判例研究》(第二册),中国政法大学出版社 1998 年版,第 109 页。

〔5〕 参见杨宏晖:《动产所有权善意取得制度之比较与再检讨》,载《台大法学论丛》2012 年第 4 期。

受人从在处分行为中表现为所有权人的占有人手中确定地取得所有权。[1] 在我国《物权法》上，无论是动产还是不动产，只要具备受让人的善意、合理价格转让、登记和交付等要件，也成立善意取得。虽然在构成善意取得情况下，原买卖合同是否有效，存有争议，[2]但其最终的效果都是善意受让人确定地取得所有权。而善意受让人取得所有权意味着原权利人的所有权人地位丧失，其不再享有返还原物请求权，也即原权利人的物权在法律上归于消灭。但是，出卖人（无权处分人）却因转让其本无处分权的标的物而受有价金利益，并且其受有的价金利益与原权利人所有权丧失的损害具有因果关系，因而无权处分人成立不当得利，原权利人可以向无权处分人主张不当得利返还请求权。此时，由于善意取得的发生，原权利人的返还原物请求权转化为不当得利请求权。

但在某些善意取得情况下也可能不存在返还原物请求权向不当得利请求权转化的问题。因为，权利人的处分权可以受到限制。比如《德国民法典》第1365 条规定的配偶对婚后增加的共同财产的处分限制，[3]如果行为人没有征得其配偶的同意，则该处分行为对每个人都是无效的，[4]未征得其同意的配偶自然可以行使返还原物请求权。但此时，如果第三人善意受让，也可构成善意取得。在这种情况下，善意受让人确定取得所有权，而处分人获得的价金只能作为夫妻共同财产（《德国民法典》第 1363 条第 1 款），不应再认可夫妻之间的不当得利请求权。所以，这种情况下即使有善意取得，也不发生返还原物请求权向不当得利请求权的转化。

2. 添附所导致的转化

标的物在无权占有期间发生添附的，也会导致返还原物请求权向不当得

---

〔1〕 Vgl. Manfred Wolf, *Sachenrecht*, 18. *Auflage*, Verlag C. H. Beck, München, 2002, S. 265; Jan Wilhelm, *Sachenrecht*, 4. Auflage, Walter de Gruyter GmbH & Co. KG, 2010, SS. 388 – 389.

〔2〕 就此问题大致存在三种观点：第一种观点是债权合同无效是成立善意取得的前提，可参见王文军：《为“善意取得系原始取得”申辩——与“善意取得系继受取得”说商榷》，载《政治与法律》2009 年第 6 期。第二种观点是债权合同有效是善意取得的前提，参见吴国喆：《善意取得制度的缺陷及其补正——无权处分人与善意受让人间关系之协调》，载《法学研究》2005 年第 4 期。第三种观点是债权合同是否有效与善意取得无关，参见孙宪忠：《中国民法继受潘德克顿法学：引进、衰落和复兴》，载《中国社会科学》2008 年第 2 期。

〔3〕 Vgl. Prütting / Wegen / Weinreich, *BGB Kommentar*, 5. Auflage, Luchterhand, 2010, S. 2104.

〔4〕 Vgl. Manfred Wolf, *Sachenrecht*, 18. *Auflage*, Verlag C. H. Beck, München, 2002, S. 195.

利请求权的转化。

(1)加工(Verarbeitung)。对他人之动产进行改造或施以工作,制作成为新物,就是加工。关于加工的法律效果,从实定法上看,德国民法采加工主义原则,即原则上只要加工劳动的价值不显著小于材料价值,则加工物的所有权属于加工人。而日本民法则采原料主义原则,即原则上加工物的所有权归属于材料所有人。[1] 因我国《物权法》没有规定添附,因而这里只从法理上讨论无权占有情况下加工的情形。从法律效果上看,关于加工的法律效果,如果采材料主义原则,则材料所有人取得加工物的所有权,此时,即使加工物被加工人占有,但材料所有人的所有权并不受影响,其可以主张返还原物请求权而恢复其物权。但若采加工主义原则,则加工人取得加工物的所有权,此时发生了物权的变动,加工人不论是否存在恶意,都根据法律规定取得加工物的物权。[2] 也就是说,在加工人此前无权占有标的物(原材料)时,材料所有人可以主张返还原物请求权。但经过加工后,加工物的所有权由加工人取得,原材料所有人的返还原物请求权即已不存在。此时,原材料所有人受有损害,加工物取得人受有利益,且二者之间存在因果关系,因而原材料所有权人得向加工人主张不当得利请求权,[3]这属于权益侵害型的不当得利返还请求权。可见,在无权占有之后,如果无权占有人对占有材料进行加工,则会发生材料所有人返还原物请求权向不当得利请求权的转化。

(2)附合(Verbindung)。附合是一物与他物相结合,成为其重要成分,在社会交易上认为已经成为一物的法律事实。实践中最主要的附合是动产和不动产之间的附合以及动产之间的附合。在动产附合于不动产时,原则上不动产所有权人取得附合后物的所有权,而动产的所有权则从法律上灭失。[4] 在德国法上,丧失动产所有权的受害人可以依据《德国民法典》第951条请求返还不当得利,但不能要求恢复原状。[5]

(3)混合(Vermischung)。混合是所有权各异的动产混合后不能识别,或识别成本过高从而发生所有权的变动的法律事实。在德国法上,动产与动产

---

〔1〕 参见[日]我妻荣:《新订物权法》,有泉亨补订,罗丽译,中国法制出版社2008年版,第324页。
〔2〕 Vgl. Hans Josef Wieling, *Sachenrecht*, Springer – Verlag, 1992, S. 135.
〔3〕 参见梁慧星、陈华彬:《物权法》(第4版),法律出版社2007年版,第232页。
〔4〕 Vgl. Manfred Wolf, *Sachenrecht*, 18. *Auflage*, Verlag C. H. Beck, München, 2002, S. 284.
〔5〕 Vgl. Prütting / Wegen / Weinreich, *BGB Kommentar*, 5. Auflage, Luchterhand, 2010, S. 1854.

的附合以及混合,具有相同的法律效果。[1] 因此,当发生无权占有情形下,占有人将他人之动产与自己之动产混合后,有可以视为主物的,则主物之所有权人取得混合物的所有权,失去所有权的一方只能请求不当得利的返还。比如,甲无权占有乙之白砂糖,乙可以主张返还原物请求权,但甲并未返还,而是将其加入自己的咖啡中,此时糖和咖啡混合不能分离,咖啡可被视为主物,因而甲取得混合物的所有权,但乙因混合而取得对甲的不当得利返还请求权。[2] 在此,乙的返还原物请求权因混合而转化为不当得利请求权。

除善意取得、添附等情形外,取得时效也会使被他人无权占有的标的物因符合自主占有、善意占有、经过法定期间的要件而发生所有权的取得,[3] 从而使原所有权人的权利在法律上灭失。但是,这种情况却不会发生原所有权人返还原物请求权向不当得利请求权的转化。这是因为:第一,取得时效要求占有人的占有持续为善意,因此,如果嗣后占有人获知其为无权占有的,取得时效即被排除,[4] 占有人即不能取得所有权。而实践中,发生无权占有情形的,即使占有人为善意(如承租人因疏忽而不知租赁合同已经终止而继续占有租赁物),所有权人往往也会向无权占有人说明其无权占有的情况,此时占有人即应知道其为无权占有,取得时效就会被排除。第二,即使取得时效的要件事实全部具备,果真发生了时效取得的情况,原权利人虽然因所有权灭失而受有损失,因时效而取得所有权的人受有利益,但其受益却并非没有法律上原因,[5] 关于取得时效的法律规定,就是其法律依据。所以,因时效而取得所有权的人不成立不当得利。综合以上两点,在时效取得情况下,不会存在原所有权人返还原物请求权向不当得利请求权的转化。

(二)事实上的灭失:物的消费、其他物理灭失

侵害型不当得利最重要的例子是使用、利用或消费了他人的财产,[6] 其中的消费往往会导致标的物事实上(物理上)的灭失。不当得利法的目的本不

---

〔1〕 Manfred Wolf, *Sachenrecht*, 18. *Auflage*, Verlag C. H. Beck, München, 2002, SS. 285 – 286.

〔2〕 参见梁慧星、陈华彬:《物权法》(第4版),法律出版社2007年版,第229页。

〔3〕 Vgl. Manfred Wolf, *Sachenrecht*, 18. *Auflage*, Verlag C. H. Beck, München, 2002, S. 297.

〔4〕 Vgl. Prütting / Wegen / Weinreich, *BGB Kommentar*, 5. Auflage, Luchterhand, 2010, S. 1846.

〔5〕 参见王泽鉴:《债法原理·第二册·不当得利》,中国政法大学出版社2002年版,第186～187页。

〔6〕 Dirk Looschelders, *Schuldrecht Besonderer Teil*, 3. Auflage, Carl Heymanns Verlag, 2009, S. 336.

在于补偿受害人的损失，而在于返还不属于受益人的得利。[1] 所以，在标的物由他人无权占有之后被消费的，消费物的价值由所有权人流向了他人，[2]不论所有权人是否认识到这一损失，但对于消费该物（消费也是一种受益）的人来说，其受益显然是没有法律依据的，因而构成不当得利。在这一过程中，当无权占有人仅仅是占有而尚未消费标的物之时，原权利人基于所有权人的地位当然可以主张返还原物请求权。但是，当占有物被其从物理上消费之后，原物已经不存在，原物已经转化为受益人的消费享受。此时，原所有权人只能向受益人（消费标的物的人）主张不当得利请求权。可见，无权占有情形下，原权利人的返还原物请求权因标的物的消费而转化为不当得利请求权。

除了对标的物的消费而导致事实上灭失外，无权占有标的物之后，标的物的其他任何物理上的灭失都会导致权利人的返还原物请求权向不当得利请求权的转化，其基本原理是相通的，此处不再赘述。

五、返还原物请求权与不当得利请求权的未来趋势

（一）不当得利请求权的扩张

1. 不当得利理论将进一步丰富

在大陆法系国家，不当得利虽然有较为自洽的逻辑体系，但学者并未停止对其进行理论扩充的脚步。首先是关于不当得利基础的统一说和非统一说的研究有了进一步发展，并且还将继续丰富，威廉（Wilhelm）、库皮施（Kupisch）、弗卢梅（Flume）、利布（Lieb）等学者都对此作出了贡献。卡纳里斯（Canaris）更将研究的领域扩展到三方关系中的不当得利。其次是给付概念研究的深入。罗伊特（euter）和马廷内克（Martinek）以非统一说为基础对给付概念进行界定，并进一步阐述三方关系的难题。[3] 最后是关于不当得利返还中的差额理论的适当舍弃。在双方互负返还义务的情况下，差额理论认为只存在一个结算请求权，即只返还双方相互应当返还部分的差额。1945 年之后，差额理论被

---

〔1〕 Vgl. Hans Brox / Wolf - Dietrich Walker, *Besonderes Schuldrecht*, 29. Auflage, Verlag C. H. Beck ,München,2004,S. 429.

〔2〕 参见[德]迪特尔·梅迪库斯：《德国债法分论》，杜景林、卢谌译，法律出版社 2007 年版，第 577 页。

〔3〕 Vgl. Reuter/Martinek, *Ungerechtfertigte Bereicherung*, § 4 H Ⅱ, S. 80 ff. § § 10 – 13, S. 387 ff. 转引自[德]格哈德·瓦格纳：《20 世纪不当得利法理论的发展与不当得利法领域的法律文献》，马丁译，王倩校，载王洪亮等主编：《中德私法研究》（总第 8 卷），北京大学出版社 2012 年版，第 98 页。

德国联邦最高法院采纳,但由于学者对差额理论的反对,法院对差额理论也进行价值矫正。比如,如果可能产生对无行为能力人消极的结果时,不适用差额理论。[1]

英美法中的不当得利理论更是发展得如火如荼。在英国,自从高夫(Goff)和琼斯(Jones)1966 年出版英美法中第一部系统论述返还法的著作以来,博克斯、伯罗斯等人也先后加入返还法研究的行列中并有大作问世。但此前的研究还主要是在返还的意义上研究不当得利,直到 2012 年伯罗斯完成英国法律史上第一部《英国不当得利法重述》,[2]不当得利制度被赋予独立的价值。在这种研究背景下,英国不当得利的事由被分为原告导向模式(claimant - oriented)、被告导向模式(defendant - oriented)以及政策导向模式(police - oriented)这三种,[3]并以此为基础对大量的返还法律关系作出调整。美国虽然没有像英国那样发展出了具有独立地位的不当得利法理论,而仍然是将不当得利法与返还法混合在一起,甚至在 2011 年的第三次重述中仍然使用《返还和不当得利法重述(第三次)》的题目,这让人们有理由怀疑,美国法中的不当得利法到底是不是独立的。但毕竟,美国也已经重述了不当得利这一法律,并将之作为与合同、侵权相并列的法律的基础材料。[4]

2. 不当得利适用范围将进一步扩展

(1)无因法律关系的发展,将导致不当得利请求权适用范围的扩展。现代社会随着交易关系的蓬勃发展,对于交易安全的关注也持续加大。而无因性原则的首要功能即被认为是维护交易安全,[5]物权行为无因性、债权让与行为的无因性、票据行为的无因性都因适应了保护交易安全的客观要求而被认可。尽管我国学者关于物权行为无因性(抽象性)的是否采纳争论激烈,但学

---

〔1〕 Vgl. BGHZ 126. 105,107. 转引自[德]格哈德·瓦格纳:《20 世纪不当得利法理论的发展与不当得利法领域的法律文献》,马丁译,王倩校,载王洪亮等主编:《中德私法研究》(总第 8 卷),北京大学出版社 2012 年版,第 112 页。

〔2〕 See Andrew Burrows, *A Restitution of the English Law of Unjust Enrichment*, Oxford University Press,2012.

〔3〕 See Birks,"No Consideration: Restitution after Void Contracts", *University of Western Australia Law Review* 23,1993 ,p. 206.

〔4〕 See Michael Traynor,"The Restatement (Third) of Restitution & Unjust Enrichment: Some Introductory suggestions", *Washington & Lee Law Review*, Vol. 68, Issue 3, (2011), p. 899.

〔5〕 Vgl. Larenz / Wolf, *Allgemeiner Teil des Bürgerlichen Rechts*, 9. Auflage, Verlag C. H. Beck München 2004, SS. 422 – 423.

者关于债权转让行为的无因性、票据行为的无因性却大都是认可的。而不当得利正是要用来医治无因性带来的伤疤。[1] 因此,无因性法律关系越发展,不当得利的适用越广泛。前文关于返还原物请求权以物权行为抽象性为媒介向不当得利请求的转化也说明了这一点。

(2)现代社会对价值的关注更甚,这也会导致不当得利适用范围的扩展。近代资本主义以来,所有权的本来功能逐渐淡化,而债权的色彩却日益浓厚。在发生无权占有或侵夺时,人们可能更关注价值的补偿,损害的填平逐渐趋向于价值化。在英美法中,这种倾向更为明显,特定的物的返还甚至不被作为原告可以主张的权利,而是作为法院自由裁量权范围内的一种救济。[2] 英国关于不当得利的重述中,竟没有明确规定原物返还,只是在其第 5 条中明确了两种返还请求权,并且首先涉及的是非正当因素的金钱利益返还请求权。[3]

(3)不当得利法在空间适用范围上也有超越法系而深度融合的明显趋势。在欧洲,英国的不当得利制度越来越向德国靠近,[4]《欧民草案》也在综合欧洲各国不当得利制度的基础上,在其第 7 卷专门规定不当得利制度。这一趋势无疑将进一步扩大不当得利请求权在各法域内的适用范围。

(二)返还原物请求权仍然极具价值而不会萎缩

根据上文的论述,在给付不当得利中随着抽象性原则的采纳,返还原物请求权将向不当得利请求权转化;在部分无权占有的场合,随着标的物在法律上的灭失(善意取得、添附等)或物理上的灭失,返还原物请求权也将向不当得利请求权转化。但是,这种转化却并不会从实质上损害返还原物请求权的价值独立性。

客观地说,法尔尼奥利宣称所有物返还请求权失去了“往日辉煌”并非言

---

〔1〕 Vgl. Demburg, *Das Bürgerliche Recht*, Die Schuldverhältnisse Band II / 2, 4. Auflage, S. 77. 转引自王泽鉴:《债法原理·第二册·不当得利》,中国政法大学出版社 2002 年版,第 35 页。

〔2〕 See Francesco Giglio, *The Foundations of Restitution for Wrongs*, Portland, Hart Publishing, 2007, p. 26.

〔3〕 See Andrew Burrows, *A Restitution of the English Law of Unjust Enrichment*, Section 5 (2), Oxford University Press, 2012, p. 6.

〔4〕 Vgl. Zimmermann, in: ders. (Hrsg.), Grundstrukturen eines Europäischen Bereicherungsrechts, 2005, S. 31 ff. 转引自[德]格哈德·瓦格纳:《20 世纪不当得利法理论的发展与不当得利法领域的法律文献》,马丁译,王倩校,载王洪亮等主编:《中德私法研究》(总第 8 卷),北京大学出版社 2012 年版,第 113 页。

过其实。[1] 但那是因为私法自身发展的精细化，而并非意味着返还原物请求权（所有物返还请求权）自身无价值。从根本上讲，只要有关注物的使用价值的用益物权乃至所有权和担保物权的存在，就会有返还原物请求权的存在，因为它一直是物权请求权制度的核心。[2] 对物的侵夺或无权占有，当然可以通过侵权损害赔偿获得救济，但是，侵权法上的救济仅仅是救济体系中的低效率制度，[3] 并不能有效解决所有的救济问题。不当得利制度尽管强调对无正当根据的价值利益的恢复，但却也不能完全替代权利人对特定物的需求。也正因如此，大陆法系中不当得利的返还首先要求是原物的返还。同时，随着现代社会工商业的发展，会计账簿、原始凭证、印章印鉴等深具经济价值的特定物大量涌现，这些物品被他人侵夺，则非赋予权利人返还原物请求权不可。此外，随着社会文明程度的提高，具有精神寄托价值的特定物，如有纪念意义的物品等也越来越多地出现，这些物品被他人无权占有的，也必须有返还原物请求权作为最坚强的后盾。

所以，无论社会如何发展，返还原物请求权一直有其重要的制度价值，甚至在很多方面都发挥着根本性的作用，并且是越来越广泛的作用。它将仍然发挥着重要的制度价值，绝不会有任何萎缩。

---

〔1〕 参见[意]约莱·法尔尼奥利：《失去"往日辉煌"的所有物返还请求权》，王洪亮译，载《中德私法研究》（总第8卷），北京大学出版社2012年版，第149～160页。

〔2〕 参见孙宪忠：《中国物权法总论》（第3版），法律出版社2014年版，第436页。

〔3〕 See Vivienne Harpood, *Modern Tort Law* (*Seventh Edition*), *Oxon*, *Routledge* – Cavendish, 2009, p. 10.

第七章

返还原物请求权在诉讼中的实现

谁若认为他对另一个人享有请求权,而该人却不肯自愿履行,则通常必须烦劳法院出面。实现私法上的请求权的传统程序是《民事诉讼法》中规定的民事诉讼。[1]

——迪特尔·施瓦布

〔1〕[德]迪特尔·施瓦布:《民法导论》,郑冲译,法律出版社2006年版,第152页。

理论探讨的最大价值在于指导实践,理论探讨的最后宿命,也应该是回归实践。作为产权保护的重要机制,返还原物请求权制度功能的发挥,在很大程度上要通过诉讼来达成。而在实践中,返还原物诉讼的启动、发展、推进、结果等各个阶段都会遇到相应的问题。任一阶段的问题如果处理不好,都会直接影响返还原物请求权的制度价值。比如,在返还原物诉讼启动时,首先就会面临案由选择的问题。因为能够实现返还原物请求权的案由,除了最基本的返还原物纠纷之外,还包括遗失物、漂流物、埋藏物、隐藏物返还纠纷、公司证照返还纠纷、取回权纠纷等。必须在有效甄别的基础上选择恰当的案由,返还原物请求权的落实才能继续向前推进。所以,有必要以返还原物诉讼的推进过程为基轴,认真审视和分析返还原物请求权诉讼实现过程中的现实问题,让灰色的返还原物请求权理论融入丰富的诉讼实践,真正迸发其制度活力。

第一节　返还原物请求权诉讼实现中的案由选择

在民事诉讼实践中,案由常被作为案件名称的组成部分,是案件所涉民事法律关系性质的反映,也是对争议法律关系的浓缩和概括,更是法院对民事案件实施管理的重要方式。[1] 当物权人的标的物被他人无权占有或侵夺时,权利人通过诉讼主张返还原物请求权的,首先面临以何种民事案件案由提起诉讼的问题。由于案由的确定直接影响权利人起诉时的管辖、举证负担、争议焦点确定、诉讼时效等问题,不当选择案由可能导致败诉结果。[2] 因此,通过民事诉讼实现返还原物请求权时必须认真对待案由选择问题。

一、返还原物请求权诉讼案由辨伪

作为《物权法》上的实体请求权,返还原物请求权在我国《物权法》中的请求权基础是第34条,其对应的民事案件案由为返还原物纠纷。[3] 返还原物纠纷在我国民事案件案由体系中处于第三部分“物权纠纷”中的“物权保护纠纷”,是最为常见的案由,在层级上属于三级案由。实践中,在针对不动产如房

〔1〕 参见最高人民法院《关于印发修改后的〈民事案件案由规定〉的通知》(法〔2011〕42号)。

〔2〕 参见宋旺兴:《民事案由制度研究》,武汉大学法学院2012年博士学位论文,第39页。

〔3〕 参见景汉朝主编:《民事案件案由新释新解与适用指南》,人民法院出版社2013年版,第64页。

屋提起返还原物之诉时,存在将案由确定为"腾房纠纷"的情况。[1] 然而,"腾房纠纷"并非最高人民法院《民事案件案由规定》中所载明的案由。即使是在现已废止的、最早的《民事案件案由规定(试行)》(法发〔2000〕26号)文中,也没有"腾房纠纷"的案由。到2008年《民事案件案由规定》正式印发时,《物权法》已经颁布,涉及返还原物诉讼请求的,其案由已经明确为"返还原物纠纷"。因此,实践中存在的"腾房纠纷"案由,既不规范也不严肃,有悖"统一的民事案件案由确定标准"的要求,[2]应予彻底摒弃。

此外,实践中还可经常看到一个试图代替"返还原物纠纷"案由的案由——返还财产纠纷。[3] 然而,综观2000年以来的《民事案件案由规定》,始终是只存在一个"被撤销死亡宣告人请求返还财产纠纷"的案由,除此之外,再无任何包含"返还财产纠纷"表述的案由。因此,所谓的"返还财产纠纷"也是实践中对民事案件案由的生造,同样应该彻底摒弃。

二、能够实现返还原物请求权的其他案由

在实体请求权中,返还原物请求权在特定情况下还表现为某种特殊的以返还原物为效果的请求权。这些返还原物请求权包括遗失物、漂流物、埋藏物、隐藏物返还请求权,破产取回权等。与之相应,《民事案件案由规定》提供了遗失物、漂流物、埋藏物、隐藏物返还纠纷,公司证照返还纠纷,取回权纠纷。此外,不当得利请求权的法律效果首先是原物返还,被撤销死亡宣告人返还财产请求权中也会存在原物返还的情形。因此,被撤销死亡宣告人请求返还财产纠纷和不当得利纠纷在特定情况下也能实现返还原物的效果。

遗失物在性质上属于脱离物,是非基于物权人的意思而丧失占有。物遗失时,如被他人拾得(fund),且他人有恶意时,则构成无权占有,权利人即可行使返还原物请求权或遗失物返还请求权,而拾得人也负有通知、保管、交付甚至将遗失物返还给遗失人的义务。[4] 这里之所以要强调拾得人要有恶意,是因为从法理上讲,所有人—占有人关系规则对善意的拾得人是不适用的,只有

---

〔1〕 参见(2010)房民初字第02615号民事判决书、(2009)朝民初字第16198号民事调解书、(2008)二中民终字第08198号民事裁定书、(2015)朝民初字第15628号民事调解书等。

〔2〕 参见《民事案件案由规定》(法发〔2008〕11号文)。

〔3〕 参见(2013)连民终字第1891号民事判决书、(2014)淄民一终字第131号民事判决书、(2011)邯市民一终字第895号民事判决书、(2015)周民终字第79号民事判决书等。

〔4〕 Vgl. Hans Josef Wieling, *Sachenrecht*, Springer - Verlag, 1992, SS. 150 - 151.

拾得人有据为己有的意思(自主占有的意思)时,才予以适用。[1] 遗失物被他人拾得构成无权占有时,权利人主张权利可以有两种案由进行选择,一为遗失物返还纠纷,二为返还原物纠纷,两种案由发生了竞合。[2] 但是,由于遗失物返还纠纷的案由可以视为返还原物纠纷的特殊情形,基于特别法优于普通法的一般原理,实践中有人建议应优先适用遗失物返还纠纷的案由。[3] 这实际上是把这种竞合类同于前文所讨论的请求权竞合中规范排除的竞合,本书从之。漂流物如非无主物,则法理上的构造与遗失物相同,只是漂流物表现为漂流于水面之物,因而关于漂流物的法律调整,应准用遗失物之规定。此外,对于埋藏物、隐藏物等,也应准用遗失物之规定。[4] 因而,也存在返还原物纠纷与埋藏物、隐藏物返还纠纷相竞合的问题,在实践中应优先以埋藏物、隐藏物返还纠纷作为起诉案由。

取回权纠纷案由是破产法上的取回权在民事诉讼中的反映,但因处于破产程序中,在符合返还原物请求权及返还原物纠纷基本原理的前提下又有自己的特点:(1)一般取回权纠纷只有在破产申请受理后、破产财产分配前启动才属于取回权纠纷,否则,就是返还原物纠纷。(2)一般取回权纠纷中虽然是以债务人企业作为当事人,但标的物的取回需要通过破产管理人行使,不得擅自从债务人处取回。[5] (3)出卖人取回权纠纷需要以买受人尚未受领标的物时法院即受理破产申请为条件,且债务人(买受人)的管理人不要求以支付全部价款为代价取得标的物所有权。[6] 因此,无论是一般取回权纠纷,还是出卖人取回权纠纷,都应视为返还原物纠纷在破产程序中的特别化,应优先适用。

自然人被宣告死亡后,除所有继承人都放弃继承的情形外,被继承人的所有财产(物权、债权债务、股权、知识产权)都会被继承。此后,经本人或者利害关系人申请,死亡宣告被撤销的,此前通过继承取得的"遗产",将因撤销而失去其权源,[7]于是就会有被撤销死亡宣告人返还财产请求权。此时,请求权

〔1〕 Vgl. Manfred Wolf, *Sachenrecht*, 18. *Auflage*, Verlag C. H. Beck, München, 2002, S. 120.

〔2〕 参见景汉朝主编:《民事案件案由新释新解与适用指南》,人民法院出版社2013年版,第77页。

〔3〕 参见景汉朝主编:《民事案件案由新释新解与适用指南》,人民法院出版社2013年版,第77页。

〔4〕 参见我国《物权法》第114条。

〔5〕 参见景汉朝主编:《民事案件案由新释新解与适用指南》,人民法院出版社2013年版,第550页。

〔6〕 参见李永军、王新欣、邹海林:《破产法》,中国政法大学出版社2009年版,第93页。

〔7〕 参见朱庆育:《民法总论》,北京大学出版社2013年版,第384页。

人如果通过诉讼主张权利，虽然被要求返还的财产中会有动产或不动产，因而也符合返还原物纠纷的适用条件，但因司法解释已经提供了更为特殊的案由——被撤销死亡宣告人请求返还财产纠纷，故应优先适用该案由。

至于不当得利纠纷和合同纠纷（如租赁合同纠纷中请求返还租赁物）案由虽然也能产生返还原物的效果，但却并非是返还原物请求权的实现，而只是不当得利请求权和合同上返还请求权的实现。前者是物权请求权，后者是债权请求权，前者的返还原物只是物权圆满状态的恢复，而后者在采物权行为无因性的前提下给付不当得利返还请求权的返还原物则是物权行为，直接发生物权变动。并且二者在诉讼中所适用的诉讼时效期间也不一致，举证责任也不完全相同。所以，即使是通过不当得利纠纷或合同纠纷可以实现返还原物的效果，但其内部的运作机理是不同的，在案由确定上应予斟酌。但是，由于返还原物纠纷与不当得利纠纷、合同纠纷的关系并非相当于规范排除的竞合关系，而是相当于一般的请求权竞合关系，因而权利人可以对案由作出自由选择。基于诉讼时效、举证责任等各种因素的考虑，一般而言，如果可以提起返还原物纠纷，则不提起不当得利纠纷或合同纠纷。此外，由于无因管理中管理人的义务包括（准用）受托人的返还义务，某些情况下的管理人需要将因处理事务所获得的金钱、物品、孳息等交付给本人，[1]因此，在特定情况下，无因管理纠纷的案由也可实现返还原物请求权的效果。

另外需要指出的是，占有物返还纠纷的案由表面上看起来也可以达到返还的效果，但这种返还仅仅是占有的返还，而非原物的返还。占有物的返还请求权的实现效果只是暂时的，[2]而返还原物请求权的实现效果则是终局的权利回复。相应地，通过返还原物纠纷可以直接保护物上的权利不被侵犯，[3]而通过占有物返还纠纷则最多只能对占有事实予以维持。所以，占有物返还纠纷不能解决权利问题，在任何时候都不能作为返还原物的案由选择。

三、以返还原物作为主要诉讼请求时的案由确定

在具体的司法实践中，原告的目的如果只是得到原物的返还，从而以返还

---

〔1〕 参见王泽鉴：《债法原理（一）：基本理论 · 债之发生》，中国政法大学出版社 2001 年版，第 345 页。

〔2〕 参见［德］迪特尔 · 梅迪库斯：《请求权基础》，陈卫佐、田士永等译，法律出版社 2012 年版，第 155 ~ 156 页。

〔3〕 Vgl. Manfred Wolf, *Sachenrecht*, 18. *Auflage*, Verlag C. H. Beck, München, 2002, S. 133.

原物作为主要的诉讼请求,则具体的案由确定可以分如下几种情况进行:

1. 如果原被告之间不存在合同关系,只是单纯的无权占有关系,则原告应以返还原物纠纷(包括遗失物、漂流物、埋藏物、隐藏物返还纠纷,取回权纠纷)作为案由起诉。比如,甲的货车被乙侵夺,甲乙之间此前不存在任何合同关系,甲如欲通过诉讼进行救济,则应提起返还原物纠纷之诉。理论上,乙侵夺甲之货车,可以构成权益侵害型不当得利,甲享有不当得利返还请求权,而其返还方式就包括原物返还。因此,甲似应可以不当得利纠纷作为案由起诉乙返还货车(占有不当得利)。但在我国司法实践中,原告一般通过返还原物纠纷而非不当得利纠纷主张权利。[1]

2. 如果原被告之间存在合同关系,因合同的终止发生纠纷而诉请返还原物时,可以选择或以返还原物纠纷起诉,或以所涉及的合同纠纷(如租赁合同纠纷、保管合同纠纷等)起诉。比如,当事人双方因租赁合同终止后租赁物的返还而发生纠纷的,原告既可选择以返还原物纠纷作为案由,[2]也可以选择以租赁合同纠纷作为案由。[3]

3. 如果原被告之间无任何合同关系,因无因管理过程中发生纠纷而起诉请求返还管理事务所获物品的,原告可以选择或以返还原物纠纷起诉,或以无因管理纠纷起诉。比如,甲因突发疾病住院,来不及照料自己的宠物狗。邻居乙为爱狗人士,主动将狗抱回喂养数日后不欲返还。甲出院后如通过诉讼向乙主张返还宠物狗,则既可以返还原物纠纷为案由,也可以无因管理纠纷作为案由,在该起无因管理纠纷中,甲为本人,是案件的原告;乙为管理人,是案件的被告。

四、以返还原物作为附带或并列诉讼请求时的案由确定

在当事人之间存在以转移占有或转移物权为履行内容的合同关系时,如果该合同存在不成立、无效或被撤销的事由,或当事人意欲解除合同的,则当事人通过诉讼解决问题时,往往提出包含返还原物作为附带诉讼请求的若干诉讼请求,此时的案由确定较为复杂,需要仔细甄别予以确定。

---

〔1〕 参见(2013)连民终字第1891号民事判决书。应予说明的是,该判决书中,法官将“返还原物纠纷”案由表述为“返还财产纠纷”。

〔2〕 参见(2014)徐民终字第2021号民事判决书。

〔3〕 参见最高人民法院(2015)民一终字第184号民事判决书。

1. 这种情况下的返还原物需要以合同的不成立、无效、被撤销或解除作为逻辑前提,不能以返还原物纠纷作为单独案由,除非已经有生效法律文书确认了该合同无效或被撤销、解除。这里的返还原物实际上是合同不成立、无效、被撤销或解除的法律后果。因此,从逻辑上讲,返还所涉及的合同关系是更为主要的法律关系,如果单独以返还原物纠纷作为案由不能涵盖案件所涉的整体法律关系,不利于对整体事实的查明和以此为基础进行的法律适用。

2. 如果是合同无效之后的返还原物可以直接以"确认合同无效纠纷"为案由。原告如果有两项或两项以上的诉讼请求时,只有主要的诉讼请求才能实质上影响案由的确定。[1] 在当事人的争议涉及合同效力而可能导致返还的情况下,不能一概认定返还原物的请求不是主要的诉讼请求,但却无疑可以认定确认合同无效的请求必然是主要的诉讼请求。因此,依据"确认合同无效"这一主要的诉讼请求将案由确定为"确认合同无效纠纷"无疑是正确的。

3. 如果是合同被撤销或解除之后的返还原物可以直接以所涉及的合同纠纷为案由。如买卖合同被撤销或解除后的返还,则直接以"买卖合同纠纷"为案由。在这些撤销合同或解除合同之诉中,撤销合同或解除合同的诉讼请求必然是主要的诉讼请求,因而以诉请被撤销或解除的合同所涉纠纷,即"某某合同纠纷"为案由是恰当的。

4. 在少数情况下,如果当事人争议的法律关系除了返还原物关系之外,还有可与之形成聚合关系的其他法律关系,则可能存在并列案由。比如,甲的奔驰跑车被乙侵夺后又被乙拆分,则甲作为所有权人当然有权要求乙恢复原状并返还原物。该案中,当事人争议的法律关系既有恢复原状又有返还原物,在实体法上形成权利人返还原物请求权与恢复原状请求权的聚合。这种情况下,恢复原状法律关系和返还原物法律关系均为诉争的法律关系,应按照诉争的两个法律关系确定为并列的恢复原状、返还原物纠纷两个案由。[2] 我国司法实践中,也是按照这样的精神来进行的。[3]

---

〔1〕 参见宋旺兴:《论民事案由确定制度的完善》,载《法律适用》2012年第2期。

〔2〕 参见最高人民法院《关于印发修改后的〈民事案件案由规定〉的通知》(法〔2011〕42号)。

〔3〕 参见(2014)鄂民监三再终字第00026号民事判决书、(2016)赣民终344号民事判决书等。

第二节　立案登记制视野下返还原物请求权诉讼的起诉

一、返还原物请求权诉讼的主管与管辖

(一)涉返还原物争议主管中的特殊问题

民事诉讼中的主管,是作为司法裁判机关的法院与行政机关、社会团体(如仲裁委员会)在解决民事争议时的职责和分工。[1] 从当事人诉权角度看,法院的主管范围就是当事人诉权之范围;从法院审判权角度看,法院的主管范围就是民事审判权之空间范围。[2] 正因如此,我国有学者并不采用“法院主管”的表述,而是采用“民事裁判权范围”或“民事审判权作用范围”的表述。[3] 根据我国《民事诉讼法》第3条的规定,民事主体之间涉及财产关系或人身关系的争议,都属于法院民事诉讼的主管范围。因主张返还原物请求权而发生的争议,属于民事主体之间关于财产关系的争议,当然属于法院民事诉讼的主管范围。但是,在请求返还的原物可能涉及文物时,则存在特殊性。最恰当的例子是发现的埋藏物或隐藏物属于文物时的处理。从民法史上看,发现埋藏物或者隐藏物时其所有权的归属大致有三种立法例:一是发现人取得或发现人与土地所有人各得一半;二是国家取得;三是土地所有人取得发现物的所有权,但发现人可以请求报酬。[4] 但这是就发现一般的埋藏物和隐藏物而言的,发现文物则有不同。文物一般都具有重要的考古价值和历史文化价值,对于整个国家和社会意义重大。因而,不少国家和地区都规定发现文物归国家所有。比如,在意大利,具有特别历史考古价值的文物专属于国家所有。[5] 根据我国《文物保护法》第32条的规定,在房地产开发建设过程中和在农业生产过

---

〔1〕 参见潘剑锋:《民事诉讼原理》,北京大学出版社2001年版,第117页。

〔2〕 参见蔡虹:《法院主管若干问题研究》,载《法商研究》2001年第5期。

〔3〕 参见张卫平:《民事诉讼法》(第4版),法律出版社2016年版,第94页;江伟主编:《民事诉讼法专论》,中国人民大学出版社2005年版,第110页。

〔4〕 参见梁慧星主编:《中国〈物权法〉草案建议稿条文、说明、理由与参考立法例》,社会科学文献出版社2000年版,第397页。

〔5〕 参见吕瑞云:《公法法人财产所有权问题研究》,中国社会科学院研究生院法学系2011年博士学位论文,第70页。

程中发现的文物属于国家所有,发现者应该保护现场,并立即报告主管部门。因此,即使是在自家院子里或自己承包的耕地上,在建设或农业生产过程中发现的埋藏物、隐藏物属于文物的,如果该发现物被他人侵夺,发现人即使提起返还原物诉讼,法院也应裁定驳回起诉。因为,根据《文物保护法》的规定,这种情况不应属于民事诉讼中的埋藏物、隐藏物返还纠纷,对于当事人提出的返还请求,人民法院不能作为民事案件受理。[1] 当然,发现人以占有保护纠纷提起诉讼的,应予救济。

此外,返还土地的诉讼请求如果是以土地权属的确定为前提的,则按照我国《土地管理法》第16条的规定,土地所有权和使用权的争议,应由人民政府处理,因而不属于人民法院民事诉讼的主管范围,应驳回其起诉。[2] 当然,如果土地所有权和使用权的争议已经解决,权利人单纯请求返还不动产的,应属人民法院受理民事案件的范围。

(二)返还原物请求权诉讼的管辖确定

1. 一般的管辖确定

全球范围内,民事诉讼都在走向均衡——迅捷、经济、公平的平衡。[3] 这种均衡通过很多具体的制度来实现,其中管辖制度就是非常关键的一环。返还原物请求权诉讼中的管辖首先要遵循一般的管辖确定标准,一方面,从级别管辖上看,大部分诉讼应该由基层法院管辖。因为,返还原物请求权诉讼大部分属于日常最普通的民事诉讼,根据我国《民事诉讼法》第17条的规定由基层法院管辖较为适宜。但有的案件影响较大或标的数额大,也可能由中级法院管辖。比如,具有较大社会影响且标的数额大的季某与北京大学返还原物纠纷即由北京市第一中级人民法院管辖。另一方面,从地域管辖上看,则主要由被告住所地或被告经常居住地法院管辖。同一诉讼的两个或两个以上的被告分属不同的法院辖区的,各法院都有管辖权。[4]

---

〔1〕 参见景汉朝主编:《民事案件案由新释新解与适用指南》,人民法院出版社2013年版,第79页。

〔2〕 参见(2014)湛中法民一终字第84号民事判决书。

〔3〕 Brenda Tronson, Towards Proportionality – The "Quick, Cheap and Just" Balance in Civil Litigation, In: Colin B. Picker & Guy I. Seidman, eds., *The Dynamism of Civil Procedure – Global Trends and Developments*, Sydney, Springer International Publishing, 2016, p. 183.

〔4〕 参见我国《民事诉讼法》第21条。

2. 不动产返还原物请求权诉讼中专属管辖的适用与排除

返还原物请求权的标的物是不动产的，将可能涉及不动产专属管辖的问题。涉及不动产诉讼的，大陆法系很多国家都以不动产所在地确定管辖法院，或者至少是可以由不动产所在地法院管辖。在德国，涉及不动产的专属审判籍就包括返还不动产之诉；[1]在法国，不动产涉诉的，不动产所在地法院具有唯一的管辖权；[2]在日本，关于不动产的诉讼，可以向不动产所在地法院起诉。[3] 根据我国《民事诉讼法》第33条第1款的规定，不动产纠纷也是由不动产所在地法院专属管辖。但是，这里的不动产纠纷到底包括哪些具体的纠纷，法律并未明确。2015年最高人民法院颁布的《关于适用〈中华人民共和国民事诉讼法〉的解释》（以下简称《民诉法解释》）对此有进一步的解释。根据《民诉法解释》第28条的规定，涉及不动产确权、分割、相邻关系等引起的纠纷应由不动产所在地法院专属管辖。该处规定没有把“不动产返还”列举出来，有一种意见据此认为，除不动产确权、分割、相邻关系等引起的纠纷外，其他不动产物权纠纷都不适用专属管辖。[4] 如此，则是否意味着不动产返还之诉不适用专属管辖呢？

本书认为，不动产返还之诉应属于专属管辖的范围，理由是：(1)《民诉法解释》第28条第1款中列举的适用专属管辖的情形是不完全列举，而非完全列举。该条款的表述中用了“等”，这表明适用专属管辖的情况除了列举出来的“不动产确认、分割、相邻关系”引起的物权纠纷之外，还应包括与其类似的其他纠纷，而不动产的返还应该是可以和不动产的确认、分割、相邻关系相并列的。(2)便于案件的审理和执行是确定管辖时的重要考虑因素。[5] 涉及不动产的返还原物请求权诉讼其前提是不动产被他人无权占有，而对不动产的无权占有事实必定也只能发生在不动产所在地。如果不动产的返还之诉不以

---

〔1〕 Vgl. Prütting / Gehrlein, *ZPO Kommentar*, 2. Auflage, Luchterhand, 2010, SS. 114－115. 另请参见[德]罗森贝克、[德]施瓦布、[德]戈特瓦尔德：《德国民事诉讼法》（上），李大雪译，中国法制出版社2007年版，第220页。

〔2〕 参见《法国民事诉讼法》，第44条，罗结珍译，法律出版社2008年版，第99页。

〔3〕 参见沈德咏主编：《最高人民法院民事诉讼法司法解释理解与适用》（上），人民法院出版社2015年版，第180页。

〔4〕 参见沈德咏主编：《最高人民法院民事诉讼法司法解释理解与适用》（上），人民法院出版社2015年版，第181页。

〔5〕 参见张卫平：《民事诉讼法》（第4版），法律出版社2016年版，第100页。

不动产的所在地确定管辖，反而由非不动产所在地法院管辖，则既不方便，也不经济，且不利于事实的查明。（3）不动产返还之诉除了侵夺占有而产生之外，很大一部分是因《民诉法解释》第28条第2款规定的合同而产生。就侵夺占有的情形而言，其本身也构成侵权行为。而侵权案件的管辖，首先是侵权行为地法院。对于侵夺不动产占有的侵权行为来说，其侵权行为地只能是不动产所在地。所以，在侵夺不动产占有的案件中，按照侵权案件的管辖标准也能得出由不动产所在地法院管辖的结论。就《民诉法解释》第28条第2款规定的合同而言，房屋租赁合同纠纷等四类涉及不动产的合同纠纷可以作为物权纠纷而适用专属管辖，〔1〕而这四类合同纠纷中当然包括以返还不动产为诉讼请求的纠纷。也就是说，除了涉及不动产返还的物权纠纷之外，包含不动产返还诉求的农村土地承包经营合同纠纷、房屋租赁合同纠纷、建设工程施工合同纠纷、政策性房屋买卖合同纠纷也适用不动产专属管辖，但常见的商品房买卖合同纠纷，即使涉及不动产返还的诉讼请求，也应按照合同纠纷确定管辖法院，不适用专属管辖规则。综合以上三点，应当认为，以返还不动产为诉讼请求的物权纠纷应当适用不动产专属管辖，〔2〕以返还不动产为诉讼请求的农村土地承包经营合同纠纷、房屋租赁合同纠纷、建设工程施工合同纠纷、政策性房屋买卖合同纠纷等合同纠纷也适用不动产专属管辖。除此之外，其余的合同纠纷即使涉及不动产返还诉讼请求的，也应排除不动产所在地法院的专属管辖，如商品房买卖合同纠纷中涉及返还诉讼请求的情况。

另外应当指出的是，不动产所在地位于部队营区内且以军人或军队单位为当事人一方的民事案件中，如果非军队的当事人（地方当事人）向军事法院起诉或提出申请的，军事法院对此类案件应予受理，〔3〕也就是说，上述不动产专属管辖规则同样适用于军事法院。

3. 返还原物请求权诉讼中的约定管辖及其与专属管辖的冲突解决

约定管辖（Zuständigkeitsvereinbarung），是当事人之间通过诉讼合同而确

---

〔1〕 根据《民诉法解释》第28条第2款的规定，农村土地承包经营合同纠纷、房屋租赁合同纠纷、建设工程施工合同纠纷、政策性房屋买卖合同纠纷，按照不动产纠纷确定管辖。

〔2〕 参见景汉朝主编：《民事案件案由新释新解与适用指南》，人民法院出版社2013年版，第64页。

〔3〕 参见最高人民法院《关于军事法院管辖民事案件若干问题的规定》（法释〔2012〕11号）第2条。

定的管辖,通过管辖协议,本来没有管辖权的法院也可以取得管辖权。[1] 德国法上,约定管辖的主要效力是处于诉讼领域的合意被认为是诉讼法上的合同。[2] 但是,自1974年以来,德国立法者通过法律宣布了"管辖约定不合法"的一般原则,[3] 只在例外情况下,管辖约定才是合法的。日本民事诉讼法中也承认管辖合意,并要求合意者具备诉讼能力,且应以书面方式为之。[4] 我国《民事诉讼法》第34条也对协议管辖作出明确规定,但是我国民事诉讼中的协议管辖案件必须是合同纠纷或其他财产权益纠纷案件,且只能在法律规定的与争议有实际联系的五类法院范围内进行选择。而返还原物请求权诉讼显然属于财产权益纠纷,因此,应允许约定管辖。但是,上文已经述及,涉及不动产返还的物权纠纷以及涉及不动产返还诉讼请求的四类合同纠纷,应适用不动产专属管辖。一方面,涉及不动产返还的部分返还原物请求权诉讼需要适用专属管辖;另一方面,一般的返还原物请求权诉讼又属于财产权益纠纷,可以适用约定管辖,二者之间显然存在冲突。

对于这一冲突,应从如下方面认识:(1)专属管辖可以排除协议管辖。管辖协议虽然是诉讼上的合同,但也不能违反法律关于级别管辖与专属管辖的规定。[5] 因此,当存在专属管辖时,则管辖约定不合法,专属管辖被优先适用。(2)在返还原物请求权诉讼中,专属管辖对约定管辖的排除只发生在以返还不动产为诉讼请求的物权纠纷和以返还不动产为诉讼请求的四类合同纠纷中,在其他的返还原物请求权诉讼中,则不存在约定管辖的障碍。(3)有管辖协议的返还原物请求权诉讼中也须遵守管辖恒定原则,[6] 如果管辖协议中约定由某一方住所地法院管辖,即使起诉时该方当事人的住所地有变化,也仍然应由签署管辖协议时该方的住所地法院管辖。

---

〔1〕 Vgl. Walter Zimmermann, *ZPO – Fallrepetitorium: Grundlagen – Examenswissen – Referendariats-praxis*, 9. Auflage, C. F. Müller, 2012, SS. 26 – 27.

〔2〕 Vgl. Stein / Jonas / Bork, § 38 Rn. 47 ff.; Rosenberg / Schwab / Gottwald § 37 Ⅰ1; § 66 Ⅳ. 转引自[德]穆泽拉克:《德国民事诉讼法基础教程》,周翠译,中国政法大学出版社2005年版,第30页。

〔3〕 参见[德]罗森贝克、[德]施瓦布、[德]戈特瓦尔德:《德国民事诉讼法》(上),李大雪译,中国法制出版社2007年版,第226页。

〔4〕 参见[日]新堂幸司:《新民事诉讼法》,林剑锋译,法律出版社2008年版,第80页。

〔5〕 参见张卫平:《民事诉讼法》(第4版),法律出版社2016年版,第112页。

〔6〕 参见张卫平:《民事诉讼法》(第4版),法律出版社2016年版,第112页。

4. 返还原物请求权诉讼中的破产管辖及其与专属管辖的冲突解决

根据我国《企业破产法》第 21 条的规定，破产申请被法院受理后，有关债务人的民事诉讼，原则上都由该法院管辖。据此，在破产申请被受理后，只要是涉及该债务人的民事诉讼，无论是债权人起诉该债务人的取回权纠纷，还是该债务人起诉其他人的返还原物纠纷，都应由审理破产申请的法院管辖。美国法院曾经有判例认为，破产法院对于涉及破产的返还原物之诉具有附属的管辖权，[1]而涉及债务人的诉讼统由受理破产申请的法院管辖，也有利于甄别哪些是破产财产而哪些不是，从而确保破产债权人的利益不受侵犯。但根据上文的分析，涉及不动产返还的物权纠纷及四类合同纠纷要适用不动产专属管辖规则由不动产所在地法院管辖。如果某一返还原物请求权案件既属于不动产专属管辖的范围，又属于破产管辖的范围，且该有管辖权的法院并不是同一法院时，应如何处理呢？

从法理上看，破产管辖似乎应该受到专属管辖的限制。即如果破产管辖的案件是专属管辖案件，则受诉法院就不能因破产管辖而对该案行使管辖权。[2] 从我国《企业破产法》第 21 条及最高人民法院《关于适用〈中华人民共和国企业破产法〉若干问题的规定（二）》第 47 条看，似乎破产管辖可以排斥专属管辖。最高人民法院在破产法司法解释的相关释义著作中指出，《企业破产法》关于管辖的规定，相比《民事诉讼法》中的管辖规定属于特别法，应当优先适用，《民事诉讼法》中的管辖规定不能否定破产案件审理法院的管辖权。[3] 另外，上海法院就此问题的意见似乎更为明确，破产受理法院的管辖权应当优先适用，不再受《民事诉讼法》关于地域管辖、级别管辖和专属管辖规则的约束。[4] 据此，本书认为，在法院受理破产申请后，无论是权利人针对债务人的取回权纠纷，还是债务人针对他人的返还原物纠纷，抑或是涉及该债务人的农村土地承包经营合同纠纷、房屋租赁合同纠纷、建设工程施工合同纠纷、政策性房屋买卖合同纠纷，即使这些纠纷中涉及不动产返还诉讼请求的，也不是由不动产所在地法院专属管辖，而是统一由受理破产申请的法院管辖。

---

〔1〕 211 U. S. 562; 29 S. Ct. 154; 53 L. Ed. 327; 1909 U. S. LEXIS 1787.

〔2〕 参见李浩：《民事诉讼专属管辖制度研究》，载《法商研究》2009 年第 2 期。

〔3〕 参见最高人民法院民事审判第二庭：《最高人民法院关于企业破产法司法解释理解与适用》，人民法院出版社 2013 年版，第 503 页。

〔4〕 参见沈志先主编：《破产案件审理实务》，法律出版社 2013 年版，第 400 页。

二、返还原物请求权诉讼原告的确定

根据前文的论述,返还原物请求权的主体是标的物被他人无权占有的所有权人、他物权人以及依法可以行使物权的人。而民事诉讼中的原告是指为了维护自己的民事权益或为了维护自己所管理的其他人的民事权益,而以自己名义提起民事诉讼的人。[1] 据此,返还原物请求权主体为了维护自己的或自己所管理的其他人的民事权益,当然有权作为原告提起民事诉讼,所以,所有的返还原物请求权主体都是当然的返还原物请求权诉讼的原告。需要讨论的问题有四:一是基于委托合同的受托人可否作为返还原物请求权诉讼的原告;二是按份共有或共同共有之下的原告应如何确定;三是国家所有的物被他人无权占有的,谁可以作为原告起诉;四是破产管理人行使返还原物请求权时的原告资格问题。

(一)受托处理事务的人是否可以作为原告

是否可以作为原告实际上是当事人能力(Parteifähigkeit)的问题,即能否成为某一诉讼之合法当事人的能力。[2] 一般情况下,无当事人能力作为原告起诉或作为被告被诉,也可以引发诉讼,但因其缺乏当事人能力,诉讼会被驳回。[3] 比如,德国法上,民法合伙(BGB – Gesellschaft)就曾被认为在法律上不是正当的,只能通过其背后的合伙人起诉或被诉。[4] 当事人能力的问题对于确认诉讼是否有效至关重要,在不考虑具体争议利害关系情况下,尽管"有权利能力者就有当事人能力"这一判断是成立的,[5]但有当事人能力却不意味着当事人适格(Sachlegitimation)。当事人适格即在具体诉讼中起诉者有资格作为原告,应诉者有资格作为被告,是当事人能力要件在特定案件中的具体化。[6] 当事人适格的概念虽然主要是大陆法系的概念,但英美法诉讼制度中同样也存在体现"当事人适格"要求的概念,这就是所谓的"真实利益(real

---

〔1〕 参见张卫平:《民事诉讼法》(第4版),法律出版社2016年版,第138页。

〔2〕 Vgl. Walter Zimmermann, *ZPO – Fallrepetitorium: Grundlagen – Examenswissen – Referendariatspraxis*, 9. Auflage, C. F. Müller, 2012, S. 33.

〔3〕 参见[德]奥特马·尧厄尼希:《民事诉讼法》(第27版),周翠译,法律出版社2003年版,第86页。

〔4〕 Vgl. Walter Zimmermann, *ZPO – Fallrepetitorium: Grundlagen – Examenswissen – Referendariatspraxis*, 9. Auflage, C. F. Müller, 2012, S. 33.

〔5〕 Vgl. Prütting / Gehrlein, *ZPO Kommentar*, 2. Auflage, Luchterhand, 2010, S. 213.

〔6〕 常怡主编:《比较民事诉讼法》,中国政法大学出版社2002年版,第358页。

party in interest)”原则，该原则要求诉讼必须以“有真实利害关系”的一方当事人的名义提起。[1] 因此，一个合格的原告首先应该与案件的争议有实际的利害关系。既然如此，一个人如果仅是基于委托合同而处理委托事务，则其对于受托事务并无真实的利害关系，对委托事务（受托事务）有真正利害关系的是委托人。因而，原则上，如果在处理委托事务过程中第三人阻挠或妨害委托事务的处理从而发生纠纷的，应以委托人作为原告主张权利，在返还原物请求权诉讼中也是如此。

在一些特殊情况下，委托事务仍然在进行，但委托人已经死亡的，委托合同应终止。因为委托合同以双方当事人的信任为基础，如果委托人死亡，其继承人或法定代理人未必能与受托人取得信任关系，为了避免纠纷，委托合同理应终止。[2] 比如，在房屋租赁合同履行过程中出租人死亡，出租人与受托出租该房的受托人之间的委托合同随即应终止。该租赁合同履行的后续事宜，由死亡出租人的继承人来进行。即使发生纠纷，通过诉讼主张返还原物请求权（租赁物返还请求权）的，也应由所有的继承人作为共同原告予以主张。但是，也存在例外情况。我国《合同法》第 411 条本身也有但书，即当事人有特约或依委托事务本身性质不宜终止的情况。也就是说，如果考虑委托事务的性质，认为该事务不宜终止的，委托合同应继续履行。同时，我国司法实践中还认为，在委托人死亡情况下，委托事宜不终止的，受托人还可为了完成委托事务以自己名义起诉。在著名的季某与北京大学返还原物纠纷中，法院即根据我国《合同法》第 411 条但书的规定，认为季某可以继续处理委托事宜，并有权提起返还原物诉讼。[3] 本书认为，考虑到原告应该是“所主张的权利”的所有人，[4]委托人死亡情况下为了继续处理委托事务的必要而由受托人作为原告主张权利不能随意适用，否则将无限制扩大受托人的权利，甚至可能引发受托人滥用本来没有的诉权。基于上述考虑，受托人起诉必须满足以下条件：第一，根据委托事务的性质委托合同不宜终止；第二，死亡的委托人没有继承人或虽有继承人但其明确表示不主张权利；第三，受托人起诉的诉讼请求必须限

---

〔1〕 See A. Benjamin Spencer, *Civil Procedure: A Contemporary Approach*, 4th *edition*, St. Paul, West Academic Publishing, 2014, p. 573.

〔2〕 参见何志：《合同法原理精要与实务指南》，人民法院出版社 2008 年版，第 1009 页。

〔3〕 参见（2013）一中民初字第 5602 号民事判决书。

〔4〕 ［德］奥特马·尧厄尼希：《民事诉讼法》（第 27 版），周翠译，法律出版社 2003 年版，第 104 页。

定于继续处理委托事务的范围内。

（二）共有之下原告的确定

在共同共有和按份共有之下，返还原物请求权主体较为复杂，这对返还原物请求权诉讼原告的确定也产生了影响。从整体的法理上看，共有应该与单独的所有权在排他效力上是一致的，这意味着各个共有人对于侵夺标的物的第三人，就共有物的全部可以行使返还原物请求权，〔1〕这一点当属没有疑问。但是在具体的诉讼中，各个共有人是否必须皆为原告则并非没有疑问。根据民法学界的通说，在按份共有情况下，各个共有人可以单独提起返还原物请求权诉讼，只是必须请求向全体共有人返还而已；在共同共有情况下，只要全体共有人同意，单个的共有人也可以起诉返还原物。〔2〕也就是说，在共有之下，标的物被他人无权占有的，共有权人提起返还原物请求权诉讼时不是必要共同诉讼，不需要把所有共有人作为原告。但是，在诉讼法中却不这样认为。一种观点认为，对共同财产的争议，显然属于必要共同诉讼，〔3〕而对于必要共同诉讼，显然应该一同起诉和应诉，否则应予以追加，〔4〕2015 年新颁布的《民诉法解释》也基本持这一观点，最高人民法院部分法官在对《民诉法解释》的阐述中认为，该解释第 72 条中，如果共有是共同共有的，共有财产被侵害（侵占）的诉讼为不可分之诉，如果仅仅是部分共有人起诉，则法院应该追加其他共有人进入诉讼。即使其他共有人不愿进入诉讼且明确表示放弃实体权利的，法院仍应把他们列为共同原告。〔5〕

从诉讼法理论上看，民事诉讼中必要共同诉讼又被分为固有的必要共同诉讼和类似的必要共同诉讼，〔6〕前者是指必须将特定范围内诉讼标的之全部利害关系人都作为共同诉讼人才能作出判决的形态，而后者则是指当事人可以单独起诉单独被诉，一旦数人起诉或数人被诉，则必须作为共同诉讼一并审理。日本学者认为，涉及共有财产显然应该由数人共同管理共同处分的诉讼

〔1〕 参见高富平：《物权法原论》（第 2 版），法律出版社 2014 年版，第 672 页。

〔2〕 参见王泽鉴：《民法物权 · 通则 · 所有权》，中国政法大学出版社 2001 年版，第 165 页。

〔3〕 参见徐开墅主编：《民商法辞典》（增订版），上海人民出版社 2004 年版，第 175 页。

〔4〕 参见谭兵主编：《民事诉讼法学》，法律出版社 2004 年版，第 178 页。

〔5〕 参见沈德咏主编：《最高人民法院民事诉讼法司法解释理解与适用》（上），人民法院出版社 2015 年版，第 268 页。

〔6〕 参见［日］新堂幸司：《新民事诉讼法》，林剑锋译，法律出版社 2008 年版，第 540 页。张卫平：《民事诉讼法》（第 4 版），法律出版社 2016 年版，第 145 页。

时,应作为固有必要共同诉讼。[1] 比如,其他几个共有人共同购买某一共有人的份额,且要求转移登记时,应当由全体买受人作为共同原告提起诉讼,[2]因为这种情况下的诉讼包含"谁与谁为共有人"的确认,有必要要求全体共有人皆为参与。但是,日本法上的判例同时也认为,部分共有人完全可以对他人提起交付或返还共有物的诉讼。[3] 可见,凡是涉及共有物被侵害的,并非一定都要作为固有的必要共诉讼。一般而言,在按份共有情况下,共有人对于其份额享有实实在在的所有权,应当允许其基于份额并为了全体共有人的利益提起返还原物请求权诉讼。但如果不同的共有人针对同一共有物分别提起返还原物请求权诉讼的,法院应当一并审理。但在共同共有情况下,共有物被他人无权占有的,根据我国《民诉法解释》第 72 条的规定,原则上应由全体共有人共同起诉,但若有证据证明其他共有人表示同意起诉的,或其他共有人明确表示放弃实体权利的,也可以由单个共有人或某几个共有人起诉。前述"即使其他共有人不愿进入诉讼且明确表示放弃实体权利的,法院仍应把他们列为共同原告"的观点,与《民诉法解释》第 74 条的规范意旨似有不符。同时,如果事实上确实无法得到全体共同共有人的同意,则为了保护共有物的需要,实务上应当参照我国台湾地区的做法,认为得仅由同意起诉之共有人作为原告,共同起诉。[4]

(三)国家所有物返还请求权诉讼的原告确定

根据我国《物权法》第 45 条的规定,国家所有权的主体应为全民,但由国务院作为代表行使该所有权。但是,国务院显然只是名义上的所有权人,国有不动产和动产的实际支配关系更为复杂,不可能只要存在国家所有的物被侵夺或被无权占有的,都由国务院作为原告主张返还原物请求权。并且,如果所有国有财产都由国务院行使所有权,则各级地方政府的物的所有权将无从体

〔1〕［日］新堂幸司:《新民事诉讼法》,林剑锋译,法律出版社 2008 年版,第 541 页。

〔2〕参见大审院大正 11 年 7 月 10 日判决。转引自［日］新堂幸司:《新民事诉讼法》,林剑锋译,法律出版社 2008 年版,第 542 页。

〔3〕参见大审院大正 10 年 3 月 18 日判决、大审院大正 10 年 6 月 13 日判决。转引自［日］新堂幸司:《新民事诉讼法》,林剑锋译,法律出版社 2008 年版,第 542 页。

〔4〕参见王泽鉴:《民法物权:通则·所有权》,中国政法大学出版社 2001 年版,第 165 页。

现。[1] 因此，学者提出了“公法法人财产所有权”理论，[2]利用民法学中的公法法人技术，确立公法法人对于由其实际行使占有、使用、收益、处分权利的物享有公法法人财产所有权，从而解决国家所有权主体缺位的问题。

1. 国家机关法人就其支配物被侵夺或无权占有的，可以作为原告起诉请求返还原物。国家机关所支配的物可以分为两类：一类是为了维持自身存续、开展工作所必需的物，如国家机关所支配占有的办公物品等，这一类物可称为“公法法人私有物”；[3]另一类是国家机关所支配管理的供大众使用的物，如公路行政管理机关管理的公共道路等，这一类物可称为“公法法人公用物”。无论是公法法人私有物还是公法法人公用物，只要被他人侵夺或无权占有的，支配管理该物的国家机关都有权作为原告提起诉讼。

2. 事业单位法人就其支配物被侵夺或无权占有的，可以作为原告起诉请求返还原物。事业单位法人所支配占有的物也可以分为公法法人私有物和公法法人公用物，前者如事业单位自己的办公设施等，后者如图书馆的图书等。上述物被第三人无权占有的，该事业单位法人应可作为原告主张返还原物。

3. 国家出资企业法人就其所有物被侵夺或无权占有的，可以作为原告起诉。国家出资企业所支配占有的物无疑有属于国家所有权的份额，当这些物被无权占有的，作为所有权人的国家出资企业当然可以作为原告起诉。

4. 检察机关、国有资产监督管理机关在特殊情况下应可作为原告起诉请求返还原物。当国有独资公司、国有控股公司或国有参股公司等国家出资企业对于自己支配的物怠于行使物权请求权时，国有资产监督管理机构（国资委）是否有权提起诉讼，我国《企业国有资产法》并未规定。[4] 从域外的立法例看，《法国民事诉讼法》第 421 条至第 423 条规定检察院可以作为主当事人进行诉讼，或者作为从当事人参加诉讼。并且，在妨害公共秩序时，检察院可以提起诉讼。[5] 在英国，只要公共利益受到非法侵害，则检察长就可依职权提

---

〔1〕 参见吕瑞云：《公法法人财产所有权问题研究》，中国社会科学院研究生院法学系 2011 年博士学位论文，第 24 页。

〔2〕 参见孙宪忠等：《国家所有权的行使与保护研究》，中国社会科学出版社 2015 年版，第 23 页。

〔3〕 参见孙宪忠：《中国物权法总论》（第 3 版），法律出版社 2014 年版，第 120 页。

〔4〕《企业国有资产法》第二章规定了国有资产监督管理机构对国家出资企业履行出资人的职责，但其职责中并未规定可以作为原告行使物权请求权。

〔5〕 参见《法国新民事诉讼法典》，罗结珍译，法律出版社 2008 年版，第 435～436 页。

起诉讼。[1] 在越南,检察机关享有广泛的民事公诉权力,只要其认为有必要,就可提起民事公诉。[2] 就上述情况,我国学者提出由国有资产的管理人行使返还原物请求权的主张,[3]这实际上也就是主张由国有资产监督管理机构作为原告提起返还原物请求权诉讼。此外,我国还有学者提出由检察机关作为民事公诉的原告就国有资产流失案件发挥作用。[4] 本书认为,一方面,国有资产监督管理机关对于国家投资企业所支配的物负有履行出资人职责的义务,因而应当承认其在国家投资企业怠于行使返还原物请求权时的权利,允许其在这种情况下作为返还原物请求权主体主张权利。另一方面,我国全国人大常委会于2015年已经授权最高人民检察院在生态环境资源、国有资产保护以及食品药品安全、国有土地使用权出让等领域进行公益诉讼试点,在此情况下,当不属于国有资产监督管理部门职责范围内的国家所有的物被他人无权占有的,人民检察院应有权根据上述全国人大常委会的授权以原告身份提起返还原物请求权诉讼。

(四)破产管理人能否作为原告的问题

在返还原物请求权的主体中,有一类是依法可以行使物权的人,其中最为重要的便是破产管理人。既然是返还原物请求权的主体,那当然应该有权提起返还原物请求权诉讼。但这只是法理上的逻辑推理,在诉讼实践中,破产管理人到底是否可以成为适格原告,并非没有争议。德国法上,主流观点认为,破产管理人是私人职务承担者,是以自己名义为破产财团行事,根据移交的处分权,破产管理人可以自己名义行使债务人之权利,其所代理的债务人并不是当事人,管理人才是当事人。[5] 美国法中,破产财产管理人(bankruptcy trustee)在案件中是破产财团的代表,在案件中有权起诉或应诉。[6] 按照大陆法

---

[1] 参见张学武:《应然与实然的民事公诉权——探究民事公诉制度建构的理论基础》,载《法律科学》2008年第2期。

[2] 参见孙宪忠等:《国家所有权的行使与保护研究》,中国社会科学出版社2015年版,第558页。

[3] 参见崔建远:《物权法》,中国人民大学出版社2009年版,第126页。

[4] 参见李浩:《关于民事公诉的若干思考》,载《法学家》2006年第4期。

[5] 参见[德]莱因哈德·波克:《德国破产法导论》(第6版),王艳柯译,北京大学出版社2014年版,第30~31页。

[6] See (a) The trustee in a case under this title is the representative of the estate; (b) The trustee in a case under this title has capacity to sue and be sued. See U. S. Code: Title 11 - BANKRUPTCY, § 323.

系国家的通说,破产管理人是诉讼担当人,理应具有当事人的主体资格,[1]在涉及破产企业的返还原物请求权诉讼中也应该作为原告,当然在取回权纠纷中也应作为被告。但是,司法实践中,这种理论逻辑却没有被贯彻。在最高人民法院《关于适用〈中华人民共和国公司法〉若干问题的规定(二)》中,最高人民法院认为,公司在办理注销登记之前的所有民事诉讼,都应以公司名义进行。全国各级法院在审判实践中,既有直接将破产管理人列为当事人的情况,[2]也有将债务人公司列为当事人而将破产管理人列为诉讼代表人的情况。[3] 对此问题,学者认为,我国实体法与程序法欠缺在理论上的照应和衔接。[4]

三、返还原物请求权诉讼被告的确定

(一)共同的侵夺人应否作为共同被告

侵夺是无权占有中最为典型也是最具主观恶性的一种。在侵权法中,侵夺行为首先构成侵权行为,需要承担侵权法上的责任。《德国民法典》第830条采取了当时刑法中的表述,规定了多数人共同实施不法行为造成同一损害结果时的共同侵权。并且,在这种共同侵权的情况下,共同的侵夺人将按照《德国民法典》第840条的规定成为连带债务人。而根据我国《侵权责任法》第8条的规定,共同侵夺人也应当承担连带责任。而关于连带债务人在诉讼中是否为必要共同诉讼的共同被告,也是一个较为复杂的问题。德国学者多爱施(Deutsch)和阿伦斯(Ahrens)认为,连带责任只不过是有多个对象可供权利人行使请求权,这可以改善受害人的状况,[5]但却不一定是必要共同诉讼。莱奥·罗森贝克(Leo Rosenberg)认为,从《德国民法典》第425条第2款的规定中推断,连带债务人并非是必要共同诉讼的共同被告。[6] 我国台湾地区"民法"第273条明确规定,连带债务的债权人可以对连带债务人中的一人、数人

---

[1] 张卫平:《民事诉讼法》(第4版),法律出版社2016年版,第141页。

[2] 参见(2013)渝一中民法终字第01953号民事判决书、(2014)永中法民一终字第163号民事判决书、(2014)零民初字第68号民事判决书等。

[3] 参见(2015)涪法民初字第04534号民事判决书、(2016)京02民初216号民事判决书等。

[4] 张卫平:《民事诉讼法》(第4版),法律出版社2016年版,第142页。

[5] Vgl. Deutsch / Ahrens, *Deliktsrecht: Unerlaubte Handlungen, Schadensersatz, Schmerzensgeld*, 4. Auflage, Carl Heymanns Verlag, 2002, S. 79.

[6] 参见[德]罗森贝克、[德]施瓦布、[德]戈特瓦尔德:《德国民事诉讼法》(上),李大雪译,中国法制出版社2007年版,第311页。

或全体,同时或先后提出请求。也就是说,作为返还原物请求权人的原告可以对共同侵夺人同时起诉,也可以前后分别起诉,共同侵夺人虽然是共同侵权人,但并非必要共同诉讼人。而依据我国《侵权责任法》第13条的规定,也可以得出这样的结论。因此,从民法理论上看,在共同侵夺的情况下,返还原物请求权人可以分别或先后向共同侵夺人提起诉讼,并非必须以所有的共同侵夺人作为共同被告。

但是,诉讼法理论中也有这样的观点,即所谓债权人可以选择向连带债务人之一或全部主张权利仅仅是理论上的探讨,无法实际操作。因为,在共同侵夺标的物的情况下,争议的事实并未查明,返还原物请求权人选择连带债务人进行起诉尚没有事实基础。只有将涉事当事人全部列为被告并经过民事诉讼程序查明事实后才能断定是否需要承担连带责任。所以,权利人对连带债务人的主张应该在执行阶段体现,即在执行程序中生效判决确定的权利人可以向生效判决确定的连带责任人按照连带责任的法理主张权利,即申请执行人有权选择承担连带责任的被执行人之一人、数人或全体履行义务。[1] 基于这种考虑,在民事诉讼中将共同侵夺人作为必要的共同被告似乎也并没有不妥,某种程度上反而可以避免重复诉讼,提高司法效率。最高人民法院《关于审理人身损害赔偿案件适用法律若干问题的解释》第5条第1款第1句也体现了这一思想,从而要求受诉法院将其他的共同侵夺人(侵权人)追加为共同被告。因此,可以说上述民法理论和诉讼实务中的分歧并非根本冲突,[2]而是实务中的变通。

不过,以上论述都是就侵权诉讼而言的,在以侵权为由主张返还财产责任时自然应该按照必要共同诉讼将共同侵夺人作为共同被告。而在返还原物请求权诉讼中,还需另外的论证。因为根据前文的论述,二者在举证责任、诉讼时效等方面都有差异。然而,这些差异却未必影响对诉讼中被告的确定。返还原物请求权诉讼虽然是物权请求权的诉讼,与侵权诉讼不同,但其所基于的事实仍然是二人以上共同侵夺从而形成了无占有权的共同占有(Mitbesitz),并

---

〔1〕 参见最高人民法院《侵权责任法》研究小组编著:《〈中华人民共和国侵权责任法〉条文理解与适用》,人民法院出版社2010年版,第74页。

〔2〕 参见最高人民法院《侵权责任法》研究小组编著:《〈中华人民共和国侵权责任法〉条文理解与适用》,人民法院出版社2010年版,第75页。

且无论其共同占有是属于共同占有中的单纯共同占有(Schlichter Mitbesitz)还是公同共同占有(Gesamthänderischer Mitbesitz),[1]在对外关系上,都是统一的侵夺行为,从而形成了统一的无权占有。此时,不应苛求权利人去甄别共同侵夺人之间内部的占有状态如何,只要是占有人共同实施了侵夺行为,就应认为形成了统一的无权占有,权利人得要求所有共同占有人返还原物。所以,在返还原物请求权诉讼中,共同侵夺人应作为共同被告应诉,如果权利人只起诉其中一人或部分人的,受诉法院应依职权追加其他共同侵夺人加入诉讼。

(二)通过占有媒介关系成立无权占有的直接占有人可否作为被告

现实中的占有通常由权利人的直接占有表现出来。但是,在很多情况下,用益权人、质权人、承租人、保管人等往往因其与所有权人的契约关系而成为物的直接占有人,而真正的所有权人则通过与这些人建立占有媒介关系取得间接占有。返还原物请求权的主体是物权人或依法可以行使物权的人,而所有权人往往可以通过占有媒介关系成为间接占有人。所以,返还原物请求权主体当然包括作为物权人的间接占有人,也就是说,间接占有人基于占有媒介关系(Besitzmittlungsverhältnis),并不丧失其物权人的地位,可以是返还原物请求权的主体。同理,在通过占有媒介关系成立间接占有的情况下,如果之前的有权占有因故变为无权占有(比如,经出租人同意的转租合同,承租人的占有因原租赁合同和次租赁合同的双双到期而成为无权占有),则间接占有人作为无权占有人当然是返还原物请求权的相对人,应该也可成为返还原物请求权诉讼的被告。但通过占有媒介关系成立无权占有时,直接占有人是否也可成为返还原物请求权诉讼的被告呢?

对于这一问题的回答,还是需要回到返还原物请求权诉讼的本质上来。返还原物请求权作为核心的物权请求权,其目的在于恢复物权的完满状态,并且其行使并不关注无权占有人的主观状态。因此,无论是一般的占有人,还是借助于占有媒介关系成立间接占有时的直接占有人,只要其占有没有权源,构成无权占有,就可成为返还原物请求权诉讼的被告。比如,乙盗窃甲的名画,出售给丙,丙非为善意。丙其后又将该名画委托丁保管。[2] 在这一实例中,甲

---

〔1〕 Vgl. Manfred Wolf, *Sachenrecht*, 18. *Auflage*, Verlag C. H. Beck, München, 2002, S. 85; Hans Josef Wieling, *Sachenrecht*, Springer-Verlag, 1992, SS. 45-46.

〔2〕 参见王泽鉴:《民法物权·通则·所有权》,中国政法大学出版社2001年版,第166页。

是所有权人,可以通过返还原物请求权诉讼向无权占有人索回名画。丙是间接占有人,可以作为返还原物请求权的对象,从而成为被告。丁是占有媒介关系之下的直接占有人,也可以作为甲之返还原物请求权的对象,因而也可以成为被告。

综上所述,只要构成无权占有,即使是通过占有媒介关系成立的间接占有,也没有权源,而直接占有就更没有权源。所以,这种情况下的直接占有人当然也可成为返还原物请求权诉讼的被告。

(三)占有辅助人可否成为返还原物请求权诉讼的被告

占有辅助人(Besitzdiener)基于特定的从属关系而听从占有人的指示对标的物进行事实上的管领控制,〔1〕其自身并没有占有意思,因而其并不是占有人,指示人才是占有人。在依靠占有辅助人占有的情况下,占有辅助人只服从占有人的指示,就占有事宜没有任何意思,〔2〕这一点与间接占有人是不同的,因为间接占有中,间接占有人就占有事宜有自己的意思。所以,间接占有人成立无权占有的,是自己的无权占有,可以成为返还原物请求权诉讼的被告。而通过占有辅助人占有的情况下,即使成立无权占有,也是占有人的无权占有,而非占有辅助人的无权占有。唯其如此,占有辅助人才又被称为占有机关。〔3〕所以,占有辅助人不能成为返还原物请求权诉讼的被告。当然,在诉讼中为了查明事实,可以将其作为证人或第三人。

不过,由于占有辅助人是服从占有人的指示而行为,所以才没有占有意思。但如果占有辅助人在实施管领控制过程中不再服从占有人的指示,而是基于自己的意思对管领物进行占有,这时他就不再是占有辅助人,而是独立的占有人。但因其占有没有权源,从而是非法的占有人,〔4〕成立无权占有,返还原物请求权人可以对其提起诉讼。此时,应当认为成立连续的无权占有,但由于前手的无权占有状态已经结束,现时真正实施无权占有的是由占有辅助人转化而来的无权占有人。因此,只以该无权占有人为被告即可,无须将前手无权占有人也作为被告。

---

〔1〕 参见梁慧星、陈华彬:《物权法》(第4版),法律出版社2007年版,第403页。

〔2〕 Vgl. Hans Josef Wieling, *Sachenrecht*, Springer - Verlag, 1992, SS. 50 - 51.

〔3〕 参见史尚宽:《物权法论》,中国政法大学出版社2000年版,第544页。

〔4〕 Vgl. Manfred Wolf, *Sachenrecht*, 18. *Auflage*, Verlag C. H. Beck, München, 2002, S. 95.

四、返还原物请求权诉讼的诉讼请求

(一)返还原物请求权诉讼请求的完整构成

从逻辑上讲,返还原物请求权作为物权请求权,应该以物权的存在为前提。因此,实际诉讼中往往可能是原告先请求确认物权的存在,同时再请求返还原物。在这里,确认物权的请求,并非以实体上的物权请求权为基础,因为确认物权的请求是因对物权的实体权利归属存有争议,既然存有争议,则不应认为提出请求的人当然为权利主体。[1] 而请求返还原物,则以返还原物请求权为实体法基础。另外,在基于合同关系而发生的转移占有中,因合同的无效、被撤销或解除,也会发生当事人请求返还原物的情况。此时,原告也往往是先请求确认合同无效(或请求撤销合同、解除合同),另外再请求返还原物。[2] 此外,返还原物请求权诉讼中除了请求返还原物外,还可能请求支付无权占有期间的使用费。比如,在无权占有不动产或车辆的情况下,权利人往往会请求无权占有期间的租金或使用费。最后,由于无权占有期间可能发生占有标的物的维护修缮费用,国外立法肯认恶意占有人对于必要费用有偿还请求权,[3]我国《物权法》第243条也规定善意占有人有必要费用的偿还请求权。因此,应当允许作为被告的无权占有人就上述必要费用的偿还提起反诉。

综上所述,最完全的返还原物请求权诉讼中的诉讼请求可由本诉请求和反诉请求构成,本诉请求主要是:请求确认原告享有物权—请求返还标的物—请求支付无权占有标的物期间的用益;或者请求确认涉案合同无效(或请求撤销或解除涉案合同)—请求返还标的物—请求支付无权占有标的物期间的用益;反诉请求主要是:请求偿还无权占有期间就标的物支出的必要的保存修缮费用。实践中的返还原物请求权诉讼并非一概囊括上述所有诉讼请求,而是根据实际需要有所增减。如果诉争双方对于物权的归属没有争议或对于合同的无效、被撤销、解除没有争议,则可以直接以返还原物为诉讼请求,而不需要以确认物权、确认合同无效、请求撤销或解除合同为前提。

(二)返还原物诉讼请求的替代性诉讼请求探讨

通过诉讼实现返还原物请求权需要以原物的存在为前提,如果原物不存

[1] 参见王利明:《物权法研究》(上卷),中国人民大学出版社2012年版,第191页。

[2] 参见(2014)辽审一民抗字第33号民事判决书、(2015)皖民一终字第00005号民事判决书。

[3] 参见孙宪忠主编:《中国物权法:原理释义和立法解读》,经济管理出版社2008年版,第577页。

在,将发生违约损害赔偿或侵权损害赔偿。[1] 但是,原告在起诉时并不确知原物是否存在。即使在起诉时原物仍然存在,但在起诉后和生效判决作出之前仍然有较长一段时间,在这一段时间内也仍然可能发生原物的灭失。因此,即使原告起诉时,甚至在法庭辩论终结前原物仍然存在,但也不必定代表判决执行时原物仍然存在。为了避免这种风险,损害赔偿的替代性诉讼请求的提出便成为一种选择。但是,在原物不存在情况下,提出损害赔偿的替代性诉讼请求将面临以下三个问题:

1. 替代性诉讼请求的提起是否构成诉的变更。如果构成诉的变更,尤其是构成诉讼请求质的变更的,将会发生程序正义性的难题。[2] 所谓诉的变更,罗森贝克认为就是起诉状中已经提出的诉讼标的的变动。实践中,原告诉讼请求和案件事实的变化,都将导致诉的变更。张卫平教授则认为,诉的变更从广义上就是指诉讼请求的任何变化,包括诉讼请求的增加;狭义上则仅指起诉状中已经固定的诉讼请求的变更。[3] 本书认为,诉讼请求的变更往往会导致案件审理中所关注的事实的变化,但案件事实本身的变化却未必能导致诉讼请求的变化。比如,无权占有是自己占有还是辅助占有这样的事实,并不一定会导致返还原物请求权人诉讼请求的变化。因此,诉讼请求的变化才是导致诉的变更的本质因素。一般而言,诉的量的变更,如诉讼请求数额的增加或减少,是被人们接受的。但诉的质的变更,比如把合同之诉变更为侵权之诉,则是否也是可以的呢?在本书的讨论范围内,首先需要回答把返还原物的诉讼请求变更为损害赔偿的诉讼请求是否属于诉的质的变更。《德国民事诉讼法》第264条规定了不作为诉的变更的情形,[4] 罗森贝克对此的解释是,不要求给付实物而要求金钱赔偿的情况,不要求物而只要求损害赔偿或代位的情况,都不能视为诉的变更。[5] 也就是说,德国法上返还原物的诉讼请求变更为损害赔偿的诉讼请求,不属于诉的变更。

---

〔1〕 参见王利明:《物权法研究》(上卷),中国人民大学出版社2012年版,第222页。

〔2〕 参见张卫平:《民事诉讼法》(第4版),法律出版社2016年版,第197页。

〔3〕 参见张卫平:《民事诉讼法》(第4版),法律出版社2016年版,第196页。

〔4〕 Vgl. Prütting / Gehrlein, *ZPO Kommentar*, 2. Auflage, Luchterhand, 2010, SS. 725 - 726;另请参见《德国民事诉讼法》,丁启明译,厦门大学出版社2016年版,第60~61页。

〔5〕 参见[德]罗森贝克、[德]施瓦布、[德]戈特瓦尔德:《德国民事诉讼法》(下),李大雪译,中国法制出版社2007年版,第725~726页。

但在我国法上,则恰恰相反。从法理上讲,如果允许这样的变更,则意味着可以提高诉讼效率,从而对原告和法院是有利的。而对于被告则并不有利,这会加重被告负担。[1] 但法律的真谛在于衡平,允许这样的诉的变更,能够把更为适当的诉讼标的作为审判的对象,从而有利于真正适当地解决争议。[2] 变更之后的诉,在原诉程序中继续进行,此前的诉讼程序和资料于同一当事人继续发挥作用,可以在变更之后的诉中援用,[3] 在整体上有利于减轻各方当事人的负担。而我国司法实践中,最高人民法院《关于民事诉讼证据的若干规定》(以下简称《民事证据规定》)实际上也对这种变更较为宽松。[4] 因此,应该允许在返还原物请求权诉讼中把返还原物请求变更为损害赔偿请求这种替代性诉讼请求。

2. 是否可以提出假设的替代性诉讼请求。在返还原物请求权诉讼中,替代性诉讼请求(损害赔偿请求)的提出是为了避免原物被损坏或灭失而导致返还原物请求不被支持。如果起诉返还原物后原告得知原物已经损坏或灭失,则直接申请将诉讼请求变更为损害赔偿,这是对诉讼请求的现实变更。如果起诉返还原物时或起诉后,原告担心执行时无法返还原物的,而提出"如果不能返还原物的,则予以损害赔偿"的申请,这是一种假设的替代性诉讼请求,本质上是对诉讼请求的一种附条件变更,即以"不能返还原物"作为把"请求返还原物"变更为"请求损害赔偿"的条件。根据民事诉讼的基本原理,起诉必须有具体的诉讼请求,这是为了让法院进行审理,也为了让被告进行答辩。而条件是一种将来可能发生的不确定的事实,给诉讼请求附加条件,将会使诉讼请求本身变得不确定,与诉讼请求本身的内在要求相悖。并且,在返还原物请求权诉讼中,如果允许原告同时提出假设的替代性请求,则意味着法院既要对"返还原物"的诉讼请求进行审理,又要对假设的(原物灭失后的)损害赔偿请求进行审理。对"返还原物"的诉讼请求进行审理,原属应该,因为这是实际的争议。而对假设的损失(原物灭失或损坏)进行审理,则可能浪费司法资源,因为这一争议并未实际发生。基于以上原因,原则上似乎不应允许返还原物请求

〔1〕 参见张卫平:《民事诉讼法》(第4版),法律出版社2016年版,第197页。

〔2〕 参见江伟主编:《民事诉讼法专论》,中国人民大学出版社2005年版,第183页。

〔3〕 参见[日]三月章:《日本民事诉讼法》,汪一凡译,台北,五南图书出版股份有限公司1997年版,第161页。

〔4〕 参见《民事证据规定》第35条。

权诉讼中提出假设的替代性诉讼请求,即不允许原告提出“如果不能返还原物的,则予以损害赔偿”的诉讼请求。

但是,基于减轻当事人诉累的考虑,也有允许原告提出假设替代性诉讼请求的理由——明明是基于同一物而发生的纠纷,非要把原物的返还和价值的返还拆分为两起案件,也不利于节约司法资源。而且,我国司法实践中,法院也是倾向于允许当事人提出假设的替代性诉讼请求。[1] 此外,根据民事诉讼中的处分原则,当事人有权在民事诉讼中自主决定其实体权利和诉讼权利。基于处分原则,通过民事诉讼解决的纠纷,只发生在当事人要求的范围和限度内。[2] 同时,基于处分原则,当事人可就其要求范围和限度内的纠纷,对实体权利作出妥协甚至放弃。所以,即使不允许返还原物请求权诉讼中提出假设的替代性诉讼请求,但原告提出“如果不能返还原物的,则予以损害赔偿”的诉讼请求的,若双方当事人能就赔偿的数额达成一致,或就赔偿替代物达成一致,或者标的物本身的价格非常明确的,法院也应作出确认处理,并直接在判决中予以表述,[3]其效果相当于就损害赔偿的假设请求进行了调解。这样做也符合《民诉法解释》第328条第1款之规定的精神。综合以上几点来看,本书认为,法院应当允许返还原物请求权诉讼的原告提出假设的替代性诉讼请求。

3. 替代性诉讼请求应该在诉讼的哪一阶段提出。我国《民事证据规定》第34条把原告变更诉讼请求的时间限定为举证期限届满前,学者认为不妥。[4] 从《民事诉讼法》的规定看,对此并没有明确。法理上讲,当事人变更诉讼请求不应晚于法庭辩论的终结,因为法庭辩论的终结意味着法院不能再接受当事人的任何诉讼主张,法院最终的裁判也是以当事人在法庭辩论终结前所提出的事实和主张为基础的。[5] 如果在法庭辩论终结后,仍然允许当事人变更诉讼请求,则诉讼程序将被拖延。虽然有审限制度作为保证,但面对纷繁复杂的

---

〔1〕 参见(2013)房民初字第03041号民事判决书。

〔2〕 参见[日]三月章:《日本民事诉讼法》,汪一凡译,台北,五南图书出版股份有限公司1997年版,第179页。

〔3〕 参见(2015)一中民终字第07694号民事判决书。

〔4〕 参见江伟主编:《民事诉讼法专论》,中国人民大学出版社2005年版,第183页。

〔5〕 参见张卫平:《民事诉讼法》(第4版),法律出版社2016年版,第198页。

纠纷,法院的资源是有限的,[1]制度设计必须在诉讼的效率和当事人权利的保护之间维持平衡。否则,审判程序反而可能成为某一恶意当事人的利用工具。基于此,本书认为,因为有《民事证据规定》第34条,原则上返还原物请求权诉讼的当事人应在举证期限届满前提出替代性诉讼请求。但揆诸个案情况,也应允许当事人在举证期限届满后提出,但最迟不能晚于一审法庭辩论终结前提出。

五、起诉返还原物时申请诉讼保全必要性的探讨

(一)保全请求的必要性取决于返还原物请求的必得性

根据我国《民事诉讼法》第100条第1款的规定,法院对于涉案标的物将来可能难以执行或可能造成当事人其他损害的情况,可根据当事人申请采取保全措施。在德国法上,与我国保全制度相对应的是假扣押(Arrest)和假处分(einstweilige Verfügung)。假扣押是针对金钱债权或可转化为金钱的债权的保全措施,而假处分则是针对其他请求权的保全措施。《德国民事诉讼法》对假扣押作出了较为详细的规定,假处分准用假扣押的规定。假扣押可分为对物的假扣押和对人的假扣押,前者的对象是争议的标的物,后者的对象则是债务人的人身自由。[2] 我国学者沈达明先生认为假扣押、假处分是《德国民事诉讼法》中最完善的制度。[3] 英美法中相当于我国保全制度的是所谓的临时禁令救济(interim injunctive relief),包括临时禁止令(temporary restraining orders)和预防性禁止令(preliminary injunctions)。[4] 前者是在紧急情况下为防止原告权利受损而在听审预防性禁止令(preliminary injunctions)之前发布的维持现状或禁止特定行为的命令。而后者则是法院在作出判决前发布的禁止被告继续某一行为或实施某一行为的命令。预防性禁制令与临时禁制令的不同在于,预防性禁止令仅仅在通知被告之后才能发出。无论是德国法中的假扣押、假处分,还是美国法中的临时禁令救济,都辅之以保全错误时申请人的损

---

[1] 参见苏永钦:《司法改革的再改革》,台北,月旦出版社1998年版,第327页;转引自江涛:《民事诉讼效率研究——以程序设置为主要视角》,复旦大学法学院2011年博士学位论文,第46页。

[2] Vgl. Walter Zimmermann, *ZPO – Fallrepetitorium: Grundlagen – Examenswissen – Referendariatspraxis*, 9. Auflage, C. F. Müller, 2012, S. 278.

[3] 参见沈达明:《比较民事诉讼法初论》(上),中信出版社1991年版,第192页。

[4] See A. Benjamin Spencer, *Civil Procedure: A Contemporary Approach (Fourth Edition)*, St. Paul, West Academic Publishing, 2014, pp. 974 – 976.

害赔偿责任,[1]这实际是在保护债务人,使其在原告申请被驳时,有损害赔偿请求权。[2] 因此,总体来讲,德国、美国等的保全制度兼顾了原告和被告的利益平衡。与国外立法例不同的是,我国保全制度的启动方式可以依当事人申请而启动,也可以由法院依职权启动,这在一定程度上反映了我国民事诉讼中法院的职权色彩较浓。[3]

在返还原物请求权诉讼中,当事人或法院是否有必要采取保全措施并不是一个事实判断问题,而是一个价值判断问题,即是否采取保全措施,应从返还原物请求权诉讼的个案目的去判断。在实践中,有的案件虽然以返还原物作为诉讼请求,但所请求的原物并非不可替代,如建筑设备租赁中脚手架的各种部件,都有通用的规格和名称,即使涉案标的物事后灭失,也有同样的替代物可供执行,因而只须在判决中明确可用其他同种类、同规格、同质量物替代即可,没有必要申请采取保全措施。而有的案件中原告所请求返还的原物是不可替代物,如具有重要历史文化价值的文物、古董等。对于这种涉案标的物,如不采取保全措施,将可能导致案件因标的物的灭失或损毁而最终无法执行。对于这一类涉案标的物,则有必要申请采取保全措施。此外,具有重要商业价值的会计凭证,具有重要精神纪念意义的相片、纪念物,具有法定证据效力的身份证、结婚证、房屋所有权证等物品,对于当事人的价值不是通过价值赔偿可以弥补的,也具有申请采取保全措施的必要性。总之,一般而言,如果涉案标的物是不可替代物,则返还原物的请求不具有必得性,申请采取保全措施就是必要的;反之,如果涉案标的物是可替代物,返还原物的请求具有必得性,申请采取保全措施的必要性则不大。在判断什么样的返还原物请求具有采取保全措施的必要性方面,当事人是最佳的判断者,且当事人须就其保全申请提供担保。因而提出保全申请之前会进行理性而审慎的判断。虽然我国法律规定,法院可依职权采取保全措施,但在这一问题上,法院宜保持谦抑和克制,一般不应主动采取保全措施,除非涉案标的物涉及国家和公共利益。

---

[1] Vgl. Prütting / Gehrlein, *ZPO Kommentar*, 2. Auflage, Luchterhand, 2010, S. 2145.; A. Benjamin Spencer, *Civil Procedure: A Contemporary Approach* (*Fourth Edition*), St. Paul, West Academic Publishing, 2014, p. 976.

[2] 参见沈达明:《比较民事诉讼法初论》(上),中信出版社1991年版,第192页。

[3] 参见常怡主编:《比较民事诉讼法》,中国政法大学出版社2002年版,第469页。

（二）具体保全措施的策略选择

我国《民事诉讼法》第100条规定的诉讼保全措施分为财产保全和行为保全两种。在制度分工方面，财产保全关注的是诉争标的物是否有被隐匿、转移、处分的可能以及是否有灭失的可能，如果有这些可能，则采取财产保全措施。而行为保全关注的是债务人的行为（作为或不作为）是否存在影响债权人权利实现的可能，如果存在这种可能，则应作出裁定，命令义务人作出或不作出一定行为。因为以上区别，财产保全被称为“见物不见人”的制度，而行为保全被称为“见人不见物”的制度。[1]

根据财产保全和行为保全的特点和区别，返还原物请求权诉讼中，二者都有适用的可能。实践中的情况纷繁复杂，比较典型的例子，如原告请求返还的会计凭证在诉讼过程中可能被被告转移、隐匿甚至损毁，而会计凭证显然是不可替代物，原告可申请财产保全。再如，原告请求返还古董字画，而这些字画在保存上有较高的要求，被告恰好具备保存能力，但如果原告担心被告不认真保存，则可申请行为保全，由法院责令被告按照相应的要求妥为保存。但是，后一种情况也可以申请财产保全，法院可依照《民诉法解释》第154条的规定，指定被保全人保管，或委托他人（有保存能力的人）保管。当然，按照我国《民诉法解释》的规定，无论是财产保全还是行为保全，法院都可要求当事人提供担保，因此，二者的成本不会有太大差别。但其对被申请人会有差别，在财产保全的情况下，如果被申请人提供担保的，法院应解除保全措施；但行为保全中则没有被申请人提供担保的问题，因为不可能因为被申请人提供了担保，法院就不实施行为保全。[2]

在更为具体的保全方式上，有查封、扣押、冻结等方式可供选择。查封是指法院将标的物加贴封条或者在异地进行封存，以防止被告转移处分的一种保全措施。[3] 扣押是指法院将标的物转移到异地，以防止被告占有、使用或处分标的物的一种保全措施，也称异地扣押。[4] 冻结一般是针对银行或其他有储蓄业务的单位所采取的保全措施，实施冻结后，被告在一定期限内不得提取

〔1〕 参见江伟主编：《民事诉讼法专论》，中国人民大学出版社2005年版，第281页。

〔2〕 参见张卫平：《民事诉讼法》（第4版），法律出版社2016年版，第270页。

〔3〕 参见谭兵主编：《民事诉讼法学》，法律出版社2004年版，第528页。

〔4〕 参见董少谋：《民事强制执行法学》（第2版），法律出版社2016年版，第217页。

或转移其存款。[1] 在这里,查封、扣押、冻结等措施虽然具有强制执行措施的因素,但从本质上看,并非执行程序中的制度,而是一种临时的强制措施或保全措施。在德国法上,虽然假扣押和假处分规定在其民事诉讼法典的执行程序中,但德国学者认为,将其视为强制执行的观点并不正确,毋宁说假扣押和假处分是一种特殊的程序类型,把它们放到《德国民事诉讼法》第八编(强制执行)是错误的。[2] 在返还原物请求权诉讼中,所请求返还的原物要么是不动产,要么是动产。对于不动产的返还原物请求采取保全措施的,只能采取查封的方式。具体实施过程中,应加贴封条,张贴公告,对有产权证照的不动产的查封,还需要发出协助执行通知,要求有关机关在查封期间不得办理被查封不动产的转移过户手续。如果请求返还的原物是未完工的房地产,因其尚未登记,无法禁止其办理转移登记手续,目前只能通过加贴封条和张贴公告的方式进行查封,但应通知其管理人或实际占有人。应该注意的是,如果被告是金融机构的,不得对其营业场所进行查封。[3] 对于动产的返还原物请求采取保全措施的,既可以采取查封的方式,也可以采取扣押的方式。在采取查封方式的具体实施过程中,应对标的物动产加贴封条,不便加贴封条时张贴公告。对于飞行器、船舶、车辆等有产权证照的动产的查封,也应通知管理机关协助,要求其在查封期间不得办理转移登记手续。在采取扣押方式的保全过程中,应将被申请保全的动产转移至有关场所,对于该动产,法院可以自行保管,也可委托他人保管。但是,对于被扣押的动产,保管人不得使用。[4]

第三节　返还原物请求权诉讼中被告的抗辩

抗辩是在民事诉讼过程中被告提出的防御手段,被告陈述己方负有举证责任的事实从而与原告主张的权利关系或法律效果相抗争,即为抗辩(Ein-

---

〔1〕 参见张卫平:《民事诉讼法》(第4版),法律出版社2016年版,第512页。

〔2〕 参见[德]穆泽拉克:《德国民事诉讼法基础教程》,周翠译,中国政法大学出版社2005年版,第427页。

〔3〕 参见最高人民法院《关于人民法院执行工作若干问题的规定(试行)》第34条规定。

〔4〕 参见张卫平:《民事诉讼法》(第4版),法律出版社2016年版,第513页。

wendung)。[1] 民事诉讼中被告的抗辩并不等同于民事实体法中的抗辩权(Einrederecht)。抗辩权的作用,仅在于对抗已有的请求权,被告在诉讼中主张时,法院有义务进行审查。[2] 抗辩成立的情况下,此前的请求权重又消失;而抗辩权被主张并成立的情况下,请求权则不能被实施。[3] 当然,实体法上的抗辩权是诉讼中抗辩的重要来源。此外,权利本身存在障碍(如当事人无行为能力等),或权利已经消灭(如原物已经返还)等也可以作为诉讼中抗辩的来源。本节中,将讨论返还原物请求权诉讼中被告的几种主要抗辩事由。

一、非占有人的抗辩

诉讼中的返还原物请求是针对被告提出的,而被告是无权占有人。如果被告并非占有人,则对其提出的返还原物请求也就不能支持。德国法上,返还原物请求权的义务人应当是占有人本人,如果他丧失了占有或将占有转移第三人,则《德国民法典》第 985 条所规定的所有物返还请求权就不能对他提出。[4] 日本民法中虽然没有专门规定所有物返还请求权及其抗辩的条款,但既然所有物返还请求权相对人的典型情形就是占有人,则解释上应认为当然也不能对非占有人提出返还原物的请求。我国《物权法》第 34 条规定了返还原物请求权的行使条件,依据该条规定,非占有人当然也不能成为返还原物请求权的相对人,被告可以自己并非占有人为由提出抗辩。具体来说,非占有人的抗辩主要有以下几种情况。

(一)被告只是占有辅助人

德国法学家贝克(Bekker)创设占有辅助人(Besitzdiener)概念以来,[5] 关于自主占有和辅助占有的区分就更为明晰。占有辅助人在占有关系中只是服从占有人的指示,只是辅助占有人而为占有,就占有事宜没有任何意思。因而,如果返还原物请求指向的被告虽然表面上占有标的物,但如果只是占有辅助人,则作为被告的占有辅助人可以提出自己并非占有人的抗辩。比如,甲的

[1] 参见[日]兼子一、[日]竹下守夫:《民事诉讼法》,白绿铉译,法律出版社 1995 年版,第 77~78 页。

[2] 参见梅仲协:《民法要义》,中国政法大学出版社 1998 年版,第 39~40 页。

[3] Vgl. Rüthers / Stadler, *Allgemeiner Teil des BGB*, Verlag C. H. Beck München, 2003, S. 75.

[4] Vgl. Manfred Wolf, *Sachenrecht*, 18. *Auflage*, Verlag C. H. Beck, München, 2002, SS. 97-98.

[5] Vgl. Bekker, Der Besitz beweglicher Sachen, JherJB34 (1895), 1 (42). 转引自王泽鉴:《民法物权:用益物权·占有》,中国政法大学出版社 2001 年版,第 190 页。

汽车被乙无权占有，乙雇用丙作为其专职司机驾驶该车。此案中，被无权占有的汽车虽然是由丙驾驶，但丙只是占有辅助人，真正的占有人是乙。甲如果起诉丙，则丙可以自己仅仅是占有辅助人而进行抗辩。

（二）被告只是占有人的机关

无权占有人为法人的，法人无法自为占有之事实，而只能通过法人机关来实施，此时，无权占有人是法人而非法人机关。比如，甲公司为其董事长乙租赁一辆轿车作为通勤之用，该车日常由乙之专职司机丙驾驶。租赁合同到期后，虽经出租人催告，乙仍然占用该车而不予返还。该案中，甲公司在轿车租赁合同到期后成立无权占有，为无权占有人，并通过其董事长（法人机关）乙实施占有行为，司机丙系受乙的指示而对该车进行管理，丙为占有辅助人。出租人如果起诉乙请求返还原物的，乙可以自己仅仅是甲公司董事长而非占有人为由进行抗辩。出租人只能向真正的无权占有人甲公司提起返还原物请求权诉讼。

（三）被告只是曾经无权占有标的物

返还原物请求权的行使要件中，对相对人的要求是无权占有在请求权人提出权利主张时仍然存在。也就是说，合格的被告必须是现时的无权占有人。因此，如果被告只是曾经对标的物有无权占有的事实，但在原告起诉时已经丧失了无权占有或将占有转移给第三人，则其就不是合格的返还原物请求权相对人，从而可以其已经丧失占有为由进行抗辩。比如，乙公司会计甲辞职后仍然占有乙公司的会计原始凭证，在乙公司知情后即将起诉甲之时，甲又将该会计凭证送给与乙公司有竞争关系的丙公司。此时，如果乙公司向甲提起返还原物请求权诉讼，则甲可以自己并非现时的占有人进行抗辩。但是，如果乙公司向丙公司提起返还原物请求权诉讼，则丙公司作为现时的无权占有人不能主张非占有人抗辩。当然，本案中，如果甲以侵权为由向乙提起损害赔偿诉讼，则乙不能以自己不是现时的占有人进行抗辩。

二、有正当权源的抗辩

（一）基于有效的他物权而为占有

有效的他物权都是对所有权的限制，他物权人对标的物的占有当然不够成无权占有。《德国民法典》第986条中所列举的返还原物请求权抗辩事由中,当然包括来自物权的占有权,比如,收益权。[1] 我国《物权法》中规定的土地承包经营权、建设用地使用权、宅基地使用权、地役权、质权、留置权等都具有占有的权能,这些物权人对于标的物的占有都是有权占有,所有权人不得基于其所有权而行使返还原物请求权。比较特殊的情况有二:一种是在他物权上再设置他物权,是否可构成有权占有而作为抗辩事由。如在已经成立的质权上,再设定质权,即所谓转质。在民法中,转质分为责任转质和承诺转质。前者是在质权存续期间,以质权人自己的责任而在质物上再行设立新的质权,而后者则是质权人得到出质人的诺许而转质。[2] 在承诺转质中,因转质是得到出质人(所有权人)的允许的,则转质权人的占有当然是有权占有,可以作为抗辩事由。在责任转质中,转质虽未得到原出质人的允许,但质权人以自己之责任承担转质的风险,应当认为转质权人的占有当然为有权占有,可以此为抗辩对抗返还原物请求权人的起诉。另一种特殊情况是他物权人基于其自身与第三人的占有媒介关系而取得间接占有,[3]此种间接占有是否可以作为有效的抗辩事由。从占有的法理上看,间接占有也是非常重要的占有,甚至更为重要,德国学者在论述间接占有时甚至比直接占有更浓墨重彩。[4] 因此,只要间接占有人的他物权是有效的,无论是直接占有抑或是间接占有,都当然要肯定其可主张有权占有的抗辩。

(二)基于有效的合同而为占有

有权占有除了可以依据他物权而成立之外,还可基于有效的合同而成立,尤其是租赁关系、出借关系、买卖关系等。现实生活中,凡是基于双方当事人意思表示一致而发生的以转移直接占有为内容的合同,都可以成为占有人的合法占有权源,如租赁合同、借用合同、保管合同、仓储合同、运输合同等。基于合同的承租人、借用人、保管人、承运人等对标的物的占有,都是基于合同而产生,如果不认可他们的占有为合法占有,则合同的履行便无从谈起,合同的

---

〔1〕 Vgl. Manfred Wolf, *Sachenrecht*, 18. *Auflage*, Verlag C. H. Beck, München, 2002, S. 99; Prütting/Wegen / Weinreich, *BGB Kommentar*, 5. Auflage, Luchterhand, 2010, S. 1901.

〔2〕 参见史尚宽:《物权法论》,中国政法大学出版社2000年版,第364页。

〔3〕 Vgl. Jan Wilhelm, *Sachenrecht*, 4. Auflage, Walter de Gruyter GmbH & Co. KG, 2010, S. 228.

〔4〕 Vgl. Hans Josef Wieling, *Sachenrecht*, Springer – Verlag, 1992, S. 66 ff.; Jan Wilhelm, *Sachenrecht*, 4. Auflage, Walter de Gruyter GmbH & Co. KG, 2010, S. 227 ff.; Manfred Wolf, Sachenrecht, 18. Auflage, Verlag C. H. Beck, München, 2002, S. 79 ff.

意义和目的也就不能实现。但需要强调的是,这里的合同必须是合法有效的合同。如果合同因存在无效事由,经合同的解释、无效合同的转换、合同改订等补救措施后仍无法治愈其无效事由的,[1]则应认为合同自始无效。如此,则从无效时开始,基于该无效合同而占有标的物的人即为无权占有人,不得主张有合法权源的抗辩。如果合同因存在可撤销事由而被撤销,则合同不发生当事人所追求的法律行为上的效力,但并非不发生任何效力。[2] 从法理上来看,可撤销的合同在被撤销之前一直发生效力,而一旦被撤销,则自始无效。所以,合同被撤销之后,当初基于合同而占有标的物的人如果被诉要求返还原物的,则不能主张有合法权源的抗辩。如果此前生效的合同被解除,则尚未履行的给付义务,归于消灭,基于合同而接受的给付也应当返还(Rückgewähr empfangener leistungen)。[3] 此时,占有标的物的人如果仍以自己为有权占有提出抗辩的,将不被支持。

(三)基于法律规定的有权占有

1. 遗产管理人的占有

我国《继承法》中虽无"遗产管理人"(Nachlaßverwalter)的概念,但在学理上,对遗产管理人这一概念并不陌生。并且,也有观点认为我国《继承法》第24条中的遗产保管人即遗产管理人。[4] 在大陆法系国家,一般所称的遗产管理人是指在遗产管理程序中依特定程序选任而管理遗产的人。根据《德国民法典》第1985条之规定,遗产管理人选定后,管理和处分遗产的权利不再由继承人享有,而是由遗产管理人行使。遗产管理程序开始后,法定的诉讼担当人即遗产管理人,继承人则不能再参加诉讼。[5] 因此,针对遗产的请求权便只向遗产管理人主张。既然如此,如果继承人中的一人或数人主张遗产管理人对遗产的占有为无权占有时,遗产管理人则可提出自己作为遗产管理人有权占有和管理遗产的抗辩。

---

[1] 参见谢鸿飞:《合同法学的新发展》,中国社会科学出版社2014年版,第235页。

[2] 参见韩世远:《合同法总论》,法律出版社2004年版,第262页。

[3] Vgl. Hans Brox / Wolf - Dietrich Walker, *Allgemeines Schuldrecht*, 29. Auflage, Verlag C. H. Beck, München, 2003, SS. 156 - 157.

[4] 参见徐开墅主编:《民商法辞典》(增订版),上海人民出版社2004年版,第667页。

[5] 参见[德]弗兰克、[德]海尔姆斯:《德国继承法》(第6版),王葆莳、林佳业译,中国政法大学出版社2015年版,第180页。

2. 破产管理人的占有

从运作机理上来看，破产管理人与遗产管理人具有相似性。[1] 破产管理人对外代表企业，但并非民法上的代理，它既不是破产企业的代理人，也不是被代理人，它并非向破产企业负责，而是依法向法院负责，并接受债权人会议的监督。它在破产程序中不仅代表破产企业的利益，也代表债权人的利益。[2] 因此，实践中，如果破产企业对于（债务人）破产管理人对破产财产的占有和管理提出返还要求的，破产管理人可以提出依法定职责占有的抗辩。

3. 员工基于职责的占有

在日常民事活动中，一些特殊岗位如会计、研究等岗位的工作人员，基于工作职责需要而占有特定的涉及商业秘密或科研秘密以及有其他重大价值的特定物（如会计资料、科研资料等）。这些占有都经过特定的授权程序，如经过董事会决议或公司章程的授权等。与此相应，在未经特定程序解除其职责之前，前述岗位工作人员对所涉特定物的占有为有权占有，即使公司的董事长或其他高级管理人员也无权要求其交出上述物品。因此，如果所在公司以自己名义起诉要求返还上述物品时，被告可以提出其基于职责占有属合法权源的占有。

4. 权利人的同意

在侵权法领域，同意是典型的违法阻却事由，所谓"对同意者不产生侵害"（Volenti non fit iniuria）。[3] 英美法中，原告的同意在构成"同意和许可"（leave and license）意义上也总是成为一项有效抗辩。[4] 在权利人以外的人占有标的物的情况下，如果占有人的占有是经过权利人本人的同意的，则占有人的占有自然就不是无权占有，而成为有权占有，权利人的同意可以成为医治占有人权源瑕疵的良方。所以，在返还原物请求权诉讼中，如果被告可以证明自己的占有经过权利人同意的，则当然可以成为一项强有力的抗辩。

---

〔1〕 参见田志林：《遗产管理人制度研究》，华东政法大学法律学院 2013 年硕士学位论文，第 5 页。

〔2〕 参见李永军、王新欣、邹海林：《破产法》，中国政法大学出版社 2009 年版，第 41 页。

〔3〕 Vgl. Deutsch / Ahrens, *Deliktsrecht: Unerlaubte Handlungen, Schadensersatz, Schmerzensgeld*, 4. Auflage, Carl Heymanns Verlag, 2002, S. 49.

〔4〕 See Simon Deakin, Angus Johnston, and Basil Markesinis, *Markesinis and Deakin' s Tort Law* (*Sixth Edition*), Oxford, Oxford University Press Inc., New York, 2008, p. 505.

三、善意取得抗辩

(一)单纯的善意不构成返还原物请求的抗辩

善意不仅在动态交易安全中存在,在静态的财产保护中也存在。比如,行为人误将他人所有的与自己同款式的手表占有,此时并不涉及交易,但仍然可以说行为人是善意的。因此,从广泛的意义上来说,善意首先是指主观上的不知。不过,在具体的实践中认定善意,不能皆以单纯的不知情作为标准,而应参酌客观情势。[1] 对于善意的认定,还应强调行为人就其不知情并无重大过失。如果存在重大过失,一般来说,受让人只要支付微小的信息成本即可预防无权处分的发生。所以,对这种有重大过失的不知情,并无特别保护的理由。[2] 然而,以上关于善意的界定,主要对于认定无权处分之后是否构成第三人善意取得有意义;同时,对于无权占有他人之物是否需要承担侵权责任有意义,因为一般侵权责任的构成要件中要求具备当事人的主观过错。但是,对于是否可以行使返还原物请求权却没有太大意义。这是因为,返还原物请求权的行使要件是不要求无权占有人的主观过错的,德国法中的所有物返还请求权(Eigentumsherausgabeanspruch)的行使要件中不要求有占有人的故意或过失。我国《物权法》上的返还原物请求权的行使要件中也不要求占有人的故意或过失。甚至有学者专门指出,返还原物请求权不需要主观要件。[3] 既然返还原物请求权的行使不需要占有人的主观要件,那么,无论占有人是否有主观上的过失,都不影响返还原物请求权的成立。也就是说,占有人的占有是否为善意,当然都不会对返还原物请求权的行使发生影响。因此,在返还原物请求权诉讼中,被告(占有人)单纯地以自己的占有为善意进行抗辩不能获得支持。此外,按照德国法的学理,无论无权占有人此前的占有是否为恶意,从诉讼系属发生后,都会转化为诉讼占有人,[4]而诉讼占有人与非善意占有人等同视之。[5] 按照这一思路,则无权占有人作为被告,从知道自己被诉返还原物之时

---

〔1〕 参见杨宏晖:《动产所有权善意取得制度之比较与再检讨》,载《台大法学论丛》2012 年第 4 期。

〔2〕 参见吴光明:《善意取得制度之设计与省思》,载《财产法与经济法》2007 年第 11 期。

〔3〕 参见朱虎:《物权请求权的独立与合并——以返还原物请求权为中心》,载《环球法律评论》2013 年第 6 期。

〔4〕 Vgl. Hans Josef Wieling, *Sachenrecht*, Springer - Verlag, 1992, S. 165.

〔5〕 参见[德]鲍尔、[德]施蒂尔纳:《德国物权法》(上册),张双根译,法律出版社 2004 年版,第 188 页。

就必定是非善意占有人,此时,即便其提出自己是善意的抗辩,也与事实不符,无法对返还原物的诉讼请求形成有效对抗。

当然,尽管单纯的善意不能作为返还原物诉讼请求的抗辩事由,但并非没有任何意义。在德国法中,返还原物请求权诉讼中,如果无权占有人的占有是有偿取得的,则善意占有人无须返还占有期间收取的孳息。[1] 此外,善意占有人还可以按照《德国民法典》第 994 条第 1 款第 1 句的规定,向权利人主张在诉讼系属发生前所支付的必要费用。[2] 根据我国《物权法》第 243 条的规定,无权占有人若为善意的,也可以向权利人主张维护占有物的必要费用。

(二)善意取得可构成返还原物请求的抗辩

1. 善意取得的一般效力

善意取得(Gutgläubiger Erwerb)的一般法律效果在于取得所有权。也因此,善意取得在我国《物权法》中被作为所有权取得的方式。但需要强调的是,作为善意取得效果的所有权取得属于原始取得。[3] 善意受让人按照善意取得制度的取得实际上是依法律规定取得,具有确定性和终局性。

2. 善意取得作为返还原物诉讼请求的抗辩

既然为原始取得,则其取得为无负担取得。也就是说,善意受让人不但取得了动产的所有权,而且对于该动产上存在的负担,也可以主张其是善意不知情而将该负担消灭。但是,这一负担对于恶意者则仍然存在。[4] 比如,质权人甲擅自将占有之质物出让给善意之乙,乙基于善意取得而得到质物的所有权,此后,乙可以主张原本存在质物之上的质权归于消灭。[5] 由此可见,成立善意取得后,善意受让人对于标的物的占有皆为有权占有,即使善意受让人的前手

[1] Jan Wilhelm, *Sachenrecht*, 4. Auflage, Walter de Gruyter GmbH & Co. KG, 2010, S. 527.

[2] Vgl. Manfred Wolf, *Sachenrecht*, 18. *Auflage*, Verlag C. H. Beck, München, 2002, S. 121.

[3] 善意取得为原始取得是我国民法学界的通说。参见郑冠宇:《民法物权》(第 2 版),台北,台湾新学林出版股份有限公司 2011 年版,第 99 页;梁慧星、陈华彬:《物权法》(第 4 版),法律出版社 2007 年版,第 212 页。但德国法中认为,善意取得系基于让与之物权行为所产生的物权变动,仅是让与人欠缺处分权限而已,因此,应认为善意取得属于继受取得。Münchkomm / Quack, § 932, 2. Auflage. Rn. 59. 转引自郑冠宇:《民法物权》(第 2 版),台北,台湾新学林出版股份有限公司 2011 年版,第 99 页。

[4] 参见郑冠宇:《民法物权》(第 2 版),台北,台湾新学林出版股份有限公司 2011 年版,第 102 页。

[5] 参见郑冠宇:《民法物权》(第 2 版),台北,台湾新学林出版股份有限公司 2011 年版,第 102 页。

处分权有瑕疵,也不会影响善意受让人的有权占有。善意取得的设立显然对真正的权利人有不利之处,因为法律并没有规定善意的受让人就有权侵犯他人财产。但是,法律经过权衡,还是对于那些基于权利外观而取得所有权的情况给予了照顾。[1] 所以,在返还原物请求权诉讼中,如果被告的占有是基于善意取得而为占有,则被告可以直接提出善意取得抗辩。

不过,虽然善意取得制度的价值在于衡平所有权人与社会第三人的利益,使社会需求凌驾于所有权保护之上,[2]但毕竟社会需求不能无限制地压制所有权,所以法律特别规定对于占有脱离物如遗失物、被窃物等只在个别情况下才可构成善意取得。比如,在德国法中,丢失的物一般不适用善意取得,除非该物是货币、无记名证券等,或该物是经过公开拍卖而取得。[3] 我国《物权法》第 107 条也赋予遗失物所有权人在两年内向善意受让人主张返还原物的权利。所以,善意取得一般可以作为返还原物诉讼请求的抗辩事由,但当善意取得的物是他人的遗失物时,权利人在两年内起诉请求返还原物的,善意受让人(占有人)不得主张善意取得抗辩。如果占有人的善意取得是通过拍卖或向具有经营资格的经营者购得,则在原权利人(原告)提出返还原物请求时,占有人可以提出要求原告支付购买价款的反诉请求,或另行起诉,但不能以此作为原告返还原物诉讼请求的抗辩主张。

四、时效抗辩

(一)取得时效的抗辩

占有事实的效力能够因时间的持续而得到增强,从而使占有从事实升格为完全的权利,这就是时效取得制度(Ersitzung)。取得时效是大陆法系国家取得物权的重要方式之一,最早在古罗马十二铜表法中即已存在,后为法国、奥地利、德国、瑞士、日本等国民法所沿袭。[4] 我国《民法通则》《民法总则》

---

〔1〕 Vgl. Deutsch / Ahrens, *Deliktsrecht: Unerlaubte Handlungen, Schadensersatz, Schmerzensgeld*, 4. Auflage, Carl Heymanns Verlag, 2002, S. 52.

〔2〕 See Alessio Greco, *National Report on the Transfer of Movables in Italy*, in 1 NATIONAL REPORTS ON THE TRANSFER OF MOVABLES IN EUROPE 401 (Wolfgang Faber & Brigitta Lurger eds., 2008). 转引自杨宏晖:《动产所有权善意取得制度之比较与再检讨》,载《台大法学论丛》2012 年第 4 期。

〔3〕 Vgl. Manfred Wolf, *Sachenrecht*, 18. *Auflage*, Verlag C. H. Beck, München, 2002, S. 121; Prütting / Wegen / Weinreich, *BGB Kommentar*, 5. Auflage, Luchterhand, 2010, S. 1843.

〔4〕 参见史尚宽:《物权法论》,中国政法大学出版社 2000 年版,第 70 页。

《物权法》中都没有规定取得时效制度，但鉴于取得时效的制度价值，本书特对其作为返还原物请求权诉讼的抗辩事由的价值进行探讨。

在传统大陆法系民法中，通过时效而取得物权有两种，一种是登记的取得时效（Buchersitzung），另一种是动产的取得时效（Fahrnisersitzung），[1]前者实际上也就是不动产的取得时效。就不动产的取得时效而言，大陆法系的国家或地区的做法并不相同。德国的不动产取得时效的要件有三：一是占有要件，即依时效而取得不动产所有权的人须自主占有该不动产；二是期间要件，即占有该不动产须达30年；三是登记要件，即依时效而取得不动产所有权的人须被登记于不动产登记簿达30年。[2] 而我国台湾地区的不动产取得时效要件则为：一是占有要件，仍然要求依时效而取得不动产所有权的人须自主占有该不动产；二是期间要件，占有之始如果是善意且无过失的，占有期间须达到10年，占有为恶意的，占有期间则须达到20年；三是对象要件，即不动产时效取得，要以他人未登记之不动产为对象。[3] 由此可见，德国法上的不动产时效取得，必须是已被登记为所有权的人才可能通过时效而取得所有权，其目的在于消灭不动产登记簿与真实权利状态的不一致。[4] 而我国台湾地区的不动产取得时效，必须是针对未登记的不动产，其目的在于取得不动产所有权，性质上为原始取得。[5] 在上述情况下，无论是按照德国的立法例，还是我国台湾地区的做法，占有人都已经根据时效取得的规定取得所有权，因而其占有是有本权的占有。因占有人根据取得时效获得所有权而受害的原权利人，其实已经不具备原告的资格。即使其以原告资格起诉返还原物，被告也可提出取得时效抗辩。

就动产的取得时效而言，德国法中要求占有人善意自主占有动产达10年才能取得所有权。与善意取得不同的是，只要占有人的自主占有为善意，对于

[1] ［德］鲍尔、［德］施蒂尔纳：《德国物权法》（上册），张双根译，法律出版社2004年版，第109页。

[2] Vgl. Prütting / Wegen / Weinreich, *BGB Kommentar*, 5. Auflage, Luchterhand, 2010, S. 1784；另请参见《德国民法典》（第4版），陈卫佐译注，法律出版社2015年版，第337页。

[3] 参见郑冠宇：《民法物权》（第2版），台北，台湾新学林出版股份有限公司2011年版，第170页。

[4] 参见史尚宽：《物权法论》，中国政法大学出版社2000年版，第78页。

[5] 参见郑冠宇：《民法物权》（第2版），台北，台湾新学林出版股份有限公司2011年版，第172页。

被盗物和遗失物皆可通过时效取得所有权,并且这种基于善意自主占有的取得也属于所有权的原始取得(Originärer Eigentumserwerb)。[1] 我国台湾地区的做法是,一般的自主占有,和平、公然地持续满10年,占有人可取得所有权,而占有开始时为善意且无过失的,则和平、公然、持续地自主占有满5年即可取得所有权。[2] 以上规定在具体的构成要件上虽有区别,但其法律效果中都当然包括所有权的取得。所以,与不动产时效取得一样,通过取得时效取得所有权的被告,也可以取得时效抗辩原告提起的返还原物诉讼请求。另外需要指出的是,在诉讼中,按照取得时效取得所有权的被告如果以时效取得作为抗辩,则原告不能提出不当得利返还请求权对抗被告的抗辩。因为,时效取得的法律效果一方面是自主占有人取得了所有权,另一方面却是通过时效取得的所有权是有法律依据的取得,不成立不当得利,因而对于时效取得的所有权不能主张不当得利返还请求权。[3]

需要指出的是,在英美法中其实也同样存在所谓时效占有(adverse possession)制度,也称为"逆占有"或"对立占有"。根据这一制度,即使占有人本人不享有合法的占有权,但却可以如同所有权人那样就地产实施事实上的持续、公开、明显的占有,并意图排除包括真正权利人在内的一切其他人的权利。[4] 在英国法中,数个世纪以来的规则都是,逆占有12年之后,要求返还土地的权利将消失。[5] 但这一规则被英格兰及威尔士高等法院(EWHC)在毕傲兰(Beaulane)房地产股份有限公司诉帕尔默(Palmer)一案中认为有违《欧洲人权公约》。[6] 于是,这一规则在2003年的立法中被修改。[7]

(二)诉讼时效抗辩

诉讼时效是行使权利(请求权)在时间上的限制。除了个别例外,诉讼时

---

〔1〕 Vgl. Hans Josef Wieling, *Sachenrecht*, Springer - Verlag, 1992, S. 127.

〔2〕 参见我国台湾地区"民法"第768条和第768条之1,另请参见郑冠宇:《民法物权》(第2版),台北,台湾新学林出版股份有限公司2011年版,第172页。

〔3〕 Vgl. Hans Josef Wieling, *Sachenrecht*, Springer - Verlag, 1992, S. 129. 另请参见[德]鲍尔、[德]施蒂尔纳:《德国物权法》(下册),申卫星、王洪亮译,法律出版社2006年版,第525页。

〔4〕 参见薛波主编:《元照英美法词典》,法律出版社2003年版,第42页。

〔5〕 See Vivienne Harpood, *Modern Tort Law* (*Seventh Edition*), *Oxon*, *Routledge* - Cavendish, 2009, p. 239.

〔6〕 See Beaulane Properties Ltd v. Palmer [2005] EWHC25 (Ch D).

〔7〕 See Vivienne Harpood, *Modern Tort Law* (*Seventh Edition*), *Oxon*, *Routledge* - Cavendish, 2009, p. 239.

效适用于所有的请求权。返还原物请求权虽然属于物权请求权,但在结构上与债权请求权相似,因而准用债权请求权的规则。于是,在德国法上,返还原物请求权适用30年的诉讼时效,而不是普通的3年诉讼时效。并且,基于已经登记的权利而发生的请求权,不受诉讼时效的限制。[1] 也就是说,德国法上的返还原物请求权要么适用最长的诉讼时效期间(动产及未登记不动产),要么干脆不适用诉讼时效期间(已登记不动产)。我国台湾地区的规定并不明确,以至于对所有物返还请求权是否适用诉讼时效素有争议。通说认为,已登记不动产的所有物返还请求权没有其"民法"第125条消灭时效规定之适用,而未登记不动产及动产之所有物返还请求权,则适用15年消灭时效的限制。[2] 我国《民法通则》和《物权法》中对于以返还原物请求权为核心的物权请求权是否适用诉讼时效并未明确。《民法总则》实施之前的司法实践中,法院一般认为物权请求权不适用诉讼时效。[3] 不过,2017年3月通过的《民法总则》第196条明确规定,不动产物权和登记的动产物权人请求返还财产的,不适用诉讼时效。这意味着我国现行民法中对于未登记的动产涉及返还原物请求权的,都要适用诉讼时效。如此,则原告在诉讼中提出返还原物请求的,被告可以提出诉讼时效抗辩。

(三)我国民法中时效抗辩的反思

尽管善意取得制度的广泛适用确实使取得时效的作用空间受到巨大限制,时效取得制度可能只在一些非典型的案件中发挥作用,[4]但是,人类社会对取得时效制度仍有一般的需要,其价值除了体现在物权取得方面外,还体现了法律的特别追求。因为,在实际生活中,一定时间持续后经常发生物的权属表现状态与真实状态不一致的情况(如无权占有他人之物20年,一般人会误认为占有人是真正的权利人,从而产生表现状态与真实状态的不一致),取得

---

〔1〕 Vgl. Prütting / Wegen / Weinreich, *BGB Kommentar*, 5. Auflage, Luchterhand, 2010, S. 1785;另请参见《德国民法典》(第4版),陈卫佐译注,法律出版社2015年版,第338页。

〔2〕 参见郑冠宇:《民法物权》(第2版),台北,台湾新学林出版股份有限公司2011年版,第203页。

〔3〕 参见(2013)朝民初字第22585号民事判决书、(2015)一中民终字第9534号民事判决书、(2016)京03民终8108号民事判决书、(2015)朝民初字第59607号民事判决书、(2010)二中民终字第09318号民事判决书、(2016)京02民终2691号民事判决书等。

〔4〕 参见[德]鲍尔、[德]施蒂尔纳:《德国物权法》(下册),申卫星、王洪亮译,法律出版社2006年版,第520页。

时效制度的设立则希望消除这种不一致,并且还可消除由于时间经过所造成的举证困难。就此而言,时效取得制度在价值上相当于其他制度如消灭时效制度、公示催告程序制度等,这些制度使时间经过后会导致一方受益而另一方权利受损,从而形成对所有权人权利的排除。[1] 所以,尽管我国现行法中没有规定取得时效制度,但取得时效制度有其制度价值。而取得时效立法的不备,会导致在实践中长时间占有状态和真实权利状态不一致的情况无法得到纠正,无权占有人,尤其是善意的无权占有人在经过哪怕是几十年的占有之后仍然不能得到取得时效制度的保护,仍然不能对返还原物的诉讼请求主张取得时效抗辩,这是法律对权利不确定状态的漠视,不利于稳定社会经济秩序。

如果没有取得时效制度的配合,诉讼时效制度功能的发挥也会受到影响,最终使返还原物请求权的实现也受到影响。因为,从占有人来说,如果无权占有达一定年限符合时效取得要件的,则占有人取得所有权,可以此对原权利人的返还原物请求进行抗辩;而从原权利人来说,被他人无权占有时,只要在诉讼时效期间内起诉,都可得到原物的返还。但如果超过法定诉讼时效期间不主张权利,在返还原物请求权适用诉讼时效的条件下,则返还原物请求权罹于时效,即便提出诉讼请求,被告也会相应地提出诉讼时效完成的抗辩。在这里,取得时效与诉讼时效相互补充,共同维护了物权秩序的稳定和确定。但是,在我国《物权法》没有规定取得时效的情况下,《民法总则》第 196 条却原则规定了除不动产物权和已登记动产物权之外其他物权的返还原物请求权适用诉讼时效。这会发生以下尴尬局面:一方面,除已登记的动产物权外,其他动产物被他人无权占有超过诉讼时效期间的,意味着原权利人虽然仍享有物权,但却不能通过诉讼实现返还原物请求权,因为无权占有人可以提出罹于时效的抗辩,这使原权利人的物权变得有名无实;另一方面,无权占有人无论经过多长时间,都无法取得占有物的物权,因为我国没有取得时效制度,这又使占有人的权利有实无名,最终是大量的物权处于权利不明的灰色地带,非常不利于物权秩序的稳定,也对返还原物请求权的制度价值形成了伤害。对此,最有效的应对方案是将来在民法典物权编的立法修订中应当设置取得时效制度,以期与诉讼时效制度互相配合,共同维护物权秩序的确定有效。

---

〔1〕 参见[德]鲍尔、[德]施蒂尔纳:《德国物权法》(下册),申卫星、王洪亮译,法律出版社 2006 年版,第 521 页。

五、不法原因给付抗辩

在罗马法上，给付人的给付如果有污辱性质（*turpitudo*）的，即使无法律上原因，法院也可否定其诉权（*condictio ob trupem causam*）。[1] 这里的"*turpitudo*"就是"不法"，即依据所处时代的社会伦理道德准则，被认为违反公共秩序和善良风俗的行为。[2] 总体上讲，因上述不法原因而为的给付，就是不法原因给付。在返还原物请求权诉讼中，原告所为给付如构成不法原因给付的，则被告可以提出不法原因给付抗辩。

（一）不法原因给付的构成要件

1. 须为给付

给付系指为达到一定目的而有意识地实施的物之交付、权利移转、土地登记等财产给予的行为，但不包括通过法院分配所作的给付。[3] 如果受益人基于不法原因而享有债权，且该债权是因不要因合同而发生，债权人在请求给付时，需要主张这一不法原因；如果是基于要因合同，则因为原因属不法，合同因而无效，受损人即无须履行义务，于是受益人的债权也不能认为是因受损人的给付而受有利益。[4] 实务中，这种不法原因的给付有：合伙贩卖毒品所进行的"出资"，委托处理贩卖毒品而给予的"报酬"，为办妥请托的违法事务而赠送的古董等。另外，我妻荣先生曾就不法原因给付认为，其中的给付应在实际上成为终局性的受益，否则不但受领人无法实现其终局的效果，而且给付人也不能请求返还，从而不能形成完整的财产价值移转关系，造成不利于物资利用的问题。[5] 实践中需要注意以下几种情形：（1）侵占他人土地后进行加工开垦是否构成不法原因的"给付"。此种情况，因加工开垦之人只是意图增加自己利益，根本上欠缺使他人财产增加的意思，不属于"给付"。[6] （2）为赌债设定的抵押是否构成不法原因的"给付"。就此情况，虽然赌债的清偿属于给付，但对

---

〔1〕 参见王泽鉴：《债法原理：不当得利》，中国政法大学出版社2002年版，第116～117页。

〔2〕 参见［日］我妻荣：《债权各论·下卷一》，冷罗生、陶芸等译，中国法制出版社2008年版，第230页。

〔3〕 参见［日］我妻荣：《债权各论·下卷一》，冷罗生、陶芸等译，中国法制出版社2008年版，第254页。

〔4〕 参见孙森焱：《民法债编总论》（上册），法律出版社2006年版，第146页。

〔5〕 参见［日］我妻荣：《债权各论·下卷一》，冷罗生、陶芸等译，中国法制出版社2008年版，第254页。

〔6〕 参见王泽鉴：《债法原理：不当得利》，中国政法大学出版社2002年版，第123页。

于补助给付,例如,为赌债设定的担保,具有从属性,不能视为系"给付"。[1]

2. 须给付有不法原因

德国民法中不法原因给付的"不法原因",既包括违反法律的禁止规定,也包括违反善良风俗。[2] 而国内对于"不法"的理解,则有不同见解。一种意见认为,应从狭义上理解"不法",即仅指违反公序良俗而言,[3]且这里的公序良俗是指所处时代的社会道德。因此,如果所违反的与时代伦理无关,而仅仅是从国家政策立场出发所制定的禁止性规定,则不能认定为系不法原因给付。另一种意见认为,应从广义上理解"不法",即指违反法律强行性规定或公序良俗的情形。[4] 考虑到不法原因给付将产生返还请求权(不当得利或返还原物)被排除的极端后果(einschneidenden Wirkungen),不法原因给付而引起的对于返还原物请求权的抗辩应该慎重。以前的判例和学说还是倾向于从狭义上解释"不法",这样可以限制不法原因给付的适用范围,保护不当得利请求权的稳定性和严肃性。然而,如果从不法原因给付的文义上进行理解,将违反法律禁止性规定的情形排除在不法原因给付的"不法"之外,很难令人信服。况且,除德国民法外,《瑞士债法典》第66条中的"不法原因"也是从广义上进行规定的。《日本民法典》就不法原因给付虽然也用了"不法"的表述,并且没有像《德国民法典》和《瑞士债法典》那样对"不法"是否包括"违反强制性规定和公序良俗"进行明确。但日本学者认为,"不法"不仅指违反善良风俗之行为,也指违反强行性规定之行为。[5] 基于此,本书认为,不法原因给付中的第二项要件"不法原因"包括违反法律强行性规定和公序良俗的行为。

不法原因给付的构成是否需要给付人在主观上有故意或过失,在实定法上有不同的规定。德国民法中,如果给付者对于违反法律禁止性规定或善良风俗的行为有主观过错的,给付人不得请求受益人返还。[6] 瑞士债法中,明确

〔1〕 参见史尚宽:《债法总论》,中国政法大学出版社2000年版,第89页。

〔2〕 Vgl. Hans Brox / Wolf - Dietrich Walker, *Besonderes Schuldrecht*, 29. Auflage, Verlag C. H. Beck, München, 2004, SS. 423 - 425.

〔3〕 参见孙森焱:《民法债编总论》(上册),法律出版社2006年版,第146页。

〔4〕 参见史尚宽:《债法总论》,中国政法大学出版社2000年版,第87页。

〔5〕 参见[日]我妻荣:《债权各论·下卷一》,冷罗生、陶芸等译,中国法制出版社2008年版,第230页。

〔6〕 Vgl. Hans Brox / Wolf - Dietrich Walker, *Besonderes Schuldrecht*, 29. Auflage, Verlag C. H. Beck, München, 2004, S. 424.

要求给付必须是以获得非法或不道德利益为目的的，才不得请求返还。[1] 在《日本民法典》(第708条)中，则不要求给付人的主观过错，而只是规定如果不法原因仅存在于受领人一方时，给付人仍然可以请求返还。比如，官员收受财物，但实施的是职务上的正当行为。[2] 此时，给付人有权请求返还这些财物。由此可见，构成不法原因给付，并不一概要求给付人在主观上有过错，即在主观上对不法原因有认识，[3] 只要发生了给付，且给付系基于不法原因，即可构成不法原因给付。至于给付人是否有主观过错(是否对于不法原因有认识)，不应是不法原因给付的构成要件，而应是不法原因给付情形下，不当得利请求权排除的要件。[4] 即在不法原因给付情形下，给付人的不当得利请求权一般并不被排除。但如果给付人明知存在不法原因或因重大过失而不知存在不法原因者，则给付人的不当得利请求权将被排除，这就是所谓的“基于背俗或不当行为的返还请求权”(Condictio ob turpem vel iniustam causam)在给付人有过错的情况下被排除。[5]

(二)不法原因给付的法律效果

在德国法上，不法原因给付一般也产生给付人的不当得利请求权，但如果给付人对于给付违反法律禁止性规定或公序良俗有过错的，则不当得利返还请求权被排除。之所以作这样的规定，是因为请求权的排除在过去经常被认为是对违法者或背离良俗者的惩罚。[6] 但近来，很多德国学者另采“拒绝保护”的学说(Theorie der Rechtsschutzverweigerung)，即认为当事人的背俗行为将自己置于法律规范之外，因而没有必要对其进行保护。[7] 梅迪库斯教授更指出，如果惩罚的学说合乎实际，那么《德国民法典》第817条第2句就无疑是一个失败的条文，因为惩罚的所得进入了另一个当事人的口袋，而根据第817

---

〔1〕参见吴兆祥、石佳友、孙淑妍译:《瑞士债法典》，法律出版社2002年版，第15页。

〔2〕参见史尚宽:《债法总论》，中国政法大学出版社2000年版，第88页。

〔3〕参见王泽鉴:《债法原理·第二册·不当得利》，中国政法大学出版社2002年版，第128页。

〔4〕参见史尚宽:《债法总论》，中国政法大学出版社2000年版，第87~88页。

〔5〕Vgl. Volker Emmerich, *BGB – Schuldrecht Besonderer Teil*, 13. Auflage, C. F. Müller 2012, S. 217 ff.

〔6〕参见[德]迪特尔·梅迪库斯:《德国债法分论》，杜景林、卢谌译，法律出版社2007年版，第541页。

〔7〕参见王泽鉴:《债法原理·第二册·不当得利》，中国政法大学出版社2002年版，第119~120页。

条第2句的规定,该当事人之行为同样是违反法律禁止性规定或公序良俗的。[1] 正是因为不当得利请求权被排除,一方面拒绝对背俗一方当事人予以保护,另一方面却也让受益人得保有具有不法原因的给付,有违公平正义理念,因此在国外立法例上,《奥地利普通民法典》又作了与《德国民法典》不同的规则设计,该法典第1174条第1款规定,任何人为了一项不可能或不合法而进行的给付,不能请求返还。政治命令可以决定国库在何种范围内有权收缴这些财产。然而,给付如果是为了阻止一项不法行为,则对于该给付可以请求返还。不过,这种由政府收缴的方式是否能够达到实质公平,却也未必尽然。我国已经有学者指出,这种立法例体现出了较强的公权干预色彩,有悖私法自治原则。[2] 由此可见,关于不法原因给付的法律效果规则设计,在立法政策上有不同的判断,本书将先对实定法进行梳理,之后再表明观点。

从各国立法例看,关于不法原因给付的返还请求权是否应予以排除应区分以下情况分别而论:第一,不法原因存在于给付人和受益人,且给付人和受益人对于不法原因都存在故意或重大过失,则给付人的不当得利请求权被排除。立法例有,《德国民法典》第817条第2句、《瑞士债法典》第66条、《日本民法典》第708条。按照《德国民法典》,只要能证明双方当事人都违反了第817条第2句之规定,则返还不当得利的请求权被排除。[3] 这里虽然没有明确指出需要给付人和受益人对于不法原因(违反法律禁止性规定和善良风俗)的主观过错,但从逻辑上讲,违反本国法的禁止性规定,很难说没有主观过错,至少可以说有重大过失;而违反善良风俗,更应认为属于故意或重大过失。比如,为了达到非法目的而向官员贿送珠宝,因双方都对不法原因存在故意,则给付人的不当得利请求权被排除。第二,不法原因仅仅存在于给付人,且给付人对于不法原因存在故意或重大过失,此时给付人的不当得利请求权仍然被排除。立法例同样是《德国民法典》第817条第2句,《瑞士债法典》第66条,《日本民法典》第708条。比如,《德国民法典》第817条第2句对于高利贷案

---

[1] 参见[德]迪特尔·梅迪库斯:《德国债法分论》,杜景林、卢谌译,法律出版社2007年版,第541页。

[2] 参见洪学军:《不当得利制度研究——一种系统的结构、功能理路》,西南政法大学法学一系2003年博士学位论文,第152页。

[3] Vgl. Wolfgang Fikentscher / Andreas Heinemann, *Schuldrecht*, 10. Auflage, De Gruyter Recht, 2006, S. 718.

件的适用情况。[1] 在高利贷案件中,不法原因只存在于出借人,且出借人对于不法原因存在故意或重大过失,则出借人对于超过法定额度利息部分不得请求借用人返还(因为高利贷之不法原因给付的范围应限于利息部分,不宜扩展到本金的给付)。就高利贷中利息部分到底是否应该返还的问题,德国联邦法院(BGH)认为出借人应不得收取利息,[2]因此,整个利息都可能被认定为不法原因给付不得请求返还。根据我国最高人民法院《关于审理民间借贷案件适用法律若干问题的规定》第 26 条第 1 款的规定,只要借贷双方约定的利率不超过年利率的 24% 的,出借人的利息请求会得到人民法院的支持。可见,在我国民法中,借贷利率的约定只要符合上述规定,则不构成不法原因给付,出借人可以请求借用人支付利息。第三,不法原因仅仅存在于受领人,此时,给付人的不当得利请求权不受任何影响。立法例有,《德国民法典》第 817 条第 1 句,《瑞士债法典》第 66 条,《日本民法典》第 708 条,以及《奥地利普通民法典》第 1174 条第 1 款。其中《奥地利普通民法典》第 1174 条第 1 款虽没有明确表示"不法之原因仅存在于受领人时不排除返还请求权",但从"任何人为了一项不可能或不合法而进行的给付不能请求返还"的条文内容看,这里的"任何人"实际上是指"任何给付人",而不包括"受领人",这也就意味着当不可能或不合法的原因只存在于受领人一方时,给付人仍然可以请求返还给付。

我国民法中虽然建立了不当得利制度,但是并没有明确建立不法原因给付制度。但实践中,涉及不法原因给付的案例已经实际发生,[3]我们不能对此视而不见。本书认为,在我国没有不法原因给付立法的情况下,可以按照法律行为无效制度进行处理,即将含有不法原因的法律行为以违反公序良俗或法律强制性规定为由确认无效,之后按照法律行为无效的法律效果进行处理。而法律行为无效的法律效果无非是双方返还或赔偿损失。于是,在我国法上,如果发生不法原因给付的,极有可能产生返还的法律效果,而不是大陆法系国家大都采取的排除返还的效果。当然,如果双方当事人恶意串通,实施的行为

---

[1] Vgl. Volker Emmerich, *BGB – Schuldrecht Besonderer Teil*, 13. Auflage, C. F. Müller, 2012, S. 220.

[2] Vgl. Larenz / Canaris, Lehrbuch des Schuldrechts, Band Ⅱ · Halbband 2, Besonderer Teil, 13. Afulage, München, 1994, § 68 Ⅲ 3 c. 转引自黄茂荣:《债法通则之四·无因管理与不当得利》,厦门大学出版社 2014 年版,第 248 页。

[3] 参见(2015)一中民终字第 02563 号民事裁定书。

损害国家、集体或者第三人利益的,会发生追缴双方所得财产归国家、集体所有或返还第三人的法律效果,[1]但这种收缴的情况毕竟只是不法原因给付中的一种。从“设定请求权不得援用自己的不法”(Nemo turpitudinem suam allegans ausitur)这一古老的法谚出发,[2]对于明知不法而为给付的不法原因给付人,就其权利保护请求应予拒绝。[3] 因此,应设定不法原因给付返还的限定规则,借鉴德国、日本等大陆法系国家的立法例,专门规定不法原因提供给付者,不能请求返还其给付;但不法原因仅在受益人一方存在时除外。

(三)不法原因给付与法律行为无效的衔接

不法原因给付情况下,如果作为原因的法律行为构成不法,往往可能导致法律行为本身的无效,此时,需要研究不法原因给付规范与法律行为无效规范前后如何衔接的情况。比如,有妇之夫甲与未婚女青年乙(乙知晓甲有妻子)约定,如乙同意与甲同居3年,则甲赠送乙宝马轿车1辆。后甲赠送乙宝马轿车后,乙拒不同居。[4] 该案中,甲乙之间的赠与合同附有条件,即乙与甲同居3年。该条件效力如何,应依具体情事而为判断。如果甲乙均为未婚,则该条件虽然在道德上不完全可取,但在现今性观念较为开放的社会条件下亦无不可。因此,该条件应为有效,且为解除条件。乙在接受赠与后拒不同居的,赠与契约失去法律效力,甲应可按照不当得利的规定请求返还赠与的标的物。但是,如果甲乙中任何一方为已婚,且对方知道该已婚的事实,则该条件显然违反公序良俗,为不法条件。法律行为所附条件的不法是否会导致法律行为的无效,存在争论。德国法上的通说认为,法律行为如果附停止条件,则因停止条件本身是法律行为不可分割的部分,因而条件不法将使法律行为本身不发生法律效力。[5] 但如果法律行为是附解除条件,则因解除条件与停止条件的不同功能,应当认为可以适用《德国民法典》第139条的规定。而适用第139条规定,则意味着解除条件的不法不一定绝对使法律行为整体无效。某些情

---

〔1〕 参见我国《民法通则》第61条第2款。

〔2〕 参见[德]迪特尔·梅迪库斯:《德国债法分论》,杜景林、卢谌译,法律出版社2007年版,第541页。

〔3〕 参见[德]迪特尔·梅迪库斯:《请求权基础》,陈卫佐、田士永等译,法律出版社2012年版,第197页。

〔4〕 该案例改编自我国台湾地区的一则案例,具体内容可参见王泽鉴:《以同居为条件之赠与及不法原因给付》,载《台大法学论丛》1978年第1期。

〔5〕 参见王泽鉴:《以同居为条件之赠与及不法原因给付》,载《台大法学论丛》1978年第1期。

况下,可能只是使所附解除条件本身无效,但不会使整个法律行为无效。比如,劳动合同的当事人如果约定"当劳动者结婚时劳动合同失去效力",这样的解除条件虽然违法,但并不使整体的劳动合同效力受损,因而劳动合同本身还继续有效存在。[1] 因条件不法而导致法律行为无效情况下,在坚持物权行为无因性的国家,将产生给付不当得利请求权。但因为不法原因给付的存在,如果不法原因存在于给付人一方或给付人与受益人双方,且给付人对于该不法原因有故意或重大过失,则发生不当得利请求权的排除。

(四)不法原因给付规范对于返还原物请求权的适用与类推适用

德国的司法实务和通说都认为,《德国民法典》中第817条(不法原因给付条款)第2句的适用范围应仅仅限于不当得利,[2]但这并不意味着返还原物请求权中不存在适用不法原因给付规则的余地。根据当今大陆法系国家是否采纳物权行为无因性的情况,返还原物请求权适用不法原因给付规范有以下两种情况,兹逐一予以分析。

1. 采纳物权行为无因性立法例下的适用

物权行为无因性之下,根据一项无效的债权行为转移的所有权并不受影响,出让人只能依据给付不当得利的规定要求返还。因为,此前的给付植根于无效的债权行为,无法律上的原因(Sine causa)。[3] 所以,在物权行为无因性之下,以转移物权为目的的法律行为如果无效,只可能产生不当得利的返还请求权,而不产生返还原物请求权。因而,即便发生不法原因给付,也只能产生对不当得利返还请求权的排除,而不可能发生对返还原物请求权的排除。但是,如果给付只是转移占有,而给付人仍然是所有权人的情况下,有违善良风俗或违反禁止性规定的使用租赁,有时也会发生因不法原因给付而排除物权请求权的问题。[4] 比如,甲乙签订租赁合同,约定将甲所有的房屋租给乙经营赌场,租期为3年。该租赁合同因违反公序良俗而无效。此时,乙占有甲的房

---

〔1〕 Vgl. Sorgel - Knopp, § 158 Bem. 26; Flume, Allgemeiner Teil des Bürglichen Rechts, Band Ⅱ, Rechtsgeschäft, 2 Auflage, 1975, S. 692 f. 转引自王泽鉴:《以同居为条件之赠与及不法原因给付》,载《台大法学论丛》1978年第1期。

〔2〕 Esser, *Schuldrecht*, 2. Auflage, Karlsruhe 1960, § 194 Ziff. 3 c. 转引自黄茂荣:《债法通则之四·无因管理与不当得利》,厦门大学出版社2014年版,第244页。

〔3〕 Manfred Wolf, *Sachenrecht*, 18. *Auflage*, Verlag C. H. Beck, München, 2002, S. 191.

〔4〕 参见[德]迪特尔·梅迪库斯:《德国债法分论》,杜景林、卢谌译,法律出版社2007年版,第544页。

屋属于无权占有,甲可行使返还原物请求权。但因甲的给付构成不法原因给付,乙应类推适用法律关于不法原因给付返还请求权排除的规定,认为甲在3年租期内不得请求返还,〔1〕因为甲所实施的不法原因给付,实际上是在租期内将物让与承租人使用,其所有物返还请求权应该仅仅受到该租期的限制,不应认为出租人(所有权人)一直都不能行使返还原物请求权。〔2〕对此,孙森焱先生有不同意见。他认为,提供房屋用为赌博时,只是对于使用房屋的对价不得请求返还,但对房屋主张所有物返还请求权并无不可。〔3〕尽管有以上不同意见,但在这里,甲因不法原因给付而不能行使返还原物请求权,也就是乙可以主张的抗辩。

另外需要指出,在采物权行为无因性立法的情况下,也会发生债权行为和物权行为均无效的情况。此时,因物权行为也无效,则受让人不能取得物权,标的物的所有权仍然归属于出让人,则出让人自然可以行使返还原物请求权。〔4〕但如果债权行为和物权行为均是因不法原因而无效的,则应类推适用不法原因给付规范,认为出让人不得因不法情事而行使其请求权。〔5〕

2. 采纳物权行为有因性立法例下的适用

在不采纳物权行为无因性的立法例之下,债权行为和物权行为结合在一起,前者无效,则后者不发生效力。〔6〕因此,即使已经完成标的物的交付,但只要法律行为被确认无效,则受让人并不能取得物权,物权仍然归出让人所有,出让人自然可以行使返还原物请求权。然而,如果法律行为的无效是基于不法原因,则应允许类推适用不法原因给付不得请求返还的规定。在日本有名的"男子请求返还妾宅(提供给情妇的房屋)案"中,日本最高法院认为,该案中原告赠与房屋是为了与被告维持私通关系,而被告对原告的这一意图也为明知,因此该赠与违反公序良俗,构成不法原因给付。于是,日本最高法院适用《日本民法典》第708条的规定(不法原因给付条款),驳回了原告请求返还赠

---

〔1〕参见王泽鉴:《债法原理·第二册·不当得利》,中国政法大学出版社2002年版,第131页。
〔2〕参见王泽鉴:《债法原理·第二册·不当得利》,中国政法大学出版社2002年版,第131页。
〔3〕参见孙森焱:《民法债编总论》(上册),法律出版社2006年版,第148页。
〔4〕参见王泽鉴:《债法原理·第二册·不当得利》,中国政法大学出版社2002年版,第131页。
〔5〕参见王泽鉴:《债法原理·第二册·不当得利》,中国政法大学出版社2002年版,第131页。
〔6〕参见[日]我妻荣:《债权各论·下卷一》,冷罗生、陶芸等译,中国法制出版社2008年版,第262页。

与房屋的请求。[1]

我国民法中因为没有不法原因给付的规定，从返还原物请求权的法理上看，应当具备类推适用不法原因给付的条件。因此，将来如果能够规定不法原因给付条款，则完全可以类推适用于返还原物请求权，使不法原因给付作为返还原物请求权诉讼中的抗辩事由。

六、给付不能抗辩

给付不能是指实现给付的内容为不能，这里的不能并非指物理上或逻辑上的不能，而是社会观念上或法律上的不能。例如，大海捞针，在物理上看并非不可能，但在社会观念上被看作不可能。[2] 德国学者一般把给付不能分为物质不能（pysische Unmöglichekeit）和法律不能（juristische Unmöglich-ekeit），且在《德国民法典》中的第 275 条和第 326 条对涉及给付不能的规则有明确规定。[3] 在德国法学理上，如果不可能返还原物，则应该适用诉讼系属发生后损害赔偿的相关规则，而不适用《德国民法典》第 275 条，也不适用第 280 条。[4] 所以，返还原物请求权不能类推适用债法中给付不能的规定。在我国民法中，由于《物权法》第 244 条对于占有的标的物毁损灭失的法律效果已有规定，因而不存在类推适用债法规定的前提。不过，不能类推适用债法中给付不能的规定并不意味着不能将给付不能作为返还原物请求权诉讼的抗辩事由。但诉争的原物毁损或灭失而导致不能返还原物时，原告关于返还原物的诉讼请求将显然不能得到满足，被告以此作为理由当然可以构成对返还原物诉讼请求的抗辩。[5] 但是，被告的给付不能也只可以构成对原告返还原物请求的抗辩，而不能构成对返还原物请求权诉讼中替代性诉讼请求的抗辩。根据前文的论述，当标的物毁损灭失时，返还原物请求权诉讼中可以把返还原物请求变更为损害赔偿请求这种替代性诉讼请求。此时，因为返还原物的义务已经转化为赔偿损失的义务（金钱赔偿义务），此前基于标的物毁损灭失而主张的给付不

---

〔1〕 参见[日]我妻荣：《债权各论·下卷一》，冷罗生、陶芸等译，中国法制出版社 2008 年版，第 262 页。

〔2〕 参见韩世远：《履行障碍法的体系》，法律出版社 2006 年版，第 82～83 页。

〔3〕 Vgl. Dirk Looschelders, *Schuldrecht Allgemeiner Teil*, 10. Auflage, Verlag Franz Vahlen München, 2012, S. 258.

〔4〕 Vgl. Manfred Wolf, *Sachenrecht*, 18. Auflage, Verlag C. H. Beck, München, 2002, S. 136.

〔5〕 参见辜明安：《物权请求权制度研究》，法律出版社 2009 年版，第 264 页。

能抗辩不能再行主张。

七、社会适当性抗辩

在大陆法系侵权法理论中，德国学者提出了所谓“社会适当性”(Sozialadäquanz)的抗辩。社会适当性就是指某一行为(侵权行为)符合共同形成的社会伦理秩序，从而被许可。[1] 按照社会适当性的理论，某一行为如果在社会适当性的范围内，则被视为合法。因此，即使被告的行为看起来是不妥当的，但其可以“符合社会适当性”为由而提出抗辩。

德国学者总结了三种社会适当性的行为：[2]第一种是微不足道的情事(Geringfügigkeit)。比如，拿取他人一粒米，即使行为本身是不妥的，但在法律上也是微不足道的。如果有人以此为由起诉要求返还一粒米，则应当允许提出社会适当性的抗辩。第二种是民间习俗(Brauchtum)。按照民间习俗看来正常的无权占有行为不应被视为侵权，被告可以提出社会适当性抗辩。比如，在德国或部分欧洲国家，盗取 Maibaum (五月树)的行为符合传统习俗，[3]不认为是侵权。在我国部分地区，婚礼上抢糖果也是民间习俗，[4]不构成侵权。因此，上述行为即使构成无权占有，原告提起返还原物的诉讼请求，被告也可以此作为抗辩。第三种是法治国家的程序，即发起为维持法治国家而设置的司法程序或行政程序属于社会适当性的范围，不构成违法。以上三种社会适当性的情形中，前两种情形之下都可能发生无权占有，但如果原告提起返还原物诉讼请求的，被告皆可以符合社会适当性为由主张抗辩。

当然，社会适当性的理论到目前尚不准确，甚至存有疑问，[5]但这一理论考虑是符合社会生活实际情况的，比如，风俗习惯之下的无权占有情形。接下来需要作的是如何使其更加精确和妥当，这就有赖于司法实践和法学理论的

---

[1] Vgl. Deutsch / Ahrens, *Deliktsrecht*: *Unerlaubte Handlungen*, *Schadensersatz*, *Schmerzensgeld*, 4. Auflage, Carl Heymanns Verlag, 2002, S. 51.

[2] Vgl. Deutsch / Ahrens, *Deliktsrecht*: *Unerlaubte Handlungen*, *Schadensersatz*, *Schmerzensgeld*, 4. Auflage, Carl Heymanns Verlag, 2002, SS. 51 – 52.

[3] Maibaum 就是德国有名的五月树，也称为五朔节花柱(截掉枝杈、剥去树皮、饰以彩带和冷杉枝花环的木柱，竖立在村庄的广场上，供人们在五朔节围着跳舞)。另外一个解释是五月树即小白桦树(五月和春天的象征，也作五朔节时装饰房屋之用)。参见赵登荣、周祖生主编：《杜登德汉大词典》(下册)，北京大学出版社 2013 年版，第 1508 页。

[4] 参见张明明：《婚礼上小孩抢糖果是个风俗》，载《都市快报》2014 年 2 月 24 日，第 A16 版。

[5] Vgl. Deutsch / Ahrens, *Deliktsrecht*: *Unerlaubte Handlungen*, *Schadensersatz*, *Schmerzensgeld*, 4. Auflage, Carl Heymanns Verlag, 2002, S. 51.

协力。我国民法学理中虽然并未深入研究社会适当性理论,但其理论价值应该引起重视。

八、行使权利与执行职务抗辩

(一)依法行使权利

所谓依法行使权利,顾名思义是指私法上的主体依法行使其民事权利的行为,权利人行使其所有权、抵押权、诉讼权等权利的行为都属于这种情况。[1]实践中,质权人对于他人所有的质物的占有,承租人对于租赁物的占有,运输合同中承运人对于运输标的物的占有都是行使民事权利的合法行为,被告可以合法地对抗原告的返还原物请求。当然,民事主体行使权利应该遵守诚实信用的原则,不得随意扩大权利行使的范围而滥用权利。比如,质权人在我国民法上是无权使用占有的质物的,如果质权人擅自超越权利范围使用或处分质物,给出质人造成损失的,应当承担民事责任。

(二)依法执行职务

依法执行职务是依法负有相应职责的机构或个人完成行政、司法等涉及公权力事务的行为。依法执行职务应当符合以下要件:(1)行为人具有合法的授权;(2)行为的程序和方式合法;(3)发生损害是执行职务所无法避免;(4)损害不能超过必要限度。[2] 在返还原物请求权诉讼中,可能涉及依法执行职务抗辩的情况。比如,公安机关在办理治安案件的过程中,可以扣押与案件有关的物品;人民法院在采取诉讼保全措施的过程中,可以对被保全的标的物采取扣押等措施。[3] 在公权力机关依法采取上述措施的情况下,涉案物品的所有权人即使主张返还原物请求权,该公权力机关也可以提出依法执行职务的抗辩。

九、其他抗辩

除了以上阐述的几种抗辩事由之外,侵权行为法中最常见的抗辩事由还有正当防卫、合法的紧急避险、受害人对侵权行为的同意、代表正当利益等。其中,正当防卫(Notwehr)指为了防卫自己或他人的合法权益受到正在实施的

---

〔1〕 参见程啸:《侵权责任法》(第2版),法律出版社2015年版,第329页。

〔2〕 参见张新宝:《侵权责任法》(第3版),中国人民大学出版社2013年版,第64页。

〔3〕 根据我国《民事诉讼法》第103条第1款的规定,财产保全采取查封、扣押、冻结或者法律规定的其他方法。人民法院保全财产后,应当立即通知被保全财产的人。

不法侵害而采取的防卫行为。正当防卫所采取的措施属于排除或减轻危害的反制措施,[1]一般并不对他人财产施以拘束。如对他人财产施以拘束则可能构成自助或紧急避险,而不是正当防卫,因为正当防卫所施加的损害必须是针对侵害人本人,因而一般不存在无权占有的基础。但在特定情形下,如为了制止行为人的殴击行为而侵夺行为人的殴击工具,此时的正当防卫行为就可能构成对行为人的物的占有,但因属于正当防卫而阻却违法,可以作为返还原物请求权诉讼的抗辩事由。

紧急避险(Nostand)是为了避免自己或他人身体、生命、财产等的急迫危险而实施的不得已行为。被许可的紧急避险行为经常是毁掉或损坏现实威胁之物,[2]因而好像不存在占有物的可能。但实际上,紧急避险被分为防御性紧急避险(defensiver Nostand)和攻击性紧急避险(offensiver Nostand),前者如被恶犬追逐而夺刀将其击退,后者如被人追杀时侵夺他人摩托车逃跑。[3] 在这两种紧急避险中,夺刀行为和夺车行为都构成侵夺,属于严重的无权占有行为,当然可以引发权利人的返还原物请求权。但被告却可以紧急避险作为抗辩,主张自己在紧急状态下的占有阻却违法。而自助行为(Selbsthilfe)指为了保护自己权利而对他人的财产或人身自由加以拘束的行为。自助是在符合法律确定的正当前提下为了实现自己的正当诉求而实施的一种主动侵犯行为。[4] 因此,如果犯罪嫌疑人意欲逃跑时,为了阻止其逃跑,权利人可以将犯罪嫌疑人的交通工具如自行车暂时扣留,或将犯罪嫌疑人的汽车钥匙拿走,[5]此时,即使犯罪嫌疑人主张返还原物请求权,行为人也可以自己行为属于自助为由进行抗辩。当然,如果行为人自己误以为存在可以实施自助行为的状态而错误进行自助的,需要承担赔偿责任。由此可见,正当防卫、紧急避险和自助行为等,都有作为返还原物请求权诉讼的抗辩事由的可能,只要符合其构成

---

[1] Vgl. Deutsch / Ahrens, *Deliktsrecht: Unerlaubte Handlungen, Schadensersatz, Schmerzensgeld*, 4. Auflage, Carl Heymanns Verlag, 2002, S. 47.

[2] Vgl. Deutsch / Ahrens, *Deliktsrecht: Unerlaubte Handlungen, Schadensersatz, Schmerzensgeld*, 4. Auflage, Carl Heymanns Verlag, 2002, S. 48.

[3] 参见王泽鉴:《侵权行为》,北京大学出版社 2009 年版,第 224 页。

[4] Vgl. Larenz / Wolf, *Allgemeiner Teil des Bürgerlichen Rechts*, 9. Auflage, Verlag C. H. Beck München 2004, SS. 345 – 346.

[5] 参见[德]卡尔・拉伦茨:《德国民法通论》(上册),王晓晔等译,法律出版社 2003 年版,第 371 页。

要件,被告都可以援用以上抗辩。

从传统侵权法的抗辩事由来看,无因管理也可以作为返还原物请求权诉讼的一种抗辩事由。未经允许而对他人之物实施管理行为,一般构成侵权。但如果从社会观念来看而应被评价为属于必要行为,且并不违反本人明示意思或可得推知的意思时,其行为应被视为无因管理而阻却违法。[1] 例如,看到熟人的宠物而主动予以收留,看到邻居房屋着火主动破门救火等,虽然构成无权占有,但因同时构成无因管理而阻却违法。

另外,英美法中,也有针对返还原物请求的一些独特的抗辩。(1)第三人权利抗辩(defence of jus tertii),在这一抗辩之下,第三人拥有比原告更为优越的权利,被告可以此主张抗辩。按照1977年《英国侵权法(妨碍动产)》之规定,不当侵害动产诉讼中的被告有权按照法庭规则主张一个特定的第三人享有比被告更优先的权利,设计这一规则的目的在于防止被告承担双重责任(doubly liable)。[2] 而同样根据1977年《英国侵权法(妨碍动产)》,在有两个或两个以上的原告当事人诉讼程序中,要避免不法行为人(wrongdoer)在众多原告之中承担双重责任。[3] (2)在侵犯土地(trespass to land)诉讼中,被告可以在特定情形下主张必要性抗辩。高夫(Goff)勋爵将必要性抗辩类型化为三种情况:[4]第一种是公共必要性(public necessity)的案件,例如,破坏财产以阻止火势的蔓延;第二种是私人必要性(private necessity)的案件,例如,被告进入原告的土地阻止火势蔓延到邻居土地;第三种是其他必要性的案件,在这种案件中,有必要向一个其人身或财产处在紧迫危险中的人提供帮助,从而导致了诉讼。但在英国侵权法中,第三种情形的适用范围正在收紧。在伦敦索斯沃克市政厅诉威廉姆斯案中,[5]擅自占用他人不动产的被告抗辩,他非法占有空房的行为可以因其为无家可归者寻求庇护所的正当目的而合法化。丹宁勋爵(Lord Denning)就此有言:"必要性规则将为人们开启一道他们不能关闭的

---

〔1〕 参见日本大判大7. 12. 19民录第24辑,第2367页。转引自陈华彬:《债法各论》,中国法制出版社2014年版,第132页。

〔2〕 See Simon Deakin, Angus Johnston, and Basil Markesinis, *Markesinis and Deakin's Tort Law*, 6th edition, New York, Oxford University Press Inc., 2008 p. 485.

〔3〕 See Torts (Interference with Goods) Act 1977, Section 7 (2).

〔4〕 See Simon Deakin, Angus Johnston, and Basil Markesinis, *Markesinis and Deakin's Tort Law*, 6th edition, Oxford University Press Inc., New York, 2008, p. 505.

〔5〕 Southwark London Borough Council v. Williams, [1971] 1 Ch. 734, 744.

大门……这一抗辩将成为所有违法行为的托辞。因此,法院必须为了法律和秩序采取坚定立场。他们必须拒绝承认为了饥饿者和无家可归者而提出的必要性抗辩,并且要相信他们的苦难将通过慈善事业和公益事业而得到缓解。"[1] (3)普通法上的进入权(rights of entry)抗辩。按照普通法,在特定情况下,人们被允许进入由他人占有的土地,从而不认为是侵权。例如,为了降低妨害而进入他人土地。日常生活中这种滥用进入权的行为在现代社会已经几乎被忽略。比如,普通法上曾有使用海滩的权利,该权利属于王权,人们仅仅为了步行或行船经过或再经过可以使用海滩。但如果坐在或躺在海滩上晒日光浴或进入海中洗澡就是滥用进入权。[2] 因此,进入权是对他人返还原物(不动产)请求权的一种抗辩。(4)被原告授权进入的抗辩。在英美法中,这种授权可以是为特定目的而被明示或默示的许可。比如,商人被默示许可进入他人不动产以交付商品,参演电影或音乐会的人被默示允许进入他人建筑物内参加演出等。[3]

十、侵夺占有时抗辩权的排除

侵夺占有,即通过强力对他人的占有进行侵夺,从而取得对他人之物的占有。根据《德国民法典》第 992 条的规定,行为人通过不法行为或犯罪行为取得占有的,按照关于侵权行为之规定对所有权人的损害负责。[4] 从法理上来看,侵夺行为是法律打击的目标,所以侵夺人对于物的占有利益不能受法律保护。[5] 在德国法上,侵夺人取得的占有,将适用严格责任(verschärfte Haftung),占有人不受任何保护。[6] 这就意味着,侵夺占有后甚至在因为偶然原因导致标的物灭失或状态恶化的情形下,占有人也要承担责任。鉴于以上原因,学者认为,通过侵夺他人之物而取得占有的人,在被权利人提出返还原物的请求时,不享有相关的抗辩权。[7] 当然,就本书上述的抗辩事由中,侵夺人

---

〔1〕 Simon Deakin, Angus Johnston, and Basil Markesinis, *Markesinis and Deakin's Tort Law* (*Sixth Edition*), Oxford University Press Inc., New York, 2008, pp. 505 – 506.

〔2〕 See Vivienne Harpood, *Modern Tort Law*, 7th edition, Oxon, Routledge – Cavendish, 2009, p. 237.

〔3〕 Vivienne Harpood, *Modern Tort Law*, 7th edition, Oxon, Routledge – Cavendish, 2009, p. 238.

〔4〕 Vgl. Prütting / Wegen / Weinreich, *BGB Kommentar*, 5. Auflage, Luchterhand, 2010, S. 1879; 另请参见《德国民法典》(第 4 版),陈卫佐译注,法律出版社 2015 年版,第 360 页。

〔5〕 参见孙宪忠:《中国物权法总论》(第 3 版),法律出版社 2014 年版,第 441 页。

〔6〕 Manfred Wolf, *Sachenrecht*, 18. *Auflage*, Verlag C. H. Beck, München, 2002, S. 112.

〔7〕 参见孙宪忠:《中国物权法总论》(第 3 版),法律出版社 2014 年版,第 442 页。

并非一概不能援用,如给付不能的抗辩,侵夺人也是可以援用的,只不过在原物不存在的情况下,返还原物的诉讼请求将被损害赔偿的请求所替代而已,而对于损害赔偿的请求,则不法侵夺人是无法再行抗辩的。

第四节　返还原物请求权诉讼的证明责任

在民事诉讼活动中,证明责任的问题是核心问题,并被称为"民事诉讼活动的脊梁"。[1] 权利人通过诉讼主张返还原物请求权时,摆在法官面前的是存在于当事人双方之间的争议。法官要想作出最终的判决,必须首先确定所争议的事实是否如原告所主张的那样。如果事实确如原告所主张的那样,则会进一步考虑法律适用的问题;如果事实并非原告所主张的那样,则无须考虑法律适用的问题。所以,国外有学者甚至认为,诉讼中各方当事人所提供的证据可能决定实体法律规范的选择适用,从而决定当事人的实体权利。[2] 但是,司法实践中经常发生的情形是原告所主张的事实无法得到确认,既无法确定为真,也无法确定为假,也就是原告所主张的事实处于真伪不明状态。根据现代法治国家的一般要求,法官不能以事实状态处于真伪不明而拒绝实体裁判。因此,即使案件事实真伪不明,法官也必须硬着头皮作出裁判。但是,这种情况下法官作出判决也并非无规则的胡乱裁判,而必须遵循一定的规则,这就是证明责任的相关规则。研究返还原物请求权诉讼的证明责任问题,必须首先从证明责任的构成说起。

一、返还原物请求权诉讼的证明责任构成

(一)证明责任范畴的圈定

证明责任(Beweislast)是德国诉讼法上的一个重要概念,现在已经被大陆法系国家广泛接受。它是指当事人提出证据证明自己的事实主张,从而避免因待证事实真伪不明而承担不利后果。在诉讼法理论上,证明责任最初仅仅

---

〔1〕 参见毕玉谦:《民事证明责任研究》,法律出版社2007年版,前言部分,第1页。

〔2〕 See David A. Binder, Paul Bergman, *Fact Investigation*, St. Paul, Minn, West Publishing Co., 1984, p. 3.

指向法院提出证据的行为意义上的责任。[1] 自1883年,德国学者将证明责任分为"实质上的证明责任"(Materielle Beweislast)和"诉讼上的证明责任"(Prozessuale Beweislast)。[2] 此后,经过德国学者的努力,证明责任的双重含义逐渐成为通说。[3] 在现代的德国民事诉讼法理论中,证明责任被分为客观的证明责任和主观的证明责任。前者是指通过证据无法查明事实时,其结果应当有利于哪一方或不利于哪一方。客观的证明责任不取决于通过哪一种方式调查案件事实,因而即便是在实行职权主义模式的程序中也很重要。[4] 而主观的证明责任则是指为了不使自己主张的事实真伪不明而输掉诉讼,何方当事人可以且必须提出证明申请。主观证明责任也被称为举证责任(Beweisführungslast),它体现了一种从己方利益出发,为避免诉讼失败而就争议事实进行举证的必要性。[5] 在英美法中也有"举证负担"(onus of proof)的概念,[6]英美法系有学者认为,证明负担的概念有模糊不清的弊端,为清楚表达其含义,证明负担可以被理解为证据提供负担或证据推进负担(burden of producing evidence)和说服负担(burden of persuasion)两种。[7] 从功能比较上看,上述英美法学者所主张的证据提供负担类似于大陆法系中的主观证明责任,而其提到的说服负担则类似于大陆法系中的客观证明责任。

主观证明责任和客观证明责任的理论已经被我国民事诉讼法学理论所接受。而且,我国学者认为,主观证明责任(行为意义上的证明责任)和客观证明责任(结果意义上的证明责任)并不是指证明责任可以从这两个方面进行理解,而是指二者都是证明责任包含的两个方面,都是证明责任的组成部分。[8]

---

〔1〕 参见常怡主编:《比较民事诉讼法》,中国政法大学出版社2002年版,第401页。

〔2〕 Vgl. Julius Glaser, Handbuch des Strafprozesses, Leipzing, 1883 Ⅰ, S. 364 ff. Und Beitraege Zur Lehre Vom Beseis im Strafprozess Leipzig, 1883, S. 85 ff. 转引自常怡主编:《比较民事诉讼法》,中国政法大学出版社2002年版,第401页。

〔3〕 参见[德]汉斯·普维庭:《现代证明责任问题》,吴越译,法律出版社2006年版,第1编第2章的内容。

〔4〕 参见[德]罗森贝克、[德]施瓦布、[德]戈特瓦尔德:《德国民事诉讼法》(下),李大雪译,中国法制出版社2007年版,第848页。

〔5〕 参见[德]穆泽拉克:《德国民事诉讼法基础教程》,周翠译,中国政法大学出版社2005年版,第277页。

〔6〕 参见沈达明:《比较民事诉讼法初论》(上册),中信出版社1991年版,第273页。

〔7〕 See Jack H. Friendenthal, Michael Singer, *The Law of Evidence*, New York, The Foundation Press. Inc., 1985, p. 663.

〔8〕 参见张卫平:《证明责任概念解析》,载《郑州大学学报》(社会科学版)2000年第6期。

从主观证明责任和客观证明责任的机理上看,客观的证明责任是更为主要的,它决定着主观证明责任之范围。客观的证明责任往往由诉讼中的一方承担,并且到底让哪一方承担由法律事先进行规定,不会在当事人之间进行转移,[1]而主观的证明责任则会在当事人之间进行转换。负客观证明责任的当事人必须举证从正面证明待证事实的存在,而负主观证明责任的当事人只须举证证明负客观证明责任一方所主张的事实真伪不明即可。[2]

(二)返还原物请求权诉讼中的证明责任

在返还原物请求权诉讼中,原告是享有物权或依法可以行使物权的人,而被告是无权占有原告之物的人。就主观证明责任而言,原告显然需要证明其起诉主张的事实,而被告需要证明其反驳原告而主张的事实。就客观证明责任而言,如果由原告负担这一责任,则如果原告不能证明其待证事实(如被告是否为无权占有),或者只要被告的反证使待证事实真伪不明时,就要由原告承担败诉风险;如果客观证明责任由被告承担,则如果被告不能证明其待证事实(如被告是否为有权占有),或者只要原告的反证使待证事实处于真伪不明状态时,就要由被告承担败诉的风险。当然,这只是理论上的探讨。实践中,某一类型诉讼到底由谁承担客观证明责任,取决于法律的规定,这就涉及证明责任分配的问题。也就是说,需要根据《物权法》第 34 条确定的返还原物请求权规范和我国《民事诉讼法》确定的证明责任规则予以确定。

二、返还原物请求权诉讼中证明责任分配的难题

(一)我国现行法之下证明责任的分配规则

证明责任分配就是指在具体的案件审理中应该如何在当事人之间分配证明责任。如果不考虑管辖的话,证据问题无疑是民事诉讼中最为关键的一个方面。而证明责任分配的问题则无疑又是民事诉讼证据方面最为重要的内容之一,因而理应作为民事诉讼法的重要内容进行规定。但是纵观我国历次民事诉讼法的修订,这一问题并没有得到很好的解决。甚至有国外学者都指出,我国《民事诉讼法》在 2007 年修订后仍有不少备受批评之处,其中就包括证据

---

〔1〕 参见陈桂明、张卫平、潘剑锋:《国家司法考试辅导用书·民事诉讼法与仲裁制度》(第 3 卷),法律出版社 2003 年版,第 530 页。

〔2〕 参见谭兵主编:《民事诉讼法学》,法律出版社 2004 年版,第 257 页。

规则有待进一步正式化和阐明。[1] 然而,2012 年《民事诉讼法》的再次修改却并未完全弥补这一缺憾。虽然域外学者认为我国 2012 年《民事诉讼法》廓清了 20 世纪 80 年代发展起来的我国有关证据问题的规则。[2] 但很可惜,此次修订仍然没有能够完成关于证明责任分配的科学化问题。2017 年《民事诉讼法》修改,则没有涉及这一问题。很多人将 2012 年修订之后《民事诉讼法》第 64 条第 1 款规定的内容概括为"谁主张,谁举证",其中包括我国的实务界人士,[3]也包括域外学者。[4] 但是,这一认识并不准确。我国《民事诉讼法》第 64 条第 1 款的规定只是对提出事实主张的人的要求,而并不包含权利主张,也不包含法律主张。更没有表明当待证事实处于真伪不明的状态时应该如何裁判。就此而言,该条规定最多只是主观证明责任的规范,而不能说是客观证明责任的规范,[5]更不能说是证明责任的分配规则。

诉讼在理论上被认为好像是打碎法律问题硬核的大锤(sledgehammer),[6]然而在使用这一大锤解决问题的过程中需要包括证据在内的很多要素的参与。而证据作为能够证明案件真实情况的一切材料,对于民事诉讼中的事实确定具有重要意义。但现实中发生争议的案件事实却未必都能有相应的证据予以证实,当待证事实真伪不明时必须有一方承担败诉风险,这一点必须通过证明责任的分配规则予以明确。如前所述,虽然我国《民事诉讼法》第 64 条第 1 款的规定并非证明责任分配规则,但 2015 年颁布的《民诉法解释》

---

[1] See Kristie Thomas, "Dynamism in China's Civil Procedure Law: Civil Justice with Chinese Characteristics", in Colin B. Picker & Guy I. Seidman, eds., *The Dynamism of Civil Procedure - Global Trends and Developments*, Sydney, Springer International Publishing, 2016, p. 129.

[2] See Kristie Thomas, "Dynamism in China's Civil Procedure Law: Civil Justice with Chinese Characteristics", in Colin B. Picker & Guy I. Seidman, eds., *The Dynamism of Civil Procedure - Global Trends and Developments*, Sydney, Springer International Publishing, 2016, p. 131.

[3] 参见比较典型的如西双版纳州中级人民法院:《简述民事案件程序和谁主张谁举证原则的意义》,载 http://www.gy.yn.gov.cn/Article/sflt/xsyd/201212/30981.html,2017 年 2 月 11 日最后访问。

[4] See Kristie Thomas, "Dynamism in China's Civil Procedure Law: Civil Justice with Chinese Characteristics", in Colin B. Picker & Guy I. Seidman, eds., *The Dynamism of Civil Procedure - Global Trends and Developments*, Sydney, Springer International Publishing, 2016, p. 131.

[5] 参见张卫平:《民事诉讼法》(第 4 版),法律出版社 2016 年版,第 237 页。

[6] See Brenda Tronson, "Towards Proportionality - The 'Quick, Cheap and Just' Balance in Civil Litigation", in Colin B. Picker & Guy I. Seidman, eds., *The Dynamism of Civil Procedure - Global Trends and Developments*, Sydney, Springer International Publishing, 2016, p. 184.

第91条却被认为是关于证明责任分配规则的一般规定。[1] 根据该规定,我国民事诉讼证明责任的一般规则是,主张法律关系存在者,应对其产生的基本事实承担证明责任;主张法律关系变更、消灭或被妨碍者,应就其变更、消灭或被妨碍的基本事实承担证明责任。除了这一基本的证明责任分配规则之外,我国《民事证据规定》中还对合同类案件和侵权类案件确定了一些更为具体的证明责任分配规则,主要是:第一,主张合同成立并生效者,需要对合同订立或生效的事实负证明责任;主张合同变更、解除等类似事由者,对引起合同变动的诸事实负证明责任;合同是否履行的问题,由负履行义务一方负证明责任;代理权争议,则由主张有代理权者负证明责任。第二,在一般侵权案件中,主张损害赔偿者应就该请求权产生的主要事实负证明责任;免责事由或减责事由则由行为人负证明责任。第三,《民事证据规定》还对专利侵权、高度危险作业侵权等部分侵权行为诉讼的证明责任进行了规定,在《侵权责任法》实施后,《民事证据规定》中的物件损害诉讼、动物致人损害诉讼、共同危险责任以及医疗损害赔偿责任诉讼的证明责任分配规则被部分或全部修正。当然,也有人将其中部分诉讼的证明责任分配规则归入证明责任倒置的范畴。[2]

(二)返还原物请求权诉讼在现行规则之下分配证明责任的困难

根据上文对于证明责任分配规则的论述,返还原物请求权诉讼在《民事证据规定》中确定的若干具体证明责任分配规范中并没有被关注,因而只能通过一般的证明责任分配规则予以确定。然而,根据一般的证明责任分配规则,却会得到一个尴尬的结果。

1. 通过适用"主张法律关系存在一方负担证明责任"的规则会面临困难。法律关系实际是当事人经由权利义务结合成的规范关系,[3] 所以返还原物请求权本身就是返还原物法律关系中最为重要的内容,[4] 在诉讼的意义上作为

---

〔1〕 参见沈德咏主编:《最高人民法院民事诉讼法司法解释理解与适用》(上),人民法院出版社2015年版,第313页;另外的论述,还可参见张卫平:《民事诉讼法》(第4版),法律出版社2016年版,第238页。

〔2〕 参见张卫平:《民事诉讼法》(第4版),法律出版社2016年版,第241页。

〔3〕 Vgl. Rüthers / Stadler, *Allgemeiner Teil des BGB*, Verlag C. H. Beck München, 2003, S. 46; Larenz / Wolf, *Allgemeiner Teil des Bürgerlichen Rechts*, 9. Auflage, Verlag C. H. Beck München 2004, S. 226.

〔4〕 梅迪库斯教授指出,一项法律关系的内容首先是权利,而且往往同时有若干个权利。参见[德]迪特尔·梅迪库斯:《德国民法总论》,邵建东译,法律出版社2001年版,第55页。

返还原物请求权诉讼的原告当然属于主张返还原物法律关系存在的一方,根据一般的证明责任分配规则,他需要对产生返还原物法律关系的基本事实承担证明责任。而产生返还原物法律关系的基本事实当然是无权占有,因此,也就是原告需要对无权占有的事实承担证明责任。然而,无权占有是一个消极事实,到底返还原物请求权人是否应当承担对这一消极事实的证明责任呢?一种意见认为,权利人行使其返还原物请求权时,就无权占有的事实(包括侵夺的事实),应承担证明责任。并且,如果被无权占有的物是若干个独立物时,基于一物一权的原则,权利人应该就每一个物各自负担证明责任。〔1〕另一种意见则认为,无权占有显然属于一种消极的事实,而根据证据法的一般原理,消极事实是免予举证的。〔2〕所以,在返还原物的诉讼中,被告以自己并非无权占有提出抗辩的,原告对于被告无权占有的事实不承担证明责任,而应由被告对其占有为有权占有进行举证证明,否则应认为原告的请求有理。〔3〕以上论点,各有所据,均值得认真思考,这也使返还原物请求权诉讼按照一般的证明责任规则处理时遇到纷争和困难。

2. 通过适用"主张法律关系受到妨碍的当事人承担证明责任"的规则也会遇到困难。对他人之物的无权占有,可以视为是对他人(原告)物权的妨碍。〔4〕根据上文论述的证明责任分配的一般规则,主张法律关系受到妨碍的当事人应承担证明责任。据此,返还原物请求权诉讼中,原告若要主张其权利受到被告"无权占有"的妨碍,应就妨碍的基本事实通过举证加以证明,否则将承担败诉风险。而这里的妨碍,就是无权占有。也就是说,即使按照这一思路分配证明责任,返还原物请求权人(原告)也仍然需要证明行为人(被告)存在无权占有的事实,而这一事实仍然是一项很难证明的消极事实。因此,通过适用"主张法律关系受到妨碍的当事人承担证明责任"这一规则,返还原物请求权诉讼也仍然存在分配证明责任方面的困难。

3. 通过证明责任倒置(Beweislastumkehr)仍然遇到困难。证明责任倒置是

---

〔1〕参见黄宗乐:《物权的请求权》,载《台大法学论丛》1982 年第 11 卷第 2 期。

〔2〕参见王利明:《物权法研究》(第 3 版)(上卷),中国人民大学出版社 2012 年版,第 223 页。

〔3〕参见王利明:《物权法研究》(第 3 版)(上卷),中国人民大学出版社 2012 年版,第 223 页;崔建远:《物权法》,中国人民大学出版社 2009 年版,第 127 页。

〔4〕参见谢在全:《民法物权论》(上册),中国政法大学出版社 1999 年版,第 135 页;刘凯湘:《论基于所有权的物权请求权》,载《法学研究》2003 年第 1 期。

在一般的证明责任规则之下为了应对一些特殊案件，将一般的证明责任分配规则进行调整，把原本由一方负担的证明责任改为另一方承担。[1] 德国联邦最高法院（BGH）曾在一起医疗缺陷案件中因为违反职责和损害结果之间的偶然联系而采纳证明责任的倒置。[2] 罗森贝克还从理论上总结了四种倒置的情形：证明妨碍下的倒置、严重违反职业义务下的倒置、产品责任中的倒置以及违反阐明义务和咨询义务下的倒置。[3] 从法理上讲，证明责任的倒置是对一般规则的突破或修正，因此，大凡证明责任倒置，一般皆有法律的明确规定，一般不允许法官通过自由裁量而任意把证明责任的分配规则进行变通。[4] 我国现行法体系中涉及证明责任倒置的主要是《民事证据规定》第4条规定的部分情况：因新产品的制造方法发明专利而引发的专利侵权诉讼，由制造同样产品的单位或者个人对其制造方法相异于专利方法负证明责任；环境污染而引发的损害赔偿之诉，由加害人就免责事由和因果关系的不存在负证明责任。此外，医疗机构在违反诊疗规范、隐匿或拒不提供病历资料或伪造、篡改、销毁病历资料情形下，由被告（医疗机构）就其不存在过错承担证明责任。以上证明责任倒置的规则中并没有涉及返还原物请求权的情况。因此，检索证明责任倒置的规范，也没有适用于返还原物请求权诉讼的条文，通过证明责任倒置解决这一问题仍然遇到法律依据方面的困难。

三、返还原物请求权诉讼中的证明责任分配

（一）证明责任分配的理论基础

汉斯·普维庭（Hans Prütting）虽然曾经指出，证明责任分配的规则非常多，可以考虑通过规范说，也可以考虑通过完全成立说，还可以考虑通过法官的自由裁量。[5] 但是，整体上讲，证明责任分配的理论基础可以分为两类：一类是所谓待证事实分类说，即根据待证事实的性质或内容来确定由哪一方当

---

〔1〕 参见张卫平：《民事诉讼法》（第4版），法律出版社2016年版，第240页。

〔2〕 BGH NJW 2011, 3441, 2012, 227, Vgl. Walter Zimmermann, *ZPO – Fallrepetitorium: Grundlagen – Examenswissen – Referendariatspraxis*, 9. Auflage, C. F. Müller, 2012, S. 144.

〔3〕 [德]罗森贝克、[德]施瓦布、[德]戈特瓦尔德：《德国民事诉讼法》（下），李大雪译，中国法制出版社2007年版，第852～855页。

〔4〕 参见沈德咏主编：《最高人民法院民事诉讼法司法解释理解与适用》（上），人民法院出版社2015年版，第317页。

〔5〕 参见[德]汉斯·普维庭：《现代证明责任问题》，吴越译，法律出版社2006年版，第248页。

事人承担证明责任。[1] 依据不同的标准,待证事实分类说可以分为消极事实说、外界事实说以及基础事实说等。以消极事实说为例,该说主张待证事实分为积极的待证事实和消极的待证事实,只有主张积极待证事实的人才负担证明责任。该学说的缺陷在于,积极和消极是相对的,从某一角度看来是积极的事实,从另一角度看则可能是消极事实。并且,消极事实并非恒有证明困难。[2] 另一类则是法律要件分类说,即主张权利的一方要就作为权利根据的事实负证明责任,相对方则应就权利受妨碍或消灭的事实负证明责任。其中有代表性的学说是因果关系说、通常事实说、最低限度事实说、特别要件说、规范说,[3] 当然,影响最大的莫过于罗森贝克主张的规范说。罗森贝克主张,民法规范本身即具备证明责任分配的原则,这是立法者的预设。因此,法律规范之间或者相互补充,或者相互排斥,二者必取一。[4] 而民法中的规范分为两大类:一是权利发生的规范(基本规范),二是对立规范(权利妨碍规范、权利消灭规范、权利限制规范)。以此为基础,罗森贝克的规范说主张,凡主张权利存在者,应对权利发生的要件实事负担证明责任;凡否认权利存在者,应就权利妨碍、消灭或限制的要件事实负担证明责任。[5] 罗森贝克规范说的精髓就是,各方当事人皆须对各自规范之前提条件的存在负证明责任,如果不适用此规范其就无法赢得诉讼。概括而言就是,当事人须就有利于其自身的规范的前提条件负证明责任,[6] 但到底哪种规范是有利而哪种规范又是不利的,则需要对规范本身进行研究后才能下判断。[7] 当然,这只是一般的规则,而具体的划分则由实体法决定。总之,罗森贝克的规范理论,在不少情况下都能解决问题,自诞生以来,虽然不断受到批评和指责,但在德国法上稳居通说的地位。[8]

---

[1] 参见张卫平:《民事诉讼法》(第4版),法律出版社2016年版,第238~239页。

[2] 参见沈德咏主编:《最高人民法院民事诉讼法司法解释理解与适用》(上),人民法院出版社2015年版,第314页。

[3] 参见张卫平:《民事诉讼法》(第4版),法律出版社2016年版,第239页。

[4] 参见毕玉谦主编:《证据法要义》,法律出版社2003年版,第373页。

[5] 参见沈德咏主编:《最高人民法院民事诉讼法司法解释理解与适用》(上),人民法院出版社2015年版,第315页。

[6] Vgl. Rosenberg, ZPR, 9 Aufl. 1961, S. 555, Rosenberg, Beweislast, S. 12, 98, Rosenberg / Schwab, ZPR, 12. Aufl., § 118 Ⅰ2 (13. Aufl., § 118 Ⅱ2). 转引自[德]汉斯·普维庭:《现代证明责任问题》,吴越译,法律出版社2006年版,第362页。

[7] 参见毕玉谦:《民事证明责任研究》,法律出版社2007年版,第186页。

[8] 参见[德]汉斯·普维庭:《现代证明责任问题》,吴越译,法律出版社2006年版,第248页。

（二）证明责任分配的考虑因素

普维庭认为，证明责任分配和事实真伪不清时如何进行适用法律的方法问题并无关联，因而证明责任分配并非在适用法律过程中自发且必然产生的。实际上，证明责任分配规则是立法者所为的独立的风险分配。这种分配必须脱离开某个单独的实质性标准，否则，让立法者为每一个要件实事都确定证明责任规范，从法律内容和成本上计算，都将是无法承受之重。[1] 因此，一方面，需要确定一个可以相对普遍适用的证明责任分配的一般规则，例如，上述罗森贝克的规范说；另一方面，也需要在穷尽其他手段无法确定由哪一方承担证明责任时，允许法院依据公平原则和诚实信用原则，权衡考虑当事人各方的举证能力等各种因素，综合确定证明责任的分配。[2] 在此过程中，需要考虑以下几个方面的因素：(1)是否变更现状。一般来说，现状是双方都能认可的客观存在，但对现状的变更则构成对既有秩序的突破。从公平理念出发，应由主张现状已经变更的当事人对变更的要件事实负担证明责任，这被称为证明责任分配的消极基本原则。[3] (2)事实发生的盖然性是否高。根据统计数据和生活经验，如果一方主张的事实的发生概率比对方主张的事实的发生概率要小，则由该方当事人负担证明责任。由于例外事实往往是发生概率较低的事实，因此，让主张例外事实的一方就该事实承担证明责任，也符合公平原则。[4] (3)掌握证据的难易。对于那些证据分布不均衡，且事实主张者无法掌握证明其主张的证据的情形，应该让处于更容易掌握证据的一方负担证明责任。[5] 除了以上考虑因素之外，在证据法领域，还有诸如“按照危险领域分配证明责任”等其他考虑因素。不过，按照危险领域分配证明责任的学说主要适用于损害赔偿请求权或责任法领域，[6]对于这里所研究的返还原物请求权诉讼的适用关系不大，且本身也被批评，[7]故此处不再赘述。需要指出，以上的考虑因素在确

---

〔1〕 参见［德］汉斯·普维庭：《现代证明责任问题》，吴越译，法律出版社2006年版，第361页。

〔2〕 参见张卫平：《民事诉讼法》（第4版），法律出版社2016年版，第240页。

〔3〕 参见［日］新堂幸司：《新民事诉讼法》，林剑锋译，法律出版社2008年版，第397页。

〔4〕 参见［日］新堂幸司：《新民事诉讼法》，林剑锋译，法律出版社2008年版，第400页。

〔5〕 参见［日］新堂幸司：《新民事诉讼法》，林剑锋译，法律出版社2008年版，第399页。

〔6〕 参见［德］罗森贝克、［德］施瓦布、［德］戈特瓦尔德：《德国民事诉讼法》（下），李大雪译，中国法制出版社2007年版，第851页。

〔7〕 参见［德］罗森贝克、［德］施瓦布、［德］戈特瓦尔德：《德国民事诉讼法》（下），李大雪译，中国法制出版社2007年版，第851页。

定证明责任分配时并非单独发挥作用，而应该由法官综合考虑而予以决定。

（三）返还原物请求权诉讼中的证明责任分配

由于证明责任分配规则只针对案件的主要事实而设置，因此，需要根据案件中的具体诉讼请确定待证事实中哪些属于适用证明责任的主要事实，哪些属于不适用证明责任的非主要事实。而适用证明责任的主要事实其实都是诉讼请求所涉法律关系的要件事实，在返还原物请求权诉讼中，根据当事人具体的诉讼请求，会有不同的主要待证事实，因而证明责任的分配也有所不同。根据返还原物请求权诉讼的实践，各类涉及返还原物诉讼请求的案件中，大体有如下几类待证事实。

1. 返还原物纠纷的主要待证事实及证明责任分配

根据我国《物权法》第243条的规定，在返还原物纠纷中，原告请求返还原物和孳息的待证事实包括：原告拥有物权或具有与物权人相同的法律地位，被告占有标的物，被告的占有没有权源，标的物在被告占有期间产生孳息。对于上述待证事实，毫无疑问的是，除了“被告的占有没有权源”这一事实外，其余事实均应由原告负证明责任。前文已经述及，对于“被告的占有是否有权源”这一事实，到底应由哪一方负担证明责任，一直存有争议。既然按照一般的证明责任分配规则和证明责任倒置规则，都无法解决这一问题，这就属于“穷尽其他手段无法确定由哪一方承担证明责任”情况，此时应允许法院依据公平原则和诚实信用原则，权衡考虑当事人各方的举证能力等各种因素，综合确定证明责任的分配。根据上文讨论的确定证明责任分配时的盖然性的考虑因素，一般而言，物权人往往自己占有标的物，物权人自己不占有标的物而标的物被他人占有的，则属例外。因此，被告占有标的物属于例外，应由被告就其有权占有的事实负证明责任。同时，根据掌握证据难易方面的考虑因素，应该让掌握证据较为容易的一方负证明责任。而在权利和占有分离的场合，权利人主张占有人无占有权的证据很难掌握；而占有人主张自己为有权占有的证据则较易掌握，因为，占有人如果是有权占有，一般都会有合同或其他合法的凭证。因此，从掌握证据的难易方面考虑，也应由被告就其占有为有权占有负证明责任。基于上述考虑，本书认为，在原告因被告的无权占有提出返还原物的诉讼请求的，原告仅对自己拥有物权或具有与物权人相同的法律地位和被告占有标的物的事实负担证明责任，而对于“被告是否为有权占有”的事实，则应由被告负证明责任。在我国民法学界，不少学者也都持这一见解。[1] 在我国司法实践中，法院也作如上的见解。[2]

如果被告反诉请求原告支付善意占有期间的必要费用的，则待证事实还包括：占有人的占有为善意，占有人在占有期间为占有物支出费用，占有人支出的费用有必要。对于上述待证事实，当然应由被告负证明责任。

2. 遗失物、漂流物、埋藏物、隐藏物返还纠纷的主要待证事实及证明责任分配

在这些纠纷中，如果原告请求返还标的物（遗失物、漂流物、埋藏物、隐藏物）和孳息，则其待证事实包括：原告是标的物的物权人或依法可以行使物权的人，标的物是遗失物（漂流物、埋藏物、隐藏物），被告占有标的物，标的物在被告占有期间产生孳息。以上事实，应由原告负证明责任。另外，因为此处的标的物为遗失物等脱离物，除原权利人之外，任何人自无有权占有之理，因而不需要证明被告为无权占有这一事实。

如果被告反诉请求支付其在拍卖场所或经营场所购买标的物的费用的，则待证事实包括：购买场所、购买价格、已经支付价款。如果被告反诉请求原告支付占有标的物期间的必要费用的，则待证事实还包括：占有人在占有期间为占有物支出费用，占有人支出的费用有必要。在这里，涉及返还必要费用的诉讼请求时并不需要像一般返还原物纠纷中那样将“占有人的占有为善意”作为待证事实。因为，在遗失物、漂流物、埋藏物、隐藏物返还纠纷中，权利人领取遗失物（漂流物、埋藏物、隐藏物）支付必要保管费用是法定义务，法律其实推定占有人为善意。[3] 但是，如果被告是侵占遗失物（漂流物、埋藏物、隐藏物），则只要原告可以证明被告属于侵占，即可免除支付必要费用的义务。

---

〔1〕 参见王利明：《物权法研究》（上卷），中国人民大学出版社2012年版，第223页；崔建远：《物权法》，中国人民大学出版社2009年版，第127页；冉克平：《物权法总论》，法律出版社2015年版，第515页。

〔2〕 参见（2009）高新民初字第778号民事判决书。

〔3〕 根据我国《物权法》第112条第1款的规定：“权利人领取遗失物时，应当向拾得人或者有关部门支付保管遗失物等支出的必要费用。”因为，如果拾得人是恶意侵占他人的遗失物（漂流物、埋藏物、隐藏物），则根据《物权法》第243条的规定，权利人则无义务支付恶意占有人维护标的物的必要费用。

3. 公司证照返还纠纷的主要待证事实及证明责任分配

公司证照返还纠纷是返还原物纠纷在公司控制权争夺中的具体反映。[1] 在该类纠纷中，主要的待证事实包括：涉案证照是否为原告公司的证照、原告公司的法定代表人、被告是否占有涉案证照、被告的占有是否为有权占有。在公司证照返还纠纷中，因为证照的保管和维护费用非常低（一般只要存放到保险柜或文件柜中即可），基本可以忽略不计，因而实践中，必要的维护费用基本不作为待证事实。同时，在公司的经营实践中，股东大会虽然是公司内部的意思形成机关，但除了在股东大会召开时的极个别情形外，一般不对外代表公司进行法律上的交往。[2] 因而，以德国法为代表的大陆法系奉行董事会代表主义，即以董事会作为公司对外经营的代表机关。如，按照《德国民法典》第 26 条的规定，董事会在裁判中和裁判外都代表公司。[3] 但是，我国《公司法》第 13 条则明确规定，公司法定代表人应以章程规定为基础，由董事长、执行董事等个人担任。这表明，在我国公司实践中，法律仍然要求确定一人担当公司的法定代表人。基于法定代表人的代表公司的特殊性，一般而言，公司证照当然由法定代表人掌握和控制。考虑到实践中的公司证照返还纠纷可能涉及公司法定代表人和实际控制人的争斗，如无相反证据，则只要公司法定代表人代表公司出面要求返还，任何人都应当返还，哪怕是实际控制人。因此，在返还公司证照纠纷中，涉案证照是否为原告公司的证照、原告公司的法定代表人、被告是否占有涉案证照等待证事项一般由应由作为原告的公司承担证明责任，而被告占有涉案证照是否为有权占有，则应由被告承担证明责任。

另外，社团章程可以对法定代表人的职权范围作出调整，社团内部的决议也可能对部分事项作出调整。比如，仍然以《德国民法典》第 26 条规定为例，在公司章程中，可以对法定代表人的代理权范围作出调整。同样，德国法上的社团大会也在尚未将权利依法转授其他机构的范围内对社团所有事务负根本

---

〔1〕 参见蒙瑞：《公司证照返还纠纷的审查范围——盛明与北京日邦印刷有限公司证照返还纠纷案》，载 http://bj3zy. chinacourt. org/article/detail/2016/08/id/2051602. shtml，2017 年 2 月 25 日最后访问。

〔2〕 Vgl. Larenz / Wolf, *Allgemeiner Teil des Bürgerlichen Rechts*, 9. Auflage, Verlag C. H. Beck München 2004, SS. 188 – 189.

〔3〕 Vgl. Stefan Mensler, *Der Allgemeine Teil des BGB: Eine systematische Einführung in die Grundbegriffe des Bürgerlichen Rechts*, Fortis Verlag FH, 1998, S. 54.

责任。[1] 因此,实践中,根据公司章程的授权或公司股东大会或董事会有效决议,公司证照完全可能由并非是法定代表人的其他人来控制或管理。这一点,虽然不会使上述返还公司证照纠纷的证明责任分配格局发生变化,但对被诉无权占有公司证照的被告来说,则可能产生新的举证负担。因为被告据以证明其占有证照的授权决议记录很可能被公司(法定代表人)掌握,这又可能会产生新的返还原物(股东会或董事会决议记录)纠纷。

4. 取回权纠纷的主要待证事实及证明责任分配

取回权纠纷包括一般取回权纠纷和出卖人取回权纠纷。一般取回权纠纷的主要待证事实包括:原告系标的物的权利人、债务人占有标的物、[2]破产程序开始后债务人仍然占有标的物,在债务人系基于合同占有标的物的情况下,待证事实还包括债务人收到权利人催告已满30日(《企业破产法》第18条第1款)。在一般取回权纠纷中,债务人是否无权占有标的物可以不作为待证事实。或者可以说,在一般取回权纠纷中,不需要关注债务人有无占有标的物的依据,只须关注债务人在法院受理破产申请后是否明确主张继续履行此前的双方均未履行完毕的合同。只要破产管理人自破产申请受理之日起2个月内没有主张继续履行的,则依据我国《企业破产法》第18条第1款的规定,视为解除合同。也就是说,进入破产程序后,债务人此前据以占有标的物的合同,法律已默认其解除,除非债务人的管理人行使选择权,[3]积极地、明确地、主动地要求继续履行。所以,一般取回权纠纷中,法律默认债务人占有标的物的合同已被解除,也就相当于法律默认债务人的占有无法律依据。因此,债务人是否有占有权源,原则上不作为一般取回权纠纷的待证事实。以上待证事项,当然应由作为标的物权利人的原告负担证明责任。由于不需要对占有权源进

---

[1] Vgl. Stefan Mensler, *Der Allgemeine Teil des BGB: Eine systematische Einführung in die Grundbegriffe des Bürgerlichen Rechts*, Fortis Verlag FH, 1998, S. 54.

[2] 我国学界对于破产取回权的标的是否必须为物有争议,李永军教授认为,取回权的权源乃是所有权及其他物权,参见李永军:《论破产程序中的取回权》,载《比较法研究》1995年第2期;也有学者认为:"取回权的法理依据来源于民法上物的返还请求权……在一般民法意义上,为要求返还原物的权利。"参见郭毅敏:《破产重整:困境上市公司复兴新视野》,人民法院出版社2010年版,第213~214页。但许德风教授认为这是误解,并认为,回归到价值基础层面,可以说债权的取回深刻反映了取回权制度背后"不得将他人财产据为己有"的朴素公平观念。参见许德风:《破产法论——解释与功能比较的视角》,北京大学出版社2015年版,第222页。

[3] 参见许德风:《破产法论——解释与功能比较的视角》,北京大学出版社2015年版,第135页。

行证明,因而一般情况下,债务人不负证明责任。但是,在基于合同而对标的物进行占有的场合,如果债务人在进入破产程序后主动要求继续履行此前的合同的,则债务人的占有将成为为了继续履行合同而成立的有权占有。此时,债务人需要提出其主张继续履行的证据,从而完成对原告的抗辩。

取回权纠纷的另一种情形是出卖人取回权纠纷,由于出卖人取回权的设置是为了合理保障出卖人的权益,所以,出卖人取回权纠纷中的待证事实也与出卖人有关。该纠纷中的待证事实包括:原告与被告(债务人)之间存在买卖合同,出卖人已经将标的物向买受人发运,债务人还没有付清标的物全部价款,债务人进入破产程序时标的物尚在运途中。[1] 以上待证事实,应由原告负证明责任。由于此种情况下,债务人的管理人依法(《企业破产法》第 39 条)有权决定是否要求出卖人继续履行合同,因此,如果债务人的管理人选择支付价款而要求出卖人交付标的物的,则原告取回标的物(返还原物)的诉讼请求将被驳回。

四、返还原物请求权诉讼中的推定

在诉讼法理论中,推定(Vermutung)的深刻内涵并不容易确定,以至于罗森贝克曾经指出,迄今还没有人能够成功地阐述清楚推定的概念。[2] 但从作用的机理上探讨,推定来源于对常理的认识,即当甲事实存在时,生活经验告诉我们,乙事实存在的概率大于其不存在的概率。此时,法律规则和事物之盖然性相符。[3] 另外,推定还可能出于社会政策的考虑而进行。比如,在没有相反证据的条件下,婚姻关系存续期间所生的子女应推定为婚生子女。[4] 总之,推定是法律基于常理、规律(司法中的事实推定)或社会政策、立法技术(法律上的事实推定)而对客观事实的一种假设。借助推定,法官可以节省大量的时

---

〔1〕 参见李永军、王新欣、邹海林:《破产法》,中国政法大学出版社 2009 年版,第 95 ~ 96 页。本书采上述第三种理解。

〔2〕 参见[德]罗森贝克:《证明责任论——以德国民法典和民事诉讼法典为基础撰写》(第 4 版),庄敬华译,中国法制出版社 2002 年版,第 206 页。

〔3〕 See Robert Stevens, William Twining, Christopher McMrudden, *Evidence*, *Proof and Probability*, 2nd edition, 1983 by Sir Richard Eggieston, p. 107. 转引自毕玉谦:《民事证明责任研究》,法律出版社 2007 年版,第 408 页。

〔4〕 See Robert Stevens, William Twining, Christopher McMrudden, *Evidence*, *Proof and Probability*, 2nd edition, 1983 by Sir Richard Eggieston, p. 108. 转引自毕玉谦:《民事证明责任研究》,法律出版社 2007 年版,第 412 页。

间和消除周折并以此取得压倒性证明效果，但也只是在少部分案件中被反驳而丧失推定效力。[1] 也就是说，推定尽管可以更好地认定案件事实，但它终归只是法律意义上的事实，而非真实的客观事实，因此，存在被证据推翻的可能。除了有关于事实的推定之外，诉讼中还经常有关于权利的推定，二者在结构与功能上具有一致性。[2] 在返还原物请求权诉讼中，涉及动产权利、占有状态的证明和无权占有人主观状态的证明时，需要适用推定规则。在研究返还原物诉讼证明责任中，研究推定具有重要的意义。因为推定的效果会对证明责任产生直接的影响，减轻或降低对某些事实的证明难度。所以，普维庭综合德国学者的研究成果后确信，法律推定实质上就是证明责任分配的一种，属于证明责任分配规范。[3]

（一）在被告无权占有前原告一直占有动产标的物的，推定原告有本权

法律对于权利的推定从近代法以来被承认，最为典型的就是基于占有事实的所有权推定。《德国民法典》第 1006 条就直接作出了有利于动产占有人的所有权推定。这是因为，对动产占有人的所有权推定其实就是对现状的维持，既得权利应当继续存在。对动产占有的所有权推定在其他大陆法系国家也存在，《法国民法典》第 2279 条、《瑞士民法典》第 931 条、《日本民法典》第 188 条，都存在类似的规定。遗憾的是，我国《物权法》的占有规定中并没有规定占有的权利推定效力，但依照体系解释的方法，结合《物权法》第 23 条（动产物权变动中的交付主义）和《物权法》第 106 条（善意取得）的规定，应当理解为我国法上的动产占有，也具有权利推定的效力。[4] 据此，在涉及动产的返还原物请求权诉讼中，如果原告已经丢失当初取得涉案动产的权利凭证，如购物发票等，则只要能够证明其在被告无权占有标的物之前曾经一直占有标的物，则应推定其为权利人。当然，从法理上来讲，动产占有中的所有权推定只适用于自主占有人（Eigenbesitzer）而不适用于他主占有人（Fremdbesitzer），因为判断自主占有和他主占有，主要在于占有人可识别的意思。[5] 他主占有并无所有

---

〔1〕 Jon R. Waltz, Roger C. Park, *Evidence, Cases and Materials*, 9th edition, Foundation Press, 1999, pp. 738－739.

〔2〕 参见［德］汉斯·普维庭：《现代证明责任问题》，吴越译，法律出版社 2006 年版，第 73 页。

〔3〕 参见［德］汉斯·普维庭：《现代证明责任问题》，吴越译，法律出版社 2006 年版，第 73 页。

〔4〕 参见冉克平：《物权法总论》，法律出版社 2015 年版，第 569～570 页。

〔5〕 Vgl. Manfred Wolf, *Sachenrecht*, 18. *Auflage*, Verlag C. H. Beck, München, 2002, S. 79.

之意思,而既然要推定为所有权,当然应要求有所有的意思。不过,自主占有还是他主占有这一意思的可识别性并不是事实上的,而是法律上的。因为,到底是自主占有还是他主占有,其外部特征往往并不明确。因此,自主占有一般在法律中有推定,即自主占有本身也是推定的。[1]

(二)起诉时被告占有标的物的,推定被告此后一直占有标的物

在推定规则之下,如果一方当事人证明了某一基础事实,则推定事实就假定被证实,除非相对方当事人以反证把推定推翻,或者说,把推定事实推到前后矛盾的状态。[2] 按照日常生活经验或规律,一个人被发现占有某一标的物,则在没有相反证据的情况下,一般人都会认为他其后还在继续占有该标的物。基于这一认识,在返还原物请求权诉讼中,应当认为,起诉之前的合理时间内,被告占有涉诉标的物的,推定被告在起诉时仍然占有标的物,在诉讼过程中也仍然占有标的物,在裁判生效后还仍然占有标的物。作这样的推定,在诉讼中有如下意义:(1)可以降低起诉门槛,更好地维护当事人的合法权益。因为占有的信息往往在控制和占有标的物的被告方,如果要求原告在起诉的时点和诉讼中的任何一个时点都负责证明被告仍然占有标的物,这不但费用巨大,而且往往不可能。(2)可以提高诉讼效率。在返还原物请求权诉讼中,原告对于被告控制和占有标的物的情况很难一一证明,而相反,被告则很容易对此事进行证明,因而这样的推定能够保证诉讼不被拖沓。(3)对这一推定,被告可以通过反证予以推翻,因而不致于蒙受不公正待遇。一方面,被告可以直接对被推动事实(一直占有标的物)的前提事实(起诉前占有标的物)提出反证,[3] 如举证证明起诉前的所谓"占有"并无占有意思,只是偶然事件导致标的物放在自己身边。另一方面,被告还可以对被推定的事实(一直占有标的物)本身提出反证,[4] 如证明标的物已经灭失或转让等。

(三)被告的无权占有推定为善意无权占有

返还原物请求权诉讼中被告的占有尽管是无权占有,但也有善意和恶意之分。善意无权占有是说占有人主观上并不知道其为无权占有反而自信有正

---

[1] Vgl. Hans Josef Wieling, *Sachenrecht*, Springer - Verlag, 1992, S. 182.

[2] See Peter Murphy, *A Practical Approach to Evidence*, New York, Blackstone Press Limited, 1992, p. 88. 转引自毕玉谦:《民事证明责任研究》,法律出版社 2007 年版,第 411 页。

[3] 参见毕玉谦:《民事证明责任研究》,法律出版社 2007 年版,第 471 页。

[4] 参见毕玉谦:《民事证明责任研究》,法律出版社 2007 年版,第 472 页。

当权利而占有,恶意占有则是明知无权利而为占有。占有人的无权占有是否为善意,属于内心之事,证明难度非常大。而从常理来看,善意则属常态,所以,法律一般都会推定常态下的占有为善意占有。[1] 我国台湾地区"民法"第944条对此有明确规定。虽然我国《物权法》并没有明确规定对于占有人的善意推定,但是学者一般认为,如果没有相反证据,应当推定占有人的占有为善意占有。[2] 因此,在返还原物请求权诉讼中,如果被告反诉主张无权占有期间为维护标的物而支出的必要费用的,无须对其自身的善意负证明责任。当然,如果原告有证据证明被告为恶意的,当然可以推翻对被告善意的推定。

第五节　返还原物请求权诉讼的裁判

返还原物请求权诉讼中,法官在主导程序的过程中,还需要关注纠纷的实体解决。而基于返还原物请求权自身的特点,法官在裁判返还原物请求权诉讼中往往需要遵循某些特殊的裁判方式和基准,这样才能真正实现返还原物请求权的制度目标。

一、法官在返还原物请求权诉讼中的释明

(一)所谓释明

释明是大陆法系国家民事诉讼立法和学理上的概念,它是指法院在民事诉讼过程中,为了使争议的事实关系更加明确,而就部分事实或法律事项发问当事人以督促其提出主张和证据。[3] 释明制度在立法中的体现,最典型的莫过于《德国民事诉讼法》第139条,以至于有人将其称为民事诉讼中的"帝王条款"。[4] 我国《民事诉讼法》中虽没有释明的专门规定,但学者普遍认为最高人民法院2001年《民事证据规定》第3条第1款、第35条第1款等规定了我国

---

〔1〕 参见郑冠宇:《民法物权》(第2版),台北,台湾新学林出版股份有限公司2011年版,第693页。

〔2〕 参见梁慧星、陈华彬:《物权法》(第4版),法律出版社2007年版,第404页;王利明:《物权法研究》(第3版)(下卷),中国人民大学出版社2013年版,第1487页。

〔3〕 参见熊跃敏:《民事诉讼中法院的释明:法理、规则与判例——以日本民事诉讼为中心的考察》,载《比较法研究》2006年第4期。

〔4〕 [德]鲁特尔夫·瓦瑟尔曼:《从辩论主义到合作主义》,载[德]米夏埃尔·施蒂尔纳编:《德国民事诉讼法学文萃》,赵秀举译,中国政法大学出版社2005年版,第364页。

民事诉讼中的释明。[1] 无论学界对于释明制度的教义学解释如何有分歧，但释明在保护当事人诉讼能力实质上的平等方面，的确是有所作为的。并且，在此过程中，法院也成就了自己作为“双方当事人中立的帮助人”的角色地位。[2]

(二)返还原物请求权诉讼中需要的释明事项

1. 关于案由的释明

本书开首部分曾经指出，司法实践中不少以“返还原物”为诉讼请求的案件，通过“返还财产纠纷”“不当得利纠纷”等文不对题的案由进入诉讼。民事案由在我国民事诉讼中具有重要的地位，不当选择案由可能导致败诉结果。[3] 因此，当原告以返还原物为诉讼请求，但非以“返还原物纠纷”“遗失物(漂流物、埋藏物、隐藏物)返还纠纷”“公司证照返还纠纷”“取回权纠纷”等法定案由为案由起诉时，法官应向当事人进行释明，引导原告选择正确的案由进行诉讼。在被告是基于合同而占有标的物的情况下，案由还可以根据相关的合同纠纷进行确定(如租赁合同纠纷)。因此，法官还可向原告释明以实际涉及的合同纠纷作为案由。

2. 关于诉讼请求的释明

对诉讼请求相关事项的释明也应是法官释明的重要范围，[4]这一情况在返还原物请求权诉讼中体现得非常明显。

(1)完善诉讼请求的释明。例如，在实践中，原告可能只是请求返还原物，但对于原物的孳息没有涉及。而根据我国《物权法》第 243 条的规定，原告不仅可以请求返还原物，还可以请求返还孳息。为满足当事人一次性解决纠纷的需求，[5]避免当事人的诉累，如果原告起诉时没有提出返还孳息的诉讼请求，法官应对此进行释明，引导原告完善其诉讼请求。在经过法官释明后，原

---

[1] 参见严仁群：《释明的理论逻辑》，载《法学研究》2012 年第 4 期；熊跃敏：《民事诉讼中法院释明的实证分析——以释明范围为中心的考察》，载《中国法学》2010 年第 5 期。

[2] 参见[德]奥特马·尧厄尼希：《民事诉讼法》(第 27 版)，周翠译，法律出版社 2003 年版，第 129 页。

[3] 参见宋旺兴：《民事案由制度研究》，武汉大学法学院 2012 年博士学位论文，第 39 页。

[4] 参见熊跃敏：《民事诉讼中法院释明的实证分析——以释明范围为中心的考察》，载《中国法学》2010 年第 5 期。

[5] 参见北京市第一中级人民法院课题组：《关于建立民事审判纠纷一次性解决机制的调研报告》，载《法律适用》2013 年第 1 期。

告仍明确表示不主张孳息的，则应视为原告对其权利的处分。并且，基于二审法院审理范围不能超过一审诉讼请求范围的法理，二审中，如果原告又提出增加孳息诉讼请求的，二审法院将不予处理，除非双方当事人一致同意由二审法院一并审理或进行调解。〔1〕如果原告请求的法定孳息数额不明确或较低，法官是否应当释明呢？这一问题有不同的解答。一种意见认为应当准许释明，因为部分对法律无知的人并不知道自己有请求较高数额的权利，因而对于这些人并不存在处分权的问题，况且，既然允许"质"的释明，那也应该允许"量"的释明。〔2〕但另一种意见认为不宜释明，因为这是当事人自己处分权利的自由，〔3〕并且，从国外的立法例看，《美国联邦民事诉讼规则》曾明确规定，哪怕当事人在诉请中没有主张某一项救济，但任何其他的最终判决也应判给有资格得到该救济的当事人该项救济。〔4〕美国加利福尼亚州的法律也规定人身损害案件的当事人可以不提出具体数额方面的主张。〔5〕甚至大陆法系的德国也在判例中许可了不使用数额进行表示的给付请求。〔6〕但本书认为，尽管民事诉讼中的确存在无法固定请求数额的情况，但在返还原物请求权诉讼中涉及孳息数额的请求，一般是可以固定的，因而如果原告请求数额不明确，法官应当进行释明，以最大限度从实质公平的角度维护其权益。例外情况下，请求数额确实难以确定的，也可以通过释明引导原告在起诉中表明孳息数额的计算方法，从而更好地实现一次性解决纠纷的目的。

（2）变更诉讼请求的释明。返还原物请求权诉讼的案件受理后，如果被告无权占有的标的物已经灭失或转让导致第三人善意取得的，则即便原告关于返还原物的诉讼请求有实体法依据，但也将因标的物的灭失而导致返还原物的诉讼请求最终无法实现。根据前文的论述，此时，原告可以提出损害赔偿的替代性诉讼请求，确保其权利不因标的物的灭失而受到实质影响。这种情况

〔1〕参见我国《民诉法解释》第328条。
〔2〕参见严仁群：《释明的理论逻辑》，载《法学研究》2012年第4期。
〔3〕参见赣州市中级人民法院（2009）赣中民四终字第188号民事判决书。
〔4〕See Federal Rules of Civil Procedure, § 54 (c).
〔5〕See California Code of Civil Procedure Section 425.10 (b).
〔6〕参见［德］穆泽拉克：《德国民事诉讼法基础教程》，周翠译，中国政法大学出版社2005年版，第39页。

下,为了一次性解决纠纷,法官可以对原告进行释明,引导其变更诉讼请求。[1] 需要指出的是,变更诉讼请求的释明虽然在我国《民事诉讼法》中没有明确,但在我国《民事证据规定》第35条有明确规定。此外,我国台湾地区在1990年修改其“民事诉讼法”时,也对其诉讼制度解决纠纷的功能进行了改造,在诉的变更和诉的追加方面特意加强了法官的阐明义务,[2]其目的也是一次性解决纠纷。

3. 关于法律适用的释明

在德国法和日本法上,有所谓“法律观点开示义务”。[3] 在我国的审判实践中,传统上认为法官对于案件的法律适用观点属于审判秘密,不属于释明范围。但随着法治观念的发展,立法和实务中都已经接受“法官法律观点开示”的观念,甚至有学者提出,当裁判最终适用的法律与当事人在诉讼中所提出的法律观点大相径庭时,法院不但应对该法律的适用进行释明,而且如果不释明就不能将此作为裁判的依据。[4] 这一论断也的确与主要大陆法系国家把释明范围扩展到法的评价及观点这一趋势相符合。在返还原物请求权诉讼中,也存在大量的需要对法律适用进行释明的情况。最为典型的是,原告往往将没有给付原因或给付原因嗣后不存在的金钱给付作为返还的对象,并适用返还原物条款。[5] 只有金钱给付是可以特定化的情况时,如用特定包装纸封装的金钱,才可以适用返还原物条款,否则应适用不当得利返还条款,法官应予释明。此外,还有人将排除妨害纠纷与返还原物纠纷相混淆,[6]此时,法官亦应对返还原物与排除妨害的法律适用问题进行释明。

4. 关于诉讼时效抗辩的释明问题

关于诉讼时效应否释明的问题,素有争论。《德国民事诉讼法》2001年修改后还就此问题出现了不同的判决意见。柏林高等法院在2002年的一起案件

---

〔1〕 参见[日]中野贞一郎:《过失与推认》,弘文堂1988年版,第254页。转引自熊跃敏:《民事诉讼中法院释明的实证分析——以释明范围为中心的考察》,载《中国法学》2010年第5期。

〔2〕 参见陈荣宗、林庆苗:《民事诉讼法》(中),台北,三民书局2006年版,第538页。

〔3〕 熊跃敏:《民事诉讼中法院的释明:法理、规则与判例——以日本民事诉讼为中心的考察》,载《比较法研究》2004年第6期。

〔4〕 参见熊跃敏:《民事诉讼中法院释明的实证分析——以释明范围为中心的考察》,载《中国法学》2010年第5期。

〔5〕 参见(2016)京0114民初7169号民事判决书。

〔6〕 参见(2015)通中民终字第1124号民事判决书,(2013)扬民终字第1187号判决书。

中裁定,2001 年新《德国民事诉讼法》修正后法官须在更广范围内履行阐明(释明)义务,就可能的时效抗辩,法院负阐明义务。但德国联邦最高法院在 2003 年 10 月 2 日的一起案件中则认为,法官就可能的消灭时效抗辩,不负阐明义务。[1] 从主张时效抗辩的法律效果看,无论是诉权消灭主义,还是实体权利消灭主义,抑或是德国民法上的抗辩权发生主义,其最终的结果都是使权利人的权利无法通过诉讼而实现。因此,法院对时效进行释明可以转化为这样一个因果关系判断:法院为了保护当事人的抗辩权利而向该当事人进行释明,该当事人在法院的释明下行使时效抗辩的权利,对方当事人因时效抗辩而导致其实体权利不能通过诉讼而实现。这一因果关系的实质是,法院以极大遏制一项实体权利为代价而保全另一项权利,这是有违法院作为中立裁判者的地位的,也与释明的主旨不符。[2] 所以,本书认为,在时效抗辩的问题上,法院不应进行释明。我国 2008 年发布的最高人民法院《关于审理民事案件适用诉讼时效制度若干问题的规定》也正是坚持了这一原则。根据我国《民法总则》第 196 条第 2 项的规定,不动产物权和已登记的动产物权的返还不适用诉讼时效。这也就意味着在我国非登记动产物权的返还是适用诉讼时效的,而非登记动产物权在我国是大量存在的。因此,在很大一部分的返还原物请求权诉讼中都存在适用时效规则的可能,如果被告在此类诉讼中没有主张时效抗辩或不知有时效抗辩的,法院不应进行释明。

二、返还原物请求权诉讼的可能结果

返还原物请求权诉讼表现在案由上虽然有返还原物纠纷、取回权纠纷等不同的类别,但其诉讼请求的实质都是返还原物,因而在结果上是也主要是返还原物的诉讼请求能否得到支持的问题。根据民事诉讼的一般规律,返还原物请求权诉讼的逻辑结果和实际结果不外乎有以下四种:

1. 裁定驳回起诉。按照罗森贝克的观点,诉讼如果不合法或不正当,则应当被驳回。[3] 但实际上,这里的驳回在我国诉讼法上被分为两种,即诉讼不合法时的裁定驳回和诉讼不正当时的判决驳回诉讼请求。前者并非实体裁判,

---

〔1〕 Vgl. BGHZ,156,270 ff. 转引自刘明生:《消灭时效抗辩阐明之研究》,载《法学新论》2010 年第 5 期。

〔2〕 参见严仁群:《释明的理论逻辑》,载《法学研究》2012 年第 4 期。

〔3〕 参见[德]罗森贝克、[德]施瓦布、[德]戈特瓦尔德:《德国民事诉讼法》(下),李大雪译,中国法制出版社 2007 年版,第 997 页。

因而并不妨碍原告在不合法原因消除后重新提起诉讼。而后者则是就所主张的请求权的不存在而作出的可以发生既判力的宣判，无论是因诉讼请求欠缺正当理由还是因抗辩主张理由充分，其结果都是该项请求权不能通过诉讼被再次提起。[1] 返还原物请求权诉讼中，也同样是这样的情况，即起诉主体不合法或缺乏其他起诉条件的，将被裁定驳回起诉。

2. 判决驳回诉讼请求。返还原物请求权诉讼中如果原告的返还原物请求本身在实体上并不存在，或者被告主张有权占有并提出合法有效证据的，或者有其他足以让返还原物请求不能得到支持的，案件将被判决驳回诉讼请求。

3. 判决返还原物。返还原物请求权人提出了合法有效的证据证明其权利无瑕疵，而被告没有提出有效的抗辩主张，或者虽然提出了抗辩主张，但又无有效证据证明其抗辩主张的，案件将被判决返还原物。

4. 对替代性诉讼请求的判决。如果返还原物请求权本身是成立的，但由于标的物毁损灭失而导致无法返还原物，且原物的价值非常明确的，则替代性损害赔偿诉讼请求应该得到支持。如果原告提出了假设的替代性诉讼请求，则只要返还原物请求权本身存在，被告又无有效抗辩，且原物价值能够确定，则可以在判决主文中支持原告假设的替代性诉讼请求。

三、返还原物请求权诉讼的裁判基准

（一）裁定驳回起诉的裁判基准

裁定驳回起诉一般适用于原告不具有程序意义上的诉权的情形，[2]在返还原物请求权诉讼中，以下情形将可能导致原告被裁定驳回起诉：

1. 原告不具备诉讼能力。诉讼能力是当事人自己或通过他人有效实施诉讼行为的能力，这是实施诉讼行为的前提。一般情况下，欠缺诉讼能力，其诉讼行为无效，[3]应被裁定驳回起诉。比如，以被注销的公司为原告请求返还公司账簿等，应被裁定驳回起诉。

2. 原告并非返还原物请求权主体。返还原物请求权主体必须是物权人或

---

[1] 参见[德]罗森贝克、[德]施瓦布、[德]戈特瓦尔德：《德国民事诉讼法》（下），李大雪译，中国法制出版社2007年版，第998页。

[2] 参见山东省高级人民法院研究室：《驳回起诉和驳回诉讼请求的适用》，载《山东审判》2006年第3期。

[3] 参见[德]奥特马·尧厄尼希：《民事诉讼法》（第27版），周翠译，法律出版社2003年版，第59、91~93页。

依法可以行使物权的人，如果原告无权就标的物行使返还原物请求权，则意味着其不具备诉的利益，法院对其诉讼请求作出判决即无必要，[1]因而应裁定驳回起诉。

3. 返还原物确权所指向的被告占有的土地涉及权属纠纷，需要以确权为前提。根据我国《土地管理法》第16条的规定，涉案纠纷涉及土地所有权和使用权争议的，由人民政府处理。也就是说，此时法院应裁定驳回起诉。

4. 返还原物纠纷是因政府调整划转企业国有资产所引发。根据相关司法解释的规定，政府或政府主管部门对部分企业的国有资产进行调整或划转过程中引发的企业之间的纠纷，应由政府或其国有资产管理部门进行处理，人民法院不作为民事案件予以受理。[2] 因此，该类纠纷如果受理，法院应裁定驳回起诉。

5. 原告已经提起返还原物请求权的诉讼，其后再行起诉。针对同一标的物，原告已经起诉请求返还原物，并且在该诉讼进行过程中再次起诉返还原物的，此时，法院应裁定驳回起诉。

6. 针对同一标的物的返还原物判决已经生效，其后再行起诉，也应裁定驳回起诉。

7. 基于合同而发生的返还原物纠纷，合同中约定有仲裁条款。比如，租赁合同中约定了解决纠纷的仲裁条款，嗣后如因租赁合同届满的返还租赁物问题发生争议而诉至法院，法院在查明有仲裁协议的情况下，应裁定驳回起诉。[3]

8. 被告并非标的物的占有人。被告并非标的物占有人表明被告缺乏实体资格，[4]根据传统大陆法系国家的诉讼理论，被告是原告所主张权利对应义

---

[1] 参见张卫平：《民事诉讼法》（第4版），法律出版社2016年版，第189页。

[2] 最高人民法院《关于因政府调整划转企业国有资产引起的纠纷是否受理问题的批复》中指出，因政府及其所属主管部门在对企业国有资产调整、划转过程中引起相关国有企业之间的纠纷，应由政府或所属国有资产管理部门处理。国有企业作为当事人向人民法院提起民事诉讼的，人民法院不予受理。当事人不服政府及其所属主管部门依据有关行政法规作出的调整、划转企业国有资产决定，向人民法院提起行政诉讼，凡符合法定起诉条件的，人民法院应予受理。

[3] 参见山东省高级人民法院研究室：《驳回起诉和驳回诉讼请求的适用》，载《山东审判》2006年第3期。

[4] 参见[德]罗森贝克、[德]施瓦布、[德]戈特瓦尔德：《德国民事诉讼法》（上），李大雪译，中国法制出版社2007年版，第287页。

务的承担人，[1]如果被告并非占有标的物的人，被告就无法承担返还原物请求权所对应的返还义务，因此应判决驳回原告诉讼请求，这也就是奥特马·尧厄尼希(Othmar Jauernig)所谓的“如果缺少被动适格(被告适格)，则诉讼应当视之无理由而驳回”。[2] 然而，被告不适格是否导致判决驳回诉讼请求的法律后果是有不同意见的。第一种意见认为，当事人是否适格的问题本身就是诉讼标的是否存在的问题，因此，如果被告(当事人)不适格，则应该通过本案判决驳回。这一意见是德国学界的通说，按照这一观点，当事人是否适格的判断需要经过实质审理，应该赋予该判决既判力。[3] 第二种意见认为，被告不适格，应当用诉讼判决驳回。[4] 这里的诉讼判决不同于本案判决，是指未经实质审理而作出的判决，并无既判力。第三种意见认为，被告不适格属于诉讼合法要件不具备的情形之一，并未经过实质审理，应以裁定驳回。[5] 第四种意见认为，当事人是否适格关系到诉讼实施权的审查，法院应该依职权为之，如不适格将被裁定驳回或判决驳回。[6] 第五种意见认为，被告程序不适格的，应裁定驳回起诉；被告实体不适格的，应判决驳回诉讼请求。[7] 在我国的司法实践中，对于被告无实体资格的情况，法院一般倾向于裁定驳回起诉，[8]但也存在以被告不适格为由判决驳回诉讼请求的情况。[9]

本书认为，在返还原物请求权诉讼中，被告必须是无权占有人，而如果原告没有证据证明被告就是占有标的物的人，则诉讼将无法进行被告是否有占有权源的实质审理。因此，总体而言，当被告缺乏实体资格时，案件尚无法完全进入争议法律关系的实质审理，通过判决的形式作出处理决定意味着对原

---

〔1〕 参见[德]奥特马·尧厄尼希：《民事诉讼法》(第27版)，周翠译，法律出版社2003年版，第104页。

〔2〕 [德]奥特马·尧厄尼希：《民事诉讼法》(第27版)，周翠译，法律出版社2003年版，第105页。

〔3〕 参见[德]穆泽拉克：《德国民事诉讼法基础教程》，周翠译，中国政法大学出版社2005年版，第74页。

〔4〕 参见姚瑞光：《近年修正民事诉讼法总评》，中国政法大学出版社2011年版，第1~3页。

〔5〕 参见邱联恭：《程序利益保护论》，台北，三民书局2005年版，第35~40页。转引自熊洋：《民事诉讼当事人适格问题研究》，武汉大学法学院2012年博士学位论文，第25页。

〔6〕 参见骆永家：《民事法研究Ⅰ》，载《法学丛书》1980年第27期。转引自熊洋：《民事诉讼当事人适格问题研究》，武汉大学法学院2012年博士学位论文，第25页。

〔7〕 参见刘尊如：《论当事人适格制度》，载《山东审判》2006年第4期。

〔8〕 参见(2014)房民初字第13700号民事判决书。

〔9〕 参见河南省平顶山市中级人民法院(2010)平民三终字第167号民事判决书。

告此后再次起诉的排除,不利于从实质上维护其合法权益,在我国尚未承认本案判决和诉讼判决区分的情况下,应以裁定驳回起诉为宜。

（二）判决驳回返还原物诉讼请求的裁判基准

判决驳回诉讼请求是对原告权利的实体上的否定,一旦生效,将产生既判力,排除对该判决有效认定的法律后果实施任何再次的审理和判决。[1] 在返还原物请求权诉讼中,以下情形将可能导致原告被判决驳回诉讼请求:

1. 被告举证证明其具有占有权源。被告有合法权源是返还原物请求权最有力的抗辩,被告提出这一抗辩,原告如果无法提出反证予以推翻的,则将被判决驳回诉讼请求。

2. 被告提出有效的时效抗辩。上文已经述及,诉讼时效届满的法律效果有不同的立法例,根据我国相关司法解释的规定,我国诉讼时效届满的法律效果采取抗辩权发生主义,当时效届满时,原告的请求权将被时效抗辩所阻断,法院需要以判决驳回原告诉讼请求。

3. 标的物是禁止流通物。原告返还原物请求权所指向的标的物是禁止流通物的,如毒品、军火等,法院在查明标的物的性质后,应判决驳回诉讼请求。这种情况之所以不采用裁定驳回起诉的方式是因为,在我国,裁定主要解决程序事项,一般没有既判力,只有羁束力。[2] 如果通过裁定驳回起诉的方式处理涉禁止流通物的返还原物纠纷,这就意味着,当事人其后还能起诉。[3] 而通过判决驳回诉讼请求,则意味着法院已经对该案进行了实质审理,并且从实体上确认了原告请求返还禁止流通物的违法性。通过判决驳回诉讼请求,阻断了原告此后再行起诉的可能,也体现了法院对于违法流转禁止流通物的否定性评价。

4. 标的物已经灭失或由他人善意取得,在法院向原告释明变更诉讼请求的情况下,原告坚持返还原物诉讼请求。返还原物请求权的行使要件之一是原物的存在,如果原物已经灭失,或被他人善意取得,则返还原物请求权将发生客观履行不能。此时,法院应向原告释明,引导其把返还原物的诉讼请求变

---

[1] 参见[德]罗森贝克、[德]施瓦布、[德]戈特瓦尔德:《德国民事诉讼法》(下),李大雪译,中国法制出版社2007年版,第1144页。

[2] 参见张卫平:《民事诉讼法》(第4版),法律出版社2016年版,第437页。

[3] 根据我国《民诉法解释》第212条的规定,裁定不予受理、驳回起诉的案件,原告再次起诉,符合起诉条件且不属于《民事诉讼法》第124条规定情形的,人民法院应予受理。

更为损害赔偿的诉讼请求。如果原告坚持其返还原物诉讼请求而不接受法院释明的，判决驳回其诉讼请求。

5.被告认可自己占有标的物但诉讼时已经找不到。在司法实践中经常有这样的情形，被告认可自己占有标的物，且为无权占有，但在诉讼时，标的物已经找不到。按照民事诉讼的一般规律，原告需要就返还原物请求权行使的要件事实负证明责任。也就是说，原告需要证明，被告在诉讼时现实地占有标的物。或者原告至少应将这一待证事实证明到被告占有标的物具有高度可能性的地步，即达到高度盖然性的证明标准，[1]否则，法官将无法形成支持原告事实主张的内心确信，从而只能判决驳回其诉讼请求。在我国的司法实践中，法院对于这种被告找不到标的物的情况一般也都是判决驳回诉讼请求。[2]不过，实践中另有一种观点认为，[3]在已经确认被告无权占有标的物事实的情况下，如果仅仅是被告在诉讼时找不到标的物，不应判决驳回诉讼请求，而应判决返还原物。其理由是：第一，审判解决的实体权利争议，并不解决执行问题。甚至在执行中，也可能存在原物灭失的问题，此时，经双方当事人同意，可以进行价值赔偿。[4]因此，只要判决中确定的义务并非确定的客观履行不能，则不应以暂时的找不到而驳回原告的权利请求。第二，标的物找不到是很难证明的，只要原告证明起诉前被告已经占有了标的物，就应推定被告占有标的物。如果被告主张标的物找不到，则应由被告负证明责任。如果被告不能证明，则应由被告承担不利后果，从而支持原告返还原物的诉讼请求。第三，在损害赔偿诉讼中，法院不会因被告现在没有赔偿能力（没有履行能力）而判决驳回原告的诉讼请求。同样，在返还原物诉讼中，法院也不能因被告找不到标的物（没有履行能力）而判决驳回原告诉讼请求。第四，如果单纯因被告主张标的物已经找不到，就判决驳回原告诉讼请求，这将诱发大量的不诚信行为。因为在任何返还原物请求权诉讼中，被告都可以主张标的物已经找不到从而

---

〔1〕参见沈德咏主编：《最高人民法院民事诉讼法司法解释理解与适用》（上），人民法院出版社2015年版，第358～359页。

〔2〕参见（2015）长民二终字第1240号民事判决书。

〔3〕这一认识来源北京市第一中级人民法院王国庆法官，在与笔者的专业讨论中，王国庆法官多次表达了这一观点，让作者深受启发。

〔4〕参见董少谋：《民事强制执行法学》（第2版），法律出版社2016年版，第217页。另请参见《民诉法解释》第494条第1款规定。

主张免责,这势必将造成实质上的不公平。本书认为,上述观点切中要害,具有极强的参考借鉴意义。综合以上观点,尽管目前对于标的物找不到时的处理思路一般是判决驳回诉讼请求。但从法理上,应当允许甚至提倡判决支持返还原物。

(三)判决返还原物的裁判基准

在返还原物请求权诉讼中,原告有证据证明自己是物权人或依法可以行使物权的人,有证据证明被告现时占有标的物,而被告无证据证明自己的占有权源的,应当认为原告的诉讼请求成立,从而判决被告返还原物。

(四)替代性诉讼请求的裁判基准

由于标的物存在因灭失或被第三人善意取得而不能返还的危险,因而在返还原物请求权诉讼中应允许原告提出替代性诉讼请求,甚至是假设的替代性诉讼请求,这种替代性诉讼请求就是给付可替代物或损害赔偿请求。原告提出替代性诉讼请求情况下,判决的结果大体上有四种:第一种是完全支持原告诉讼请求;第二种是支持返还原物但没有支持替代性诉讼请求;第三种是驳回返还原物的诉讼请求但支持了替代性诉讼请求;第四种是判决驳回原告诉讼请求。四种裁判结果的裁判基准各有不同。

1. 完全支持原告诉讼请求,这就意味着法院会判决被告返还原物,或者在不能返还原物时由被告对原告赔偿损失或给付同种类、规格、质量的物。其中,完全支持返还原物或损害赔偿替代性诉讼请求时的裁判基准是:(1)原告行使返还原物请求权的全部要件事实都已具备:原告有证据证明自己是物权人或依法可以行使物权的人,有证据证明被告现时占有标的物,而被告无证据证明自己的占有权源。(2)无权占有的标的物的价值已经确定。这种确定或者是源于标的物本身的价值非常明确,[1]或者是源于原被告对于标的物价值的一致认可,[2]或者是源于法院对价值的查明。[3] 无论哪一种情况,已经确定的标的物的价值都直接可以作为损害赔偿的事实依据。完全支持返还原物或给付替代物诉讼请求时的裁判基准是:(1)原告行使返还原物请求权的全部要件事实都已具备,具体内容亦如前述。(2)被无权占有的标的物是可替代

---

〔1〕 参见(2016)豫12民终1102号民事判决书。

〔2〕 参见(2015)通民终字第27号民事判决书。

〔3〕 参见(2015)黑中民终字第449号民事判决书。

物。尽管返还原物请求权行使要件下的原物,要求是特定物,但特定物也可能是可替代物,[1]因而,很多情况下,即使原物已经灭失,通过替代物的返还也可以满足权利人的需求。而如果标的物是不可替代物,则不能判决给付原告替代物,而只能判决损害赔偿。

2. 支持返还原物但没有支持替代性诉讼请求,这意味着法院只是判决返还原物,但没有判决"如果不能返还原物则应给付可替代物或损害赔偿"。其中,只判决返还原物而没有判决"如果不能返还原物则应给付可替代物"的裁判基准是:(1)原告行使返还原物请求权的全部要件事实都已具备。(2)不存在可替代物之物或标的物已经被法院采取财产保全措施。在不存在可替代物的情况下,法院无法判决"如果不返还原物就给付替代物"。而在已经对标的物采取保全措施的情况下,法院已经无必要判决用其他代替物代替原物的返还。只判决返还原物而没有判决"如果不能返还原物则应损害赔偿"的裁判基准是:(1)原告行使返还原物请求权的全部要件事实都已具备。(2)标的物已经被法院采取财产保全措施。其法理亦如前述。

3. 驳回返还原物的诉讼请求但支持了替代性诉讼请求,这就是说,法院只判决由被告给付替代物或者损害赔偿,而未支持返还原物。其中,法院只判决给付替代物的裁判基准是:(1)有证据证明原告是标的物的物权人或依法可以行使物权的人;(2)有证据证明被告曾无权占有标的物;(3)有证据证明被告现在已经失去对标的物的占有;(4)标的物具有可替代性。法院只判决赔偿损失的裁判基准是:(1)有证据证明原告是标的物的物权人或依法可以行使物权的人;(2)有证据证明被告曾无权占有标的物;(3)有证据证明被告现在已经失去对标的物的占有;(4)标的物的价值已经确定。[2]

4. 完全驳回原告返还原物及假设的替代性诉讼请求。其裁判基准完全等同于纯粹的判决驳回返还原物诉讼请求的裁判基准。

四、返还原物请求权诉讼判决书撰写中的技术规则

返还原物请求权诉讼是因行使返还原物请求权而发起的诉讼,其诉讼请求如果获得法院支持,则其判决将在认定原告返还原物请求权存在的基础上,判令被告履行返还义务,因而在性质上属于给付判决。但作为一种给付判决,

---

〔1〕 参见姚瑞光:《〈民法总则〉论》,中国政法大学出版社2011年版,第142页。

〔2〕 参见(2014)莆民初字第480号民事判决书。

返还原物请求权诉讼的判决书又有不同于其他给付判决的规则，需要在判决书撰写中详加注意。

1. 判决书主文应写明在多长时间内由谁向谁返还原物。在实践中，被告履行返还原物的义务往往需要一定的准备时间。尤其是返还的原物是不动产的，需要将不动产腾空，这些准备工作一般都会耗费一定的时间。因此，法院在判决返还原物时，应留给被告适当的准备时间，并且应将该适当时间在判决书主文中列明，以便让双方当事人都清楚各自权利义务的时间界限。同时，由于域外法上，有人将返还义务定位为容忍义务，包括用积极的行为取走，〔1〕沃尔夫（Wolf）亦称为往取义务（Holschuld）。〔2〕 所以，无权占有人承担的义务，可能被认为类似于《德国民法典》中所提到的展示义务。〔3〕 而如果是这样，则意味着可能是由原告自行前往被告处取走原物。然而，在我国民法理论上，返还原物的义务乃是一种给付义务，这种义务需要将物重新送回到权利人的掌控中，从而使权利人重获对物的支配。〔4〕 基于此，判决书主文中应明确指出是由被告向原告返还原物。

2. 原告提出返还费用负担请求的，判决书主文中应当作出处理。前文已经述及，返还原物请求权实现中的返还费用属于其固有范围，费用负担人原则上应与返还义务人一致，只是还须考虑义务人是否有过错。〔5〕 在实践中，如果原告在提出返还原物诉讼请求的同时附带提出返还费用的问题，法院应当在判决书主文中写明返还费用的负担问题，而不应以返还费用尚未发生为由对

---

〔1〕 Vgl. Hans Josef Wieling, *Sachenrecht*, Springer－Verlag, 1992, S. 157.

〔2〕 Vgl. Manfred Wolf, *Sachenrecht*, 18. *Auflage*, Verlag C. H. Beck, München, 2002, S. 98.

〔3〕 Staudinger / Gursky, § 985, Rn 56; Wolf / Raiser, Sachenrecht, 10. Bearb. 1957, § 84 Ⅲ 1, S. 321, Fn. 8. 转引自王洪亮：《物上请求权的功能与理论基础》，北京大学出版社 2011 年版，第 80 页。

〔4〕 参见王利明：《物权法研究》（上卷），中国人民大学出版社 2012 年版，第 223 页。

〔5〕 参见郭明龙：《论物权请求权的独立性与纯粹性——以物权请求权实现之费用负担为切入点的分析》，载《黑龙江社会科学》2008 年第 1 期。

返还费用不予支持。[1] 因为,无论如何,返还标的物的运输费用是必然要发生的,如果对此不予处理,问题仍然会遗留到执行过程中,甚至可能单就运输费用的问题再次发生诉讼,非常不利于减轻当事人的诉累。

3. 原告提出假设的替代性诉讼请求的,判决书主文中应就是否支持替代性请求明确表态。如前所述,原告的假设替代性诉讼请求主要是给付替代物和损害赔偿两种情况。如果原告的返还原物请求因标的物被保全而完全可以实现,则没有必要支持假设的替代性请求,那么法院也应在判决中支持返还原物请求的同时驳回其他诉讼请求。同理,如果法院确定原物已经灭失而不具备返还条件,因而只能支持替代性诉讼请求,那么法院也应在判决中支持替代性诉讼请求的同时驳回返还原物的诉讼请求(或者写明驳回其他诉讼请求)。这样才能体现诉判一致的原则,并且体现了逻辑上的周延。比如,在一起返还原物纠纷案中,原告明确提出了返还原物的诉讼请求,并且提出,如果不能返还原物则支付赔偿款。法院的判决中认为原物已经不知去向,因而只支持了给付赔偿款的诉讼请求,而对于返还原物的诉讼请求则没有处理——既没有驳回,也没有支持。[2] 从判决严谨性的角度审视,这样的判决是有瑕疵的。为了防止判决书"书写的暴政",[3] 这样的判决书应该避免。另外,如果原告诉请返还的标的物并没有采取保全措施,法院认为需要支持假设的替代性诉讼请求的,则应在判决书主文中明确载明两点:一是被告于本判决生效后指定日期内将标的物返还给原告;二是如不能返还原物,被告应给付原告同种规格、种类、质量的替代物(或赔偿损失)。

五、对现行返还原物请求权诉讼裁判思路的检讨和反思

(一)现行裁判思路存在的问题

从我国的司法实务看,涉及返还原物请求权诉讼,一般的裁判思路是:原

---

〔1〕 参见(2014)宜民初字第1247号民事判决书。在该判决中,法院认为:本案中被告张某甲因原告张某乙购买其香樟树苗因苗的大小及价值发生争执后未付款,没有采取合法、有效的途径解决问题,而是擅自将自己的香樟树苗拉走,同时拉走原告张某乙的云南樱花及枣树,被告张某甲的行为构成侵权,应将其拉走的云南樱花35棵、枣树7棵返还给原告张某乙。对于原告张某乙主张被告返还原物的同时还应赔偿尚未产生的人工劳务费3000元、运输费1000元的请求,因该费用尚未实际发生,故其要求赔偿尚未产生的人工劳务费3000元、运输费1000元的主张,本院不予支持。在(2015)伊民初字第05592号民事判决中,法院也以此为由,没有支持当事人关于运输费用的请求。

〔2〕 参见(2014)莆民初字第480号民事判决书。

〔3〕 洪浩、陈虎:《论判决的修辞》,载《北大法律评论》2003年第0期。

告需要就我国《物权法》第34条规定的要件事实进行举证证明：其一，原告是标的物的物权人或依法可以行使物权的人；其二，标的物由被告现时占有；其三，被告需要证明其占有标的物的权源。如果原告能证明前2项，而被告又不能证明其权源（第3项）的，则判决返还原物。如果原告不能证明前2项中的任何一项，或者被告能够证明第3项，则判决驳回原告诉讼请求或裁定驳回原告起诉。表面看来，这样的裁判思路中规中矩，没有问题。然而，仔细分析，这种裁判思路至少存在以下弊端：

1. 不加分析地机械适用证明责任规则对于原告未必公平。按照我们所坚持的罗森贝克的规范说，当事人要对法律规范中就其有利的要件事实负担证明责任。[1] 在返还原物请求权诉讼中，原告就首先需要证明自己是权利人。然而，在很多情况下，尤其当标的物是动产时，用来直接认定原告是权利人（证明对象）的直接证据非常匮乏。同样，证明标的物在诉讼期间仍然由被告占有也非常困难，因为被告往往可以标的物已经找不到或自己仅仅是暂时而非持续占有为由进行反驳。以上两种情况中的任何一种，在现行裁判思路下都将难逃被裁定驳回起诉或判决驳回诉讼请求的不利境地。[2]

2. 法官过于消极，释明不够。完全按照证明责任分配规则去裁判案件，从逻辑上讲并没有问题。但从实际效果看，在坚持证明责任分配规则的同时，法官就某些事项如能对当事人进行适当释明，即可使诉讼的实际效果更明显。比如，在开庭审理之前法官向当事人释明可以采取保全措施，即可能防止被告在庭审时提出标的物找不到的抗辩。又如，在开庭审理之前法官可就是否提起假设的替代性请求对原告进行释明，这样就可能确保因返还原物无法支持时，原告可以获得替代性诉讼请求的保障。既然释明兼具权利和义务的二元属性，[3]法官在返还原物请求权诉讼中是否应该更为积极呢？

3. 程序空转，争议的问题没有实际解决。在严格适用证明责任规则裁判的情况下，由于不少案件都以原告诉讼请求被驳回或原告起诉被驳回为

---

〔1〕 参见［德］奥特马·尧厄尼希：《民事诉讼法》（第27版），周翠译，法律出版社2003年版，第269页。

〔2〕 参见（2014）并民终字第78号民事判决书。

〔3〕 参见［日］上野泰男等：《民事诉讼法》，弘文堂2001年版，第39页；转引自熊跃敏：《民事诉讼中法院的释明：法理、规则与判例——以日本民事诉讼为中心的考察》，载《比较法研究》2004年第6期。

结果,[1]所以,原被告争议的实际问题其实并没有得到处理。更有甚者,部分法官基于结案的考虑,就此种案件动员原告撤诉,[2]真正的争议并没有解决。

(二)反思和建议

返还原物请求权针对无权占有发挥其效用,而无权占有的起因既可能是侵夺,还可能是合同到期,更有可能是因为自然事件(如宠物自己跑到邻居家中)。鉴于这种复杂情况,对于返还原物请求权行使的要件事实的证明也随之变得复杂起来。客观意义上的证明责任一般都是由立法预先设定的,这种模式没有充分考虑到不同当事人与证据的距离远近和证据获取的难易,略显僵化,有违实质上的公平正义。[3] 因此,必须有一种备选的机制来补充法定的证明责任规则之不足。推定就是这样一种机制,它可以纠正双方当事人在证明待证事实过程中的不平衡状态。[4] 比如,若货物在交给最初承运人时是良好的,而收货人从最后承运人处收货时发现瑕疵,则货物瑕疵推定为最后承运人所致。[5] 由于无权占有从本质上看是一种状态,而对状态事实的证明是不能要求原告提供持续占有的证据的,这既不可能,也无必要,因而应以生活常识为基础进行推定。此外,由于返还原物请求权诉讼的针对性非常明确,就是指向原物。因此,在原告起诉返还原物时,法院应就标的物是否进行财产保全或证据保全向原告进行释明,这样既可以防止被告在诉讼中转移标的物,构成证明妨碍(Beweisvereitelung),[6]也可以确保原告的胜诉判决得到有效执行。另外,对于原告没有提出替代性诉讼请求的,法院也应向原告释明,以更好地引导其一次性解决纠纷。所以,在返还原物请求权诉讼中应该坚持这样一种裁判思路,即坚持一般的证明责任分配规则的同时,法官应加强对案件当事人

---

[1] 根据本书开首部分的抽样统计,在抽样的19个被判驳或裁驳的案件中,有8个是因为原告不能证明涉案标的物由被告现时占有而被判决驳回诉讼请求或被裁定驳回起诉的,占所有被判驳或裁驳的动产返还案件的42.1%。

[2] 这样的撤诉从卷宗和裁判文书中是看不出来的,但就笔者在审判工作中的经验看,这种情况并不鲜见。

[3] 参见毕玉谦:《民事证明责任研究》,法律出版社2007年版,第415页。

[4] 参见[美]约翰·W. 斯特龙主编:《麦考密克论证据》(第5版),汤维建等译,中国政法大学出版社2004年版,第663页。

[5] 参见[美]摩根:《证据法之基本问题》,李学灯译,台北,世界书局1982年版,第59页。转引自毕玉谦:《民事证明责任研究》,法律出版社2007年版,第415页。

[6] 参见[德]穆泽拉克:《德国民事诉讼法基础教程》,周翠译,中国政法大学出版社2005年版,第273页。

的释明，并根据案件具体情况适时进行司法上的事实推定，具体分为如下几点：

1. 法官仍应坚持一般的证明责任分配规则。在返还原物请求权诉讼中，尽管不是要坚持被误读的“谁主张，谁举证”原则，[1]但对于《民诉法解释》第91条规定的证明责任规则仍然要坚持。

2. 根据个案情况对部分待证事实进行司法上的事实推定。我国《物权法》虽然没有像《德国民法典》第1006条那样明确了对占有的本权推定，[2]但学者通过解释认为，我国民法中的占有也具有权利推定的效力。[3] 据此，在部分涉及返还动产的案件中，如果原告因客观原因的确无法提供权利凭证，如祖传的古董，则原告如能证明在被告无权占有前，其一直占有标的物，则应推定原告有本权。当然，这种情况下，如果法官不愿意作出这一推定的，也可以向原告释明，引导其提起占有物返还之诉，这种诉讼只和事实上的物的支配相关联，同占有人（原告）是否有本权无关，[4]因而无须证明原告必须是权利人。另外，对于被告现时占有标的物的待证事实，也应视情况进行推定。如果可以证明起诉前被告占有标的物的，则应推定被告此后一直占有标的物。普维庭将事实推定归为经验规则中的一种，[5]而根据经验规则，既然可以确定被告在起诉前已经占有标的物，如无变化，则标的物在起诉后当然仍应由被告占有。但如果有变化，那么关于变化的信息或证据也只能由被告掌握，离被告距离更近。基于此，在涉及返还动产的诉讼中，如果可以证明起诉前被告已经占有标的物的，就不应再要求原告进一步证明起诉后被告仍然占有标的物，而是应推定被告在起诉后仍然一直占有标的物。被告要推翻这一推定，必须提出反证。所以，在返还原物纠纷中，法官不应以原告未举证证明被告持续占有标的物为由而判决驳回原告返还原物的诉讼请求。[6]

---

[1] 参见袁中华：《证明责任分配的一般原则及其适用——〈民事诉讼法〉司法解释第91条之述评》，载《法律适用》2015年第8期。

[2] Vgl. Prütting / Wegen / Weinreich, *BGB Kommentar*, 5. Auflage, Luchterhand, 2010, S. 1890；另请参见《德国民法典》（第4版），陈卫佐译注，法律出版社2015年版，第363页。

[3] 参见冉克平：《物权法总论》，法律出版社2015年版，第569~570页。

[4] 参见最高人民法院物权法研究小组编著：《〈中华人民共和国物权法〉条文理解与适用》，人民法院出版社2007年版，第711页。

[5] 参见[德]汉斯·普维庭：《现代证明责任问题》，吴越译，法律出版社2006年版，第84页。

[6] 参见(2014)昌民初字第02191号民事判决书。

3. 根据个案情况对原告是否采取保全措施、是否提出替代性诉讼请求进行释明。在返还原物请求权诉讼中,如果原告没有申请采取保全措施,也没有提出假设的替代性诉讼请求的,法官应向原告释明采取保全措施的必要性,以及提出替代性诉讼请求的意义。如果经过释明后原告仍然坚持自己意见,法官则只能根据原告的诉讼请求进行审理。[1] 如此,即便将来原告败诉,那也是民事诉讼中的处分原则使然,与他人无关。

---

〔1〕 参见(2014)一中民终字第5021号民事判决书。

第八章

返还原物请求权制度功能的绝对性与相对性

科学的真理要求就在于对未经验证的成见提出疑问,并用这种方式使我们对事物的认识达到比迄今为止所知的更多更好。[1]

——汉斯-格奥尔格·伽达默尔

---

〔1〕[德]汉斯-格奥尔格·伽达默尔:《阐释学Ⅱ:真理与方法》,洪汉鼎译,商务印书馆2013年版,第56页。

第一节　返还原物请求权的制度功能

作为一项至关重要的物权制度乃至民法制度，返还原物请求权被认为在物权请求权中具有前提与核心意义。[1] 通过前文的论述可以看出，返还原物请求权绝不仅是返还效果指称下的物权恢复手段，它更是一种物权保护策略。就返还原物请求权而言，无论是其法律构成，还是法律效果，抑或是其与邻近请求权的竞合，都能从不同的维度展现出返还原物请求权的较为丰富的制度内涵，发挥出其多样的制度功能。

一、对失当物权关系的矫正功能

返还原物请求权行使的前提是发生无权占有的事实，而无权占有本身既可能是对正当物权关系的正面破坏（如侵夺），也可能是对失去占有基础的无本权占有关系的不当维持，实际上也就是对正当物权关系的反面破坏。而返还原物请求权的主张和行使，恰恰可以治愈这种受到破坏的物权关系，使的物权的权能恢复到圆满状态。沃尔夫指出，现今来看，个人财产权经常地、主要地表现在债权或者如股权等其他权利上。[2] 这一看法的确符合当今市民社会经济发展的实际情况。在现今的市民社会之下，债法尤其是合同法得到了极大程度的发展，以至于有学者指出，从市民社会的角度构思合同法，不仅作为政府的宪法，而且也作为社会的宪法，是我们这个时代法学研究的任务。[3] 然而，尽管债法有如此广泛的适用，但正如沃尔夫随后指出的那样，个人基于其所有权可以对物进行随意支配，而债权的享有者在实现其权利过程中却只能依靠债务人的意愿。[4] 这一对比深刻地表明了物权在效力强度上较之债权的相对优势，尽管债权在现代法中具有优越地位，[5]但物权的效力却一直强于

---

〔1〕 参见梁慧星主编：《中国民法典草案建议稿附理由·物权编》，法律出版社2004年版，第57页，该部分为孙宪忠教授撰写。

〔2〕 Vgl. Manfred Wolf, *Sachenrecht*, 18. *Auflage*, Verlag C. H. Beck, München, 2002, S. 9.

〔3〕 See Marc Amstutz, Andreas Abegg, & Vaios Karavas, "Civil Society Constitutionalism: The Power of Contract Law", *Indiana Journal of Global Legal Studies*, Vol. 14, Iss. 2, (2007), p. 236.

〔4〕 Vgl. Manfred Wolf, *Sachenrecht*, 18. *Auflage*, Verlag C. H. Beck, München, 2002, S. 9.

〔5〕 参见[日]我妻荣：《债权在近代法中的优越地位》，王书江、张雷译，中国大百科全书出版社1999年版。

债权,这一点也决定了债权永远不可能代替物权。然而,物权的这一相对优势的强有力的保障恰恰是以返还原物请求权为核心的物权请求权。因此,返还原物请求权是一种至关重要的不当物权关系的矫正技术。

二、与不当得利等其他请求权的互补功能

1. 学理上的互补功能。按照德国法上的物权行为抽象性理论,物权行为(或为处分行为)之发生的法律原因不在其自身,而在于债权行为(或为负担行为),物权行为可被用来履行不同的债权行为(原因)。比如,物的交付(物权行为)既可用于履行销售合同,也可用于履行赠与合同,因而物权行为是抽象的,它的效力不受作为原因的负担行为的效力的影响。但是,按照不承认物权行为抽象性的理论,则又是另一种解释路径,即若要使物权发生变动,需要有当事人之间关于债权合同的意思表示,并需要附加登记(不动产)或交付(动产),在此过程中不存在关于物权的合意,没有独立的物权行为,物权变动直接受其原因行为(如买卖合同)的影响。[1] 这两种见解会使返还原物请求权与不当得利请求权的适用发生完全不同的格局。具体而言,在债权行为不成立、无效或被撤销而物权行为合法有效的情况下,最终的法律效果将完全取决于是否承认物权行为抽象性。如果认可抽象性原则,则买受人取得物权,出卖人享有不当得利返还请求权;如果不认可抽象性原则,则买受人不能取得物权,出卖人享有返还原物请求权,二者互为消长。

2. 在实践中的互补功能。无论是否认可物权行为抽象性理论,返还原物请求权都有很大的存在空间,当发生对物的非法侵夺时,本身可以存在侵权法上的救济、不当得利请求权的救济和返还原物请求权的救济。但是,作为一种低效率的制度,[2]侵权法上的救济并不能有效解决所有的救济问题,而不当得利(债权请求权)救济在效力上又比不过返还原物请求权(物权请求权),因此,返还原物请求权能够与相近请求权发挥很好的互补作用。

三、对债权请求权的扩张适用功能

尽管返还原物请求权在性质上属于物权请求权,但它在结构上与债权请求权具有高度相似的特点。因此,学者主张把民法债权中关于给付的规定类

---

〔1〕 参见梁慧星、陈华彬:《物权法》(第4版),法律出版社2007年版,第134页。

〔2〕 See Vivienne Harpood, *Modern Tort Law* (*Seventh Edition*), Oxon, Routledge - Cavendish, (2009), p. 10.

推适用于返还原物请求权。[1] 首先是可以适用债法中债务人迟延的相关规范。比如，按照传统大陆法系国家的债务人迟延规则，在迟延期间义务人需要就其所有的过失负责任，并且要对迟延期间的偶然事件所导致的损失负责。[2] 那么，对于返还原物请求权的相对人来说，类推适用债务人迟延的规则，其结果就是无权占有人需要就其迟延返还期间的所有过失和偶然事件导致的损失负责。基于同样的法理，返还原物请求权还可以类推适用债法中债权人迟延规则和不完全给付规则。这就意味着，当返还原物请求权人受领迟延给返还义务人造成损失的，返还义务人有权请求权利人承担损害赔偿责任，[3] 如果义务人返还的物存在瑕疵且造成权利人损害的，权利人可类推适用我国《合同法》第 112 条的规定，请求义务人损失赔偿。以上所述的对于债法规定的类推适用一方面是对返还原物请求权中法律漏洞的补充，但另一方面也是对债权请求权的扩张，这使市民社会中注重诚实信用和高效便捷的债法规则在物权领域得到延伸。

第二节　返还原物请求权的绝对性

以上总结的返还原物请求权的制度功能中，第一项功能是最基本、最重要的功能，第二项功能是第一项功能的衍生功能，第三项功能则是第一项功能的附带功能。以上诸功能的发挥有赖于返还原物请求权的行使要件的完全具备，并通过返还原物请求权的法律效果及与邻近请求权的竞合体现出来。在此过程中，返还原物请求权表现出明显的绝对性因素。

1. 历史脉络中发挥返还原物制度功能的相关制度之间的相互影响是绝对的。前文以大陆法系为线索对返还原物请求权制度的历史梳理表明，大陆法系国家的返还原物请求权（所有物返还请求权）经历了从返还原物之诉到返还原物诉权再到返还原物请求权的发展演进路径。罗马法中的返还原之诉是最

---

〔1〕 参见王泽鉴：《民法物权：通则・所有权》，中国政法大学出版社 2001 年版，第 177 页。

〔2〕 Vgl. Prütting / Wegen / Weinreich, *BGB Kommentar*, 5. Auflage, Luchterhand, 2010, S. 472; Wolfgang Fikentscher / Andreas Heinemann, *Schuldrecht*, 10. Auflage, De Gruyter Recht, 2006, S. 239.

〔3〕 参见张广兴：《债法总论》，法律出版社 1997 年版，第 194 页。

为重要的基础。但是,日耳曼法、教会法中的相关制度因素,也发挥了重要作用。比如,日耳曼法中占有是作为法律上支配权的外在形式而存在和受法律保护的,[1]这一点为"一只手占有物,另一只手应确保返还"的以手护手规则奠定了基础。[2] 而以手护手规则又深刻影响了大陆法系中有效对抗返还原物请求权的善意取得制度。因此,现代《物权法》上返还原物请求权的形成过程是法制史上各种返还原物制度相互影响的结果。

2. 在发挥矫正失当物权关系的功能时,返还原物请求权也体现出明显的绝对性因素。返还原物请求权作为物权请求权中的核心,在物权请求权体系中具有绝对地位。物权请求权中的防御性请求权(妨害预防请求权和妨害除去请求权)虽然是物权请求权体系中不可或缺的部分,在德国法中,受害人在此种情况下还可以提起不作为之诉。[3] 但它毕竟还只是一种消极的、保全性质的请求权,[4]在物权保护的效力强度上,远远不及返还原物请求权。

3. 返还原物请求权的绝对性还体现在其发挥矫正功能过程中的绝对优先性。这种优先性实际上源于物权效力相对于普通债权效力的优先性。[5] 比如,甲之苹果手机被乙侵夺后出售给善意之丙,在该手机交付之前,甲仍然享有物权,其可以主张的返还原物请求权优先于丙的买卖合同交付请求权。返还原物请求权相对于普通债权请求权的这种优先性是绝对的,是物权请求权和债权请求权本性的不同使然。

4. 作为一种救济手段,在以返还为目的的整个请求权体系中,返还原物请求权的存在是绝对的。在大陆法系国家中,以返还为法律效果的制度主要有返还原物请求权制度和不当得利请求权制度,在我国法律体系中另外还有返还财产请求权制度。在这一返还法的体系中,尽管不当得利请求权的发展势头非常猛烈,以至于法尔尼奥利宣称返还原物请求权(所有物返还请求权)已

---

〔1〕 参见陈灵海、柴松霞等:《中世纪欧洲世俗法》,商务印书馆2014年版,第59页。

〔2〕 Rudolf Huebner, *A History of Germanic Private Law*, trans. by Francis S. Philbrick et al, Boston, Little, Brown, and Company, 1918, p. 409.

〔3〕 Vgl. Manfred Wolf, *Sachenrecht*, 18. *Auflage*, Verlag C. H. Beck, München, 2002, S. 147.

〔4〕 参见郑玉波:《民法物权》(修订第16版),黄宗乐修订,台北,三民书局2009年版,第36页;谢在全:《民法物权论》(上册),中国政法大学出版社1999年版,第37~38页。

〔5〕 参见崔建远:《物权法》,中国人民大学出版社2009年版,第117页。

经失去了“往日辉煌”。[1] 但不可否认的是，返还原物请求权一直有其重要的制度价值，甚至在很多方面都发挥着根本性的作用，并且是越来越广泛的作用。

第三节　返还原物请求权的相对性

返还原物请求权作为请求权，本身具有相对性。返还原物请求权作为一种物权请求权，虽然依附于物权，但其本身说到底仍然是一种请求权而非支配权，在结构上它与债权请求权相近，而请求权即具有相对性。因此，返还原物请求权功能的发挥无法脱离其请求权本身所自带的相对性。

从其法律效果来看，返还原物请求权行使后的返还范围是相对的。遵循德国法上所有权人——占有人关系规则，在考察用益返还等问题时，需要根据占有人的善意和恶意而予以不同的考虑。也就是说，返还的范围不是绝对的，而是根据占有人的主观方面进行相对的调整。总的原则是恶意占有人承担加重的责任。具体而言就是在用益的返还方面，大陆法系国家比较普遍的立法例是保护善意占有人的利益，即占有人若为善意的，则其占有期间对物进行使用的收益应归其所有。占有人若为恶意的，则需要返还全部孳息和其他用益。当然，我国《物权法》第 243 条基于对有权占有的保护和对无权占有的否定，[2] 无论对善意占有人还是恶意占有人，都要求返还全部孳息。但从公平合理和立法科学性的角度计议，这一规定将使善意占有人蒙受不测损害，[3] 应该考虑在将来民法典物权编的编纂中予以完善。

从空间适用范围来看，返还原物请求权体现出因法域不同而适用范围不同的相对性。根据前文的论述，在德意志法系之下，如德国和我国台湾地区，由于司法实务中采纳物权行为抽象性理论，返还原物请求权的适用范围是有所变化的。如果采纳物权行为抽象性原则，则物权发生变动后凡是因合同不

---

〔1〕［意］约莱·法尔尼奥利：《失去“往日辉煌”的所有物返还请求权》，王洪亮译，载《中德私法研究》（总第 8 卷），北京大学出版社 2012 年版，第 149 ~ 160 页。

〔2〕参见最高人民法院物权法研究小组编著：《〈中华人民共和国物权法〉条文理解与适用》，人民法院出版社 2007 年版，第 705 页。

〔3〕参见梁慧星：《中国物权法草案建议稿》，社会科学文献出版社 2000 年版，第 806 页。王利明：《物权法研究》，中国人民大学出版社 2002 年版，第 647 页。

成立、无效或被撤销而需要返还的，都须行使不当得利请求权；而如果不采纳物权行为抽象性原则，则物权发生变动后凡是因合同不成立、无效或被撤销而需要返还的，都须行使返还原物请求权，二者呈现互为消长的关系。

从其诉讼实现过程来看，返还原物请求权的最终落实也不是绝对的，而是相对的。施瓦布指出，实现私法上的请求权的传统程序是民事诉讼程序。[1]尤其是在现代社会，保护权利的职能更是由国家垄断，在这种情况下，民事诉讼是实现返还原物请求权最为可靠的手段。但即便如此，返还原物请求权目的的实现也不是绝对的。根据前文的论述，在返还原物请求权诉讼过程中，囿于当事人诉讼能力的有限性，囿于诉讼中发现客观事实的手段的有限性，囿于法官适用法律的主观性，并非所有的返还原物诉讼请求都能绝对地得到支持，而只能是相对地得到支持。当然，这一相对性结果的发生并非仅仅因为返还原物请求权的相对性，同时也源于民事诉讼功能本身的相对性（有限性）。但是，毋庸置疑，返还原物请求权自身所具有的特点（如对于动产的无权占有的判断，往往需要借助于司法中的事实推定），是其相对性的重要因素。

〔1〕 参见［德］迪特尔·施瓦布：《民法导论》，郑冲译，法律出版社2006年版，第152页。

参考文献

(一)中文著作

1. 毕玉谦:《民事证明责任研究》,法律出版社2007年版。

2. 常怡主编:《比较民事诉讼法》,中国政法大学出版社2002年版。

3. 常怡:《民事诉讼法学研究》,法律出版社2010年版。

4. 陈华彬:《民法总论》,中国法制出版社2011年版。

5. 陈华彬:《债法各论》,中国法制出版社2014年版。

6. 陈惠馨:《德国法制史——从日耳曼到近代》,中国政法大学出版社2011年版。

7. 陈灵海、柴松霞等:《中世纪欧洲世俗法》,商务印书馆2014年版。

8. 程啸:《侵权责任法》(第2版),法律出版社2015年版。

9. 崔吉子:《韩国物权法专题研究》,北京大学出版社2013年版。

10. 崔建远:《物权法》,中国人民大学出版社2009年版。

11. 崔建远主编:《合同法》(第4版),法律出版社2007年版。

12. 戴东雄:《中世纪意大利法学与德国的继受罗马法》,中国政法大学出版社2003年版。

13. 董少谋:《民事强制执行法学》(第2版),法律出版社2016年版。

14. 段厚省:《请求权竞合要论——兼及对民法方法论的探讨》,中国法制出版社2013年版。

15. 范健主编:《商法》(第4版),高等教育出版社、北京大学出版社2011年版。

16. 高富平:《物权法原论》(第2版),法律出版社2014年版。

17. 郭明瑞:《担保法》(修订本),中国政法大学出版社1999年版。

18. 何勤华主编:《外国法制史》(第3版),法律出版社2003年版。

19. 何勤华等:《大陆法系与西方法治文明》,北京大学出版社 2014 年版。
20. 何勤华、魏琼主编:《西方民法史》,北京大学出版社 2006 年版。
21. 胡雪梅:《英国侵权法》,中国政法大学出版社 2008 年版。
22. 黄立:《民法债编总论》,中国政法大学出版社 2002 年版。
23. 黄茂荣:《债法通则之四 · 无因管理与不当得利》,厦门大学出版社 2014 年版。
24. 黄茂荣:《买卖法》,中国政法大学出版社 2002 年版。
25. 黄茂荣:《法学方法与现代民法》,中国政法大学出版社 2001 年版。
26. 霍政欣:《不当得利的国际私法问题》,武汉大学出版社 2006 年版。
27. 季秀平:《物权之民法保护制度研究》,中国法制出版社 2006 年版。
28. 江伟主编:《民事诉讼法专论》,中国人民大学出版社 2005 年版。
29. 江伟主编:《民事诉讼法》,中国人民大学出版社 2013 年版。
30. 李秀清:《日耳曼法研究》,商务印书馆 2005 年版。
31. 李亚虹:《美国侵权法》,法律出版社 1999 年版。
32. 李宜琛:《日耳曼法概说》,中国政法大学出版社 2003 年版。
33. 李永军:《合同法》(第 3 版),法律出版社 2010 年版。
34. 梁慧星:《民法总论》(第 3 版),法律出版社 2007 年版。
35. 梁慧星、陈华彬:《物权法》(第 4 版),法律出版社 2007 年版。
36. 林诚二:《民法理论与问题研究》,中国政法大学出版社 2000 年版。
37. 刘俊海:《股份有限公司股东权的保护》(修订本),法律出版社 2004 年版。
38. 梅仲协:《民法要义》,中国政法大学出版社 1998 年版。
39. 蒙振祥、陈涛、律璞主编:《罗马法》(第 2 版),中国政法大学出版社 2011 年版。
40. 钱明星:《物权法原理》,北京大学出版社 1994 年版。
41. 冉克平:《物权法总论》,法律出版社 2015 年版。
42. 沈达明:《比较民事诉讼法初论》(上、下册),中信出版社 1991 年版。
43. 施启扬:《民法总则》(修订第 8 版),中国法制出版社 2010 年版。
44. 史尚宽:《民法总论》,中国政法大学出版社 2000 年版。
45. 史尚宽:《物权法论》,中国政法大学出版社 2000 年版。
46. 史尚宽:《债法总论》,中国政法大学出版社 2000 年版。
47. 孙森焱:《民法债编总论》(上册),法律出版社 2006 年版。
48. 孙宪忠:《中国物权法总论》(第 3 版),法律出版社 2014 年版。
49. 孙宪忠:《德国当代物权法》,法律出版社 1997 年版。
50. 孙宪忠:《物权法》,社会科学文献出版社 2005 年版。
51. 孙宪忠:《论物权法》(修订版),法律出版社 2008 年版。

52. 孙宪忠主编:《民法总论》(第 2 版),社会科学文献出版社 2010 年版。

53. 孙宪忠主编:《中国物权法:原理释义和立法解读》,经济管理出版社 2008 年版。

54. 汤勇:《物权请求权制度研究》,中国检察出版社 2009 年版。

55. 田士永:《物权行为理论研究》,中国政法大学出版社 2002 年版。

56. 王洪亮:《债法总论》,北京大学出版社 2016 年版。

57. 王洪亮:《物上请求权的功能与理论基础》,北京大学出版社 2011 年版。

58. 王家福主编:《民法债权》,中国社会科学出版社 2015 年版。

59. 王利明:《物权法研究》(上卷),中国人民大学出版社 2012 年版。

60. 王利明:《物权法研究》(下卷),中国人民大学出版社 2013 年版。

61. 王泽鉴:《民法物权 · 通则 · 所有权》,中国政法大学出版社 2001 年版。

62. 王泽鉴:《民法学说与判例研究》(第 6 册),中国政法大学出版社 1998 年版。

63. 王泽鉴:《法律思维与民法实例:请求权基础理论体系》,中国政法大学出版社 2001 年版。

64. 王泽鉴:《债法原理:不当得利》,中国政法大学出版社 2002 年版。

65. 王泽鉴:《侵权行为》,北京大学出版社 2009 年版。

66. 吴一鸣:《英美物权法——一个体系的发现》,上海人民出版社 2011 年版。

67. 谢鸿飞:《合同法学的新发展》,中国社会科学出版社 2014 年版。

68. 谢鸿飞:《法律与历史:体系化法史学与法律历史社会学》,北京大学出版社 2012 年版。

69. 谢怀栻:《大陆法国家民法典研究》,中国法制出版社 2004 年版。

70. 谢在全:《民法物权论》(上、下册),中国政法大学出版社 1999 年版。

71. 谢哲胜:《民法物权》(增订 2 版),台北,三民书局 2009 年版。

72. 徐国栋:《民法总论》,高等教育出版社 2007 年版。

73. 许德风:《破产法论——解释与功能比较的视角》,北京大学出版社 2015 年版。

74. 杨鸿烈:《中国法律发达史》,中国政法大学出版社 2009 年版。

75. 杨立新等:《民法物格制度研究》,法律出版社 2008 年版。

76. 杨立新:《侵权责任法》,法律出版社 2010 年版。

77. 杨仁寿:《法学方法论》(第 2 版),中国政法大学出版社 2013 年版。

78. 姚瑞光:《民法总则论》,中国政法大学出版社 2011 年版。

79. 姚瑞光:《民法物权论》,台北,台湾海天印刷厂有限公司 1993 年版。

80. 尹田:《法国物权法》,法律出版社 2009 年版。

81. 郑玉波:《民法物权》(修订第 16 版),黄宗乐修订,台北,三民书局 2009 年版。

82. 郑冠宇:《民法物权》(第 2 版),台北,新学林出版股份有限公司 2011 年版。

83. 周枏:《罗马法原论》(上、下册),商务印书馆 1994 年版。

84. 周林彬:《物权法新论——一种法律经济分析的观点》,北京大学出版社 2002 年版。

85. 最高人民法院《侵权责任法》研究小组编著:《〈中华人民共和国侵权责任法〉条文理解与适用》,人民法院出版社 2010 年版。

86. 最高人民法院物权法研究小组编著:《〈中华人民共和国物权法〉条文理解与适用》,人民法院出版社 2007 年版。

87. 曾世雄:《损害赔偿法原理》,中国政法大学出版社 2001 年版。

88. 张广兴:《债法总论》,法律出版社 1997 年版。

89. 张广兴主编:《债法》,社会科学文献出版社 2009 年版。

90. 张晋藩:《清代民法综论》,中国政法大学出版社 1998 年版。

91. 张新宝:《侵权责任法》(第 3 版),中国人民大学出版社 2013 年版。

92. 张卫平:《民事诉讼法》(第 4 版),法律出版社 2016 年版。

93. 朱庆育:《民法总论》,北京大学出版社 2013 年版。

(二)中文译著

1. [奥]维特根斯坦:《哲学研究》,李步楼译,商务印书馆 1996 年版。

2. [德]奥特马・尧厄尼希:《民事诉讼法》(第 27 版),周翠译,法律出版社 2003 年版。

3. [德]鲍尔、[德]施蒂尔纳:《德国物权法》(上册),张双根译,法律出版社 2004 年版。

4. [德]鲍尔、[德]施蒂尔纳:《德国物权法》(下册),申卫星、王洪亮译,法律出版社 2006 年版。

5. [德]迪特尔・施瓦布:《民法导论》,郑冲译,法律出版社 2006 年版。

6. [德]迪特尔・梅迪库斯:《德国民法总论》,邵建东译,法律出版社 2001 年版。

7. [德]迪特尔・梅迪库斯:《德国债法总论》,杜景林、卢谌译,法律出版社 2004 年版。

8. [德]迪特尔・梅迪库斯:《请求权基础》,陈卫佐、田士永等译,法律出版社 2012 年版。

9. [德]弗朗茨・维亚克尔:《近代私法史——以德意志的发展为观察重点》(上、下册),陈爱娥、黄建辉译,上海三联书店 2006 年版。

10. [德]弗兰克、[德]海尔姆斯:《德国继承法》(第 6 版),王葆莳、林佳业译,中国政法大学出版社 2015 年版。

11. [德]汉斯·普维庭:《现代证明责任问题》,吴越译,法律出版社2006年版。

12. [德]M. 沃尔夫:《物权法》(第20版),吴越、李大雪译,法律出版社2004年版。

13. [德]马克西米利安·福克斯:《侵权行为法》(第5版),齐晓琨译,法律出版社2006年版。

14. [德]罗森贝克、[德]施瓦布、[德]戈特瓦尔德:《德国民事诉讼法》(上、下),李大雪译,中国法制出版社2007年版。

15. [德]K. 茨威格特、[德]H. 克茨:《比较法总论》,潘汉典等译,法律出版社2003年版。

16. [德]卡尔·拉伦茨:《德国民法通论》(上册),王晓晔、邵建东等译,法律出版社2003年版。

17. [德]卡尔·拉伦茨:《法学方法论》,陈爱娥译,商务印书馆2003年版。

18. [德]克里斯蒂安·冯·巴尔、[英]埃里克·克莱夫主编:《欧洲私法的原则、定义与示范规则:欧洲示范民法典草案》(第8卷:物的所有权的取得与丧失),朱文龙等译,法律出版社2014年版。

19. [德]萨维尼:《当代罗马法体系Ⅰ》,朱虎译,中国法制出版社2010年版。

20. [德]舍费尔、[德]奥特:《民法的经济分析》(第4版),江清云、杜涛译,法律出版社2009年版。

21. [法]弗朗索瓦·泰雷、[法]菲利普·森勒尔:《法国财产法》,罗结珍译,中国法制出版社2008年版。

22. [法]米歇尔·福柯:《知识考古学》,谢强、马月译,三联书店2003年版。

23. [古罗马]盖尤斯:《法学阶梯》,黄风译,中国政法大学出版社2008年版。

24. [古罗马]优士丁尼:《学说汇纂》(第1卷),罗智敏译,纪蔚民校,中国政法大学出版社2008年版。

25. [古希腊]亚里士多德:《尼各马可伦理学》,王旭凤、陈晓旭译,江西教育出版社2014年版。

26. [美]艾伦·沃森:《民法法系的演变及形成》,李静冰、姚新华译,中国法制出版社2005年版。

27. [美]博登海默:《法理学:法律哲学与法律方法》,邓正来译,中国政法大学出版社1999年版。

28. [美]多布斯:《侵权法》(上册),马静、李昊等译,中国政法大学出版社2014年版。

29. [美]范斯沃思:《美国合同法》,葛云松、丁春艳译,中国政法大学出版社2004年版。

30. [美]兰德尔:《资源经济学》,施以飞译,商务印书馆 1989 年版。

31. [美]孟罗·斯密:《欧陆法律发达史》,姚梅镇译,中国政法大学出版社 2003 年版。

32. [美]文森特·R. 约翰逊:《美国侵权法》,赵秀文等译,中国人民大学出版社 2004 年版。

33. [日]大木雅夫:《比较法》(修订译本),范愉译,法律出版社 2006 年版。

34. [日]近江幸治:《担保物权法》,祝娅等译,法律出版社 2000 年版。

35. [日]松冈义正口述:《民法总则》(上、下),熊元楷、熊元襄编,陈融、罗云锋点校,上海人民出版社 2013 年版。

36. [日]田山辉明:《物权法》,陆庆胜译,法律出版社 2001 年版。

37. [日]我妻荣:《新订物权法》,罗丽译,中国法制出版社 2008 年版。

38. [日]我妻荣:《新订民法总则》,于敏译,中国法制出版社 2008 年版。

39. [日]我妻荣:《债权各论·下卷一》,冷罗生、陶芸等译,中国法制出版社 2008 年版。

40. [日]新堂幸司:《新民事诉讼法》,林剑锋译,法律出版社 2008 年版。

41. [日]星野英一:《民法劝学》,张立艳译,于敏校,北京大学出版社 2006 年版。

42. [意]彼德罗·彭梵得:《罗马法教科书》,黄风译,中国政法大学出版社 1992 年版。

43. [意]鲁道夫·萨科、[意]拉法埃莱·卡泰丽娜:《占有论》,贾婉婷译,中国政法大学出版社 2014 年版。

44. [意]朱塞佩·格罗索:《罗马法史》(2009 年校订本),黄风译,中国政法大学出版社 2009 年版。

45. [英]巴里·尼古拉斯:《罗马法概论》(第 2 版),黄风译,法律出版社 2004 年版。

46. [英]博克斯:《不当得利》,刘桥译,清华大学出版社 2012 年版。

47. [英]梅特兰等:《欧洲法律史概览:事件、渊源、人物及运动》(修订本),屈文生等译,上海人民出版社 2015 年版。

48. [英]梅特兰:《普通法的诉讼形式》,王云霞等译,商务印书馆 2010 年版。

49. [英]梅因:《古代法》,沈景一译,商务印书馆 1997 年版。

50. [英]休谟:《人性论》(下册),关文运译,郑之骧校,商务印书馆 1980 年版。

(三)中文论文

1. 蔡明诚:《现实交付与返还请求权之让与》,载《台湾本土法学杂志》2001 年总第 18 号。

2. 蔡虹:《法院主管若干问题研究》,载《法商研究》2001 年第 5 期。

3. 崔建远:《绝对权请求权抑或侵权责任方式》,载《法学》2002 年第 11 期。

4. 崔建远:《论物权救济模式的选择及其依据》,载《清华大学学报》(哲学社会科学版)2007 年第 3 期。

5. 崔建远:《物权救济模式的选择及其依据》,载《吉林大学社会科学学报》2005 年第 1 期。

6. 范雪飞:《半掩于救济的债因:美国不当得利法发展简史》,载《北方法学》2015 年第 1 期。

7. 辜明安:《物权请求权制度研究》,西南财经大学法学院 2008 年博士学位论文。

8. 郭明龙:《论物权请求权的独立性与纯粹性——以物权请求权实现之费用负担为切入点的分析》,载《黑龙江社会科学》2008 年第 1 期。

9. 洪学军:《不当得利制度研究——一种系统的结构、功能理路》,西南政法大学法学一系 2003 年博士学位论文。

10. 侯利宏:《论物上请求权制度》,载梁慧星主编:《民商法论丛》1996 年第 2 号总第 6 卷,法律出版社 1997 年版。

11. 胡学军:《我国民事证明责任分配理论重述》,载《法学》2016 年第 5 期。

12. 黄立:《无权出租房屋所生请求权竞合的问题》,载《月旦法学杂志》2002 年 7 月,总 86 号。

13. 黄宗乐:《物权的请求权》,载《台大法学论丛》第 11 卷第 2 期。

14. 江涛:《民事诉讼效率研究——以程序设置为主要视角》,复旦大学法学院 2011 年博士学位论文。

15. 金可可:《私法体系中的债权物权区分说——萨维尼的理论贡献》,载《中国社会科学》2006 年第 2 期。

16. 金可可:《论温德沙伊德的请求权概念》,载《比较法研究》2005 年第 3 期。

17. 李建华、王琳琳:《我国未来民法典中私法责任承担方式的立法选择——兼论停止侵害、排除妨碍、消除危险、返还财产的二元定位》,载《海南大学学报》(人文社会科学版)2012 年第 3 期。

18. 李浩:《民事诉讼专属管辖制度研究》,载《法商研究》2009 年第 2 期。

19. 李浩然:《所有权保护的请求权类型及其关系——以物上请求权为考察重点》,中国政法大学比较法学研究院 2014 年硕士学位论文。

20. 李永军:《物权与债权的二元划分对民法内在与外在体系的影响》,载《法学研究》2008 年第 5 期。

21. 李永军:《论破产程序中的取回权》,载《比较法研究》1995 年第 2 期。

22. 刘建宏:《行政主体向人民主张公法上返还请求权之法律途径及其返还范围——以授益处分经自行撤销之情形为例》,载《东吴法律学报》第19卷第2期。

23. 刘凯湘:《论基于所有权的物权请求权》,载《法学研究》2003年第1期。

24. 刘凯湘:《物权请求权制度的历史演变》,载《私法》第2辑第1卷。

25. 刘凯湘:《论基于他物权的物权请求权》,载《法学论坛》2003年第2期。

26. 刘云生:《民法与人性》,西南政法大学民商法学院2004年博士学位论文。

27. 马勇:《物权防御请求权研究》,华东政法大学法律学院2013年博士学位论文。

28. 申海恩:《论解除权效力之法理构成》,载《政法论丛》2010年第2期。

29. 沈满洪、何灵巧:《外部性的分类及外部性理论的演化》,载《浙江大学学报》(人文社会科学版)2002年第1期。

30. 宋旺兴:《民事案由制度研究》,武汉大学法学院2012年博士学位论文。

31. 孙宪忠:《中国社会向民法社会的转型以及民法学术的转型》,载《法学研究》2011年第6期。

32. 孙宪忠:《中国民法继受潘德克顿法学:引进、衰落和复兴》,载《中国社会科学》2008年第2期。

33. 孙宪忠:《物权行为理论探源及其意义》,载《法学研究》1996年第3期。

34. 孙宪忠:《再谈物权行为理论》,载《中国社会科学》2001年第5期。

35. 孙宪忠:《交易中物权归属的确定问题》,载《法学研究》2005年第2期。

36. 孙宪忠:《制定民法典的主要难题》,载《法学》2003年第5期。

37. 田士永:《〈物权法〉中物权行为理论之辨析》,载《法学》2008年第12期。

38. 程啸:《合同上的返还请求权与所有物返还请求权之关系》,载《人民法院报》2004年4月2日,第5版。

39. 王洪亮:《原物返还请求权:物上请求权抑或侵权责任方式》,载《法学家》2014年第1期。

40. 王洪亮:《原物返还请求权构成解释论》,载《华东政法大学学报》2011年第4期。

41. 王立栋:《论日耳曼法上的"以手护手"》,中国政法大学比较法学研究院2014年硕士学位论文。

42. 王泽鉴:《以同居为条件之赠与及不法原因给付》,载《台大法学论丛》1978年12月(第8卷第1期)。

43. 魏振瀛:《侵权责任法在我国民法中的地位及其与民法其他部分的关系——兼与传统民法相关问题比较》,载《中国法学》2010年第2期。

44. 吴光明:《善意取得制度之设计与省思》,载《财产法与经济法》2007年第11期。

45. 吴向红:《中国古代遗失物制度的法律运行与观念流变》,载《法学》2006年第

1 期。

46. 肖永平、霍政欣:《英美债法的第三支柱:返还请求权法探析》,载《比较法研究》2006 年第 3 期。

47. 谢鸿飞:《民法典与人的美德》,载《中国法律评论》2015 年第 4 期。

48. 谢哲胜:《论准无因管理》,载瘳义男教授祝寿论文集编辑委员会编辑:《新世纪经济法制之建构与挑战——廖义男教授六秩诞辰祝寿论文集》,台北,元照出版有限公司 2002 年版。

49. 熊跃敏:《民事诉讼中法院的释明:法理、规则与判例——以日本民事诉讼为中心的考察》,载《比较法研究》2004 年第 6 期。

50. 徐国栋:《优士丁尼法典编纂研究》,载《法治研究》2010 年第 8 期。

51. 严仁群:《释明的理论逻辑》,载《法学研究》2012 年第 4 期。

52. 杨代雄:《我国民法典中权利复原请求权的立法构想——以民事权利救济制度二元结构的确立为主旨》,载《法学评论》2009 年第 2 期。

53. 杨宏晖:《动产所有权善意取得制度之比较与再检讨》,载《台大法学论丛》2012 年第 4 期。

54. 杨明:《请求权、私权救济与民事权利体系》,载《比较法研究》2007 年第 4 期。

55. 游进发:《契约解除、回复原状与损害赔偿义务》,载《台北大学法学论丛》2011 年 9 月。

56. 张卫平:《证明责任概念解析》,载《郑州大学学报》(社会科学版)2000 年第 6 期。

57. 朱虎:《物权请求权的独立与合并——以返还原物请求权为中心》,载《环球法律评论》2013 年第 6 期。

58. 朱岩:《论请求权》,载王利明主编:《判解研究》(2003 年第 4 辑),人民法院出版社 2004 年版。

59. 朱岩:《什么是恢复原状?——兼评中国大陆侵权责任承担方式》,载《月旦民商法》总第 26 期。

60. 邹海林:《不当得利请求权与其他请求权的竞合》,载《法商研究》2000 年第 1 期。

61. 左传卫:《论原物返还请求权的性质认定及其法律适用》,载《河南师范大学学报》(哲学社会科学版)2011 年第 1 期。

(四)中文译文

1. [德]格哈德·瓦格纳:《20 世纪不当得利法理论的发展与不当得利法领域的法律文献》,马丁译,王倩校,载王洪亮等主编:《中德私法研究》(总第 8 卷),北京大学出版社 2012 年版。

2. [德]汉斯·哈腾鲍尔:《民法上的人》,孙宪忠译,载《环球法律评论》2001 年冬季号。

3. [德]米夏埃尔·马廷内克:《伯恩哈德·温德沙伊德(1817—1892)——一位伟大的德国法学家的生平与作品》,田士永译,载《法哲学与法社会学论丛》(六)。

4. [德]K. 茨威格特、[德]H. 克茨:《比较法总论》(第 15 章"'抽象物权契约'理论——德意志法系的特征"),孙宪忠译,载《外国法译评》1995 年第 2 期。

5. [日]加藤一郎:《民法的解释与利益衡量》,梁慧星译,载梁慧星主编:《民商法论丛》(第 2 卷),法律出版社 1994 年版。

6. [意]约莱·法尔尼奥利:《失去"往日辉煌"的所有物返还请求权》,王洪亮译,载王洪亮等主编:《中德私法研究》总第 8 卷,北京大学出版社 2012 年版。

(五)中文译法典

1.《德国民法典》(第 4 版),陈卫佐译注,法律出版社 2015 年版。

2. 丁启明译:《德国民事诉讼法》,厦门大学出版社 2016 年版。

3. 费安玲等译:《意大利民法典》(2004 年),中国政法大学出版社 2004 年版。

4. 黄道秀、李永军等译:《俄罗斯联邦民法典》,中国大百科全书出版社 1999 年版。

5. 罗结珍译:《法国民法典》,法律出版社 2005 年版。

6. 罗结珍译:《法国民事诉讼法典》,法律出版社 2008 年版。

7. 王爱群译:《日本民法典》,法律出版社 2014 年版。

8. 吴兆祥、石佳友、孙淑妍译:《瑞士债法典》,法律出版社 2002 年版。

9. 于海涌、赵希璇译:《瑞士民法典》,法律出版社 2016 年版。

10. 周友军、杨垠红译:《奥地利普通民法典》,清华大学出版社 2013 年版。

(六)中文工具书

1. 杜景林、卢谌编:《德汉法律经济词典》,对外经济贸易大学出版社 2011 年版。

2. 薛波主编:《元照英美法词典》,法律出版社 2003 年版。

3. 赵登荣、周祖生主编:《杜登德汉大词典》(上、下册),北京大学出版社 2013 年版。

(七)英文文献

1. A. Arthur Schiller, *Roman Law: Mechanisms of Development*, Berlin, Walter de Gruyter, 2011.

2. A. Benjamin Spencer, *Civil Procedure: A Contemporary Approach (Fourth Edition)*, St. Paul, West Academic Publishing, 2014.

3. Alan Watson, *The Evolution of Western Private Law (Expanded Edition)*, Baltimore, Johns Hopkins University Press, 2001.

4. Alexander Martin, *Civil Procedure at Common Law*, Boston, The Boston Book Company, 1899.

5. Alfred G. Reeves, *A Treatise on The Law of Real Property*, Vol. 1, Boston, Little, Brown, and Company, 1909.

6. Andrew Burrows, *A Restitution of the English Law of Unjust Enrichment*, Oxford, Oxford University Press, 2012.

7. Bill Shaw& William Martin, "Aristotle and Posner on Corrective Justice: the Tortoise and the Hare", *Business Ethics Quarterly* 9, 1999.

8. Cento G. Veljanovski, *Economic Principles of Law*, New York, Cambridge University Press, 2007.

9. Colin B. Picker & Guy I. Seidman, eds., *The Dynamism of Civil Procedure – Global Trends and Developments*, Sydney, Springer International Publishing, 2016.

10. Craig Anderson, *Edinburgh Law Essentials: Roman Law Essentials*, Dundee, Dundee University Press, 2009.

11. David Johnston, *Roman Law in Context*, Cambridge, Cambridge University Press, 1999.

12. David Nasmith, *Outline of Roman history from Romulus to Justinian*, London, Butterworths, 7, Fleet Sreet, 1890.

13. David V. Snyder, "Relationships among Roman Law, Common Law, and Modern Civil Law", *Tulane Law Review* 66, 1992.

14. Donald A. Wittman, ed., *Economic Analysis of the Law: Selected Readings*, Oxford, Blackwell Publishers Ltd, 2003.

15. Francesco Giglio, *The Foundations of Restitution for Wrongs*, Portland, Hart Publishing, 2007.

16. Frederick J. Tomkins et al., *Compendium of the Modern Roman Law, Founded upon the Treatises of Puchta, von Vangerow, Arndts, Franz Moehler, and the Corpus Juris Civilis*, London, Butterworths, 1870.

17. Frederic Jesup Stimson, *A Concise Law Dictionary of Words, Phrases, And Maxims with An Explanatory List of Abbreviations Used in Law Books* (Revised by Harvey Cortlandt Voorhees), Boston, Little, Brown, and Company, 1911.

18. Frederick Pollock & Frederic William Maitland, *The History of English Law before*

the Time of Edward Ⅰ,2 Volume Set, Liberty Fund Inc.,2010.

19. Gregory S. Alexander, "The Social - Obligation Norm in American Property Law", *Cornell Law Review* 94,2009.

20. Gunther A. Weiss, "The Enchantment of Codification in the Common - Law World", *The Yale Journal of International Law* 25,2000.

21. Howard D. Fisher, *The German Legal System and Legal Language (Fifth Edition): A General Survey Together with Notes and German Vocabulary*, Dublin, Clarus Press, 2013.

22. Hanoch Dagan, *The law and Ethics of Restitution*, Cambridge, Cambridge University Press, 2004.

23. Jay Lawrence Westbrook ed al., *A Global View of Business Insolvency Systems*, Boston, Martinus Nijhoff Publishers, 2010.

24. J. B. Ames, "The History of Trover", *Harvard Law Review* 11,1897.

25. Jirí Hlavácek and Michal Hlavácek, *Generalized Microeconomics*, Charles University in Prague, Karolinum Press, 2014.

26. John Murphy, *Street on Torts*, Oxford, Oxford University Press ,2005.

27. John R. Brock, "Economics and Legal Studies", *USAFA Journal of Legal Studie* 2, 1991.

28. Laurence Laughlin, "The Anglo - Saxon Legal Procedure", *in Essays in Anglo - Saxon Law*, Boston, Little, Brown, and Company, 1876.

29. Luigi Miraglia, *Comparative Legal Philosophy Applied to Legal Institutions*, trans. by John Lisle, Boston, The Boston Book Company, 1912.

30. Marc Amstutz, Andreas Abegg, & Vaios Karavas, "Civil Society Constitutionalism: The Power of Contract Law", *Indiana Journal of Global Legal Studies* 14,2007.

31. Matthew Doyle, "Corrective Justice and Unjust Enrichment", *University of Toronto Law Journal* 62,2012.

32. Michael H. Hoeflich & Jasonne M. Grabher, "The Establishment of Normative Legal Texts: The Beginnings of The lus commune", in Wilfried Hartmann & Kenneth Pennington, eds., *The History of Medieval Canon Law in the Classical Period*, 1140 - 1234, Washinton, Catholic University of America Press, 2008.

33. Michael A. Jones, *Textbook on Torts*, Oxford, Oxford University Press, 2002.

34. Micheal John, *Politics and the Law in Late Nineteenth - Century Germany: The Origins of the Civil Code*, Oxford, Oxford University Press, 1987.

35. Nadav Shoked, "The Community Aspect of Private Ownership", *Florida State Uni-*

versity Law Review 38,2011.

36. Olga Tellegen – Couperus, Sheila McNab,*A Short History of Roman Law*, London, Routledge,2002.

37. Oliver Wendell Holmes,*The Common Law*,Boston,Harvard University Press,2009.

38. Oswald J. Reichel, *The Elements of Canon Law*, London, Thomas Baker, Soho Square,1890.

39. Peter Jaffey,*The Nature and Scope of Restitution*: *Vitiated Transfers*,*Imputed Contracts and Disgorgement*,Portland,Hart Publishing,2000.

40. R. C. Van Caenegem,*European Law in the Past and the Future*: *Unity and Diversity over Two Millennia*, Cambridge,Cambridge University Press,2001.

41. Renzo D. Bowers,*A Treatise of the Law of Conversion*,Boston,Little,Brown,And Company,1917.

42. R. S. Mylne,*The Canon Law*, Morrison & Gibb Limited,1912.

43. Robert E. Rodes,Jr. ,*Ecclesiastical Administration in Medieval England*: *The Anglo – Saxons to the Reformation*,Notre Dame,Ind. 1977.

44. Rudolf Huebner, *A History of Germanic Private Law*, translated by Francis S. Philbrick et al,Boston,Little,Brown,and Company,1918.

45. Seth R. M. Lazar,"Corrective Justice and the Possibility of Rectification",*Ethical Theory &Moral Practice* 11,2008.

46. Shannon Gleeson,"From Rights to Claims: The Role of Civil Society in Making Rights Real for Vulnerable Workers",*Law and Society Review* 43,2009.

47. Sharyn L. Roach Anleu,*Law and Social Change*,London,SAGE Publications,1997.

48. Sherry Marcus Wise,"Settlement of a Community Partnership Interest Upon Separation or Divorce",*Tulane Law Review* 51,1977.

49. Simon Deakin,Angus Johnston,and Basil Markesinis,*Markesinis and Deakin's Tort Law* (Sixth Edition),New York,Oxford University Press Inc. ,2008.

50. The American Law Institute,Restatement of the Law,Second,Torts.

51. The American Law Institute and National Conference of Commissioners on Uniform States,Uniform Commercial Code.

52. *The Collected Papers of Frederic William Maitland*, H. A. L. Fisher, ed. ,Volume Ⅲ,Cambridge,at the University Press,1911.

53. *The Digest of Justinian*,Volume 1,trans. by Alon Watson,Philadelphia,University of Pennsylvania Press,2009.

54. *The Lombard Laws*, trans. with an introduction by Katherine Fischer Drew, Philadelphia, University of Pennsylvania Press, 1973.

55. Thomas J. McSweeney, "Property Before Property: Romanizing the English Law of Land", *Buffalo Law Review* 60, 2012.

56. Vivienne Harpwood, *Modern Tort Law 7th edition*, Oxon, Routledge – Cavendish, 2009.

57. Vivienne Harpwood, *Principles of Tort Law*, London, Cavendish Publishing Limited, 2000.

58. William Tetley, "Mixed Jurisdictions: Common Law v. Civil Law (Codified and Uncodified)", *Louisiana Law Review* 60, 2000.

59. W. S. Holdsworth, *An Historical Introduction to the Land Law*, Oxford, Clarendon Press, 1927.

60. Zoë Sinel, "Concerns about Corrective Justice", *Canadian Journal of Law and Jurisprudence* 26, 2013.

（八）德文文献

1. Bernhard Berger, *Allgemeines Schuldrecht*, 2. Auflage, Stämpfli Verlag AG Bern, 2012.

2. Deutsch / Ahrens, *Deliktsrecht: Unerlaubte Handlungen, Schadensersatz, Schmerzensgeld*, 4. Auflage, Carl Heymanns Verlag, 2002.

3. Dirk Looschelders, *Schuldrecht Allgemeiner Teil*, 10. Auflage, Verlag Franz Vahlen München, 2012.

4. Dirk Looschelders, *Schuldrecht Besonderer Teil*, 3. Auflage, Carl Heymanns Verlag, 2009.

5. Hans Brox / Wolf – Dietrich Walker, *Allgemeines Schuldrecht*, 29. Auflage, Verlag C. H. Beck, München, 2003.

6. Hans Josef Wieling, *Sachenrecht*, Springer – Verlag, 1992.

7. Jan Dirk Harke, *Allgemeines Schuldrecht*, Springer – Verlag, 2010.

8. Jan Dirk Harke, *Besonderes Schuldrecht*, Springer – Verlag, 2011.

9. Jan Wilhelm, *Sachenrecht*, 4. Auflage, Walter De Gruyter GmbH & Co. KG, 2010.

10. Karl – Heinz Fezer, *Klausurenkurs zum Schuldrecht Besonderer Teil*, 9. Auflage, Verlag Franz Vahlen München, 2013.

11. Larenz / Wolf, *Allgemeiner Teil des Bürgerlichen Rechts*, 9. Auflage, Verlag C. H.

Beck München 2004.

12. Manfred Wolf, Sachenrecht, 18. Auflage, Verlag C. H. Beck, 2002.

13. Martin Binder, Sachenrecht: Theorie und systematisch aufbereitete OGH – Fälle, Österreich GmbH, 2003.

14. Mathias Schmoeckel / Joachim Rückert /Reinhard Zimmermann, *Historisch – Kritischer Kommentar zum BGB, Band* Ⅰ: *Allgemeiner Teil*, Mohr Siebeck, 2003.

15. Maximilian Fuchs, *Deliktsrecht*, 2. Auflage, Springer – Verlag, 1997.

16. Müchener Kommentar, *Bürgerliches Gesetzbuch*, *Sachenrecht*, 3. Auflage, Verlag C. H. Beck, 1997.

17. Prütting / Wegen / Weinreich, *BGB Kommentar*, 5. Auflage, Luchterhand, 2010.

18. Prütting / Gehrlein, *ZPO Kommentar*, 2. Auflage, Luchterhand, 2010.

19. Rüthers / Stadler, *Allgemeiner Teil des BGB*, Verlag C. H. Beck München, 2003.

20. Stefan Mensler, *Der Allgemeine Teil des BGB: Eine systematische Einführung in die Grundbegriffe des Bürgerlichen Rechts*, Fortis Verlag FH, 1998.

21 Volker Emmerich, *BGB – Schuldrecht Besonderer Teil*, 13. Auflage, C. F. Müller, 2012.

22. Wolfgang Fikentscher / Andreas Heinemann, *Schuldrecht*, 10. Auflage, De Gruyter Recht, 2006.

收获思维上的“潘德克顿”和智识上的“拉伦茨”(后记)

不得不承认,这本书是我开始写作以来,耗费精力最多、持续时间最长、精神折磨最甚的文字。本以为,“返还原物请求权”是一个微观视角的题目,在写作过程中可以“以小见大”,容易驾驭。加之,自己也承办过一定数量的“返还原物纠纷”案件,理论与实践的结合也能拿捏得当。因此,整体看来,写作这一论题应该是较为容易的。但在写作之前的资料收集消化过程中我才逐渐发现,看似简单的“返还原物请求权”其实蕴藏了很丰富的价值内涵,它绝非“物权请求权中的核心”那么简单。当它与不当得利、善意取得等问题纠缠在一起时,当它与中国民法上特有的返还财产请求权偶遇到一起时,当它与不当得利请求权、侵权责任请求权甚至无因管理中的请求权并存而发生竞合时,尤其是当它不得不与德国法上的所有权人——占有人关系规则进行理论呼应时,我才不禁倒吸一口凉气。然而,时间和精力都是有限的,为了完成本书,在写作准备和正式写作的两年多时间里,我不得不推掉了几乎所有的社交活动,甚至必须承担的家务和教子义务也都委诸父母大人和家里的“领导”。两年多时间里,尤其是后一年半的写作过程中,我的精神时时经历着从“思虑再三而题不解”的大悲到“思路顿开而恍然大悟”的大喜的来回撕扯。白天案件审判的压力和晚上写作的大喜大悲,让我的精神高度起伏变化,并严重影响睡眠。在本书写作的中后期,我在长达一年的时间里连续地严重失眠。并且，由于长时间的坐姿不端，腰椎严重劳损，以至于现在不得不靠做痛苦的康复训练进行治疗。

然而，写作过程的艰难丝毫不代表本书的质量。令我极为汗颜的是，尽管自己付出了很多努力，但由于知识的浅薄、资质的愚钝、功力的不足，或许还由于时间的紧迫，本书仍然有不尽如人意的地方。比如，原计划要写一章“公法上的返还原物请求权”，但最终还是付之阙如；英美法上返还法部分的探讨还欠缺与返还原物请求权的结构和功能的深入比较；物权行为理论之下返还原物请求权与不当得利请求权的关系模型还需更为细致的探讨；返还原物请求权诉讼实现中裁判规则的抽绎也还缺乏全面性和系统性；另外，由于自己德语能力的浅薄，尽管很多翻译都是在德语翘楚的帮助下完成的，但还是有不少舛误。这一系列的问题或许只能留待以后继续深入研究和完善了。不过，尽管有分明的残缺，尽管有显著的不足，我还是敝帚自珍。起码，它是我辛勤耕耘两年多的成果，也是我努力把霍姆斯意义上的法律的“经验”与卡多佐意义上的法律的“逻辑”努力结合起来的一次尝试。于人而言，这本30多万的文字或许仅仅是一个文本；于我而言，这本书却是我不断地从逻辑到历史或相反，从事实到规范或相反的循环往复的过程。在这一过程中，我明显地感觉到自己在思维上比过去任何时候都更理解“潘德克顿”，在智识上也比过去任何时候都更理解“拉伦茨”。尽管这些思维上和智识上的收获没有也不可能全部在这本书中体现出来。如果拉伦茨所说的“科学是任何可以用理性加以检验的过程”是获得法学界共识的，那么我斗胆认为，本书在致力于把民法中的专题问题推向深入研究方面，从而在试图用理性检验具体法律制度的努力方面，是做了部分添砖加瓦工作的。当然，从实际的效果来看，本书所做的研究还远远不够，除了前面所说的残缺和不足外，本书就返还原物请求权所进行的法教义学阐释，能在多大程度上影响其制度运行实践，还是需要时间去检验的过程。对此，我只能拭目以待。

本书的完成，首先必须感谢我的父母。他们任劳任怨、辛勤工作养育我、供我读书上学本已不易，到了晚年还到北京帮我照顾小孩并料理家务，用他们最无私的付出，诠释了亲情的大爱无疆。妻子张瑞凤女士，始终用自己最无私的付出，最大限度地支持我，支持我的工作和学习，让我在最艰难的时候仍然能够顽强地坚持。对这位漂亮女生，我还是那句话，“执子之手，与子偕老”。

特别感谢我的博士生导师孙宪忠先生。作为改革开放以来最早负笈海外、留学德国的一位民法学人，他在很大程度上开创了中国民法学的一个时代。正是在他的努力和带动下，越来越多的年轻民法学者开始研究潘德克顿法学体系、研究物权行为理论支撑下的物债二元体系、研究作为意思表示工具的法律行为。我能够有幸入其门墙，近距离研习先生的民法思想，实是莫大幸事。本书的完成，更要感谢先生。如果没有他的质疑和批评，这本书根本不会让我收获我自己能够感受到的巨大营养。如果没有他的点拨和指引，这本书也根本不可能形成如今呈现在读者诸君面前的规模。

北京大学法学院葛云松教授是我的硕士生导师，他是带我进入民法殿堂的领路人，我的很多民法观点都受他影响颇深。他十几年来对我的教诲和帮助，令我终生难忘。中国社会科学院法学研究所谢鸿飞教授在学业上给予了我非常多的教诲，在工作上给予了非常多的帮助，他关于法律行为理论、关于民法哲学、关于法律历史社会学的丰富学养，让我等晚辈后学，倾慕不已。本书的完成，也得益于谢老师颇多。中国社会科学院法学研究所民法室的张广兴老师、崔勤之老师、朱广新老师等其他各位老师也都让我受益匪浅。作为师兄，北京大学法学院常鹏翱教授，对我的专业学习和生活也给予了诸多帮助，在此深表谢忱。清华大学法学院程啸教授在很多方面给予指导和帮助，不胜感激。柳经纬教授、梅夏英教授、尹飞教授、陈永强教授、李世刚教授、周友军教授、李昊副教授、李宇副教授、刘哲玮副教授、李伟副教授、申海恩副教授、许可博士等师长和学友对我的专业学习提供了很多帮助，在此深表感谢。李艮喜师兄、吴晨师兄、林淼女士数年来对我提供专业学习方面的帮助，也让我铭记在心。本书写作过程中，与法国巴黎第二大学的金伏海博士多次交流，他给我很多启示，让本书增色不少。此外，郝丽燕博士、李欣倩博士在留学德国期间帮我收集德文资料，对本书的写作提供了无私的帮助；宋江涛、宋夏瀛洁、庄园、党海娟、马永平、王演兵、上官印、李瑛、许波等诸位同学也对我的学习提供了很多帮助，在此一并致谢。

感谢正伟、砺兵、金恩、绍平、和明、化真、张宇、田磊、志勇等友人多年来在工作、生活和学业上给予的帮助和照顾，和你们兄弟般的友谊必将激励我继续前行。

感谢法律出版社，正是由于法律出版社青年法学学术著作出版基金的资助，才使本书呈现到读者诸君面前。感谢法律出版社郑怡萍女士在本书出版过程中的辛勤付出，她对待工作的认真、细致和耐心，让我获益良多，也让我感动良多。

北京市第一中级人民法院是我的第二个“家”。硕士研究生毕业之后我就一直在这里工作、学习。这里记录着我的快乐,我的忧伤;记录着我成长道路上的每一次耳提面命和循循善诱。这里也见证了我的第一次庭审、第一份判决书,见证了我和战友每一次案件讨论时的面红耳赤和顺利宣判后的相拥而笑。这里有我和全院战友共同奋斗的友谊和足迹,这里有我迄今为止职业生涯的全部。十几年来,这个院子已经成为我生命中不可或缺的组成部分。以吴在存院长为领头人的北京市第一中级人民法院各位尊敬的领导和亲爱的同事,在工作和专业方面给予了我巨大的帮助和指导,这些帮助和指导已经内化为我职业生涯的宝贵滋养,必将成为我今后努力奋斗的不竭动力。对于这些可敬的领导和可爱的同事,已经不能用语言表达我的谢意。唯有不忘初心、努力工作方能不负各位的深情厚谊。

但是,不忘初心,我能做到吗?

我必须做到。

2019 年 8 月

图书在版编目（CIP）数据

返还原物请求权研究：一种失当物权关系矫正技术的阐释 / 丁宇翔著. -- 北京：法律出版社，2019
ISBN 978-7-5197-3833-4

Ⅰ.①返… Ⅱ.①丁… Ⅲ.①物权法-研究 Ⅳ.①D913.204

中国版本图书馆 CIP 数据核字（2019）第 208319 号

返还原物请求权研究
——一种失当物权关系矫正技术的阐释
FANHUAN YUANWU QINGQIUQUAN YANJIU
—YIZHONG SHIDANG WUQUAN GUANXI JIAOZHENG JISHU DE CHANSHI

丁宇翔 著

责任编辑 郑怡萍
装帧设计 李 瞻

出版 法律出版社
总发行 中国法律图书有限公司
经销 新华书店
印刷 天津嘉恒印务有限公司
责任校对 李景美
责任印制 沙 磊

编辑统筹 法律教育出版分社
开本 710 毫米×1000 毫米 1/16
印张 26.5
字数 399 千
版本 2019 年 11 月第 1 版
印次 2019 年 11 月第 1 次印刷

法律出版社/北京市丰台区莲花池西里 7 号（100073）
网址/www.lawpress.com.cn
投稿邮箱/info@lawpress.com.cn
举报维权邮箱/jbwq@lawpress.com.cn
销售热线/400-660-8393
咨询电话/010-63939796

中国法律图书有限公司/北京市丰台区莲花池西里 7 号（100073）
全国各地中法图分、子公司销售电话：
统一销售客服/400-660-8393/6393
第一法律书店/010-83938432/8433
西安分公司/029-85330678
重庆分公司/023-67453036
上海分公司/021-62071639/1636
深圳分公司/0755-83072995

书号：ISBN 978-7-5197-3833-4
定价：98.00 元
（如有缺页或倒装，中国法律图书有限公司负责退换）